CHOIX

DE

MAZARINADES

A PARIS

De l'imprimerie de Ch. Lahure (ancienne maison Crapelet)
rue de Vaugirard, 9, près de l'Odéon.

CHOIX

DE

MAZARINADES

PUBLIÉ

POUR LA SOCIÉTÉ DE L'HISTOIRE DE FRANCE

PAR C. MOREAU

TOME PREMIER

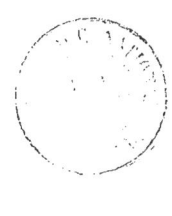

A PARIS

CHEZ JULES RENOUARD ET Cie

LIBRAIRES DE LA SOCIÉTÉ DE L'HISTOIRE DE FRANCE

RUE DE TOURNON, N° 6

M. DCCC. LIII

EXTRAIT DU RÈGLEMENT.

Art. 14. Le Conseil désigne les ouvrages à publier, et choisit les personnes les plus capables d'en préparer et d'en suivre la publication.

Il nomme, pour chaque ouvrage à publier, un Commissaire responsable, chargé d'en surveiller l'exécution.

Le nom de l'Éditeur sera placé à la tête de chaque volume.

Aucun volume ne pourra paraître sous le nom de la Société sans l'autorisation du Conseil, et s'il n'est accompagné d'une déclaration du Commissaire responsable, portant que le travail lui a paru mériter d'être publié.

Le Commissaire responsable soussigné déclare que l'Édition préparée par M. C. Moreau *du* Choix de Mazarinades, *lui a paru digne d'être publiée par la* Société de l'Histoire de France.

Fait à Paris, le 26 février 1853.

Signé RAVENEL.

Certifié,

Le Secrétaire de la Société de l'Histoire de France,

J. DESNOYERS

PRÉFACE.

Dans tous les troubles civils qui ont agité et ensanglanté la France depuis l'invention de l'imprimerie, on a beaucoup imprimé et encore plus écrit. On a combattu avec la parole et avec la plume autant qu'avec l'épée. Les sermons, les pamphlets, les batailles, tout cela c'était la guerre. C'est qu'il ne fallait pas seulement vaincre ; il fallait persuader et convertir. Il fallait prouver la pureté de sa cause, la droiture de ses intentions, la nécessité de son triomphe ; il fallait rallier à soi les passions et les intérêts ; il fallait agir sur les appétits et sur les intelligences. Dans les guerres civiles il en est toujours ainsi; et la raison en est simple : ce sont les opinions qui font les partis ; c'est la prédication qui fait les opinions.

Les pamphlets importent donc à l'étude de l'histoire. Ils n'ont assurément pas la même valeur que les mémoires qu'ils complètent ou qu'ils contrôlent ; mais leurs discussions, leurs récits, les bruits qu'ils répètent, les jugements qu'ils propagent, les calomnies même qu'ils inventent, sont autant de témoignages des préoccupations de l'opinion publique. Les auteurs de mémoires ont été pour la plupart mêlés aux événements qu'ils racontent, soit qu'ils en aient profité, soit qu'ils en aient souffert. Ils en ont connu les causes, et ils ont pu en mesurer la portée ; mais l'homme ne se dépouille jamais tout entier. Aux passions de son époque, il mêle ses propres passions. Il modifie au gré de ses opinions personnelles les opinions des partis. L'esprit public, au contraire, se révèle avec toute sa naïveté dans ces pamplets qui préparaient ou achevaient les triomphes de l'arquebuse et de l'épée. Il s'y montre sans précaution, sans réserve, sans pudeur même, parfois libre jusqu'à la licence, hardi jusqu'au cynisme. Dans les mémoires l'intérêt personnel domine; c'est la passion publique dans les pamphlets. Dans les premiers il y a plus de l'homme; dans les seconds, plus du peuple, ou mieux, plus des partis.

Il est d'ailleurs des faits que les mémoires n'ont pas pu développer dans toutes leurs circonstances. Des auteurs, les uns étaient placés trop haut, les autres trop loin pour bien voir et pour tout voir. Il y a des causes et des effets même qui leur ont échappé nécessairement. La multitude agissait; ils ne savaient pas tout ce qui la faisait agir. Ils ne se rendaient pas un compte exact de ses sentiments et de ses pensées. Au contraire on pénètre dans les entrailles des partis et de la société à l'aide de ces pamphlets qui ont été rédigés par des hommes des partis et pour les partis, par des hommes du peuple et pour le peuple. L'auteur des mémoires se pose en face de la postérité; il pense à l'avenir. Le pamphlétaire n'a de préoccupation que pour le présent. L'un écrit pour les passions contemporaines; l'autre écrit, s'il faut ainsi parler, sous leur dictée. L'auteur de mémoires est toujours un avocat;

le pamphlétaire est un témoin qui souvent dépose contre lui-même.

Cette utilité des pamphlets pour la critique historique a été sentie dès les premiers jours de leur apparition. Charles IX n'était pas à la moitié de son règne que déjà Pierre Estiart imprimait à Strasbourg le *Recueil des choses mémorables faites et passées pour le faict de la religion et estat de ce royaume depuis la mort du roy Henry II jusqu'au commencement des troubles.*

Quatre ans après, le protestant La Popelinière terminait au bruit des joyeuses acclamations de la paix de 1570 et publiait à la Rochelle l'*Histoire de notre temps ou Recueil des choses mémorables passées en France depuis l'édit de mars 1568.* Ce sont en quelque sorte les pièces justificatives de sa grande histoire des guerres de religion.

Puis vinrent les *Mémoires de l'estat de France sous Charles neuvième* en 1576 ; les *Mémoires de la Ligue ;* le *Recueil des pièces les plus curieuses qui ont été faites pendant le règne du connestable M. de Luyne,* dont la première édition est de 1622 ; en 1637, *Diverses pièces pour la défense de la reyne mère du roy trèschrétien Louis XIII, faictes et revues par Mathieu de Morgues;* enfin en 1640 le *Recueil de diverses pièces pour servir à l'histoire* que Duchâtelet a publié pour la défense du cardinal de Richelieu.

Vers le milieu du xviii° siècle, le premier de tous ces recueils fut refondu et augmenté par Secousse, continué par Lenglet Dufresnoy sous le titre de *Mé-*

moires de Condé; et les *Mémoires de la Ligue* reparurent avec des augmentations considérables de l'abbé Goujet.

Ainsi depuis Henri II jusqu'à Louis XIII inclusivement, nous avons une suite à peu près non interrompue de recueils de pamphlets qui touchent à tous les grands événements de ces règnes successifs. Sans doute ce n'est pas tout ce que la passion politique a écrit ou publié; il y manque beaucoup de pièces et des meilleures. Pourtant les recueils sont à ceux qui veulent étudier sérieusement l'histoire, d'une très-réelle utilité.

Pour continuer à suivre l'ordre des temps, il y avait à recueillir dans la volumineuse collection des MAZARINADES un certain nombre de pièces les plus curieuses par les faits qu'elles contiennent, les meilleures par l'habileté de la composition ou par l'éclat du style. C'est ce que j'ai essayé de faire.

Dès 1649, après la paix de Saint-Germain, des libraires réunirent sous un titre général les pamphlets que le public avait semblé recevoir avec le plus de faveur; et on vit paraître presque en même temps le *Recueil de toutes les pièces faites contre le cardinal Mazarin sur l'enlèvement du roi,* le *Recueil de ce qui s'est passé contre le mauvais gouvernement de Jules Mazarin,* le *Recueil de plusieurs pièces curieuses tant en vers qu'en prose,* le *Recueil des pièces imprimées durant les mouvements de l'année* 1649 et d'autres encore; mais tous ces recueils ont été faits sans intelligence, sans critique; ils ne comprennent guère d'ailleurs que les trois premiers mois de la Fronde ; enfin ils sont très-rares.

Obligé de me renfermer dans un cadre assez étroit, j'ai d'abord écarté toutes les pièces officielles : arrêts, édits, ordonnances, déclarations. On les trouve dans l'*Histoire du temps* de Du Portail et dans le *Journal du parlement*. Je me suis ensuite attaché aux pamphlets qui font plus particulièrement connaître les opinions et les intérêts des partis, les caractères et les situations des personnages. Quand à l'intérêt historique ou politique ils n'ont pas joint un certain mérite littéraire, je me suis contenté de les publier par extraits.

C'est à l'année 1649 que j'ai emprunté le plus grand nombre de pièces par deux raisons : la première est que les griefs de l'opinion contre la personne et l'administration du cardinal Mazarin sont exposés d'une manière plus complète et plus détaillée dans les pamphlets de cette date ; la seconde que pendant le blocus de Paris les intérêts individuels se sont plus effacés devant les intérêts collectifs et que la fronde y a conservé mieux un caractère apparent d'unité. On sait comment les partis se sont divisés après la paix de Saint-Germain.

La Fronde n'a certes pas inventé le pamphlet en vers. Elle ne l'a pas même perfectionné ; il est constant qu'elle n'a rien de plus hardi, de meilleur, de plus fameux que la *Miliade* de 1638 ; mais elle lui a donné un développement qu'il n'avait pas eu auparavant, qu'il n'a plus eu après. Tout alors s'écrivait en vers : les controverses comme les récits. Il s'est rencontré des poëtes pour traduire en vers le *Courrier françois* et le *Théologien d'estat*. C'est le titre d'un pamphlet en vers (la *Mazarinade*), qui est devenu le nom générique de toutes les pièces qui pendant quatre ans ont été publiées pour et contre le cardinal Mazarin.

Cet usage, je dirais volontiers cet abus de la poésie, est un des caractères extérieurs de la Fronde; et à son tour la poésie de la Fronde a un caractère propre : elle est burlesque. Par cette double raison j'ai cru que je devais donner aux vers burlesques une large place dans le recueil des MAZARINADE.

J'ai la confiance que, même réduit aux proportions sur lesquelles j'ai dû le mesurer, ce recueil suffira. Après tout on pourra toujours recourir à la *Bibliographie des Mazarinades* où j'ai réuni tous les titres de ces pamphlets, autant que les recherches les plus patientes m'ont permis de le faire, et qui contient des citations plus courtes, il est vrai, mais plus nombreuses et plus variées. Je ne puis qu'y renvoyer le lecteur désireux de pénétrer plus avant dans les secrets de la Fronde. La *Bibliographie des Mazarinades* a été conçue de manière à suppléer au dépouillement des collections les plus volumineuses pour ceux qui n'ont pas besoin de se livrer à une étude approfondie de cette époque. Pour les travailleurs qui sont jaloux de remonter aux sources, elle sera un guide fidèle, je l'espère, nécessaire, j'en suis certain.

AVERTISSEMENT.

Les numéros qui suivent les titres entre crochets, tant dans le texte que dans les notes, sont ceux des pamphlets dans la *Bibliographie des Mazarinades*.

Les dates exprimées à la suite des titres ne sont pas exactement celles des pièces. J'ai mieux aimé rappeler les dates des groupes dans lesquels les Mazarinades sont rangées dans la liste chronologique à la fin du troisième volume de la *Bibliographie*. Il m'a semblé qu'en renvoyant ainsi le lecteur à cette liste, je lui fournirais un moyen utile de diriger et de compléter ses recherches, s'il en avait le désir.

CHOIX
DE
MAZARINADES.

Agréable récit de ce qui s'est passé aux dernières barricades de Paris, descrites en vers burlesques [56][1].

(1648.)

Ie veux chanter les barricades[2]
Et les populaires boutades
Dont tout Paris fut alarmé,
Alors que le badaud armé
Donna de si belles vezardes
Au braue régiment des gardes,
Et fit voir que le batelier
Est dangereux sur son paillier.
Raconte-moy, muse grotesque,
D'où vient cette humeur soldatesque.
Apprens-moy de ces mouuemens

---

[1] Cette pièce est attribuée au baron de Verderonne, un des gentilshommes du duc d'Orléans. Naudé la met au-dessus des meilleures poésies burlesques de Scarron. La version que j'en donne a été établie sur la comparaison des trois éditions de 1649.
[2] Du 26 août 1648.

Quels furent les commencemens,
Et quel succès eut la furie
De la nouuelle laquerie.
 Depuis tantôt cinq ou six ans
L'auarice des Partisans,
Traitans, soutraitans, gens d'Affaire,
Race à notre bonheur contraire,
Pilloit avec impunité
Les biens du peuple en liberté;
Et sous prétexte du Tariffe [1]
Rien ne s'échappoit de leur griffe.
Ce mal nous alloit deuorant;
Et comme l'on voit vn torrent
Tombant du sommet des montagnes,
Se répandant sur les campagnes,
Étendre partout sa fureur,
Porter la crainte et la terreur
Dans les villes, dans les villages;
Ainsi l'excez de leurs pillages,
Comme celuy de leur pouuoir,
Nous réduisoit au désespoir,
Quand le bon Démon de la France,
Touché de voir nostre souffrance,
Fit que, perdans le jugement,
Ils se prirent au Parlement,
Se promettant que leur malice
Triompheroit de la Justice,
Et que ce grand corps atterré,
Leur repos seroit assuré.
La Polette fut la machine [2]

---

[1] D'octobre 1646. Il comprenait toutes les marchandises qui entraient à Paris, soit par eau, soit par terre.

[2] On appelait ainsi le droit du soixantième, que Charles Paulet, secrétaire de la chambre du roi, avait, au commencement du siècle, imaginé de faire mettre sur le prix des offices de justice et de finance. Moyennant

Destinée pour sa ruine;
Et le piège que l'on tendit
Aux officiers, certain édit
Lequel mettoit en apparence
Leurs Offices en asseurance [1].
On demandoit par cet Arrest,
Comme par manière de prest,
Quatre années de tous leurs gages.
Mais lorsque l'on vint aux suffrages,
Il parut, et non sans raison,
Dessous ce miel quelque poison,
Dont la liqueur estoit mortelle
A la santé de l'escarcelle.
En mesme temps de tous costés,
Des autres corps les Députés [2],
Attaquez de pareilles craintes,
Arriuent, parlent, font leurs plaintes
Contre la persécution,
Implorent la protection
De ceux qu'ils appellent leurs Pères,
Disent l'estat de leurs misères
Et que sans doute ils sont perdus
Si par eux ne sont deffendus,
Demandant que chacun s'vnisse
Pour résister à l'iniustice,
Et remonstrer coniointement
A la Reyne ce traitement.

le payement annuel de ce droit, les officiers pouvaient, durant l'année, vendre leurs charges aux successeurs qu'ils se choisissaient, avec l'agrément du roi cependant.

[1] Le droit du soixantième se renouvelait tous les neuf ans. Cette fois l'édit de renouvellement portait que les compagnies souveraines autres que le parlement abandonneraient au roi quatre années de leurs gages par manière de prêt. Il est du commencement de mai 1648.

[2] De la chambre des Comptes, de la Cour des Aides, et du Grand Conseil.

Cette affaire mise en balance
Fut trouuée de conséquence;
Et comme il ne faut sottement
S'embarquer, ni légèrement,
L'vnion très-fort balottée
Ne fut pas d'abord arrestée.
Les registres sont apportez
Et soigneusement consultez.
On lit, on voit, on examine
La loy ciuile et la diuine;
Mais enfin pour conclusion
Les voix furent à l'vnion [1].

Les partisans, par cette voye,
Voyant éuanouyr leur proye
Et leur fonds estre diuerty,
Duquel ils auoient fait party,
Et, s'il faut dire, quelque auance,
Baptisent cecy d'insolence,
Qui fait brèche à l'authorité
De la Royale Majesté,
Ainsy qu'aux droits de la Couronne.
De tous costez cecy résonne;
Et le Conseil faict vn Édict
Qui l'vnion leur interdit [2].

Le Parlement demeura ferme.
Et la chose estant en ce terme,
On mit par auis du Conseil
Au mal vn second appareil.
Et, pour dissiper cet orage,
Quelques-vns furent mis en cage [3].

[1] Le 13 mai 1648.
[2] Du 12 juin.
[3] On avait enlevé, le 28 mai, Turgot et d'Argouges du Grand Conseil, qui furent conduits à Mézières. Le surlendemain deux conseillers de la Cour des Aides, Guérin et Cheselier, furent exilés à Nancy; Lottin, président du Grand Conseil, et Dreux, conseiller, à Pont-à-Mousson.

Si l'on fit mal, si l'on fit bien,
Ie m'en rapporte et n'en sçay rien ;
Et, pour dire vray, ne me pique
De me connoistre en Politique ;
Car en ce mestier le hazard
A souuent la meilleure part.
 Aux nouuelles de cette prise,
La Bazoche fut fort surprise.
Le mal, au lieu de se calmer,
Parut de nouueau s'allumer.
On s'assemble, on crie, on proteste ;
Qui iure, qui gronde, qui peste.
Quelqu'vn parle plus hautement
Et se plaint du gouuernement,
I'entends celuy de la finance ;
Pour l'autre on garde le silence.
C'est bien assez de le penser,
De peur de se trop auancer.
Cependant la Reyne Régente,
Comme elle est sage et très-prudente,
Voulant à cecy promptement
Trouuer quelque tempérament,
Remit, pensant calmer l'affaire,
La Polette à son ordinaire,
Fit reuenir les exilez,
De la frontière rappelez ;
Mais deffendit aux Compagnies
De se tenir encore vnies,
Puisque leur remettant le prest,
Elles estoient hors d'intérest.
Maintenant Messieurs des Enquestes,
Dont aucuns sont de fortes testes,
Et d'ordinaire, à dire net,
L'ont assez proche du bonnet,
Furent d'opinion contraire.

L'vn dit : « Messieurs, c'est vn mystère.
Si nous cessons d'estre assemblez,
Dans trois iours nous sommes sanglez.
Nos biens, de mesme que nos vies,
Releueront de ces harpies.
Enfin ce n'est pas d'auiourd'huy
Qu'on dit : Ce qu'il te fait, fais-luy.
Machiauel, grand politique,
Qui des Cours auoit la pratique,
Dans son damnable art de régner
Ne l'a sceu que trop enseigner.
Toutes ces faueurs apparentes
Sont des marques très-éuidentes
Du venin caché là-dessous.
Hélas! Messieurs, souuenez-vous
De Sinon, du cheual de Troye,
Comme Ilium fut mis en proye
Et le vieil Priam peu rusé
Sous vn faux cheual abusé.
Permettez que ie vous le die :
Tout cecy n'est que comédie.
Les biens receus hors de saison,
Les récompenses sans raison,
Ainsi que les chants des Sirènes,
Marquent les tempestes prochaines.
Le salut dans vn mauuais pas
Consiste à ne relacher pas.
Souuent c'est proche du riuage
Que les matelots font naufrage.
En deux mots voicy mon advis :
Si mes sentiments sont suiuis,
Messieurs, auant toute autre chose,
Afin d'affermir nostre cause,
Qui n'est pas sans besoin d'appuy,
Nous conclurons tous auiourd'huy

Que l'on soulage les canailles,
Que l'on remette vn quart des tailles,
Que de nos païs désolez
Les Intendans soient rappelez,
Que les Éleus, bien que vermine,
Exercent au moins pour la mine
Et soient mis en leurs fonctions.
C'est par telles inuentions
Que le peuple prompt et volage
Se meut, se conduit et s'engage.
Quand le peuple sera pour nous,
Sans doute on filera plus doux.
Mais si nous manquons cette voye,
Quelque temps calme que ie voye,
J'appréhende fort l'interdit.
Songez-y bien, Messieurs. J'ai dit. »
Lors chacun parlant à l'oreille
Auec son voisin se conseille.
Faut-il le croire, ce dit-on.
L'vn dit qu'ouy, l'autre que non.
Tout est d'ópinion diuerse.
L'vn la suit; l'autre la trauerse.
L'vn dit que c'est trop attenté;
L'autre la seule seureté.
Cette vénérable consulte
Auoit fort de l'air d'vn tumulte.
Et comme nous voyons souuent,
Lorsque l'on chasse à mauuais vent,
Que des voix de diuers meslange
Font aux vieux chiens prendre le change,
Ou confus dans vn si grand bruit,
Ne suiure les voyes, la nuit;
Encor' que parmy cette émeute,
Les Présidens, clefs de la meute,
D'abord ne donnassent les mains,

Tous leurs obstacles furent vains.
Sans fruit les vieillards résistèrent.
Enfin les frondeurs l'emportèrent.
Et, suiuant leur intention,
L'on se tint à la ionction [1].
   D'Émery [2], contre son attente,
Trouua la fortune changeante.
Par des conseils accommodans
On réuoqua les Intendans.
La Reyne mesme, à ce qu'il semble,
Trouue fort bon que l'on s'assemble.
Gens de Palais et gens de Cour
Ont conférence à Luxembour [3].
Le Duc d'Orléans, fils de France,
Au Parlement prit sa séance;
Et le feu loin de s'embraser,
Paraissoit quasi s'appaiser,
Alors que la prison nouuelle
Du bon-homme Monsieur Bruxelle,
Riche d'honneur, pauure de biens,
Arma tous ses concitoyens.
Ce fut au temps que la victoire,
Amoureuse de nostre gloire,
Fit à Lens, ainsy qu'à Rocroy,
Triompher nostre ieune Roy
De ces redoutables cohortes
Qui sembloient menacer nos portes.
L'illustre Prince de Condé,
Par son courage secondé,
Auec ses troupes, comme vn foudre,
Réduit leurs escadrons en poudre,
Et les suiuant iusqu'à Douay,

---

[1] Arrêt du 15 juin.
[2] Surintendant des finances.
[3] Le 21 juin eut lieu la première conférence.

Venge la perte de Courtray[1].
Chacun bénissoit sa prouesse.
Tout estoit remply d'allégresse ;
Mais comme en vn beau iour d'Esté,
Plein de lumière et de clarté,
Le Ciel se couurant de nuage
Change le beau temps en orage,
Et des ruisseaux font vne mer
Qui ne peut pourtant pas durer,
La ioye en nos cœurs préparée
Ne fut pas de longue durée.
  De tout temps nos Roys très-pieux
Par vn zèle déuotieux,
Quand le Ciel a bény nos armes,
Et la valeur de nos gendarmes,
Vont en cortège solennel
Rendre grâces à l'Éternel,
Deuant le temple où l'on réuère
Le nom de sa très-chaste mère.
Les Gardes dès le point du iour
Assemblez au son du tambour
Dessus le Pont-neuf se logèrent
Et par les rues s'arrangèrent,
Quand, la Reyne estant de retour,
Vn bruit s'épand tout à l'entour
Que l'on auoit pris le bon-homme
Que le peuple son père nomme[2].
L'vn dit : « On l'emmène par là ; »
L'autre cecy, l'autre cela.
Le murmure eschauffe la bile
Des batteliers, gent mal docile.
Et chacun s'arme aux enuirons

[1] Courtray, pris en 1647 par les Espagnols pendant que le prince de Condé faisait le siége d'Ypres.
[2] Pierre Broussel, conseiller au parlement.

Qui de crocs et qui d'auirons,
De cailloux, de pics et de pelles,
De bans, de treteaux, d'escabelles,
De barres de fer, de leuiers,
De grez que l'on prend aux euiers.
Le peuple farouche et fantasque
Iure, maudit, peste et renasque.
Tout est plein de confusion
D'horreur et de sédition.
Des plaintes on vient aux murmures,
Aux cris, aux fureurs, aux iniures ;
Et les soldats du Régiment[1],
Repoussez assez brusquement,
Voyant leur partie mal faite,
Firent vne prompte retraite ;
Et dans ce bizarre combat,
Quelques-vns sont mis au grabat ;
D'autres suiuis avec brauades.
Le peuple fait les Barricades.
De tous costez on fait grand bruit ;
On court, on s'auance, l'on fuit.
Maçons, Charpentiers, Estuuistes,
Imprimeurs, Relieurs, Copistes,
Garçons de Postes et Relais,
Colporteurs et Clercs du Palais,
Tailleurs, Pages d'Apotiquaires,
Maquignons, Écorcheurs, Libraires,
Fourbisseurs, Charrons, Batteliers,
Crocheteurs, Doreurs, Écoliers,
Crieurs de noix et d'eau de vie,
Moutardiers et vendeurs d'oublie,
Crieurs de passement d'argent,
Assistants, Recors et Sergent,

[1] Le régiment des gardes, appelé par excellence le Régiment.

Meneurs de hacquets et brouettes,
Marqueurs, enfants de la Raquette,
Porte-chaires, passeurs de Bac,
Vendeurs de pipes et tabac,
Cureurs de puits et de gadoue,
Charetiers qui mènent la boue,
Mareschaux, Forgerons, Selliers,
Partout s'épandent par milliers.
Aux Halles les Fripiers s'armèrent;
Et les Bourgeois se cantonèrent,
Au près aussi bien comme au loin,
Sur le Quay, sur le port au Foin.
Chacun son compagnon réclame,
Fourbit son mousquet et sa lame
Et iurant sans cesse morbieu
Prend l'hallebarde ou quelque épieu.
Cette martiale iournée
Par la nuit ne fut terminée.
On vit de moment en moment,
Sans sçauoir pourquoy ni comment,
Aux portes et par la fenestre,
Peter fortement le salpestre.
Et ces gens, à n'en mentir point,
Estoient braues au dernier point.
Le lendemain la belle Aurore
Les trouua tous armez encore;
Et comme ils n'auoient pas dormy,
Remplis de vin plus qu'à demy,
De ce vin leur âme eschauffée
Se promettoit quelque trophée.
  Le Chancelier, à ce matin,
Conduit par son mauuais destin,
Portoit à la Cour Souueraine
Vn ordre envoyé par la Reyne.
On luy crie : « Demeure là. »

Luy, surpris de ce Quy va là,
Qui est vn terme de milice
Peu cognu des gens de Iustice,
Les ayant appelez mutins,
Gagna le Quay des Augustins.
Le peuple s'émeut dans la rue,
Le suit, le clabaude, le hue.
Son carrosse fendit le vent.
La troupe le va poursuiuant;
Et d'vne ardeur fière et mutine,
Inuestit l'Hostel de Luyne,
Rompt la porte de la maison.
L'vn en sa main tient vn tison,
Vn chenet, vne lichefrite,
Le couuercle d'vne marmite.
Ils iurent tous qu'il en mourra,
Que iamais sceau n'appliquera.
Luy, réduit à cet accessoire,
Et qui, pour auoir leu l'Histoire,
Sçait fort bien comme d'autrefois,
Sous le règne des anciens Roys,
Vn chancelier fut mis en broche
Par le noble écorcheur Caboche,
Assisté de quelques mutins,
Vulgairement des Maillotins,
Crut sa dernière heure venue.
A deux genoux, la teste nue,
Dans ce péril rude et pressant,
Il inuoquoit le Tout Puissant;
Et fit, comme on peut bien le craire,
A l'Éuesque de Meaux, son frère,
De ses péchez confession,
Auecque protestation
Que si du danger il eschappe,
Iamais plus on ne l'y attrappe;

De ces angoisses oppressé,
Aussi passé qu'vn trépassé.
Les Gardes viennent à la file.
D'abord la canaille fait gile.
Et suruint à cet accident
Le Mareschal Surintendant [1],
Tousiours fier comme son espée,
Au sang des ennemis trempée,
Dont il occit vn Crocheteur
Qui n'estoit là que spectateur,
Excitant sur luy mainte pierre
Qui pensa le ietter à terre.
Et d'Ortis arriuant soudain
Prit le Chancelier par la main,
Que la Cronique médisante
Dit qu'il auoit froide et tremblante.
Ce grand Ministre de l'Estat,
Eschappé de cet attentat,
Alla chercher sa seureté
Au Palais de sa Majesté.
La suite de cet heur extrême
Pour les siens ne fut pas de mesme.
Auprès de luy l'Exempt Picot
A la mort paya son escot.
Sa triste et funeste auenture,
Sans qu'il soit besoin qu'on en iure,
Fait voir que pour ne pas mourir,
Il n'est rien tel que de courir
Et qu'en de semblables affaires
Les iambes sont fort salutaires [2].
 Laissons ce ministre dispos
Au Palais Royal en repos.
Faisons vn tour parmy les rues.

---

[1] Le maréchal de La Meilleraye.
[2] Ces quatre vers rappellent le premier quatrain de l'épigramme bien

Partout les chaisnes sont tendues ;
Des caues on sort des tonneaux ;
On amène des tombereaux,
Des chariots et des charrettes ;
On appreste les escoupettes ;
Et nos Bourgeois fort résolus,
Vieux soldats tout frais esmoulus,
Sont attachez aux Barricades,
Comme forçats à leurs rancades.
Carmeline, l'Opérateur [1],
Vestu d'vn colet de senteur,
Chausses de Damas à ramage,
La grosse fraize à double estage,
Bas d'attache, le brodequin
De vache noire ou maroquin,
Le sabre pendant sur la hanche,
Et sur le tout l'escharpe blanche,
Tenant en main bec de corbin,
Monté sur vn cheual Aubin,
Gardoit avec six cens et onze
Le poste du Cheual de Bronze ;
Et fit assez diligemment
Vn bizarre retranchement.
De cette belle architecture
A peu près voici la peinture :
De l'vn iusqu'à l'autre pilier
On mit de dents vn ratelier.

connue que Passerat a écrite contre le duc d'Aumale dans la *Satire Ménippée* :

> A chacun nature donne
> Des pieds pour le secourir :
> Les pieds sauuent la personne ;
> Il n'est que de bien courir.

[1] Carmeline, en vn coin reclus,
Voit ses pélicans superflus.
Le Ministre d'Estat flambé [2470].

Sur les dents on mit des machoires,
Des brayers, des suppositoires,
Des pellicans, des bistoris,
Des boetes de poudre d'Iris,
Des chalits, des portes, des cruches,
Des coquemars, des œufs d'Autruches,
Quelques saloirs remplis de lard;
Et sur ce solide rampart,
On fit vn parapet de grilles,
Par où guignoient deux crocodilles.
Il est vray qu'ils ne viuoient pas;
Mais chacun ne le sçauoit pas.
La forme estoit pentagonale,
Triangulaire ou bien ouale;
Qui voudroit en leuer le plan,
Ne le sçauroit en moins d'vn an.
Ie le donne au grand Archimède,
Aux compagnons de Diomède,
A Vitruue, à Nostradamus,
A feu l'ingénieur Camus,
Gamorin, Targon et de Ville,
A Roberual qui monstre en ville,
Villedot[1], Mercier, Mestrezeau,
Sainct Felix, le Pautre, le Veau,
Iean Tiriot, qui fit la digue[2],
Et Trazor, du temps de la Ligue,
Aux ingénieurs comme Alemans,
Aux Italiens et Flamans,
A Steuin comme au sieur des Cartes,
A Blaeu qui descrit tant de cartes,
A Mercator, à Oudinet,
Au géographe Bertinet,
Avec compas mathématiques,

[1] Il a donné son nom a une des rues de Paris.
[2] La digue de la Rochelle.

Instrumens nouueaux et antiques,
D'en faire la description
Dans la iuste dimension;
Tant l'on auoit mis d'artifice
A bastir ce noble édifice.
A la Halle et aux enuirons
On se retranche de marons,
De citrouilles, pommes pourries,
D'artichaux, fourmages de Brie,
De choux, de concombre et naueaux,
D'épinards, raues et porreaux,
Prunes, brugnons, poires, oranges;
Les cabats traînent dans les fanges;
Et le cordon de ce trauail
Estoit de fine gousse d'ail,
Où l'on aiousta quelques bottes
De très-puantes eschalottes;
Ce qui faisoit vn bel effet
Dont le peuple fut satisfait.
Derrière, maintes Harangères,
Plus affreuses que des Mégères,
Mettant la main sur les roignons,
Crioient : « Par la teste aux oignons,
Ces traîtres nous l'ont donné belle.
Viue le Roy! viue Bruxelle!
Viue la Cour de Parlement!
Et sacre du Gouuernement! »
Elles adioustoient autre chose
Qui ne se peut dire qu'en prose.
Harangères certainement,
A le dire confidamment,
Mériteroient d'estre fessées,
Et d'auoir les langues percées.
Mais passons aux autres cartiers
Où les garçons de tous mestiers,

Quittant le soin de la boutique,
Prenoient l'hallebarde ou la picque,
Le coutelas ou l'espadon,
Le brin d'estoc ou le bourdon;
Chacun saisissant à la haste
Ce qui se trouue sous sa pate.
Seruantes au haut des greniers
Portoient cailloux à pleins paniers.
Les femmes estoient aux fenestres.
Tout s'en mesloit, hormis les Prestres.
Mais ceux qui n'estoient qu'*in sacris*
Animoient les gens par leurs cris.
De barricade en barricade,
Constantin iouoit sa boutade[1]
Et par vn martial fredon
Sonnoit l'alarme en faux bourdon.
Au milieu de ce grand désordre
L'on voit arriuer en bon ordre,
A pas comptés et grauement
L'Illustre Cour de Parlement.
Tout le peuple leur fait grand feste.
Messieurs baissant parfois la teste,
Auec vn modeste sousris,
Flattoient ces nouueaux aguerris.
A leur abord la populace
De tous costez s'ouure et fait place,
Disant : « Allez, nos Protecteurs;
Abolissez les Collecteurs,
Tous imposts; et faites en somme
Que vous nous rameniez nostre homme. »
   Cependant au Palais Royal
On discouroit, qui bien, qui mal.
L'vn disoit : c'est trop entreprendre.

---

[1] Voyez plus loin la chanson de Blot *sur la plainte de l'Amour contre la guerre parisienne*.

L'autre : ils font bien de se défendre.
Enfin la Reyne les receut;
Et les Huissiers ayant fait chut,
Molé d'vn visage assez ferme
A peu près luy dit en ce terme :
« Reyne, l'Image du grand Dieu,
Si nos souhaits auoient eu lieu,
Et que, pour le bien de la France,
On eust pris en vous confiance,
Tout ce tumulte hors de propos
Ne troubleroit vostre repos.
Quoy! dans l'allégresse publique
Par vne fausse politique,
Mettre, hors de temps et de saison,
Les bons Magistrats en prison
Pour auoir auec asseurance
Dit leur aduis en conscience!
Ce qui maintient les Potentats,
Le plus ferme appuy des Estats
Est de régner auec Iustice.
Mettre en vsage l'artifice,
La fourbe et le déguisement,
C'est en saper le fondement.
Madame, les mauuais copistes
Des conseils Machiauélistes
Qui séduisent vostre douceur,
Éloignent de nous vostre cœur
Par des raisons imaginaires,
Au bien de vostre Estat contraires;
Vous disant pour leur intérest
La chose autrement qu'elle n'est.
Mais las! il n'est plus temps de feindre.
Tout s'émeut; le peuple est à craindre.
Dieu quel peuple! vn grand peuple armé,
De rage, de fureur animé,

Qui met son salut en ses armes! »
Lors quelques véritables larmes,
Quoy que disent les enuieux,
Parurent couler de ses yeux.
Chacun peut en croire ce qu'il pense.
Puis auec la mesme éloquence,
Il poursuiuit : « Ne craignez pas,
Madame, de faire vn faux pas,
Cédant, comme il est nécessaire,
A la fureur du populaire.
Quand le vent agite les flots,
Les plus habiles matelots,
Pour se garantir du naufrage,
Par vn conseil prudent et sage,
Au lieu de résister au vent,
Calent la voile bien souuent,
Et les yeux arrestés sur l'Ourse,
Nauigent d'vne oblique course.
Ce que pratiquent les nochers
Parmy les bancs et les rochers,
Apprend aux Roys à se conduire
Dans les troubles de leur Empire.
Comme le perfide élément,
Le peuple s'esmeut aysément ;
Mais il s'appaise tout de mesme.
Votre sagesse tout extrême,
Madame, éloignera de nous
Ce malheur dont ie crains les coups,
En accordant à nos prières
La liberté de nos confrères.
Le peuple a le mesme désir.
Il n'y a pas lieu de choisir.
Ie crains que, perdant l'espérance,
Il n'en vienne à la violence.
Ce sont des cheuaux eschappez,

D'ardeur et de fougue emportez,
Dont la fureur choque et renuerse
Tout ce qui vient à la trauerse,
Faciles à s'effaroucher,
Difficiles à rapprocher.
Songez bien que cette iournée
Doit faire nostre destinée;
Que pour le salut de l'Estat
Il faut terminer ce débat,
Et qu'à des troupes bien armées,
D'vn iuste prétexte animées,
Les canons tous prests à tonner,
Refuser tout, c'est tout donner. »
   La Reyne, pleine de sagesse,
Dissimulant auec adresse,
Luy repartit et accorda,
Non pas tout ce qu'il demanda,
Mais seulement vne partie;
Dont la populace auertie,
Quand ils sortirent, les poursuit,
Se plaint, murmure et fait grand bruit.
Quelqu'vn plus hardy que les autres[1] :
« C'est vous qui, comme chef des vostres,
Dit il au premier Président,
Respondrez de l'éuènement. »
Et luy présente l'hallebarde.
Mais est bien gardé que Dieu garde.
Il conserua le magistrat;
Car l'hallebarde prit vn rat.
La rumeur se faisant plus forte,
Il fut poussé dans vne porte.

[1] Tout le passage qui commence par ce vers et finit à celui-ci :
   Mais reprenons nostre brisée,
ne se trouve que dans la troisième édition.

Tout le peuple en confusion
Crioit auec émotion :
« Retournez; dites à la Reyne
Que nous voulons qu'on nous l'amène.
Il n'y a point à barguigner.
Depeschez vous sans tant lorgner. »
Les autres, force réuérence,
Néantmoins auec doléance :
« Quoy, disoient-ils, Pères Conscrits,
Ces gens demeureront proscrits!
Souffrirez vous que l'on vous berne?
Quoy, vous payer de baliuerne!
Nous les voulons présentement. »
— Ah! mes amis, tout doucement.
Pour Dieu, de grâce, patience!
Nous marchons et en diligence. »
— « A quoy bon tant de façons? »
Cecy donna de grands soupçons
A quelques vns de l'Assemblée,
Qui, l'âme de frayeur troublée,
Se figurant comme ces gens
Ne sont tous rien moins que prudens,
Craignant de rudes accolades,
S'escartant de leurs camarades,
S'écoulèrent à petit bruit.
D'autres attendirent la nuit.
Vn Officier craint que sa trongne
Ne fasse passer sa personne
Pour vn des illustres patrons,
Met sur son dos vn corbillon,
A ses pieds pantoufles de natte,
Entre ses iambes vne latte,
Sa teste dans vn chaperon,
Plumes de cocq à l'enuiron,
Vn garde robe d'étamine,

Et tout barbouillé de farine,
Tout semblable à Dame Alizon,
Enfin regaigne sa maison;
Ce qui ne fut pas sans risée.
Mais reprenons nostre brisée.
   Le Parlement très effaré
De ce succès inespéré,
Voyant que ces âmes vulgaires
Traitoient ainsi leurs Tutélaires,
Fait de nécessité vertu,
Et de diuers soins combattu,
Deux à deux en belle ordonnance
Vers le Palais Royal s'auance.
Le peuple redouble ses cris
Les plus hardis se trouuent pris
Pesle mesle auec la canaille.
Le soldat se met en bataille.
On murmure, on parle, on discourt
Dans l'anti-chambre et dans la cour.
Ainsi ces Messieurs arriuèrent
Et par le grand degré montèrent.
Chacun se rangeant à l'entour
S'enquiert d'où vient ce prompt retour.
L'vn disoit, faisant grise mine :
« Le retour vaudra bien matine. »
L'autre d'vn gracieux maintien :
« Croyez moy; ce ne sera rien. »
Et chacun, suiuant son génie,
Ou rioit ou n'en rioit mie.
Comme le mal estoit pressant,
Que le danger alloit croissant,
On résolut, sans plus attendre,
De relâcher et de les rendre.
Cheuaux et cochès attellez
Et proches parents appellez,

On s'achemine en diligence
Droict au Mesnil Madame Rance [1]
Où Bruxelle estoit arresté.
Ceux qui furent de ce costé,
Passèrent auec peu de peine.
Ceux qui allèrent à Vincenne;
Après auoir fait maint détour,
Quand la nuit eut chassé le iour,
Sentirent sur eux pesle mesle
Tomber de cailloux vne gresle
Qu'en la ruë des Chiffouniers
On lançoit du haut des greniers.
Toute la populace émeue
Crioit : demeure ! tue ! tue ! tue !
Et dans ce populaire effort
Tout leur représentoit la mort.
Demeurer, c'est chose mortelle;
De reculer, point de nouuelle.
Mais Le Couldray se résolut,
Ainsy que le bon Dieu voulut,
De leur faire vne tentative.
On lui crie de loin : Qui viue?
— Viue le Roy ! — Ce n'est assez.
— Viue le Parlement! — Passez.
Qui estes-vous? — Gens des Enquestes,
Fauorables à vos requestes,
Amis qui, pour vous secourir,
Hazarderont iusque au mourir.
Tout de bon, n'en faites nul doute.

[1] « Quelques troupes ennemies de la Garnison de Sainct-Denys.... ont esté piller plusieurs Bourgs des enuirons, et entr'autres le Mesnil Madame Ranse, où ils ont fait plusieurs desgats en haine de ce que de ce lieu Monsieur de Broussel, Conseiller au Parlement,... auoit esté remmené glorieusement dans la ville de Paris. »
Quatrième arriuée du courrier françois.

— Messieurs, de nuict on ne voit goutte;
Et d'aller ainsy sans flambeau,
Morbieu, cela n'est bon ni beau;
C'est affronter le corps de garde.
Pour vous nous n'y prenons pas garde.
A Nosseigneurs tout est permis;
Et vous estes de nos amis.
Eux échappez de la déroute,
Suiuent pareillement leur route,
Et firent si bien leur deuoir
Que Blanc Mesnil vint dès le soir [1].
Cependant nos nouueaux gendarmes
Ne voulant ny poser les armes,
Ny rentrer dans leurs maisons,
Ils allèguent mille raisons,
Disant que l'on les veut surprendre,
Qu'il se prépare vn grand esclandre,
Que l'on prétend les renfermer
Dans Paris pour les affamer,
Vser enuers eux de finesse
Boucher le chemin de Gonesse,
Qu'il n'y a rien pour le certain
De si long comme vn iour sans pain,
Et qu'ils y donneront bon ordre.
Tout Paris est plein de désordre,
De terreur, de crainte et d'effroy,
Sans néantmoins sçauoir pourquoy.
La nuict se passe de la sorte,
Sans souffrir que personne sorte
De la ville dans le faux bourg.
Quand le Soleil fut de retour,
Quelques gens arriuent en foule
Qui disent que proche du Roule,

[1] Potier de Blancmesnil, président à mortier, arrêté en même temps que Broussel.

A Boulogne et aux enuirons
Paroist quantité d'escadrons,
Qu'ils en ont veu bien près de mille.
Le peuple à s'alarmer facile
Prend cela pour argent comptant,
Et s'en trouble tout à l'instant,
Gronde, tempeste, s'effarouche,
Dit ce qu'il luy vient à la bouche,
Et tout lui deuenant suspect,
Parlant sans crainte et sans respect,
Que ce malheur est sans remède,
Et que la Reyne de Suède
Erlac[1] ou bien le Loup garou
Ont pris leur quartier à Saint Clou.
Quelqu'vn dit qu'il a veu la Seyne
De monstres marins toute pleine,
Conduits par le poisson Colas,
Qu'ils ont en mains le coutelas,
Et que les ayant veu parestre,
S'approchant pour les recognoistre,
Soudain les ayant veu plonger
De leur nombre il n'a pu iuger;
Que néantmoins la troupe est grande
Et qu'ils sont bien plus d'vne bande;
Que l'on doit à son sentiment
Craindre vn funeste éuènement,
Et qu'il y a parmy ces bestes
Quelques Chimères à cent testes.
Le peuple qui croit de léger,
Et qui ne craint que le danger,
Dit que cela pourroit bien estre,
Que mesmement deuant Bissestre
Il paroist des magdaléons

---

[1] Jean-Louis comte d'Erlach, général de l'armée weymarienne. Voyez entre autres la *Champagne désolée par l'armée d'Erlach* [677].

Montez sur des Caméléons,
Que l'on y voit des hypogrifes
Des Caualiers ou Hiéroglyfes,
Qu'entr'eux mesme sur vn dragon
On recognoist le Roy Hugon
Qui, pour leur ruine certaine,
Est party de Tours en Touraine,
Que cecy n'est point vision
Et qu'ils sont plus d'vn million,
Qu'ils iettent le feu par la gorge,
Qu'il faut mander M. Saint George
Lequel depuis plus d'an et iour
Au sépulchre fait son séiour,
Faire en sorte que la Pucelle,
Ainsy qu'il combattit pour elle,
L'engage en ce malheur pressant
Au secours d'vn peuple innocent.
La ville, à cette renommée,
De nouueau se voit rallumée
Et quelque vin dessus le ieu,
Dont ils auoient pris plus qu'vn peu,
Faisoit que les gens vénérables
Estoient de raison peu capables
Quand à neuf heures du matin
On vit au faux bourg Saint Martin
Arriuer par bonne aduenture
Monsieur Bruxelle et sa voiture.
Ce retour fut vn coup du Ciel.
Le peuple dépose son fiel,
De deux costez se range en haye;
Mais pourtant, craignant vne baye,
Veut voir le bon homme chenu
Qui de force gens n'est cognu.
Aussitost qu'il monstre sa teste,
Chacun, son arquebuze preste,

Son mousquet et son poitrinal,
Fait vne salue en général.
Partout le cry se renouuelle
Viue le Roy! viue Bruxelle!
Quatre cents hommes à l'instant
Le conduisent tambour battant
Et le promènent par les rues.
Les chaisnes furent détendues
Tous les tonneaux sont renuersez,
Mais non les soupçons effacez.
Il est conduit en la Grand' Chambre.
Ses Compagnons furent le prendre.
Ensuite vn Arrest est donné
Par lequel il est ordonné
A chacun d'ouurir sa boutique,
Les Clercs reprendre la pratique;
Mousquets remis au ratelier,
Maçons iront à l'atelier,
Les charretiers à leurs charrettes,
Les Vinaigriers à leurs brouettes,
Les Mareschaux à leurs marteaux;
Les Porteurs d'eau prennent leurs seaux;
Les Charpentiers la besaguë;
Et la magnifique cohue
Tout doucement se sépara;
Chacun chez soy se retira
A la Cour ainsy qu'à la ville
Tout parut remis et tranquille.
Chacun reprit sa belle humeur.
Ainsy finit cette rumeur.
Ie ne sçaurois, pour moy, comprendre
S'il y a du feu sous la cendre;
Mais sans pousser l'affaire à bout,
Nostradamus et Dieu surtout.

Reqveste des trois Estats présentée à Messievrs du Parlement [3494][1].

(1648.)

Supplient humblement les trois Estats du gouuernement de l'Isle de France, joinct auec les bourgeois et habitants de la bonne ville de Paris, se faisant forts du consentement et vnion des treize prouinces et gouuernements du Royaume, et spéciallement de toutes les grandes villes, de la bonne volonté et intention desquelles lesdits Estats sont associés, tant par parolles que par escrit, comme aussi par la conionction de l'intérest commun. Disans que depuis la mort du Roy Louys XIII, d'heureuse mémoire, quoy que les Princes, grands Seigneurs et Officiers, de resouuenance des énormes iniustices et maux intollérables qui leur ont esté faits et à tout le Royaume par ceux qui s'estoient emparé de la puissance absolue près du Roy, sous le nouueau nom de premier ministre d'Estat, eussent protesté hautement de ne plus souffrir qu'vn particulier s'eslevast ainsi sur les espaules des Roys, et à l'oppression de tout le monde, néantmoins par le trop de bonté qu'ils ont eu, il est auenu qu'vn estranger nommé Iulle Mazarin s'est installé dans ce souuerain ministère, où il n'a esté esleué par sa naissance ny par aucun seruice notable rendu à cet Estat ny par aucun mérite, veu que l'on sçait qu'il est Cicilien d'origine et naturel suiet du Roy

---

[1] Naudé dit de ce pamphlet qu'il faut lui donner lieu entre les bonnes pièces; et Omer Talon nous apprend que l'imprimeur, qu'il ne nomme pas, fut arrêté et condamné par le Châtelet à faire amende honorable et à être banni.

d'Espagne, de très sordide naissance, qui a esté vallet en diuers endroits à Rome, après y auoir seruy mesme dans les plus abominables desbauches de ce pays-là, et s'estant poussé par ses fourbes, plaisanteries et intrigues, de tel action est venu en France, où il s'est introduit par les mesmes moyens dans l'esprit de ceux qui gouuernoient, lesquels l'ont auancé pour leur seruir d'espion et de ministre pour leurs intrigues particulières, et auec le temps s'est rendu fort puissant sur l'esprit et sur le conseil de la Royne, tenant hautement tous les grands du Royaume, sans qu'on ayt recognu pendant ce temps d'autre autorité à la Cour et dans toutes les affaires du dedans et du dehors que la sienne, au grand scandale de toute la maison Royalle et de toute la France, et à la dérision mesme des nations estrangères; qu'ainsi depuis six ans il a plus fait de mal, de dégast et de rauage que les plus cruels ennemis ny sçauroient faire, s'ils y estoient venus à main armée et vainqueurs; car il a disgracié, banny et emprisonné sans suiet ny forme de iustice les Princes, Officiers de la Couronne et Cour de Parlement, les grands Seigneurs et les plus seruiteurs des Roys et des Princes, faict mourir quelqu'vns d'iceux par poison, entre autres le président Barillon[1], faisant pour crime d'estre trop affectionné au seruice du Roy; il n'a auprès de lui que des gens très meschants, sans honneur et sans foy, traistres, concussionnaires, impies et athées; il s'est attribué la charge de gouuerneur du Roy, pour le nourrir à sa mode et l'empescher de la compagnie des choses nécessaires à bien régner, afin de demeurer tousiours son maistre, luy insinuer des sentiments d'auersion

[1] On peut voir les *Dernières actions et paroles de monsieur le président Barillon décédé à Pignerol le 30 aoüt* 1645, etc. [1030.]

contre les gens de bien, contre ses Parlements et contre ses bonnes villes, de peur qu'ils ne s'approchent vn iour pour luy faire cognoistre la vérité du malheureux estat où il les veut réduire; il a corrompu ce qui estoit de candeur, de foy, de bonnes mœurs dedans la Cour, par des artifices, fourbes et perfidies; y a par son exemple mis en regne les berlans et ieux de hazard, qui sont les ruines des plus grandes maisons, et autorisé l'impudicité et rauissement, dont il s'est plus veu d'exemples notables depuis qu'il ne s'en estoit veu depuis cent ans; a osté les charges sans cognoissance de cause à des personnes de mérite pour les donner à d'autres, afin d'en faire ses créatures; a violé et renuersé la Iustice, empeschant que l'on en puisse auoir aucune contre ceux qui lui appartiennent, arrestant les iustes poursuites contre des crimes atroces, cassant et elludant à tous moments les Arrests des Cours souueraines par des euocations et des Arrests de Commissaires d'en haut; qui pis est, il a pillé et raui toutes les Finances du Roy et réduit sa Maiesté en vne indigence extrême, et tous les suiets dans vne misère pire que la mort; car non seulement il a espuisé tout ce qu'il y auoit de deniers liquides par des comptans qui montent par an à des cinquante et soixante millions; mais encore il a consommé par auance 3 années de reuenu du Roy, pour embrouiller et confondre à iamais l'ordre des finances; il a auctorisé et amplifié estrangement cette maudite engeance de Partisans, qui, la plus part venus de laquais et palferniers, gourmandent toute la France à coups d'estriuières, ont mis les Tailles en partis, les faisant leuer par le moyen des compagnies de fuzeliers qui sont autant de Démons dechainez, ont créé grande quantité d'Officiers de toute sorte, et fait de iour en iour des imposts insupportables, pour l'exécution desquels ils se sont seruy de cruauté, et de tortures capables de tirer de la moüelle des os des malheureux François, qui eussent esté bien aises d'en estre quittes pour leur abandonner tout leur bien et paistre l'herbe comme de paures bestes, s'estant veu tout à la fois 23 000 prisonniers dans les Provinces du Royaume pour les taxes des Tailles et autres imposts, dont il en est mort cinq mile hommes dans cette langueur l'an mil six cens quarante-six, ainsi qu'il se vérifie par les escroues et registres des Geolliers. Néantmoins quoiqu'il ait consommé tous les ans plus de cens ou six vingts millions, ainsi qu'il est aisé de iustifier par les Comptes, en deniers provenus tant des Tailles, des Fermes, des Parties Casuelles, des gages et droicts, il n'a payé ny les gens de guerre, ny les pensions desquelles toutefois il monstre de grands estats pour couurir ses pilleries, ni pourueu les places frontières d'hommes ny de munitions, ny satisfait aux estats de la Marine et de l'Artillerie, dont il est deub plus de quatre années ; n'a fait aucun bien aux gens de vertu et de mérite, ny donné aucune récompense à ceux qui ont prodigué leur bien et leur sang pour le seruice du Roy ; au contraire il a fait périr de mal faim et de nécessité presque toutes les armées du Roy, lesquelles n'ayant touché depuis cinq années que deux monstres par an, il est mort plus de six vingts mil soldats de misère et de nécessité et horrible pauureté ; si bien qu'il est certain, et se peut prouuer par plusieurs tesmoings irréprochables, qu'il a partagé des grandes sommes de deniers auec ceux qu'il a auctorisé, et en a englouti la plus grande partie, qu'il a fait transporter, tant par lettres d'eschange qu'en espèces et pierreries, et ce sous prétexte de faire la guerre en Italie et de conquérir quelques places comme *Piombino* et *Portolongone*[1]. Donc partant on sçait bien qu'il a laissé les garnisons mourir de faim, leur estant deub encores à présent huict monstres, et qu'il n'a point fait faire les réparations nécessaires de sorte qu'elles ne peuuent résister à la moindre attaque de l'ennemy; de plus, pour auoir suiet de continuer tousiours la guerre et par mesme moyen les prétextes de sa tyrannie et de ses volleries, il a esloigné la paix lorsque la France la pouuoit auoir la plus aduantageuse; toutes les armées victorieuses ont esté sur le point de faire de grands progrès; il a rompu et destourné par des malices secrettes et n'a point eu de conscience de les perdre et dissiper, et mesme d'exposer les Princes qui les commandoient, comme l'on a veu en Catalogne par deux fois au siège de Lérida, à la surprise de Courtray et aux affaires de Naples[2]; qu'il a laissé dépérir non sans beaucoup d'apparence qu'il s'entend auec les ennemis de l'Estat, afin de trouuer refuge chez eux, si la France ennuyée de sa tyrannie vient à le chasser.

Ce considéré, Messieurs, et de plus qu'il est estranger, et establi naturel suiet du Roy d'Espagne, partant incapable d'auoir charge en France par les loix du royaume, par les Ordonnances des Roys, qui ont si souuent banny les Italiens, et par l'Arrest autentique et célèbre de l'année mil six cens dix sept, ensuitte de la

[1] Silhon donne la raison de cette conquête dans la pièce intitulée : *Éclaircissement de quelques difficultez touchant l'administration du cardinal Mazarin* [1108].

[2] Les deux siéges de Lérida, par le comte d'Harcourt en 1646, et par le prince de Condé en 1647; Courtray pris en 1646 par les Espagnols, pendant que le prince de Condé assiégeait Ypres; l'expédition de Naples par le duc de Guise.

mort du Mareschal d'Ancre, IL VOUS PLAISE faire remonstrance à la Royne sur les grands malheurs et désordres que ledit Mazarin a causez, et sur ceux qu'il causeroit à l'advenir s'il demeuroit plus longtemps dans cette domination illégitime et violente ; Comme aussi de faire entendre et remonstrer aux Princes du Sang la captiuité où les premiers Ministres de l'Estat ont mis eux et tout le Royaume depuis si longtemps, les extrêmes dangers où ils les ont mis par plusieurs fois ; leur remonstrer deuant les yeux les reproches que leur feront la postérité de s'estre laissé surprendre, et de ne souffrir plus qu'vn estranger mette en seruitude pour iamais le Roy et toute la Maison Royale. Partant que Sa Majesté et lesdits Princes, preuenant les dangers inéuitables qui en arriueront s'ils n'y pouruoyent promptement, veulent faire arrester ledit Mazarin sous bonne et seure garde, repéter de luy les finances du Roy qu'il a vollées, et le chastier exemplairement de tant de crimes énormes qu'il a commis. Et afin que la France et les Roys, Princes et peuples ne retombent plus à l'aduenir dans vne mesme seruitude, que les Princes veulent se donner la peine, comme enfants de la Maison, et leur intérest conioint auec ceux de l'Estat, et que ceux des François fauoris y sont tousiours contraires, de manier lesdites affaires par leurs propres mains, non plus par celles des fauoris qui les trahissent et les vendent, et de vouloir gouuerner eux mesmes par l'advis des Seigneurs et des personnes de qualité, d'expérience et de probité irréprochable, sans plus permettre l'entrée du Conseil à des gens de néant, corrompus et tels que ledit Mazarin y a introduits ; afin qu'ayant exterminé tous les imposts et les ruines de la tyrannie passée, et remédié aux désordres

infinis qui en sont prouenus, ils puissent gouuerner la
France sous les loix de Dieu et celles du Royaume, conclure vne paix aduantageuse, faire respirer les peuples qui
n'en peuuent plus, et enfin rendre cet Estat si puissant
et si heureux au dedans et au dehors qu'il ne craigne plus
l'oppression des meschants Ministres, ny les efforts des
ennemis, protestant les Estats et les autres bons François
qui, Dieu mercy, sont encore en grand nombre, que,
s'il n'y est pourueu promptement et comme il est nécessaire, ils y employeront, s'ils y sont contraints, tout
leur bien et leur sang pour y remédier, et se seruiront de
tous les moyens que la nature et le deuoir enseignent
pour deffendre son Roy, son pays, sa liberté et sa vie.

Reqveste bvrlesque des partisans au Parlement [3466] [1].

(1648.)

. . . .

Vous remonstrent les partisans
De toutes espèces, Disans :
Qu'ils ont appris à la mal heure
Que Maiesté, quoique mineure,
Sans réfléchir par elle assez
Dessus leurs seruices passés,
A créé chambre de Iustice
Pour que financiers on punisse;
Mais pourtant c'est vn à sçauoir
Si Régente auoit le pouuoir
De fulminer des bulles telles

---

[1] Contre la Déclaration du 16 juillet 1648, portant établissement d'une chambre de justice.

A ses bons suiects si mortelles,
Car c'est en purs termes de droit
Tout ce que le maieur pourroit,
Ne tenant lieu que de tutrice
Et de simple administratrice
Qui ne peut rien sans nullité
Changer durant minorité [1].
Or, ce faisant, la bonne Reyne
Sans doute le fonds aliène
Au Roy, nostre maistre, son fils,
Qu'on sçait estre au rang des pupils,
Et qui est dans son indigence
Secouru de nostre finance;
Si que sans nostre crédit prompt
L'Estat eust reçu maint affront.
Cependant nous donnant la chasse
Comme à quelque maudite race,
De nous outrager on permet;
Et par tel édit on nous met,
Nous dont l'argent soustient la France,
Dans le danger de la potence.
   Nos seigneurs, ce considéré,
Il vous plaise de vostre gré
Nous receuoir par ces présentes
Appellans de telles patentes
Tout comme d'abus bien constant,
Qu'aussy de iuge incompétent,
Mais d'incompétence notoire,
Ainsy qu'en auons bon mémoire;
Et de tel enregistrement
Comme fait précipitément,
Sans pièce vue, à la volée,
Sans parties ouyes ou appelées,

---

[1] C'est une thèse que les partisans des princes ont fortement soutenue et longuement développée en 1631 et 1652.

CHOIX

Sur des défauts mal obtenus
Et dires de nouueaux venus
De peu d'aage et d'expérience
Dans les matières de finance
Qui ne peuuent encor sçauoir
Combien il fait bon en auoir
A titre de pensionnaire
Ou bien en quelqu'autre manière;
Tant y a que nous soustenons
Que nos moyens d'appel sont bons,
Et soit au fonds, soit en la forme
Y a vice en telle réforme :
En la forme, bas iusticiers
Ne sont iuges de financiers.
Or Parlement (c'est vostre grâce)
A seulement iustice basse ;
Et si chastier il nous faut,
Ce doibt estre chambre d'en haut.
Au fond, voler prince et patrie
N'est pas vn crime qu'on chastie ;
On le souffre, pour faire court,
Aux Prouinces comme à la Cour ;
Et loing de le punir en France,
Au contraire on le récompense.
Encor d'autres moyens auons
Que, bien conseillez, réseruons,
Puisque celuicy l'on dédaigne,
Aux assises d'vn autre règne
Où connoistra postérité
Qu'en ce trop viste on a esté
Et qu'on fit Chambre de Iustice
Pour manger nouueau pain d'espice
Et non point pour aucuns subiects
Utiles à prince et subiects,
Ainsy comme chacun conte

Qui est pourtant vn grand mécoute.
Donc sur nostre appel droit faisant,
Faut, Nos Seigneurs, dès à présent
Déclarer cette belle bulle
Vitieuse, abusiue et nulle
Pour les cas touchés cydessus
Et bien d'autres qui ne sont sceus;
Du moins nous donner surséances
Ou plustost de bonnes deffenses,
Faisant sur peine d'attentat
Demeurer choses en estat.
Que si, par vn coup qui nous outre,
Nonobstant l'appel, on passe outre,
Sans nullement y déférer,
Affin de nous désespérer,
Non plus que Requeste Ciuile,
De chicane dernier azyle,
Ou propositions d'erreur,
Voyes de droit et de douceur,
Du moins ayant esgard aux offres
Que faisons de vuider nos coffres
De la finance qu'auons pris,
Vertu de légions d'édits,
Plains de cire de mainte sorte
Mais non pas pourtant assez forte,
Ayant, pour durer longuement,
Besoin du sceau du Parlement,
Et de ces plumes soueraines
Qui rendent patentes certaines
Et sans quoy n'y a seureté
D'aduancer à sa Maiesté,
Donnez vne ordonnance prompte
Que parties viendront à compte.
Si deuons, voulons en ce cas
Payer comptant les reliquas;

Que Iustice qui nous lanterne,
Contre seule bourse décerne
Veniat ou prise de corps,
Si bien que corde en soit dehors.
Assez ce nous est d'infortune
De donner tout nostre pécune
Sans estre encor, comme Iobetz,
Pendans d'oreilles de gibetz.
Et vous, Nos Seigneurs des Enquestes,
Qui grondez comme des tempestes,
Songez, sans ruer plus grands coups,
Que sommes hommes comme vous;
Que vostre corps qui si haut clame,
Cesse de chanter nostre gamme,
Suiuant l'exemple du Seigneur
Qui ne veut la mort du pécheur.
Ayez compassion de toute
La famille de Maletoute.
Aucuns de vous bien piaffants
Ont l'honneur d'estre ses enfants.
Du ciel n'attirez la colère
En faisant mourir vostre mère;
Et, sans délibérer, sauuez
La vie à qui vous la deuez.
Pour vostre sang fermez la bouche;
Et qu'autre intérest ne vous touche.
Faisant ainsi, vous ferez bien;
Et mieux encor n'en faisant rien.

Contract de mariage dv Parlement avec la ville de Paris [783][1].

(8 janvier 1649.)

Av nom de Dieu le Créateur; A tous présens et à venir : Furent présens en leurs Augustes représentations, Illustre et sage Seigneur le Parlement de Paris, tant en son nom que stipulant pour l'Ordre, la Police et la Iustice et pour toutes les Loix, Ordonnances, Coutumes, Pratiques et Maximes de la France, d'vne part; et Puissante et bonne Dame la Ville de Paris, aussi tant en son nom que stipulante pour tous ses Bourgeois et Habitans dans l'enclos de ses Murailles, de ses Fauxbourgs et Banlieue, et généralement pour tous les bons François, d'autre : Lesquelles parties volontairement, en la présence et par l'induction de très hauts et puissants Princes et Princesses, le deuoir, l'amour, la raison et la nécessité, Reconnurent et confessèrent auoir fait entre Elles de bonne foy les Traicté, promesses et conuentions de Mariage et d'vnion qui ensuiuent : C'est à sçauoir que ledit Seigneur Parlement prend ladite Dame Ville de Paris pour sa femme et légitime Espouse, comme pareillement ladite Dame prend ledit Seigneur Parlement de Paris pour son mary et légitime Espoux, pour estre lesdits Seigneur et Dame Parlement et Ville de Paris ioints et vnis perpétuellement et indissolublement, s'entr'aymer et s'entr'ayder

---

[1] Naudé classe ce pamphlet parmi les pièces *soutenues et raisonnées*. Mazarin croyait que le coadjuteur (cardinal de Retz) y avait eu quelque part. On trouvera plus loin une réponse au *Contract de mariage* dans le *Bandeau levé de dessus les yeux des Parisiens*, etc.

cordialement et sincèrement; à cet effet seront lesdits Seigneur et Dame présens, Espoux et conioints vns et communs en tous leurs désirs, actions, passions et intérests généralement quelconques, suiuant le bien de l'Estat et la conseruation du Roy et du Royaume; au désir desquels le présent Mariage et vnion sera régi, et auquel apporteront leur consentement tous les autres Parlements de France, frères puisnez de celui de Paris, comme ils en sont conuiez et priez, et pareillement toutes les autres Villes de France, sœurs puisnées de celle de Paris, qui en sont aussi conuiées et priées, et entreront tous, s'il leur plaist, en la présente alliance pour le bien vniversel du Royaume et à la gloire de Dieu.

Se prennent l'vn l'autre desdits Seigneur et Dame présents Espoux et conioints auec tous leurs droits, noms, raisons et actions, deuoirs et obligations qui leur peuent compéter et appartenir, toucher et regarder, généralement quelconques et spécialement aux charges et conditions qui ensuiuent :

Que Dieu sera tousiours seruy et honoré, craint et aymé, comme il se doit ;

Que les Athées, impies, libertins et sacriléges seront punis exemplairement et exterminez incessamment ;

Que les vices, les péchez et les scandales seront corrigez autant qu'il se pourra ;

Que la Religion sera maintenue et deffendue iusques au dernier soupir de la vie ;

Que le bien de l'Estat et la conseruation du Roy et du Royaume seront tousiours soigneusement embrassez et pourchassez ;

Que le soulagement du pauure peuple sera de mesme procuré autant qu'il sera possible ;

Que le Roy donné de Dieu au Royaume de France sera seruy et honnoré, aymé et obéy de tous ses suiets ; et afin qu'il leur sçache vn iour dignement commander, que les Loix de Dieu et celles de son Royaume, auec les autres sciences et vertus nécessaires aux Princes, luy seront enseignées par des personnes doctes, vertueuses et sainctes, telles que ledit Seigneur Parlement de Paris iugera plus propres et nommera, auxquels l'éducation et l'instruction sera particulièrement commise et chèrement recommandée ;

Qu'en la tendresse de l'aage en laquelle Sa Maiesté se trouue maintenant, qui est foible pour le gouuernement de son Estat, ledit Seigneur Parlement présentera des personnes Illustres et de suffisance requise à vne si importante fin, lesquelles seront prises des Ordres du Clergé, de la Noblesse et de la Magistrature ;

Que ces sages et vertueux personnages seront après les Princes du Sang comme Conseillers naturels et Ministres nécessaires au soulagement de la Régence ;

Que toutes les matières d'Estat et de gouuernement se résoudront par l'aduis des Princes du Sang et des Conseillers et Ministres d'Estat et par la pluralité des voix, comme il est conuenable ès minoritez des Roys ;

Que ces Conseillers et Ministres, proposez par ledit Seigneur Parlement, acceptez et establiz par le Roy, pourront estre destituez ou changez selon que leurs déportemens ou incapacitez y donneront lieu ;

Que le Parlement demandant formellement la destitution de ceux qui pourront en auoir donné subiet, il n'y sera apporté aucune contradiction, et ceux qui seront nommez en leur place, y seront receus sans difficulté ;

Que tous les Conseillers et Ministres d'Estat feront le

serment requis et nécessaire au Roy et en plain Parlement pour la particulière confiance et satisfaction de tout le Royaume ;

Que ceux qui se trouuent maintenant près du Roy, s'ils sont soupçonnez et accusez de s'estre mal comportez dans leurs fonctions, respondront de leurs actions suiuant les Loix du Royaume, seront iugez et traittez ainsi qu'il se deura en Iustice ;

Que les autres Conseillers et Ministres d'Estat qui se sont retirez de quelque façon et pour quelque cause que ç'ait esté, respondront et seront iugez et traittez de mesme ;

Que les veufues, enfans, héritiers et ayant cause des Ministres d'Estat qui sont morts depuis vingt années, seront aussi tenus de respondre ciuilement des déportemens de ces Ministres, et subir aux iugemens qui seront donnez à leur esgard, si mieux lesdites veufues, enfans, héritiers et bien-tenans de ces défuncts Ministres n'ayment à renoncer à leurs biens et successions ;

Que pour la distribution des Bénéfices qui viendront à vacquer, et particulièrement pour la nomination aux Éueschez, l'aduis et consentemant des Princes du Sang et des Ministres d'Estat sera absolument nécessaire, et sans iceluy ne sera disposé d'aucun Éusché ny Abbaye de grand reuenu ;

Que pendant la minorité du Roy il ne sera establý aucune coadiutorerie aux prélatures et dignitez, ny accordé aucune suruiuance de gouuernemens et d'offices de iudicature et de finances ;

Que toutes les suruiuances des Gouuerneurs et des Offices qui peuuent auoir esté accordées depuis l'aduènement à la couronne du Roy, seront reuocquées et demeureront nulles ;

Qu'aux charges principales des Parlemens et autres Compagnies souueraines, quand elles viendront à vacquer, il y sera procédé comme à la nomination des Éueschez, et que l'approbation et consentement de tous les Ministres d'Estat y sera nécessaire après celuy des Princes du Sang;

Qu'il ne sera donné aucune dispense d'aage pour tenir office de iudicature et de finances, et que pour les prouisions d'offices et réceptions d'officiers les formes prescrites par les Ordonnances seront exactement suiuies;

Qu'en matière de gouuernemens de places fortes et des frontières il sera plustost regardé le bien et la seureté de l'Estat et la capacité de la personne pour cet employ que pour récompense de mérites ou de seruices;

Qu'aucun fils ou gendre de Gouuerneur, de quelque qualité et mérite qu'il soit, ne pourra succéder au gouuernement de son père ou beau père, pour déraciner vn pernicieux usage de succéder aux gouuernemens comme aux patrimoines;

Que la foy publique si scandaleusement violée depuis certaines années sera restablie autant que faire se pourra, et à l'aduenir tenue sacré-saincte;

Que les finances du Royaume seront doresenauant administrées par personnes de probité et intégrité, connues et choisies entre ceux que le Parlement de Paris nommera et présentera au Roy;

Que la charge de Controlleur général des finances sera suprimée et exercée doresenauant en commission et par deux personnes du Corps du Parlement qui seront par ledit Seigneur Parlement nommées et changées tous les ans;

Que l'vsage du comptant sera restraint à vne somme

raisonnable, puisqu'il ne doit estre composé que de parties secrètes;

Que le fonds nécessaire à la despence et entretien des maisons royalles sera fait dès le commencement de chacune année, et néantmoins ne pourra estre leué par aduance; mais au temps que les receptes ou les fermes qui y seront destinées, le deuront produire, et qu'il ne sera diuerty pour quelque cause ou occasion que ce puisse estre;

Que les charges de l'Estat seront payées chacune année, suiuant ce qui a esté réglé par la dernière Déclaration du mois d'Octobre 1648, et que les rentes publiques, de quelque nature que ce soit, et les gages d'Officiers, de quelque qualité qu'ils soient, seront payez ainsi qu'il est spécifié par ladite Déclaration, et pendant la guerre seulement, après laquelle lesdites rentes et gages d'Officiers seront entièrement payez;

Que ladite Déclaration du mois d'Octobre 1648 sera ponctuellement et diligemment exécutée en tous ses poincts et selon sa forme et teneur, ensemble les précédentes du mois de Iuillet de ladite année[1]; à cet effet que du Corps du Parlement de Paris et de tous les autres du Royaume et à leur particulière nomination et eslection, chacun en droit soy, il sera composé vne Chambre de Iustice pour la connoissance et punition des abus et maluersations commises au faict des finances, tant par les ordonnateurs, de quelque qualité qu'ils soient, que par les Comptables, commis, et parties prenantes, ensemble des vols

---

[1] Du 13 juillet, du 16 et du 31, portant révocation de toutes commissions extraordinaires, même de celles des intendants de justice, décharge des restes des tailles avant 1647, remise d'un demi-quartier pour 1648 et 1649, établissement d'une chambre de justice, promesse de ne plus faire aucune imposition à l'avenir qu'en vertu d'édits vérifiés.

publics, concussions, péculats et autres violences et crimes commis dans toutes les prouinces du Royaume;

Que conformément à la susdite Déclaration du mois d'Octobre 1648, le Parlement trauaillera incessamment à l'exécution du contenu au sixiesme article pour la restitution des sommes receues des rentes racheptées et finances remboursées par le Roy et nouuelle constitution au denier quatorze desdites rentes, ainsi qu'il est spécifié audit article;

Que sur les restitutions des deniers qui se feront, le Parlement interuiendra dans la nouuelle constitution de rentes, et fera laisser le fonds d'icelles pour les quatre quartiers et les payer entièrement et perpétuellement sans aucun retranchement, diminution ni diuertissement;

Que ceux qui ont acquis des rentes, de quelque nature que ce soit, des premiers et originaires propriétaires audessous de la véritable finance d'icelles pour les bas prix auxquels la mauuaise conduite des Ministres du Conseil des finances les auoient réduites, et qui ne se trouuent racheptées, seront obligez d'en faire leur déclaration sincère et véritable pour estre pourueu tant à la conseruation de leurs acquests légitimes que d'une iuste et proportionnée iouyssance aux sommes payées pour iceux;

Que les deniers de la Taille, Taillon et Subsistance lesquels pour faire la substance de l'Estat, sont tirez de celle du peuple, seront imposez et leuez par l'authorité et ministère des Officiers préposez à ces fins, payez par les contribuables en quatre diuers payemens, et portez ès Receptes générales et à l'Espargne quatre quartiers de l'année, ainsi qu'il est prescrit par les Ordonnances et Réglemens sur ce fait, bien et duement vérifiez et approuuez;

Qu'il ne sera iamais fait ny souffert aucun party des deniers de la Taille, Taillon et Subsistance, pour éuiter les désordres et les maux qui en sont cy deuant arriuez et en arriueraient cy après, attendu que toutes les contributions du peuple sont de leur nature et origine vne concession volontaire plustost qu'vne debte d'obligation;

Que s'il est fait quelque party de ces deniers, sous quelque titre, forme et nom que ce soit, l'action sera tenue pour vn crime capital d'offense publique et punye du dernier supplice;

Qu'il ne sera non plus fait aucun traitté ny party des rentes des particuliers et des gages et droicts d'Officiers, estant notoirement le bien d'autruy, à la prise duquel tels traittés et partis ont cy deuant donné lieu auec tant de scandale et de dommage;

Que ceux qui ont exercé des commissions d'Intendans dans les prouinces, ne pourront présentement ny à l'aduenir exercer aucune charge qu'ils ne se soient plus tost purgez en plain Parlement ou en plaine chambre de Iustice de leurs déportemens et conduite et qu'ils ne soient deschargez de toutes accusations et imputations;

Que lesdits Intendans des prouinces seront tenus de restituer les sommes qu'ils ont receues pendant le temps de leurs fonctions ou de la part du Roy ou de la part des Partysans et Traittans, attendu qu'ils n'ont pu seruir deux maistres, ny d'en prendre double salaire, et pour cet effet qu'ils se purgeront sincèrement et véritablement quelles sommes de deniers ils ont touché pendant leur intendance, et se sousmettront à toutes peines en cas de faux serment;

Qu'il sera fait vn estat véritable des sommes deues par le Roy aux Partysans, Traittans et Presteurs pour les partis, Traittez et prests qu'ils ont fait, lequel estat sera de la part des Ministres du Conseil des Finances mis au Greffe du Parlement auec affirmation de vérité et sincérité et soumission à toutes peines en cas du contraire;

Que cet estat des debtes du Roy contiendra le véritable nom des créanciers, les sommes principales qui ont esté effectiuement prestées, et les interests ou remises qui y ont esté ioints, afin que la liquidation et réduction conuenable soit faite en Iustice et en conscience;

Que le payement des sommes qui pourront estre deues par le Roy, aux Partisans, Traittans et Presteurs sera sursis généralement iusques après l'establissement de la Chambre de Iustice, et alors ne pourra estre fait que des sommes de deniers qui prouiendront des amendes et confiscations qui seront adiugées au Roy par les Arrests de condemnation de la Chambre de Iustice;

Que ledit remboursement ou payement des sommes deues par le Roy aux susdits Partysans, Traittans ou Presteurs se fera en contribution, en esgale distribution pour les personnes, et au sol la liure pour les sommes deues; en sorte que tous généralement touchent à mesme temps ce qui leur deura proportionnément reuenir, sauf pour ceux des **Partysans, Traittans** ou **Presteurs** qui dénonceront et vérifieront des mal-versations et forfaitures et fourniront des preuues des concussions, péculats et vols, lesquels par préférence à toutes personnes et debtes, de quelque qualité et condition qu'ils soient, seront payez de leurs debtes entièrement des confiscations qui se feront sur leurs dénonciations et preuues;

Qu'il sera fait vne exacte recherche et punition des

crimes de fausse-monnoye, rongneures, billonnemens d'espèces d'or et d'argent et transport d'icelles hors du royaume depuis et compris l'an trente cinq, et que les lettres d'abolition ou remission de tels crimes ne seruiront à ceux qui les ont négotiées depuis ledit temps, que pour la peine instituée et la confiscation de corps, attendu qu'en l'expédition, distribution et entérinement de ces abolitions et rémissions il a esté mal vsé et indignement procédé, ayant esté expédiées en blanc sans connoissance de cause ny de personne et entérinées sans raison ny Iustice ;

Que tous autres crimes commis depuis la guerre et qui sont demeurez impunis à cause d'icelle, seront recherchez pour estre le procez fait et parfait aux coupables, et iceux chastiez selon leurs démérites ;

Que le pauure peuple sera soulagé réellement et effectiuement, ainsi qu'il est porté par la susdite dernière Déclaration du mois d'Octobre 1648, qu'il sera protégé et deffendu de toutes oppressions, que l'ordre en toutes choses sera remis et le règne de la Iustice plainement restabli dans toutes les prouinces du Royaume ;

Et parceque toutes ces bonnes choses ne peuuent arriver tant que le Cardinal Mazarin commandera à cet Estat auec l'insolence et la tyrannie auec laquelle il se comporte, lequel après auoir peruerti toutes les bonnes règles d'vn légitime et raisonnable gouuernement par vne extrême ignorance et malice, et fait des voleries exhorbitantes des Trésors du Royaume, a enleué scandaleusement et périlleusement la sacrée personne du Roy et de Monsieur son frère, séduit les autres Princes du Sang et impudemment et faussement accusé des Membres de cet Auguste Corps du Parlement d'intelligence auec les ennemis de l'Estat, à cause de quoy ayant esté par Arrest solemnel[1], déclaré Perturbateur du repos public et ennemy du Roy et de son Estat, il sera incessamment poursuivy iusques à ce qu'il soit mis entre les mains de la Iustice pour estre publiquement et exemplairement exécuté ;

Que le Pape, les Républiques de Venise, de Gênes et de Lucques et autres Princes d'Italie seront requis et priez que recherches et saisies soient faites dans leurs Terres des biens meubles, pierreries et deniers qui y ont esté enuoyez par ledit Mazarin, pour estre restituez à la Couronne et au Royaume auquel ils ont esté volez ;

Qu'il sera fait vne authentique Déclaration qu'aucun Estranger ne pourra iamais posséder Office ny Bénéfice dans le Royaume, sauf des charges de guerre seulement, pour ceux qui s'en seront rendus dignes ;

Que les Cardinaux François qui sont maintenant et seront cy après, seront tenus de faire leur résidence ordinaire à Rome, remplir leurs places dans le Sacré Collège auquel ils auront esté admis, sauf pour les Princes de naissance auxquels sera permis de résider en France ;

Que les Gouuernemens des Places et des Villes de dix lieues à la ronde de la bonne Ville de Paris seront à perpétuité à la nomination et prouision dudit Seigneur Parlement pour les faire tenir en son nom pour le bien et seruice de ladite Dame son Espouse, si mieux on n'ayme en faire démolir et raser toutes les fortifications ;

Que la Lettre enuoyée par le Cardinal Mazarin sous le nom du Roy aux Prévost des marchands et Escheuins de Paris[2], sera déclarée calomnieuse, et tout le Parlement auec tous les Officiers qui le composent, reconnu

[1] Du 8 janvier 1649.
[2] Du 6 janvier 1649.

et déclaré plein de fidélité, d'affection et de sagesse, comme il est;

Que le Roy sera très humblement supplié de reuenir dans son Trosne et le plus asseuré siége de son Empire, qui est Paris, pour de là ordonner de la paix ou de la guerre, donner cellelà à ses sujets et porter cellecy chez ses Ennemis, s'il est conuenable;

Que le présent Mariage ne pourra iamais se dissoudre moyennant la grâce de Dieu et qu'aucune des parties ne pourra iamais prétendre et demander ny consentir à aucune séparation et désvnion pour quelque cause et occasion qui puisse estre;

Car ainsi l'ont promis et iuré ledit Seigneur Parlement et ladite Dame Ville de Paris sur les Saincts Éuangiles deuant l'Église de Nostre Dame au mois de Ianvier l'an mil six cens quarante neuf; et ont signé.

Le passe-port et l'adieu de Mazarin en vers burlesques. [2730.]

(8 janvier 1649.)

Adieu donc, pauure Mazarin.
Adieu, mon pauure Tabarin.
Adieu, mon Conseiller supresme.
Adieu, destructeur de caresme.
Adieu, peste du Carnaual.
Adieu, beau mais meschant cheual.
Adieu, l'oncle aux Mazarinettes.
Adieu, père aux marionnettes.
Adieu, l'auteur des Théatins.

Adieu, maistre des Triuelins.
Adieu, grand faiseur de machines.
Adieu, cause de nos ruines.
Adieu, grand remueur de glands.
Adieu, le plus beau des galands.
Adieu, beuueur de limonades.
Adieu, l'inuenteur de pommades [1].
Adieu, l'homme aux bonnes senteurs.
Adieu, l'ami des sénateurs.
Adieu, l'abbé à vingt chapitres.
Adieu, seigneur à mille titres.
Adieu, des Ministres le chef.
Adieu, gouvernail de la nef.
Adieu, timon de ma brouette.
Adieu, ma plaisante chouette.
Adieu, grand inuenteur du hoc.
Adieu, frère iadis d'vn froc [2].
Adieu, la moustache collée.
Adieu, braue teste pelée.
Adieu, Calotte. Adieu, Bonnet.
Adieu, pièce de cabinet.
Adieu, bastisseur d'escuries.
Adieu, l'esprit à fourberies.
Adieu, gentil Sicilien.
Adieu, phorphante Italien.
Adieu, qui ne veux estre éuesque.
Adieu, l'homme à bibliothèque.
Adieu, tout, si ce n'est pédant.
Adieu donc, supresme Intendant
De l'éducation royale.
Adieu, teste à nulle autre égale.

[1] Voyez la *Lettre d'un religieux envoyée à monseigneur le prince de Condé*, etc.

[2] Michel Mazarini, cardinal de Sainte-Cécile, archevêque de Lyon, avait été jacobin.

. . . .
Vraiment c'est bien vous faire grâce
Que de vous laisser quelque place,
Permettant qu'en autre pays
Vous disposiez de nos Louys.
J'ai souuent ce mot à la bouche;
Mais c'est leur perte qui me touche.
Pardonnez-le-moi, s'il vous plaist;
Et, sans iazer, venons au fait.
Ne serez-vous pas bien à plaindre,
Lorsque, n'ayant plus rien à craindre,
Dans quelque lieu de seureté,
Vous viurez dans la volupté
Et ferez de belles despenses
Soit en parfums, soit en essences,
Sans enuieux et sans ialoux,
Tenant singes sur vos genoux?
Car icy tousiours quelque affaire
De vos plaisirs vous vient distraire.
Tousiours courrier dessus courrier
Vous prie de l'expédier.
Quelque rencontre, quelque attaque,
Quelque bénéfice qui vaque,
Quelque aduis par vos espions
Des estrangères nations,
Quelque partie casuelle
Vous tiennent tousiours en ceruelle;
Et tenant cartes ou cornet,
Vous font entrer au cabinet.
Mais, direz-vous, i'aime la France;
Et les grands soins de la Régence
Me diuertissent seulement;
Car la Cour est mon élément.
Il est bien doux de voir des princes
Et des gouuerneurs de prouinces,

Des ducs et pairs, des mareschaux
Louer mon hostel à cheuaux
Et dire que mon Éminence
Sçait mieux iouer qu'homme de France.
Ie l'auoue : c'est grand plaisir ;
Mais parlons vn peu à loisir.
Respondez-moi, Messire Iule,
Qui passez pour parent d'Iule,
Parce que nous sommes tous venus,
Nous et luy, de dame Vénus,
Si cette gloire vous agrée
D'auoir l'autorité sacrée,
Quoique vous ne le soyez pas [1],
Que regarder de haut en bas,
Nous commander à la baguette
Soit ce que vostre cœur souhaite,
Donnant pensions et breuets
Iusqu'au moindre de vos laquais,
Ce n'est vn *ergo* nécessaire
Qu'aussi cela nous doiue plaire ;
Et c'est assez qu'en bons François
Nous obéyssions à nos Rois ;
Car enfin nous sommes trop braues
Pour deuoir estre vos esclaues.
Si vous vous fussiez contenté
De quelque médiocrité,
Si, sans usurper la couronne
Ou du moins le droit qu'elle donne,
Vous eussiez, en homme d'Estat,
Serui nostre bon potentat,
Vos défauts et vostre naissance
N'eussent pas tant choqué la France ;

[1] L'auteur de la *Lettre à monsieur le Cardinal, burlesque*, dit :
    Quoy que ne soyez *in sacris*,
    N'ayant ordres donnez ny pris.

Et d'vn accès de charité
Elle eust encor patienté;
Mais à présent, mon cher Compère,
Vostre départ est nécessaire;
Car il est certain que Paris
Vn jour reuerra son Louys,
Que vous n'auez pas espérance
De transporter hors de la France,
Ainsy que le rouge métal
Pour vous fort bien, pour nous fort mal.
Or le Roy reuenant en ville,
Ie vous crois homme trop habile,
Et pourtant ne l'estes pas trop,
Pour y reuenir au galop,
Au trot, au pas ou d'autre sorte;
Car eussiez-vous meilleure escorte
Que n'auiez dans vn autre temps
Allant au palais d'Orléans,
Ie vous iure par ce Burlesque
Qu'vne meschante soldatesque
Iure tous les iours par sa foy
De vous couper ie ne sais quoy
Qu'on coupa iadis à vn autre
Dans vn pays fort voisin du vostre
Et qui mesme estoit, ce dit-on,
Vn peu de meilleure maison.
Les femmes sont encore en vie
Qui de vous traitter ont enuie
Comme Conchino Conchini,
Iuste rime à Mazarini.
C'est pourquoy, si vous estes sage,
Allez faire vn petit voyage
Iusqu'au climat sicilien,
Si mieux n'aimez l'italien
Que deuez aimer dauantage;

Car il me souuient d'vn passage
Qui dit que le cœur et l'argent
Vont tousiours ensemble logeant.
Vous respondrez qu'auez en France
Encor beaucoup plus de cheuance,
Que derechef Partis et Prests
Doiuent grossir vos intérests;
Mais c'est iustement l'encloueure;
Et c'est pour vous à la malheure
Que, pour empescher tels desseins,
Paris en veut venir aux mains.
On crira tousiours : guerre! guerre!
Si vous ne quittez cette terre;
Et nous serions soudain d'accord
Si vous estiez absent ou mort.
Ainsy donc par vos limonades,
Par vos excellentes pommades,
Par la bonne odeur de vos gands,
Par le mouuement de vos glands,
Par vostre petite calote,
Par vostre teste vn peu falote,
Par les singes que tant aimez
Qui comme vous sont parfumez,
Par les belles Mazarinettes,
Par toutes les marrionnettes,
Par la robe des Théatins,
Par les grands Manes Iacobins,
Par Beautru, par Tubeuf, par Lopes[1],
Par les masses et par les topes,
Par point, sequence et par fredon,
Par tout ce que vous trouuez bon,

---

[1] Guillaume Bautru, un des courtisans du cardinal; Charles Tubeuf, président à mortier au parlement de Paris; Lopès, marchand portugais qui avait été fort avant dans la faveur de Richelieu, et que Mazarin receuoit familièrement. On peut voir son *Historiette* dans Tallemant des Réaux.

Par tout ce que dire ie n'oze,
Ni dans les vers ni dans la prose,
Surtout par la feste des rois,
Par vn blocus depuis deux mois,
Par la cherté de la farine,
Par la crainte de la famine,
Par la perte de nos traffics,
Par la réforme des tarifs,
Par la discorde des deux frères [1],
Enfin par toutes nos misères
Dont nous gardons le souuenir,
Allez sans iamais reuenir.

Raisons d'estat contre le ministère estranger
[2962] [2].

(11 janvier 1649.)

Vous me demandez ce qu'on pensoit de mon temps de la confiance que la Reine Mère, Marie de Médicis, auoit establie au Maréchal d'Ancre. Moy qui, sans m'intéresser beaucoup à ce qu'on faisoit à la Cour, i'ai tousiours trauaillé et pris soin pour m'instruire de ce qu'on y deuoit faire, ie vous adoue que ie suis beaucoup empesché de quelle façon ie vous dois obéir. Mon aage ny mes occupations ne me permettent pas de composer vn volume sur cette matière; et pourtant ie sçay bien qu'il y a suffisamment pour en faire vn; de sorte que ie

[1] Le prince de Condé et le prince de Conty.
[2] C'est une des bonnes pièces, suivant Naudé. Elle se continue en quelque sorte dans l'*Anathème et l'excommunication d'un ministre d'Estat estranger* qui suit.

vous satisferay sans doute imparfaitement. Cependant il ne faut pas consulter de faire ce que vous m'ordonnez ; et tout ce que ie puis dire, est de vous escrire en abrégé les sentimens de nostre vieille Cour et d'y ioindre vn extrait des temps et des Histoires pour vous monstrer que les Estrangers ne doiuent point estre admis au maniement des affaires publiques.

C'est vne maxime politique receue de tout temps, que les Estrangers introduisent les mœurs et les vices de leurs pays dans celuy qu'ils viennent habiter, qu'ils y corrompent toutes choses, et que de cette corruption naissent les vices, qui donnèrent autrefois suiet au prophète Ézechiel de s'écrier contre Hiérusalem : « *Ta souche et ta génération est de la terre de Chanaan; ton père est Amorrhéen, et ta mère Céthéenne.* » C'est pourquoy le Sage défend absolument d'admettre les Estrangers aux honneurs qui sont deus aux véritables Citoyens. « *Ne transfère point aux Estrangers les honneurs qui te sont deubs, et ne commets point tes iours à l'homme cruel, de crainte que les Estrangers ne se fortifient de tes forces, et que les fruits de tes trauaux ne passent dans vne main estrangère.* »

Ce mesme fondement a seruy au Philosophe dans sa Politique pour luy faire dire hardiment que le moyen de destruire vn Estat est d'y appeler des Estrangers. Ce qu'il fortifie par vne longue suite d'exemples, faisant voir que tous les Estats qui les ont receus, ont été renuersez par eux ou par les diuisions ausquelles ils ont donné naissance, parceque tout ce qui n'est pas de mesme nature que le reste, est vn principe de diuision, et toute diuision emporte auec soy la ruine de la chose diuisée. C'est pourquoy en toutes les Républiques bien policées, les Estrangers n'ont point esté admis. Vous ne sçauriez douter de celle des Hébreux, puisque ie vous ai désia fait voir l'auersion qu'ils y auoient, et le conseil de leurs Sages sur cela. Ou s'il reste encore quelques scrupules, escoutez la défense qui en fut faite au peuple, lorsque Dieu luy promit vn Roy : *Tu ne pourras*, dit le Seigneur, *élire vn Roy d'vne nation estrangère; mais tu le choisiras parmy tes frères.*

Les Parthes ont tousiours eu de l'auersion pour les Estrangers; et les Athéniens n'ont pas mesme voulu leur donner l'entrée de leur ville. Et à cette loy de Solon, Périclès adiousta que ceux-là seulement fussent faits Citoyens d'Athènes, qui seroient nez de père et de mère Athéniens. De sorte que Negoras eut de la peine, après beaucoup de bienfaits et de seruices rendus à la République, d'y être admis au rang des Citoyens. Après quoy il enchérit sur les autres et fit vne loy par laquelle les Bastards estoient priuez des droits de la Bourgeoisie. Voyez iusqu'où alloit la délicatesse des Anciens quand il falloit estre estimé Citoyen de leur République.

Les Lacédémoniens et les Thébains, par ordre de Lycurgue, donnèrent l'exclusion des charges de leur République aux Estrangers. Les Spartes obseruèrent si exactement cette loy qu'ils furent appelez *Dirinaxènes*, c'est-à-dire, comme vous sçauez, *Inhospitaliers*. Et si quelques Citoyens sortant de Sparte séiournoient chez les Estrangers, ils estoient punis de mort, pour ce qu'ils s'estoient exposez et mis en danger de s'infecter de leurs vices et de les rapporter parmy leurs Concitoyens.

Les Égyptiens ne vouloient point auoir de commerce auec eux. Et les Romains enfin les considéroient tousiours comme indignes de porter les marques de leurs Citoyens. C'est pour cela qu'vne de leurs anciennes loix leur défendoit de monter sur la muraille de la ville. C'est pour cela que Marcellus, Consul, ne put souffrir qu'vn Estranger, à qui Iules César auoit donné le droit de Bourgeoisie, fust esleu à la charge de Décurion, et qu'il le fit prendre et fouetter dans la place publique, afin de luy oster l'impression qu'il auoit eue qu'on le deust traiter comme Citoyen Romain. Et c'est pour cette mesme raison que Claudius César défendit aux Estrangers, sur peine de mort, de prendre des noms de familles romaines, de peur qu'ils ne confondissent entr'eux ce qui n'estoit deub qu'aux Citoyens de Rome. Vous auez leu comme moy les plaintes qu'on faisoit contre Iules César : César, disoit-on, triomphe des Gaulois et les amène captifs en cette ville ; et les mesmes Gaulois quittent dans le Sénat leurs robbes courtes et en prennent de longues, au rapport de Tacite, liure IV de ses *Annales*.

L'Empire d'Alemagne s'estant composé des débris du Romain, en a gardé beaucoup de loix fondamentales, entre lesquelles est celle-cy : que la dignité de l'Empire ne puisse estre transférée à celuy qui n'est pas originaire Alemand. Ce qui fit que Charles Quint, lorsqu'il fit le serment que les Empereurs sont obligez de faire, iura qu'il n'admettroit point aux affaires publiques les Estrangers, mais seulement des personnes choisies dans la Noblesse d'Alemagne.

La République de Venize ne souffre point les Estrangers dans son Estat. Les Suisses n'admettent dans les charges que leurs Compatriotes. Et les Princes des Pays Bas trouuent entre les loix, sur l'obseruation desquelles ils sont obligez de iurer, quand ils entrent dans le Gouuernement, celle de ne donner aucune charge publique aux Estrangers.

Que vous diray-ie des anciens pays de l'Europe? Les coustumes en sont diuerses. Mais partout l'inclination a esté de tout temps égale. Iamais les suiets naturels n'ont pu souffrir la domination estrangère. Les Polonois qui, par le droit d'Élection, prennent des Rois où bon leur semble, ne purent souffrir que Casimir donnast les charges de Magistratures à des Alemands. Ils chassèrent pour cela Boleslas le Chauue et le vieil Mizelas du Royaume.

Les Escossois aimèrent mieux donner leur foy et rendre obéissance à vne femme Angloise qu'à François le Dauphin. Et les Anglois, voyant qu'ils ne pouuoient empescher que Marie, leur reine, espousast Philippe de Castille, fils de Charles Quint, dont elle achepta la possession avec vne somme immense d'argent, entre les conditions moyennant lesquelles ils consentoient au mariage, celle-là fut la première : qu'aucun Estranger n'auroit la Magistrature ny ne seroit receu aux honneurs publics. Et bien qu'il y eust vne parfaite vnion alors entr'eux et les Espagnols, la ialousie pourtant qu'ils en conceurent, lorsqu'ils appréhendoient de leur voir tomber le Ministère entre les mains, fut si grande qu'ils commencèrent leur capitulation par-là, comme l'endroit qui leur estoit le plus sensible.

Les François, qui ont tousiours voulu viure selon leur ancienne liberté, n'ont iamais pu souffrir le Ministère des Estrangers, non-seulement pour l'appréhension qu'ils ont de se voir deuancez par eux dans les charges et dans les honneurs dont ils sont très ialoux, mais pource qu'il leur a presque esté impossible de s'accoustumer à la légereté des Anglois, à la pesanteur des Alemands, au faste des Espagnols, et à la longueur des Italiens tant à bien résoudre qu'à bien faire. Les nouuelles façons d'agir qu'on a voulu introduire parmy eux, et surtout dans les choses où il y a de l'intérest des particuliers, leur ont esté insupportables. Et notre Histoire nous en remarque peu qui ayent remporté tout l'auantage qu'ils s'en estoient promis. Charlemagne eut beaucoup de peine à étouffer par adresse ou par force les conspirations que les Lorrains firent contre luy, parce que, pour la iustice et pour les armes, il se seruoit plustost des Estrangers que de ceux du pays.

Charles, Duc de Bourgogne, après auoir essuyé les plaintes que ses suiets firent contre luy, parcequ'il auoit esleué le Comte de Campobacho, Napolitain, iusques à sa faueur et à son Ministère, trouua qu'il auoit donné son affection à vn traistre, et que son Estat estoit en danger par l'infidélité de celuy à qui il en auoit confié la conduite.

Charles le Simple, ayant voulu, au mépris des François, remettre les principaux soins de ses affaires à des Alemands, fut enfin dépouillé de sa Couronne, et finit sa vie en prison. Et Lothaire, son petit-fils, ne s'estant point rendu prudent par le malheur d'autruy, laissa l'Empire si foible et si fragile à son fils, qu'il fut le dernier de la race de Charlemagne qui y commanda. L'Empereur Louys mesme ne se put garantir qu'auec beaucoup de peine des conspirations faites contre sa personne par ses propres enfants et par les Princes de l'Empire, parcequ'il avoit fait venir dans sa Cour Bernard, Comte d'Espagne, et qu'il luy auoit donné le secret de ses affaires auec la charge de son Maistre de Chambre.

Enfin, pour abréger tous nos exemples en vn seul, rappelez en vostre mémoire la fin tragique du Mareschal d'Ancre et l'Arrest de la Cour de Parlement contre les

Estrangers pour les exclure du Ministère[1]; et prestez l'oreille aux murmures publics et particuliers de tous les gens de bien qui s'esleuent si hautement contre le Cardinal Mazarin, dont on ne peut plus supporter la façon d'agir entièrement contraire à celle de nostre nation. Ie ne touche point à sa vie et ne m'amuse point à exaggérer les reproches que quelques vns font contre la pureté ou l'impureté de ses mœurs. Ie diray seulement qu'il s'est gouuerné auec nous en sorte que s'il continuoit plus longtemps, la rage mesme ne trouueroit pas de quoy mordre; outre que la dignité qui le met à couuert contre toute sorte d'atteintes, m'empesche d'en exaggérer dauantage.

Mais s'il faut parler des choses qui ont esté visibles, ie vous prie d'examiner sans passion chaque Courtisan en particulier. Et au cas que tous ne crient et ne protestent qu'il a espuisé par ses longueurs la bourse de tous ceux qui luy faisoient la cour, et la patience des plus sages, dites que ie suis vn meschant. Ils vous aduoueront (et ie n'en excepte pas ses plus intimes amis) que la lenteur auec laquelle il faisoit du bien, rendoit ses ennemis ceux qui le receuoient, parcequ'ils le payoient au double auant que de le receuoir; et que la difficulté qu'il y auoit de le voir et de luy parler, a ruiné dans les cœurs de toute la noblesse l'affection qu'on auoit au commencement pour luy; parceque les François croyent qu'on les oblige deux fois quand on leur donne promptement et de bonne grâce ce qu'ils croyent leur estre deu, estant accoustumez à la façon de viure des Ducs de Luynes et de Richelieu, qui enuoyoient chercher les honnestes gens chez eux pour

---

[1] Arrêt de la cour de parlement, du 8 juillet 1617, donné contre le défunt marquis d'Ancre et sa femme [204].

leur faire du bien, qui préuenoient les désirs et les nécessitez de ceux qui le méritoient. En vn mot, les promesses générales qu'il faisoit à tout le monde, et l'inexécution dont tout le monde se plaignoit, sont les raisons qui l'ont dépourueu d'amis et de créatures. Hé! d'où vient tout cela, sinon des mœurs de son pays, auxquelles voulant tousiours se tenir ferme, il se conduisoit par des voyes entièrement opposées aux nostres?

Ie vous ay iustifié par les Loix et par les exemples comme les Estrangers ont esté bannis du maniement des affaires publiques. Maintenant ie m'en vais dire succinctement les raisons sur lesquelles on leur donne l'exclusion.

La première, si ie ne me trompe, a esté celle qu'Aristote et saint Augustin après luy ont rapportée, que la différence des mœurs et du langage met la discorde entre les cœurs.

Le Prince estranger (dit vn de nos Docteurs) voulant conformer le peuple aux mœurs et aux coustumes de son propre pays et croyant que ce qui est honneste parmi les siens, le soit et le doit estre dans l'Estat où il commande, non-seulement il ne le corrigera pas, mais il le perdra. Aussi c'estoit la plus grande louange qu'on donnoit à l'Empereur Probus, de ce qu'il connoissoit les natures de toutes les nations qui composoient son Empire. C'est pourquoy le meilleur de nos Historiens dit que quand vn Estranger gouuerneroit bien l'Estat, toutefois à cause de la différence qui sera entre son esprit et les nostres, sa manière de viure et celle des François, il donnera tousiours quelque suiet de plainte, estant impossible qu'il connoisse particulièrement la République qu'il conduit, comme les Suiets naturels, cette connoissance luy estant absolument nécessaire auant toutes choses.

La seconde raison est pour ce que iamais vn Estranger ne conduit l'Estat auec la mesme passion qui se trouue dans vn Suiet naturel. Le plus grand de ses soins est d'esleuer sa maison, d'accumuler des thrésors, et de faire sa retraite quand il n'y aura plus rien à prendre dans vn Royaume. Les Conseillers, dit Thucydide, qui sont estrangers, ne trauaillent iamais aux choses qui regardent le public; ou ils ne sont passionnez que pour leurs affaires particulières, ou s'ils résoluent quelque chose pour l'Estat, c'est sans y apporter vne meure délibération. C'est pourquoy les Politiques les appellent négligens et intéressez et croyent que les Suiets en receuront tousiours bien moins de grâces et de bien-faits que des autres. Vn Prince, dit Tacite, instruit aux coustumes estrangères plustost qu'en celles de son Royaume, sera non-seulement suspect au peuple, mais il passera tousiours pour fascheux et peu bienfaisant. Et ce que cet Autheur dit d'vn Prince, il le faut entendre également d'vn Ministre, parceque, bien qu'il y aye de la différence dans le caractère, il n'y en a presque point dans le pouuoir.

Cette authorité de Tacite me fait passer à la troisième raison, qui est qu'vn Estranger ne peut estre en seureté contre la défiance du peuple, ny contre la ialousie des grands, si premièrement il ne se fortifie de gardes, s'il ne dispose des meilleures places, s'il ne change les Magistrats, s'il n'engloutit les charges séculières et les dignitez Ecclésiastiques, s'il n'arrache les Citoyens de leur bien, et s'il ne leur oste le crédit pour donner tous les deux à des Estrangers, en vn mot, s'il ne se fait diuerses créatures, pour l'agrandissement desquelles il faut abaisser tout le reste; et ces moyens sont insupportables au peuple.

Enfin, c'est vne chose honteuse à vn peuple qui ne

manque pas de personnes capables du Ministère, de se voir soumis à vn Estranger. C'est pourquoy, comme lorsque cette eslection vient du peuple, elle luy est désauantageuse, parceque c'est vne marque de sa lascheté et de son ingratitude, puisqu'il ayme mieux se soumettre à vn Estranger qu'à vn de ses Concitoyens ; de mesme lorsque le choix d'vn Estranger pour Ministre vient de la volonté du Prince, il est honteux à celui qui le fait, et au peuple qui le soufre, parceque c'est vne marque presqu'infaillible que dans tout l'Estat il n'y a point d'hommes assez intelligens pour s'en bien acquitter; ce qui est la plus misérable condition et du prince et du peuple dans laquelle ils se puissent trouuer. Et les Scythes, quoique barbares, l'ont si bien recognu que mesme ils ne s'en purent taire, estant en la puissance du grand Alexandre. *Bien que tu sois*, luy dirent ils, *plus fort que tous les autres, toutefois souuiens toy que personne ne veut souffrir la domination des Estrangers*, comme le remarque Hérodote en son liure VI.

L'anathéme et l'excommunication d'vn ministre d'Estat estranger, tiré de l'Écriture sainte [81][1].

A LA REYNE.

(11 janvier 1649.)

Madame, s'il est véritable, comme l'on n'en peut douter, que les Roys sont les images de Dieu, puisqu'ils

[1] Bonne pièce, dit Naudé, qui est composée avec adresse, et dont le raisonnement est ingénieusement aiguisé et proprement assaisonné.

portent l'auguste caractère de sa grandeur en la souueraineté de leur puissance, il faut de nécessité qu'ils l'imi-
tent en son gouuernement, et qu'ils estudient sa Politique
pour ne point pécher dans la conduite des peuples. On
en a monstré les moyens et les voyes[1] à Vostre Maiesté dans la nécessité que l'on luy a exposée d'exclure
de son Royaume celuy qui ne s'y est introduit que pour
le perdre; et comme c'en est vne agréable de donner vn
libre consentement aux Oracles Sacrez, estant vray ce
que dit la Vérité mesme : Qu'vn lien à trois nœuds ne
peut estre rompu[2], on a estimé que pour entraisner
vostre esprit, et le réduire à accorder à vos bons Suiets le bien qu'ils demandent, moins pour eux que pour
vous mesme, il falloit y employer vn lien de cette nature. On l'a fait, MADAME; on a establi la Iustice de
cette demande commune sur vn triple fondement. On a
produit tout à la fois et l'expérience, et l'exemple, et la
raison; mais en vain, puisque vous n'en auez point esté
persuadée. Vous auez creu vous garantir de telles es-
preuues par les addresses d'vne prudence victorieuse :
Que les exemples produits de tous les Empires et de tous
les Royaumes ennemis de tels commerces vous estoient
iniurieux, parceque vous soustenez vne authorité sans
exemple, et que les raisons alléguées ne vous appartenoient point, vous estant facile de maintenir la concorde
dans la différence des mœurs et du langage, d'accommoder la passion d'vn homme du dehors à celle du suiet
naturel, et de le mettre en seureté contre la deffiance du
peuple et la ialousie des grands par des moyens plus
doux que ceux que nous remarquons ordinairement en

[1] Dans les *Raisons d'Estat contre le ministère estranger*, qui précèdent.
[2] Funiculus triplex difficile rumpitur.

leur conduite. Vos résistances, Madame, ont esté iustes, parce qu'on ne vous a rien produit de fort. Il faut tousiours prendre vn esprit par ce qu'il a de plus solide, et ne luy pas présenter de moindres lumières que celles dont il est esclairé. A vne âme Royale qui ne doit agir que par des motifs tous diuins, il ne faut point luy donner des raisons humaines. Il vaut mieux la battre par l'Escriture que par l'histoire, par les choses qui se font dans les Estats de Dieu, que par celles qui se sont pratiquées dans les Empires des hommes.

C'est par là, Madame, que ie prends la liberté de vous faire voir la Iustice des vœux et des plaintes de tous vos Suiets, dans la requeste et la très humble supplication qu'ils vous présentent. Ie laisse toute sorte d'expérience sur cette matière; ie passe sous silence, quoyque très conuainquantes et très bonnes, toutes les raisons de l'exclusion que l'on demande à Vostre Maiesté; et au lieu des exemples que ie pourrois produire de Sparte, d'Athènes, de Lacédémone, de Parthe, de Thèbes, d'Égypte, de Rome, d'Alemagne, de Pologne, d'Escosse, et de tous les anciens pays de l'Europe, ie ne m'arreste seulement qu'à l'Empire de Dieu, qui doit estre l'idée et la règle du vostre.

Qui ne sçait, Madame, que Dieu a tousiours eu en auersion les Estrangers (quoyque luy mesme l'ait paru à ses frères[1]), iusques là que d'ordonner de ne point prendre femme que de sa Tribu et de sa Nation[2], comme fit Abraham, donnant charge à Éliézer de chercher vne espouse à son fils Isaac. La loy en est couchée au liure des Nombres : *Qu'elles se marient*, dit Dieu, *à qui elles vou-*

[1] Extraneus factus sum fratribus meis.
[2] Inde accipias vxorem filio meo. *Gen.*, xxiv.

dront; mais que leurs alliances ne se fassent point hors de leur terre, de peur que leurs héritages et leurs biens ne soient meslez et confondus[1]. Ce fut le crime des Iuifs, passant de Babylone en Iérusalem, d'auoir désobéy à ces ordres[2], dont Esdras, qui les auoit pris sous sa conduite, ayant esté instruit, il deschira ses vestements, confessa leurs péchez et les pleura; et ayant appellé les infracteurs du précepte, il commanda aux rebelles de répudier les Estrangères[3], les engageant à le faire par des promesses très solemnelles. Si Salomon, qui les viola, aymant celles qui estoient éloignées de son pays, eust obéy à cette loy, il eust esté plus innocent que malheureux; mais portant son cœur hors de ses terres, il deuint pécheur. C'est contracter vne espèce d'impureté que de se mesler et confondre auec des Estrangers. Pour cela Dieu deffendoit vn tel meslange[4]; et Esther haïssoit vn tel commerce[5].

Dans l'institution de l'Agneau Paschal, symbole de liberté, gage illustre d'vn double Sacrifice, non seulement le passant et le mercenaire estoient priuez de sa manducation; mais encore l'Estranger ennemy du peuple de Dieu, désolateur de ses fortunes et perturbateur de son repos[6]. Au lieu de ce mot Estranger, le Caldéen dit Apostat; le Cardinal Cajetan dit vn méchant et vn impie; quelques autres lisent vn impudique et vn voluptueux; S. Bernard l'entend d'vn superbe et d'vn inso-

---

[1] Nubant quibus volunt, tamen vt suæ tribus hominibus ne commisceatur possessio. *Num.*, XXVI.

[2] Adamans mulieres alienigenas. III *Reg.*, XI.

[3] Vos transgressi estis et duxistis vxores alienigenas; nunc separamini. I *Esdr.* Mundavi eos ab alienigenis. II *Esdr.*, XIII.

[4] Alienigena non miscebitur. *Num.*, XVIII.

[5] Nosti Dominum quia detestet cubile omnis alienigenæ. *Esther*, XIV.

[6] Omnis alienigena non comedet ex eo. *Exod.*, XII.

lent[1]; S. Grégoire l'entend de celuy qui sème la guerre et la diuision parmy les peuples[2]; Jansénius et Rodolphe sont de ce mesme sentiment; le Paraphraste Caldéen entend le calomniateur; et tout cela se réduit à ce terme d'Estranger, que Dieu, par sa loy, rebute des choses sainctes et priue de la participation des victimes, aussi bien que de la manducation des pains que l'on offroit en la consécration des Prestres, auxquels il estoit expressément deffendu d'en receuoir, ny toute autre chose de la main de l'Estranger pour l'offrir à Dieu, ces choses estant vitiées et corrompues, et par conséquent abominables et indignes et de la grandeur de Dieu et de l'excellence du Sacrifice.

Quel pensez-vous que fut le dessein de Dieu, MADAME, aduertissant Éléazar par son législateur Moyse de recueillir les encensoirs enueloppez dans les flâmes et les braziers qui venoient de réduire en cendres deux cens cinquante hommes, et de les pendre près de l'Autel à des lames de cuiure, sinon pour apprendre (comme dit le Texte) aux enfants d'Israël de ne permettre iamais qu'vne main estrangère, à moins de vouloir subir le mesme chastiment que Coré, fust si audacieuse que de fumer l'encens du Seigneur[3].

Si l'expérience de tant de malheurs causez dans tous les Estats par l'ambition pernicieuse et fatale des Estrangers n'est point capable de nous faire comprendre iusques à quel point doiuent aller les horreurs que nous deuons auoir pour eux, escoutons celuy qui doit régler

[1] *D. Bernard.*, Lib. de gradibus humanis.
[2] *D. Greg.*, p. 3, Curæ pastoralis adj. XXIV.
[3] Ne quis accedet alienigena ad offerendum incensum Domino, ne, etc. *Num.*, XVI.

nos sentimens et former nos amours et nos haines : *Admets chez toi l'Estranger; et il ne manquera pas de t'emporter comme vn tourbillon de vent et de t'esloigner de tes amis et de tes proches*[1]. Il semble que le bien lui soit impossible; et pour cela le Fils de Dieu ne tient pas pour vn moindre miracle que celuy qu'il venoit d'opérer, qu'après auoir guéry dix lépreux, vn seul (et encore Estranger) luy en rende ses remercîments[2], pendant que les autres ne payent que d'ingratitude la guérison qu'ils ont receue.

Ce doit estre, Madame, vne aussi grande abomination à vn bon François qu'à vn Iuif de se ioindre ou d'auoir intelligence auec vn Estranger[3]; et si le Dieu que nous adorons, l'estoit, nous pourrions légitimement luy refuser nos hommages, cesser de luy offrir nos vœux et discontinuer nos Sacrifices, puisqu'en tous lieux de l'Escriture, il nous deffend de rendre nos adorations à des Diuinitez estrangères[4], qui estoient si méprisées chez les Payens, qu'aymant mieux en auoir de prochaines que d'esloignées, ils en faisoient à leur mode en leur nation, se souciant fort peu de la vérité de leur estre, pourueu qu'ils fussent assurez qu'elles estoient de leur pays. Et de fait, quel auantage peut on espérer d'vn suiet qui est hors de ses terres? Le peuple d'Israël est en Babylone; et s'il change ses chants en soupirs, ses ioyes en larmes, suspendant aux arbres leurs orgues et leurs instruments de musique, au lieu de s'en seruir pour charmer leurs

---

[1] Admitte ad te alienigenam, et subuertet in turbine et abalienabit te a tuis propriis. *Ecclesiast.*, XI.

[2] Non est inuentum qui rediret et daret gloriam Deo, nisi hic alienigena. *Luc.*, XVII.

[3] Abominatio est Iudæo coniungi aut accedere ad alienigenam. *Act.*, X.

[4] Noli adorare Deum alienum. *Exod.*, XXXIV.

douleurs, ils n'en attribuent point la cause à leurs chaisnes et à leur captiuité, mais à leur esloignement[1]; comme si c'estoit vne chose impossible d'estre bon hors de chez soy et de continuer chez les autres de rendre à Dieu auec fidélité toutes les choses dont nous luy sommes redeuables et tributaires[2].

Les Sages, MADAME, ne souffrent iamais les Estrangers; leurs paroles ne sont que mensonges; leurs pensées ne butent qu'à leur intérest particulier et à la ruine commune; et s'ils se portent à agir, leurs actions ne sont que des semences de diuisions et des ouurages de fureur. Et pour cela le Prophète, s'abandonnant au gré d'vne iuste cholère contre cette sorte d'engeance, contre laquelle Dieu a tousiours fulminé l'Anathême en ses Estats, après auoir formé quelques plaintes de leur tyrannie et de leur oppression, il en demande la perte et croit ne pouuoir mieux souhaiter à ses oppresseurs domestiques, pour punition des maux dont ils l'accablent, rien de plus rude et de moins supportable que la désolation de leurs fortunes, acquises auec tant de sueurs, par des personnes estrangères[3]. C'est à la rage de ces peuples que Dieu abandonne le Royaume de Iuda et de Iérusalem, dans le dessein de chastier leur ingratitude auec leurs autres péchez, et de les soumettre par la verge, puisqu'il ne l'a pas pu faire par ses bienfaits : *Malheur à toy, nation infidelle, peuple ingrat, engeance malheureuse! quels supplices peuuent esgaler tes méconnoissances et tes réuoltes? Quelle séuérité puis ie adiouster maintenant à mes*

---

[1] Quomodo cantabimus canticum Domini in terra aliena? *Psalm.* XVII.
[2] Filii alieni mentiti sunt mihi. *Psalm.* XVII. Alieni insurrexerunt in me. *Psalm.* LIII.
[3] Diripiant alieni labores illius. *Psalm.* CXXVIII.

anciennes rigueurs, trop douces pour la grandeur de tes crimes, mais trop fascheuses pour l'excez de mes bontez. Il semble que ma Iustice ait tiré des magazins et des trésors de son Ire ce qu'elle auoit de plus austère pour t'adoucir. Que puis ie faire dauantage, après auoir esté mesme iusques à ce point que de te faire la proye et la curée d'vn Estranger[1]? Il semble par ce langage que Dieu ait déployé toute sa fureur quand il a réduit son peuple à cette extrémité. Israël l'oublie. Cette oubliance ne peut estre expiée par vne peine qui l'esgale. Quelle sera elle? La voicy : *Tu m'as oublié*, dit Dieu, *et pour cela tu séméras le germe d'vn Estranger*[2]. Le Prince de Tyr, esleué auec tant de pompe et de si superbes appareils au faiste d'vne grandeur Royale, esblouy de l'esclat de son sceptre, rendu malheureux par sa propre félicité, pour auoir porté son cœur au dessus de son throsne, et auoir voulu ioindre vne éléuation insolente à vne autre plus légitime, ne reçoit pas vn moindre chastiment : D'autant, dit le Prophète de la part du Seigneur, que tu as esleué ton cœur et t'es estimé vn Dieu n'estant qu'vn simple homme, i'amèneray l'Estranger sur toy et te feray mourir entre ses mains[3]. L'Égypte, le plus florissant des Royaumes, ne fut pas autrement désolé que par ces voyes extrêmes, qui sont les dernières et les plus grandes calamitez que le ciel puisse introduire parmy nous. Celuy qui en fut le Prince, cruel à ses suiets et tyran à ceux dont il deuoit estre et le Roy et le Père, Pharaon, dont l'orgueil et la superbe marchoit d'esgal auec celle d'Assur, semblable en son esléuation à

---

[1] Regionem vestram coram uobis alieni devorant. *Isayas*, xvii.
[2] Oblita es Dei tui ; germen alienum seminabis. *Isayas*, xvii.
[3] Adducam super te alienos ; in manu alienorum morieris. *Ezech.*, xxviii.

vn Cèdre du Liban, beau en ses rameaux, touffu en son feuillage, admirable en sa hauteur, profond en sa racine, bien nourry par ses eaux, ne se voit, selon la Prophétie, couppé, abbatu, sa pompe ruinée et sa gloire obscurcie que par des peuples qui n'estoient point suiets à sa couronne et ne releuoient aucunement de sa puissance et de son authorité[1].

C'est là, Madame, le dernier de tous les malheurs d'auoir affaire aux Estrangers; c'est le dernier ressort de la Diuine Iustice, préparée à punir son peuple de son auarice et de son idolâtrie, que de l'abandonner à leur volonté et ses femmes à leur fureur[2]. Si Vostre Maiesté preste l'oreille à leurs plaintes, elle recognoistra qu'ils se plaignent particulièrement de cette misère comme de la plus extrême; que c'est la principale qui les fait gémir[3]; et que, comme s'ils n'estoient sensibles qu'à celle-cy, ils ne disent rien de toutes les autres; ou au contraire c'est la plus grande grâce qui nous puisse arriuer de la part de Dieu, dans le sentiment de Dieu mesme, que de nous en déliurer. Il a infiniment obligé ceux qu'il a choisis pour son lot et pour son héritage; les bienfaits qu'il leur a communiquez, sont sans nombre; et néantmoins, comme s'il n'estimoit rien tous les autres et les auoit oubliez, il ne leur parle (que) de celuy qu'il leur a fait, les déliurant de la domination et de la puissance de l'Estranger[4]. Le plus grand bonheur qu'il leur peut promettre, les retirant de la seruitude, c'est de leur faire secouer pour tousiours cette sorte de ioug, ne leur donnant pour Sou-

[1] Dissipabo terram et plenitudinem eius manu alienorum. *Ezech.*, xxx. Succident cum alieni crudeles. *Ezech.*, xxxi.
[2] Dabo mulieres eorum exteris. *Ierem.*, viii.
[3] Non erit in vobis alienus. *Isayas*, xliii.
[4] Non dominabuntur amplius alieni. *Ierem.*, xxx.

verains et pour Ministres que ceux de leur patrie, leurs proches et leurs concitoyens. Et quand il nous veut fournir vne idée de la beauté de Iérusalem dans son renouuellement, après son débris et sa ruine, il ne dit pas qu'il relèuera ses Palais, qu'il réparera la pompe de ses plus superbes édifices, qu'il rétablira ses tours si esleuées et ses chasteaux si magnifiques dans leur première esléuation; mais réduisant tout le restablissement à vne seule chose, comme si en celle là seule consistoit toute sa réparation et sa gloire, opposant contraires à contraires, il leur promet seulement qu'il n'y aura point d'Estranger en cette ville[1].

C'est donc, MADAME, vne souueraine misère qu'vn Estranger en vne domination dont il n'est point le suiet. Nous n'en pouuons douter; et Vostre Maiesté ne peut tenir ce sentiment pour suspect et digne de réplique, puisque c'est celuy de Dieu qui n'en souffre point, mais qui veut estre receu dans vostre âme Royale auec toute sorte de soumission, et graué dans vostre cœur d'vn caractère ineffaçable aussi fortement que sur le marbre et sur l'airain. Et si auiourd'huy vous voyez prosternez humblement à vos pieds tous vos bons et fidèles suiets pour demander à Vostre Maiesté de les déliurer de celuy qui les oppresse, improuuerez vous vne requeste si iuste et qui ne tend qu'à la déliurance d'vne souueraine misère? Vous ne le pouuez, MADAME, sans commettre vne souueraine iniustice. Il n'est pas raisonnable, dit la Vérité mesme, de prendre le pain des enfants[2] pour le donner aux Estrangers; il les faut séparer d'Israël[3]. Les plus

[1] Alieni non transibunt per eam. *Ioel*, III.
[2] Non est bonum sumere panem filiorum.
[3] Separauerunt omnem alienigenam ab Israel. II *Esdr.*, XIII.

saintes alliances leur sont deffendues; ils ne peuuent, sans impiété et sans crime, entrer dans le sanctuaire, ny mesme approcher du Tabernacle à moins que de perdre la vie[1] et de subir vne mort honteuse pour chastiment de leur désobéissance et de leur témérité. Et néantmoins nous voyons en ce poinct toutes les Loix violées, et Diuines et humaines. Vn homme de cette estoffe s'est introduit parmy nous, prétend aux alliances les plus illustres, s'eslèue insolemment sur le trosne du premier des Monarques, se fait iour iusques dans le fonds du Sanctuaire, ie veux dire iusques dans le cœur du Prince, pour disposer en la charge qu'il soustient auec iniustice, et à la honte des plus capables, de ses volontez par vne administration illégitime. Eh! nous ne dirons mot? Pardonnez nous, MADAME, la douleur est trop grande pour se taire, et le mal trop violent pour le dissimuler.

Il est iuste, et la nature l'exige aussi bien que la raison, que la mère nourrisse ce qu'elle a engendré. La France a produit son Monarque; c'est à elle à luy donner l'éducation et les conseils; c'est à elle à luy fournir des Ministres, à moins que de se rendre suiette aux reproches du Prophète et de contreuenir à ce conseil qu'il nous donne : *Ne donne point ta gloire à vn autre; et ne cède point la dignité qui t'appartient, à vne autre nation qu'à la tienne*[2]; ou bien à celuy du Sage, exprimée en ces termes : *Ne donne point l'honneur que tu mérite, à des Estrangers, de peur qu'ils ne se remplissent de tes forces, moissonnant auec facilité les fruits que tu as semez auec tant de peine, et que tu n'aye*

---

[1] Quisquis alienus accesserit, morte morietur. *Num.*, III.

[2] Ne tradas alteri gloriam tuam et dignitatem tuam alienæ genti. *Baruch*, IV.

d'autre consolation que tes larmes en ton extrémite. Pourquoy, mon fils, te nourris tu dans le sein d'vn autre? que l'on voye couler dehors tes fontaines; boy l'eau de tes cisternes et de tes puits, sans en aller chercher si loin; diuise les dans toutes tes places; possède les tout seul, sans les partager auec d'autres; et ne permets aucunement que des Estrangers te possèdent et te gouuernent[1]. Si cet aduis est iniuste, Madame, nous auons tort de le suiure; mais s'il est saint, comme il en faut demeurer d'accord, puisque c'est la Sagesse Éternelle qui nous le donne, nous serions tout à fait coupables de ne le pas exécuter. C'est agir sur bonne et valable caution que de le faire sur sa parole et l'infaillibilité de ses oracles. Quelle honte nous seroit ce que l'on nous vînt dire, comme autrefois à Iuda : *Tu as dispersé tes voyes à l'Estranger*[2], ou comme à Éphraïm : *Que des Estrangers ont déuoré nostre force*[3]. Toutefois nous sommes en ce hazard, Madame, si Vostre Maiesté ne nous en retire.

Nous voyons auiourd'huy en vérité le malheur que le Sage ne vit autrefois qu'en figure : *Vn homme à qui Dieu a donné des richesses, de grandes et de nombreuses fortunes, qu'il a esleué au comble de tous les honneurs imaginables, qui possède tout ce qu'il peut désirer, et qui pourtant est comme vn Tantale au milieu de tant de biens, n'en ayant ny l'usage ny la*

---

[1] Ne des alieno honorem tuum, ne forte impleantur extranei viribus tuis, et labores tui sint in domo aliena et genas in nouissimis. Bibe aquam de cisterna tua; quare, fili mi, faueris in sinu alterius? Deriuentur fontes tui foras; habeto eas solus; nec sint alieni participes tui. *Prou.*, iii.

[2] Dispersisti vias tuas alienis. *Ierem.*, iii.

[3] Comederunt alieni robur eius. *Oseæ*, vii.

iouissance, parcequ'vn Estranger, par vn malheureux pillage, les usurpe impunément[1]. Et c'est, dit le Sage, le plus grand de tous les malheurs, qui nous doit donner suiet en nostre foiblesse et en notre impuissance de pousser nos plaintes vers le Ciel, et implorant son secours (si celuy de la terre nous manque), de dire à Dieu : *Ressouuenez vous, Seigneur, de ce qui nous est arriué; regardez, s'il vous plaist, nostre opprobre; nos biens et nostre héritage ont passé en des mains estrangères; et nos maisons sont tombées en leur possession*[2]. C'est le langage de Iérémie, déplorant le sac et la ruine de la plus belle et de la plus fleurissante de toutes les villes. Et ce sont les paroles, MADAME, que forme auiourd'huy vostre peuple sur la destruction de la plus superbe de vos Citez et de la Métropolitaine de vos Estats. Escoutez ses iustes clameurs, MADAME, et vous laissez vaincre à ses gémissements et à ses larmes, plus iustes et raisonnables que celles qu'vn ressouuenir funeste et malheureux des anciennes beautez de Sion tira autrefois de tant d'yeux affligez sur la perte et la destruction de cette ville. Ou bien si Vostre Maiesté persiste encore dans le dessein de ne pas fléchir à nos vœux et de ne rien accorder à nos soupirs, qu'elle ne nous oste pas tout du moins la liberté de laisser conduire nos langues au Saint Esprit, et de nous rendre comme son truchement et ses Échos en nostre malheur et en nostre affliction, répétant cette prière en ces paroles qu'il nous a laissé comme en dé-

---

[1] Aliud malum vidi : vir cui Deus dedit diuitias et honorem; et nihil deest animæ suæ ex omnibus quæ desiderat; nec tribuit ei Deus potestatem ut comedat ex eo; sed homo extraneus vorauit illud. *Eccles.*, vi.

[2] Recordare, Domine, quid acciderit nobis; intuere et respice opprobrium nostrum; hereditas nostra versa est ad alienas. *Ierem.*, v.

post : *Leuez vostre main sur l'Estranger, ô Seigneur, afin qu'il recognoisse vostre puissance; renouuellez vos prodiges; redoublez vos merueilles; excitez vostre fureur; respandez vostre Ire; ostez nostre aduersaire et le vostre; affligez nostre ennemy; en vn mot, ayez pitié de nous*[1]. Nous oster cette prière de la bouche est faire taire le Saint Esprit et luy imposer silence.

Nous ne croyons pas, MADAME, que Vostre Maiesté veuille entreprendre de faire taire celuy qui la doit faire parler. Bien loin de ces sentiments, nous nous persuadons par la grandeur et la solidité de sa vertu qu'inclinant les oreilles à ses douces semonces et soumettant son cœur à ses mouuements sacrez, elle fléchira aux vœux et aux prières communes, et que chassant de ses terres le Iébuséen[2] qui y habite, elle dispensera les siècles futurs des reproches qui furent autrefois imputez à nos pères par leurs enfants, et que les Roys de Iuda reçoiuent encore auiourd'huy de leur postérité : *Ils ont donné leur gloire à vn Estranger*[3]. C'est le reproche; mais ne permettez point, MADAME, que ce soit nostre honte et nostre confusion. Vne Dame fut autrefois blasmée d'auoir abandonné son espoux à la mercy des Philistins; et Dieu par son Prophète condamne du crime d'adultère celle qui, violant la foy qu'elle a promise, abandonne le sien pour entretenir auec d'autres des intelligences secrettes et illicites[4]. Vostre Royaume, MADAME, est vostre espoux;

---

[1] Leua manum tuam super alienigenam vt videat potentiam tuam; in nova signa excita furorem; et effunde iram; tolle aduersarium et afflige inimicum; miserere nostri. *Eccles.*, XXXVI.

[2] Intra fines tuos habitat Iebusæus.

[3] Dederunt gloriam suam alienigenæ genti. *Eccles.*, XLIX.

[4] Quasi mulier adultera quæ super virum suum inducit alienos. *Ezech.*, XVI.

et c'est le crime que ie viens de nommer, et que Vostre Maiesté, pour le respect que ie luy dois, me deffend de répéter encore, que d'en abandonner à vn Estranger l'administration et la conduite, laquelle ne peut auoir qu'vn succez malheureux, s'il est vray qu'elle suppose la cognoissance parfaite de la volonté du Prince, dont le cœur est tellement et précieux et profond qu'il faut estre vn Dieu[1] (c'est à dire sans intérest et non pas sans lumières, puisqu'il en faut d'infinies) pour en diriger les mouuements et en sonder les abismes ; et cette cognoissance des secrets et des conseils du Roy n'appartient pas à l'Estranger[2], puisque Dieu l'en exclut et deffend au Souuerain de luy en donner lumière, de l'introduire en son conseil, ny mesme de le tenir en sa présence[3].

On ne doute point, MADAME, que Vostre Maiesté n'ait des lumières très esclatantes pour faire vn iuste discernement des esprits et cognoistre ceux qui luy sont vtiles et nécessaires en ses conseils. Nous le sauons : Dieu ne manque iamais d'en donner de très grandes à celles que la vertu ne couronne pas moins aduantageusement que la naissance; mais icy il n'est point question de cognoissance et de lumière, puisque Dieu parle généralement et ne met point d'exception en cette Loy qui fait, autant que nostre propre intérest, le fondement de nos plaintes et la continuation de nos requestes. Nous vous aymons trop, MADAME, pour permettre en vostre personne Royale l'expérience du chastiment dont nous auons la menace aux Prouerbes : *La personne, telle qu'elle*

---

[1] Cor regis in manu Domini.
[2] Secretum extraneo ne reueles. *Prou.*, xxv.
[3] Coram extraneo ne facias concilium ; nescis enim quid pariet. *Eccles.*, viii.

soit, qui prendra en main la cause de l'Estranger, s'en trouuera mal et en receura le chastiment[1]; chastiment qui semble, au langage du mesme, ne deuoir estre autre que la nudité et la dépouille : *Ostez le vestement à celuy qui se porte plège et caution pour l'Estranger*[2].

C'est vn Dieu qui parle, MADAME, et qui nous authorise dans nos demandes et dans nos plaintes, auxquelles vos propres intérests vous obligent autant d'estre fauorable que nostre propre vtilité. Nous ne vous assiégeons plus par des maximes politiques et des raisons d'Estat, mais par la parole, la Loy et la volonté de Dieu, qui en a moins pour nous le dire que pour se faire obéyr. Obéyssez donc, MADAME, à celuy qui vous a donné en main de quoy vous faire des suiets et des obéyssans; reiettez du Tabernacle ce profanateur des choses sainctes; exterminez du Sanctuaire ce perturbateur du repos public; mettez hors de vostre Royaume cet ennemy commun et du Prince et du suiet. Nous sommes semblables à ces ouailles dont il est parlé dans S. Iean : nous ne suiurons pas le mercenaire et l'Estranger[3]; nous ne cognoissons point ses voyes; et nous n'entendons point sa parole[4]. Nous voulons bien des Ministres, mais qui relèuent auec nous d'vne mesme Couronne, qui soient auec nous suiets d'vn mesme Prince, et que le droict naturel engage si fort dans les intérests du Royaume qu'ils ne fassent rien qu'à l'aduantage de celuy qui en est le Souuerain; ce qui n'est pas naturel à ceux qui ne sont pas Fran-

---

[1] Affligetur malo qui fidem facit pro extraneo. *Prou.*, XI.
[2] Tolle vestimentum eius qui fideiussor extitit alieni. *Prou.*, XX.
[3] Alienum autem non sequuntur. *Ioan.*, X.
[4] Non audimus vocem alienorum. *Ioan.*, I.

çois; car si cela estoit, celui-cy dont nous demandons l'exclusion, auroit-il fait tant de mal sans départir aucun bien? auroit-il emprisonné les grands, banny les gens de bien, abaissé les vertueux, esleué les meschans, authorisé les vices, protégé les Athées et les impies, enseigné les trahisons, semé la ialousie entre les Princes, refusé les aduantages de la paix[1], désolé les familles, estably des partisans et des traistres, empoisonné nos Sénateurs, gourmandé nos Parlemens, anéanty l'authorité Royale, ruiné ses fondemens et ses appuis, mis en proye tout le Royaume et confondu également et la Religion et l'Estat, pour s'esleuer aux dépens de tous les deux sur la dépouille de nos Temples et les débris de nos fortunes

Et partant, MADAME, que vostre Maiesté, puissamment éclairée du malheur qui nous arriue de l'éléuation d'vn tel homme et de la nécessité qu'il y a de l'exclure par l'Arrest et l'Anathème que Dieu a fulminé mesme contre les Estrangers indifférens, suiuant l'exemple de ses ancêtres, dont elle porte et le Sceptre et la Couronne, se réglant aux maximes et aux pratiques de sages maieurs (qu'elle ne dira pas auoir manqué en ce poinct), de Childéric premier, de Charles le Sage, de Charles six, son fils, de Louys second, et de Charles septiesme, obéyssant aux Édits de ses pères, qui luy ordonnent expressément ce que nous luy demandons; mais surtout se soumettant auec respect au Dieu de ses pères et rendant vne obéissance autant aueugle que raisonnable à ses volontez et à ses ordres, accorde à nos humbles supplications, accompagnées de nos gémissements et de nos larmes,

[1] Il a été répondu à ce reproche par la publication de plusieurs pièces dont la liste se trouve à l'article des *Causes du retardement de la paix*, etc. [657.]

cette grâce dont elle est redeuable à ses propres intérests, si elle ne veut que Dieu se fasse luy-mesme Iustice et n'exécute l'Arrest couché dans le Liure des Nombres : *Si quelque Estranger*, dit-il, *prend en main le Ministère, il périra; ie le feray mourir*[1]. C'est ce qu'appréhendent dauantage,

De Vostre Maiesté,

Madame,

Les très-humbles, très-obéissans et très-fidelles seruiteurs et Suiets.

Les souhaits de la France à Monseigneur le duc d'Angoulesme [3700] [2].

(11 janvier 1649.)

Grand Prince, ie sçay que vous compatissez à ma disgrâce, et que vous meslez de bon cœur vos larmes auec les miennes; et puisqu'il vous fasche extrêmement de me voir auiourd'huy réduite au plus déplorable estat où ie pouuois iamais estre, ie m'adresseray à Vostre Altesse pour l'entretenir de ma douleur, et pour luy demander quelque remède aux maux qui m'accablent et qui infailliblement me vont faire périr si vous n'accourez à mon secours.

Vous auez vne longue et triste expérience des calamitez que i'ay endurées; et sans vous obliger de relire les guerres que i'ay eues auec les Anglois et contre Charles

[1] Externus qui ad ministrandum accesserit, morietur. *Num.*, III.
[2] Naudé signale cette pièce comme une des meilleures.

le Quint et Philippe II, il me suffit de vous dire que vous estes venu au monde durant les troubles des Religionnaires et dans la plus fascheuse saison de cette monarchie. Vous auez veu naistre la Ligue et les autres guerres qu'elle a produites ; et ie m'asseure que vostre esprit frémit encore des spectacles d'horreur qui ont paru en ce temps-là sur mon théâtre. La félicité du Règne de Henry IV en auoit réparé toutes les pertes ; et les François ne se souuenoient plus des maux soufferts et des disgrâces passées. Sous Louys XIII, les misères publiques ont repris de si profondes racines qu'elles subsistent encore. Et les peuples, extrêmement lassés et autant affoiblis par les victoires que par les pertes, estoient à la veille de respirer et de iouir d'vn bienheureux repos.

Vn malheur qui n'a point d'exemple dans l'Histoire, va r'ouurir toutes mes blessures et mettre en pièces mes paunres entrailles ; va auec le fer et le feu se répandre par toutes mes Prouinces, et va causer le plus grand embrasement qui ait iamais paru dans le monde. Et ce qui m'estonne et me surprend, est qu'on n'a point veu de guerre qui n'ait eu quelque fondement ou du moins vn légitime prétexte, et dont la fin n'ait regardé l'intérest de quelques particuliers. Les troubles de la Religion ont fomenté l'ambition des Princes qui vouloient, à quelque prix que ce fust, gouuerner l'Estat et posséder par force et par violence les bonnes grâces des Roys. La Ligue auoit pour but l'vsurpation de la monarchie ; et elle vouloit esteindre et coupper la racine de la Maison Royale. Mais dans cette fatale et cruelle conioncture, on ne respire que le bien général ; on ne trauaille qu'à maintenir l'authorité souueraine ; on ne cherche que la félicité publique ; et on ne demande au Ciel que le bonheur de tous mes suiets; et la Cour est en cela d'accord auec le Palais; et tous les François crient vnanimement : Vive le Roy!

Il n'y a pas mesme quasi lieu de se plaindre; et si les désordres ou les nécessitez publiques ont déuoré plusieurs millions, et si les dispensateurs des deniers publics ont eu des mains, ils ne seront pas exempts de la répétition et recherche qui s'en doit faire. Vn bon règlement fermera la bouche à tout le monde et réunira tous mes enfans. Et après tout, Grand Prince, est-il iuste que pour réparer vne faute, il faille employer vn remède pire mille fois et plus fascheux que le mal mesme, et que les François versent tout leur sang les vns contre les autres pour puis après deuenir les esclaues de leurs ennemis et faire changer de face à la plus redoutable et la plus florissante de toutes les monarchies. Que diront les amis et les alliez de cette Couronne? Que ne feront point les ennemis? Quelle gloire et quelle réputation produira vne telle leuée de boucliers? Quel iugement en feront les autres nations? et qu'en croira la postérité? Estrange aueuglement! que ceux qui sont auiourd'huy les Maistres et les Arbitres de la Chrestienté soient peut-estre obligez demain de se soumettre, et que des victorieux ayent la honte et la confusion de receuoir la loy des vaincus!

La Reine ne demande que de l'obéissance; et ceux de Paris n'ont point d'autre pensée que de luy en rendre; et sans entrer plus auant dans de grandes irruptions, ny faire des actes inouïs d'ostilité, ne vaut-il pas mieux se réconcilier de bonne heure et n'attendre pas que le désordre soit monté à vn excez qui le rende irréparable?

Faites, Grand Prince, qu'vn fauorable accord ou vne heureuse Amnistie préuienne vne infinité de pillages, d'incendies, de sacriléges, de violemens, de meurtres, de larcins et de tant d'autres meschancetez qui sont en vsage et que la guerre ciuile pratique. Et dans les malheurs dont l'auenir nous menace, faites voir qu'il est aussi dangereux de vaincre que d'estre vaincu, puisque les victorieux ne remporteront que de funestes trophées et des déplaisirs mortels d'auoir combattu les vns contre les autres.

Vostre ALTESSE, qui est issue de l'illustre tige des Valois, et qui a porté les armes et trauaillé puissamment à soustenir la gloire et l'establissement des Bourbons, vous n'ignorez pas combien la guerre fait de misérables, et iusques où peut aller la licence et l'impunité du soldat; et encore en cette pitoyable occasion, où le père est contre le fils, où vn frère médite la mort de l'autre, et où tous les parens ne pensent qu'à se défaire de leurs plus proches.

Enfin que reuiendroit-il du sac et de la ruine de la plus belle et florissante Ville du monde? et qui est celuy qui n'en détesteroit point la solitude? Perdre les Parisiens, n'est-ce pas perdre les plus fidelles et passionnez suiets de ce royaume? Dans vn malheur général ne sontils pas capables de seruir vtilement? Et il n'y en a peut-estre pas vn qui n'ait assez de force et de courage pour prodiguer sa vie et répandre son sang pour vn Roy, s'il estoit attaqué auec perte ou désauantage; comme il arriua lorsque les ennemis s'emparèrent de Corbie et des autres villes frontières, lorsqu'ils portèrent le fer et le feu dans toute la Picardie, et lorsqu'ils donnèrent l'espouuente et la terreur à tous les François.

C'est cette puissante et superbe Ville qui fit vn effort digne d'elle, et qui donna moyen au feu Roy de couurir vne faute et de réparer l'imprudence du Cardinal de Richelieu, qui auoit laissé cette partie de l'Estat trop à découuert. En effet, les Espagnols mesme, parlant de cette Ville, se sont assez fait entendre quand ils ont publié hautement : *Vrbs præualet orbi*, que c'estoit vn prodige et vne merueille de la nature, par le moyen de laquelle mes Roys peuuent à meilleur tiltre se dire Monarques, que non pas les Assyriens, les Mèdes, les Perses, les Grecs et les Romains, puisqu'elle est capable de leur ouurir le chemin et la conqueste de l'Vniuers.

Mais ce qui est admirable, elle ne veut point faire connoistre sa force et sa puissance que pour le seruice de son Prince et de sa Patrie; et quoy qu'il luy puisse arriuer, elle veut demeurer ferme et constante dans le deuoir et l'obéissance qu'elle doit à son Souuerain. C'est là toute l'ambition de Messieurs du Parlement. Ils détestent et condamnent toutes les vsurpations, soit qu'elles ayent esté heureuses, soit que le succez en ait esté funeste. Ils ont mesme en horreur l'establissement de la République Romaine, qui n'a pas commencé si heureusement qu'eux; comme aussi les Suisses, qui ne se sont pas liguez auec tant d'auantage, et mesme les Estats de Hollande et les Parlementaires d'Angleterre, qui n'ont pas agy auec tant de force ny auec vne conduite pareille à la leur. Ils ne trauaillent que pour soustenir la grandeur et la dignité de cette Couronne et pour rendre éternelle la Monarchie Françoise, qui est si bien establie qu'à vray dire, elle ne peut périr que par elle-mesme et par la diuision du peuple.

Grand Prince, agissez donc noblement et de toute vostre force, comme ie vous en coniure, par les cris, les larmes et le sang d'vne infinité de misérables; et faites en sorte qu'il arriue la mesme chose aux François qui arriua autrefois aux Espagnols. Ils estoient diuisez et auoient peine à supporter la domination des Allemans et à souffrir l'humeur de Charles le Quint. Vne guerre ciuile s'estoit cruellement allumée en Castille, et à dire vray, elle y eust causé vne espouuentable désolation, si l'armée Françoise qui fut enuoyée pour la conqueste de Nauarre, se fust contentée d'auoir pris Pampelune et triomphé en quinze iours de tout le Royaume; mais l'imprudence et l'auarice de ceux qui commandoient, les porta à entrer hostilement en Espagne, où ils ne firent autre progrez que de réunir les Espagnols diuisez, esteindre des animositez domestiques et mettre fin à vne guerre sanglante, qui sans doute eust ruiné les affaires de l'Empereur et donné en proye toute l'Espagne, qui en vn iour victorieux reconquit tout vn Royaume et donna vne chasse honteuse aux François.

Et après que tous les esprits se seront réconciliez, et la Cour et le Palais estant bien d'accord, toutes les troupes Françoises iront fondre en Flandre et forceront l'Espagne mesme de redemander vne seconde fois la Paix; et vous aurez le contentement d'auoir essuyé mes larmes et mis fin à mes desplaisirs, et la satisfaction d'auoir beaucoup contribué au repos public et rendu la seureté et l'abondance à tous les François, qui auront tout le ressentiment qu'on peut auoir d'vne si parfaite obligation.

Dialogve de deux Gvépeins sur les affaires du temps [1078][1].

(11 janvier 1649.)

Louet : Ha, ha, hé Dieu te gare, mon cousin Brase.
Brase : Ho, ho, bon ior don, mon cousin Louet.

— Mordié, que ie te voy le vesage chagrigneux et maussade.

— Asseuzément que tu as quioque dafficusté dans ton intesieur.

— Iarnidié, ie le cray bian; car tot est pardu.

— Testedié, tu es tréjours aussi affaizant que de coustume.

— Là, là, i'ay bian raison de m'affaizé. Si tu auas ouy de tes proupres ozilles cela que i'ay entendu, tu n'en fezais pas mins.

— Ie ne sçay pas quelque tu veux dize; mais en m'a dit que i'azin diminution, stannée, du qu'art de nos Tailles.

— Est-ce là ce que tu en sçay? Y nia bian d'autres nouuelles; c'est qu'in nommé Margazin veut tot demanché et dapsé ce que nos bons Monsieurs du Parlement auint prin grand peine à faize.

— Et qu'est donc cet ouuriais-là?

— C'est in qui est venu de l'Estallye.

— De l'Estallye! tan pis. Ces Estallians n'aut fait que des trébouillemens dans la France. I'ay bean mémoize

[1] Naudé le qualifie d'un des plus agréables et ingénieux livrets que l'on ait faits contre le cardinal. On appelait alors *guépeins* les habitants de l'Orléanais.

d'iune qu'on appelet la Roene Catelene. l'attas encoze
ieune verdlouzio; mais iarnidié, a fit bean du mau. Pis
après auons eu Mazie, la mèze du défunct Roe. A l'attet
assé bonne fanne; mais a lamenit le Marquis d'Ancre.
Y velet estre le maistre. Y chassit et accartit tot nos bons
Princes, comme sticy veut faize.

— Mais que ly dit donc noutre Roene?

— A n'en dit rean; a ly lasche tot faize.

— Y veut rebailler encoze les Tailles aux Maltoutiers
et faize reuenir Bar::::

— O teste dié, si y fait reueny ce vouleux-là, tot est
pardu; iamais ie n'en releuezon. Asteuze qu'il a tot
mangé et accorché tot ces pauures gens de la Biauce, et
qui sont tot ruiné, y se ietteza sur nous.

— Va, ie trouuezon des amis.

— On fait Bar:::: si meschant; mais il ne les pas,
non. Nan m'a dit qu'y n'attet que le valet des Maltoutiez
qui auint prins la Taille et qu'il fallet qui fist tot ce quy
velint; autrement y l'eussint chassé. Aussi y ly baillint
bon gage; mais nan dit qu'il a tot manché ses seruices à
leux baillé des carluzes de vantre et qu'il est gueux asteuze.

— Y n'y a que son bon voleux de Sécrétaize qui a esté
le pus fin. Possible aussi nourrira il son maistre.

— Laschons là tote cette canille de Maltoutiez. Le
bon Dieu les puniza tou ou tard. Il ont trop fait de ma-
lusion. Mais conte moï ce qui se passe.

— Pardié, men enfan, il ont fait emporté noutre bon
petit Roé à sainct Germain, la nué des Roés, le pouure
enfant! et pis il ont enuoyé des soudars à l'entor de Pazis
pour empesché qu'y ne leux vint des harnas de geule.

— Mourdié, cela lez a bian aponté; et ie panse que

nous pouures Monsieux du Parlement attin bian abalobez.

— Pas tant; car il auint encoze in petit de pain et de vin qu'an ne se doutet pas; et pis après, il ont leué des soudars por en faire venir tot leur sou.

— A tou hasards, i'auon poussible bian deux cens poinsons de vin tot peur d'auuarna, moé, mon frèze Cidras et mon frèze Marcoux. Ie vouras qu'il en tinsint chaque nan et qui ne leuinssint point de soudars; autrement tot est pardu, si le bon Dieu, la bonne Vierge Mazie, Monsieur Sainct Loup et Monsieur Sainct Ambrase, nos bons Patrons, ny boutte la main.

— Mais ny auet pas moujan de les bouté d'écord auparauant qu'y s'enharnachissint pus auant dans ce trébouillement là. Que n'assembloint y tou leux bons émys?

— Mourdié, c'est dommage que nos deffuncts bons parassians et vartuzeux personnages ne san en ce monde: Braze Vaillant, Iean Démouseux, Loup Faucheux, Thomas Ieunssin, Sidiac Vaillant, Dauid Gigot, Fiacre Sornicle, Bastian Poiulane, Iacob l'Auesque, Pasqué le Groux, Thomas Barbé, Gentian Iauoy, Fiacre Malesio, Toussaincts Panasse et tant d'autres hébilles gens qui sont morts.

— Hé, où sont-y asteuze? Jarnidié, y ne lascherint pas ça d'emparla. Ils en viarint bien à bot, eux; ils en ont bian dabrouillé d'autres en leu temps, d'aussi plantuzeuse importation qu'eux.

— Par la morgoué, y faut y bouté ordre auant que cela sat pus auancé; autrement y nous fezint inne guairre qui nous reineret de fon en comble.

— Quant i'y pensé, i'auon encoze bian pardu à la mort de l'Euocat Boudin. La morgoué, qu'il auat vne belle loquence et eust bian débagoulé tot noustre fé. Ie l'eussins habillé d'vne belle Iaquette à ruejos d'orgues, les clezons à point luezans; et si i'en eussins esté quettes à bon marché; car ie m'assuze qui se fust contenté d'vn quart de vin.

— Il en fauret d'abauché quéqu'autre.

— Mordié, quand y sont vn petit sauan, y font trop les fiollans. Hé, y faudret prendre queuque fort Pourcuzeux qui sceut le tran tran des affezes; car n'y en a qui ont si bonne gueule.

— Ouy, mais y n'auon point de Latein dans le corps.

— Ho, il n'en peut chaloué pou le Latein; car cela sent l'Estallian; et en n'en veut pas ouy parlé.

— Pardié, si n'en me veut crézé, i'iray bian, moué, et fezay vne harlangue à la Roene, pouruen que sas accotté d'vne douzaine des pus appazans des Parrasses d'au long de nous.

— En connas-tu bian quéqu'vn en chaque Parrasse? cela soulageret nos frais.

— Aga, depez que ie n'allon pus au Corsaincts, ie ne quenasson pus personne de nos voisins.

— O bian, y ny a remède. Quand tot cela se feza à nos despens, ie n'en mouzon pas; et si ie fezon grand bian por tote la France et por noute Parrasse; i'y vauras desià estre. Ie diras à la Roéne : « Madamoiselle la Roéne, si vous voulez bouté le dafinement à tous ces trébouillemens illec, y faut que vous boutiez dehors de la France ce Margazin qu'en est cause, qui no baille tant de chesmement, et que vos remené nostre petit Roé dans son Louure et qu'ou si mandez Monsieur nostre Du et tous nos bons princes et nos bons Monsieurs du Parlement, et qu'a leus dizes à tretous : « Messieurs, ie ne me veux plus mesler de rian que de prier Dieu. Faites les affaizes de mon Fils en sen Réaume, et la paix aussi auec mon Frèze, le Roé d'Espagne; et pis tous nos soudars et les siens iront contre le Teur. »

— Mordié, Garçon, que ta goulle pette bian! Iarnidié, que ie serin aize, et elle aussi; car après ça, ie leu diras tot ce qui fauret qui fissiens por rebouter tot en ordre; mais le principal seret d'apprendre bian le mettié à nostre petit Roé, per à celle fin qui ne laschit pas faize vn autre; car quand iu maistre lasche faize sa breugne à son valet, cela ne va pas bian. Pren le par toué mesme.

— Tu dis la vésité; mais agatean, ceux-là qui sont auprès de ly, ne ly aprenron pas, por qu'il ayt tousiours affaize d'eux.

Lettre d'vn Religieux enuoyée à Monseigneur le Prince de Condé, à Saint-Germain-en-Laye, contenant la vérité de la vie et mœurs du Cardinal Mazarin. Auec exhortation audit Seigneur Prince d'abandonner son party [1695][1].

(18 janvier 1649.)

Monseignevr, les faueurs, et les insignes bienfaits par lesquels vous vous estes acquis les cœurs, les affections et les vœux de tous ceux de nostre Ordre, en quelque endroit qu'ils soient dans toutes les parties du monde, obligent à présent, par vn malheur inopiné,

---

[1] Naudé et Guy-Patin l'estiment à l'égal de la *Lettre du cheualier Georges de Paris*, qu'on trouvera plus loin. L'auteur est M. Brousse, curé de Saint-Roch.

l'vn de ses moindres religieux de mettre la main à la plume pour vous parler sur du papier, ne luy estant pas permis de le faire de bouche, comme il auoit cy-deuant accoustumé, lorsqu'il auoit l'honneur de trouuer l'accès libre auprès de vostre personne. Et ie prends cette liberté d'autant plus hardiment, que c'est en vn suiet où il y va de l'intérest de votre gloire, et de cette grande estime que vous vous êtes acquise par vostre générosité incomparable, pour la conseruation de laquelle nous voudrions sacrifier tout ce qu'il y a de bien, de crédit et de pouuoir dans toute nostre Congrégation. Car, Monseigneur, personne n'ignore que vous estes de trop illustre naissance, trop bon François, trop seruiteur du Roy, trop vigoureuse branche de la maison de Bourbon, trop sage dans votre conduite, et trop généreux dans vos actions, pour soustenir le party, où il semble d'abord que vous vous engagiez. Tout Paris a de la peine de croire (et sans doute, non seulement toute la France, mais toute l'Europe sera dans ce mesme sentiment) que vous veüilliez fauoriser de vostre protection, contre le bien du Roy et de l'Estat, vne personne que tout le monde sçait estre le Perturbateur du repos public, l'Ennemy, le Destructeur, la perte et la ruine de toute la France. Et chacun demeure d'accord, qu'il faut qu'il se soit seruy de quelque puissante magie pour vous charmer les oreilles, et siller les yeux, afin de vous empescher de voir l'excès de ses voleries, et d'entendre les plaintes de la misère publique, qui sont montées iusques au ciel, et ont attiré la miséricorde de Dieu sur eux, et prouoqué la Iustice à en faire la punition sur l'autheur de tant de maux. C'est dans cette déplorable conioncture que nous sommes contraints de reconnoistre, par cette expérience funeste, que tout ce que nous auons enseigné iusques à présent avec tant de contention et d'opiniastreté, est notoirement faux; et d'auoüer que la grâce de Dieu est nécessaire à toutes les actions des hommes pour estre bonnes; qu'il ne la doit à personne, et ne la donne qu'à ceux qui luy plaist; et que la refusant aux meschans, il les abandonne dans la licence de leur vie, les aueugle dans leur conduite, et les laisse dans l'endurcissement pour y finir malheureusement, qui est le sceau et le dernier caractère de la réprobation. Car quel autre iugement peut-on faire du Cardinal Mazarin après tant de désordres causez, fomentez, et entretenus dans toute l'Europe, par ses brigues et par ses fourberies? Après auoir souleué les suiets contre leurs princes, et fait assassiner vn million d'ames dans la rage et la furie des rébellions? Après la persécution de plusieurs personnes de toutes conditions? après le violement de toute iustice, tant diuine qu'humaine? après le vol de toutes les finances? après auoir succé le sang du peuple iusques dans les moüelles? s'estre porté dans cet excez de hardiesse et d'insolence que d'entreprendre sur la personne du Roy? le faire comme son prisonnier? l'enleuer en pleine nuict, sans considérer le péril de sa vie dans la tendresse de son âge? le tirer de son Palais et du centre de la seureté de sa personne, pour le conduire où bon luy semblera, dans la créance qu'il a que Monsieur le Prince luy seruira de Bouclier, ou plustot de Préuost, d'archer, de concierge et de sergent? Peut-on s'imaginer vn plus grand aueuglement? Et faut-il douter que Dieu voyant la mesure de ses crimes à son comble, n'ayt permis qu'il l'ayt surchargée de ce dernier attentat, qui seul mérite l'exécration du ciel et de la terre, afin d'en faire vn exemple de punition pour les siècles futurs, à tous ceux qu'vn orgueil furieux comme le sien pourroit solliciter à des desseins si estranges et si inouis.

Si vous n'estiez pas tant clair-voyant comme vous estes; ou si vous auiez moins d'expérience de sa conduite et de ses actions que vous n'auez pas, ie vous dirois vne partie de ce qu'il est, et ce qu'il a esté; et il seroit aisé d'en tirer la conséquence certaine et démonstratiue de ce qu'on se doit promettre d'vne personne de sa naissance et de son tempérament. Son origine n'est pas de ces illustres et de ces conquérants qui ont esté autrefois la terreur de tout le monde, cependant que les Aigles Romaines commandoient à tout l'Vniuers. Sa noblesse n'est pas de plus vieille datte que les honneurs qu'il a receus en France, sans les auoir méritez : Et quoy qu'il prenne les haches auec le faisceau de verges pour ses armes, il ne faut pas s'imaginer que ce soient celles qui seruoient de marque d'authorité aux anciens Sénateurs de cette florissante République, mais bien les haches dont son ayeul fendoit du bois, et les houssines dont son père foüettoit les cheuaux. Car on sçait que son ayeul estoit vn pauure chappellier, Sicilien de nation, qui eut la fortune si peu fauorable qu'il fut contraint de faire banqueroute et de quitter son pays. Son père estant ieune et dans cette indigence, commença ses seruices à Rome dans vne Escurie à penser des cheuaux; et peu après s'auançant, deuint Pouruoyeur et Maistre d'Hotel de la maison d'vne personne de condition; où faisant valoir auec industrie ses petits profits, qu'on appelle en France les tours du baston, il eut enfin de quoy payer en partie l'office de Maître des Postes de Rome à Naples, sa fortune estant encore si foible, que de deux enfans qu'il auoit, il fut contraint d'en faire vn Iacobin, afin de soulager sa famille.

Cependant cet autre fils qu'on appelait Iules, estant encor ieune, seruoit de lacquais ou d'estafier, pour ne dire pas dans les plus honteuses et sales voluptés que le Démon ait pû inuenter pour perdre les hommes par la corruption et concupiscence de la chair. Tout Rome sçait ce qu'il estoit, et le rang qu'il tenoit pour lors dans les maisons des Cardinaux Sachetti et Antonio [1]. Chacun sçait aussi que son esprit formé sous l'astre de Mercure, et né au larcin et à la fourberie, ne s'employoit qu'à l'estude de son inclination; qu'il feit voyage à Venize et à Naples pour apprendre les piperies qu'on pratique dans les ieux de hazard, dont il deuint maistre si parfait en peu de temps, qu'on luy donnoit par excellence le nom de pipeur : De quoy toute la France sçait la vérité, et plusieurs ont fait expérience à leur très-grand préiudice et de toute leur famille. Mais pour passer sous silence toutes ces choses qui feroient la matière d'vn gros volume, il suffit de considérer ce qui s'est passé en sa personne depuis qu'il est en France, ce qu'il estoit au temps qu'il y est venu, ce qu'il y est, et qu'il y a fait iusques à présent. Lors de son arriuée, de petit postillon qu'il estoit, pour s'estre signalé par vne fourbe, qui noircissoit et la conscience et l'honneur du Pape, et qui fut comme l'allumette des flammes qui par la guerre déuorent la chrestienté, n'osant plus retourner à Rome, il fut recueilly par le Cardinal de Richelieu, qui le trouuant d'vn esprit assez conforme au sien, et propre aux intrigues dont il auoit besoin pour la conduite des des-

---

[1] Antonio Barberini, l'aîné des neveux du pape Urbain VIII.

seins desquels la vanité luy auoit remply le cerueau, l'employa auprès de luy, luy donna plusieurs commissions pour tromper les vns et les autres, principalement le prince de Monaco; et outre les dépences de ses voyages, luy faisoit donner tous les ans vne pension notable par le Roy, sans parler de ce qu'il auoit sous main en qualité d'espion. Mais parce que tout cela n'estoit pas suffisant pour ses desseins, et qu'estant fort adroit, il sçauoit bien par où il falloit s'insinuer dans l'affection des Grands, connoissant l'humeur du Cardinal de Richelieu d'vne superbe sans pareille, qui comme vn Dieu ne vouloit pas estre abordé, ny adoré les mains vuides, il employoit tout ce qu'il auoit de pensions en achat de présens qu'il luy faisoit, afin de se conseruer dans ses bonnes graces; si bien qu'il estoit contraint de pouruoir d'ailleurs à vne partie de sa dépence et de son entretien. Et pour cet effet, suiuant la profession de son ayeul, il faisoit trafic, par l'entremise d'vn sien domestique, de liures qu'il faisoit venir de Rome, de tables d'ébène et de bois de la Chine, de tablettes, de cabinets d'Allemagne, de guéridons à teste de More, et autres curiositez, qui se vendoient publiquement dans vne salle de l'Hotel d'Estrée, en la rüe des Bons-Enfants, qu'il auoit loüée pour ce suiet : Et de l'argent qu'il en tiroit, acheptoit des montres et quelques pierreries qu'il enuoyoit à Rome, afin que de tous costez, il tirast ce qui estoit nécessaire à sa subsistance. Et cet esprit mercenaire et de trafic luy est tellement naturel, qu'à present qu'il est Cardinal, gorgé de biens, et suffoqué presque de toutes les richesses de l'Estat, il ne sçauroit se retenir d'en vser; car l'on sçait qu'il fournit à la maison du Roy et de la Reyne, toutes sortes d'estofes, de tapisseries, de vaisselle, de pierreries, par l'entremise de l'vn de ses petits émissaires, l'Abbé Mondin[1], qui de Lacquais Piedmontais est deuenu Prélat de trente mil liures de rente; et par cet auare, mais infâme commerce oste la vie à cinquante familles de Paris, qui la gaignoient légitimement sur les choses qu'elles fournissoient à la cour, chacune selon sa condition. O Dieu! qui auroit creu en ce temps là qu'il fust iamais paruenu en l'estat auquel nous le voyons au grand malheur de toute la France? Qui se le seroit persuadé, mais qui le croira iamais dans les siècles futurs, le lisant dans l'histoire, qu'en moins de six ou sept années, il se soit elleué sur le faiste de l'auctorité, des richesses, de la grandeur et du luxe, au delà de ce que, non les histoires, mais les romans et les fables nous racontent de plus inconceuable dans l'antiquité? Qui croira iamais, qu'vn petit estranger, sorti de la dernière lie du peuple, subiet né du Roy d'Espagne, soit monté dans six ans iusques sur les espaules du Roy de France? ait fait la loy à tous les Princes, banny les plus zélez au bien de l'Estat, achepté à Rome vn superbe Palais, où il a fait conduire plus de trois cents ballots de meubles des plus précieux de toute l'Europe, fait des profusions et des dépences incomparables pour l'entretien de sa vanité et de son luxe; et tout cela au prix du sang des pauures François; et que cette nation généreuse qui autrefois auoit de la peine à supporter le ioug de ses Princes légitimes, se soit, comme vn mouton, laissé non pas tondre, mais escor-

---

[1] « Il sait fort bien.... composer des pastes et des eaux luxurieuses, telles que celles qu'il donnoit à garder à son fidèle dépositaire, Mondini, et qui, ayant esté trouuées à l'inuentaire de cet honneste ecclésiastique, causèrent vn estrange scandale à tous ceux qui eurent la curiosité d'en gouster. »
Réponse au libelle intitulé: Bons aduis sur plusieurs mauuais aduis [3377].

cher, sans oser mesme se plaindre? que les Princes l'ont sceu, l'ont tolléré et approuué; et à présent que l'on s'efforce à secoüer le ioug de ce Tyran, vous, Monseigneur, luy vouliez seruir d'appuy et de soustien, pour le maintenir dans ses voleries, auec la perte peut-estre du Roy, d'vn million d'ames innocentes, et le péril et la ruine de toute la France? Car, Monseigneur, y a t'il rien en tout cela que vous ne sçachiez et que vous ne voyez?

Ie laisse à part son impiété en la Religion que nous professons, dont il prostituë l'innocence par le luxe de sa vie, et en prophane la candeur et la maiesté par les fourbes et les malices de sa conduite. Iamais homme ne fut plus attaché que luy aux obiets des sens, ny plus enseuely dans les plaisirs et dans la volupté. N'a-il pas employé la fainéantise des Moines d'Italie, trois années entières, à composer des pomades pour blanchir ses mains? n'a-il pas inuenté une nouuelle sorte de breuuage pour la satisfaction de sa langue, dont le prix excède toute pensée? n'a-on pas donné son nom au pain, aux pastez et aux ragousts, les amorces de la gourmandise? Qui ne sçait ce que coustent à la France les comédiens chanteurs, qu'il a fait venir d'Italie, parmi lesquels estoit vne infâme qu'il auoit desbauchée à Rome, et par l'entremise de laquelle il s'estoit insinué dans les bonnes grâces du Cardinal Antonio? Tout cela durant la guerre, dans le temps qu'on mettoit le peuple à la presse pour contribuer à la subsistance des armées; et le sang des pauures estoit employé à faire rire le Cardinal Mazarin, à la satisfaction de ses conuoitises, et à prouoquer l'ire de Dieu contre nous : faisant connoistre à tout le monde qu'il n'a point d'autre Religion que celle de Machiauel; que portant la pourpre de l'Église Romaine, ce n'est que pour montrer les sanglantes saignées qu'il luy a fait souffrir en Allemagne [1], et que sous l'ombre de ses enseignes il est le plus cruel ennemy qu'elle se puisse figurer. En effect, quelle vengeance a-il fait tirer des sacrilèges commis contre le corps de Iésus Christ dans le plus Auguste de nos mystères? Au contraire, n'a-il pas tiré les Autheurs des mains de la Iustice pour en empescher la punition? n'a-il pas toléré, voire approuué la violence et la fracture des lieux consacrez pour la retraite des Vierges, et cela au milieu de Paris? Quiconque lira à l'aduenir le traité fait en faueur des Suédois et des Protestants d'Allemagne sous l'appuy de la France, au préiudice de l'Église, ne se pourra iamais persuader qu'il soit d'autre conseil et d'autre esprit que celuy d'vn Turc ou d'vn Sarrazin déguisé sous le manteau d'vn Cardinal. Aussi quelles personnes voit-on auprès de luy pour ses plus confidens et fidelles conseillers, que des impies, des libertins et des Athées? Qui ne les connoist, dy-ie, pour des gens de sac et de corde, pour des monstres d'hommes, plus nourris au sang que les Cannibales, et dont les conseils après estre gorgez de vin, ne tendent qu'aux meurtres et aux assassins? Et néantmoins pour feindre d'estre fort Religieux, il nous a fait venir d'Italie les Théatins, qui, ces iours derniers, attiroient tout le monde par la curiosité de leurs marionnettes [2], cependant qu'il minuttoit le carnage et le sac de Paris, faisoit transporter, toutes les nuits, vne partie des voleries de l'Estat qui estoient dans sa maison, et s'estudioit de conduire à chef, comme il a fait, l'attentat le

---

[1] Par le traité de Munster ou de Westphalie.

[2] Voyez sur les marionettes des Théatins la *Lettre à monsieur le Cardinal, burlesque*, cy-après.

plus hardy et le plus insolent qui se soit iamais veu dans toutes nos Histoires. Que s'il falloit parler de son orgueil, il n'en faut point demander d'autres nouuelles qu'à vous mesme. N'a-il pas eu la témérité de vous vouloir précéder? Et dans cette présomption arrogante, quelle peine ne vous a-il point donnée? et quelles parties ne vous a-il point dressées sous la tyrannie du Cardinal de Richelieu? Qui l'a porté à retenir dans vne captiuité rigoureuse Monseigneur le duc de Beaufort, l'vn des Mars de nostre siècle et le Coriphée des vaillans, si vous n'estiez pas, sinon l'ambition d'auoir des gardes comme son prédécesseur, trouuant par ce moyen l'artifice de se faire loger dans le palais du Roy, afin d'auoir les mesmes gardes que son Souuerain, pour ne rien dire du lieu et de la disposition de son appartement.

De quel crime estoit coupable le Maréchal de La Motte [1], sinon d'estre trop généreux et trop incorruptible, pour souffrir outre sa prison, les fourbes, les malices et les faussetez des témoins qu'on luy a suscitez, afin de luy rauir l'honneur auec la vie? N'est-ce pas le Cardinal, pour donner couuerture à ses voleries propres, en l'accusant de péculat, et d'auoir dérobé à la Milice ce que luy mesme auoit volé à l'Estat, et enuoyé en Italie et ailleurs? et pour luy rauir auec autant d'infamie que d'iniustice, les gratifications glorieuses dont le défunct Roy auoit reconnu sa valeur et ses sueurs? Quel prétexte a-il pris pour faire mourir par poison le président Barillon dans vn exil hors de la France? Vous le sçauez

---

[1] Henry de La Mothe Houdancourt, mort archevêque d'Auch, a publié pour la défense de son frère le maréchal, cinq pièces volumineuses. Voy. le *Premier factum, ou Défense de messire Philippe de la Mothe Houdancourt*, etc. [2849].

et l'auez pu apprendre de feu Monseigneur le Prince : Aucun, sinon qu'il estoit bon François, et que par vn esprit extrêmement iudicieux, ce sçauant et ce Sénateur préuoyant les choses de loing, il ne pouuoit supporter cet orgueilleux Sicilien et Mazarin, qu'il voyoit s'éleuer auec trop d'ardeur, et se bastir vn Trosne de la ruine de ses compatriotes. Ce qu'il a exercé à l'endroit des vns, qui doute qu'il eust manqué d'en faire autant à l'endroit de vostre personne, lorsque l'occasion s'en seroit présentée, et que vostre épée luy auroit esté moins nécessaire qu'elle n'a pas esté iusqu'à maintenant ? Aussi combien de fois vous a-il exposé à dessein de vous perdre ? Combien de fois vous a-il engagé dans les combats en Flandre et en Catalogne, auec des forces extrêmement inégales à celles des ennemis, d'où vous n'estes sorty victorieux que par vne espèce de miracle ; Dieu fauorisant vos intentions pour le bien de la France contre celles de cet orgueilleux, qui eust voulu vous perdre auec la perte de dix Batailles et de trente Villes, afin de s'oster le seul obstacle qu'il voyoit en vostre personne, pour venir au but de ses pernicieux desseins ?

N'est-ce pas dans ce mesme esprit qu'il a tant fait dépenser d'argent et perdre d'hommes dans les guerres d'Italie ? Quel dessein a-il eu pour Orbitello, Portolongone et Piombino[1], sinon d'auoir des places pour l'establissement d'vne Principauté, ayant assez de Finances pour la rendre la plus riche de l'Italie ? Quel motif l'a porté à la rébellion de Naples et d'y engager Monsieur de Guise, sinon celuy d'y establir quelqu'vn des siens pour y régner, après que ce Prince y auroit employé

---

[1] On peut rapprocher de ce passage quelques lignes du texte et une note de la *Reqveste des trois Estats*, etc., qui précède.

auec ses travaux, son sang et peut estre sa vie, pour tirer ces peuples de la domination de leur Souuerain légitime?

Et afin que vous n'estimiez pas que i'entre trop auant dans ses intentions, que ie fasse le Prophète, ou entreprenne sur l'office de Dieu, à qui seul appartient de pénétrer le cœur des hommes, iugez, s'il vous plaist, de ses desseins sur Naples, par ce qu'il a pratiqué en Catalogne. Ie rougis de honte quand i'y pense; la main me tremble quand ie l'écris; et ie voudrois pour l'honneur de la France et de ses Princes, le pouuoir effacer auec mon sang de la mémoire des hommes et des histoires estrangères, auec la mesme facilité que ie le ferois auec de l'encre sur ce papier. Car qui le croira iamais? qui ne l'estimera au delà des Romans et des Fables? Que la France, cette nation belliqueuse, ces Peuples nais pour commander, et non pour obéir, au mesme temps qu'ils passoient sur le ventre à leurs ennemis, et qu'ils portoient la terreur et l'effroy par la générosité de leurs armes dans tous les Royaumes voisins, que ces François, dy-ie, et dans cette glorieuse conionctur e, se soyent trouuez tellement dépouruues non seulement de Princes, mais de simples Soldats ou hommes de conduite, qu'ils ayent esté nécessitez d'aller en Italie chercher vn Moine Mendiant, Iacobin de profession, luy faire quitter son froc et sa besace pour en faire vn Viceroy en Catalogne[1]? Qui le croira d'icy à cent ans, quand mesme vous seriez encore viuant pour l'asseurer en foy de Prince? C'est vne tache sur le front de la France, qu'elle n'effacera iamais que par l'impossibilité que les générations futures auront d'y adiouster foy comme à vne vérité plus fabuleuse

---

[1] Michel Mazarini, cardinal de Sainte-Cécile, archevêque de Lyon, nommé vice-roi de Catalogne en 1647, après le prince de Condé.

qu'apparente. Dès là il ne faut pas s'estonner s'il tranche du Souuerain. S'il ne parle que de son Ministère. S'il s'est ioüé de Monseigneur le Duc de Longueuille durant la négociation de Munster, par les intrigues secrettes de son fidèle Seruient[1]. Si Monseigneur le Duc d'Orléans n'a pas l'authorité de donner passeport à vn valet de pied pour venir à Paris, et qu'il faille l'auoir signé de Mazarin. Si dans le plus grand bruit de ces tonnerres qu'il a excitez pour ruiner l'Estat, il emprisonne les principaux Officiers et les gardes de l'oncle du Roy et Lieutenant général de la Régence, par la perfidie et la trahison d'vn coquin qui, suiuant l'allusion de son nom, n'est bon que pour la riuière[2]. S'il oste les Gouuernements aux Princes et casse les Capitaines des Gardes, pour y mettre ou des Italiens, ou des personnes de sa caballe. Si la cuisine du Roy ayant manqué, la sienne dans le mesme Palais fumoit auec plus de délices que celle d'aucun Prince de la Terre. S'il a remply la Cour et Paris d'Italiens qui gourmandent insolemment et les Bourgeois et les Courtisans. S'il a fait venir de petites harangères de Rome[3], les fait éleuer dans la maison du Roy auec train de Princesses du sang, et sous la conduite de celle qui a eu l'honneur d'estre Gouuernante du Roy. S'il a trouué vn nouueau genre de supplice pour tirer le sang du Peuple, sçauoir les Partisans et les Fusilliers, des démons desguisez sous des apparences humaines. S'il a donné la grâce à vne troupe de filous et de coupeurs de bourses, pour s'en faire vne Compagnie d'assassins mar-

---

[1] Abel Servien, marquis de Sablé, second plénipotentiaire du roi à Munster, et depuis secrétaire d'État.
[2] Louis Barbier, abbé de La Rivière, évêque de Langres.
[3] Marie Mancini et Marie Martinozzi, nièces de Mazarin.

chant par Paris en forme de Bataillon autour de son carrosse, comme s'ils conduisoient vn Empereur dans vn char de triomphe. Si la Noblesse en foule se presse à sa porte pour entrer, et attend, les mois entiers, pour receuoir vne œillade de son Éminence. S'il a fait donner des gardes à Mademoiselle et l'a tenue longtemps captiue dans son logement des Tuileries. S'il a fait affront au Pape sous le nom du Roy, afin d'empescher la restitution des vols que les Barbarins ont fait au trésor de Saint Pierre. S'il a traitté auec tant d'indignité, et si souuent le Parlement de Paris, le plus auguste Sénat de l'Vniuers. S'il luy a fait rendre de si mauuais traittemens; s'il a fait non seulement casser, mais déchirrer ses Arrests; et si au milieu des triomphes du Roy sous vostre conduite, il a fait enleuer les plus zélez des Magistrats, afin de ternir l'esclat de vostre gloire par cette action tyrannique, et changer les acclamations publiques en des larmes vniuerselles. Si, par vn attentat contre l'Église, et sans exemple dans le passé, il a fait emprisonner vn sçauant Docteur de Sorbonne et célèbre Prédicateur[1], parcequ'il auoit parlé trop auantageusement de l'authorité du Roy, fait prier Dieu pour sa Maiesté et pour les nécessitez de l'Estat. S'il fait obseruer Monseigneur le Duc d'Orléans, et le tient comme captif, de crainte qu'il a qu'il ne se vienne mettre à la teste des Princes vnis pour la conseruation du Roy et la liberté de sa personne sacrée d'entre les mains de ce Tyran. Toutes ces choses et beaucoup d'autres que ie passe sous silence, et que nous tiendrions pour fabuleuses si nous ne les voyons, à notre grand regret, ne causeront point

[1] M. Charles Hersent, dont Davenne parle dans les *Conclusions proposées par la reine régente à messieurs du parlement*, etc. [730].

d'estonnement dans l'Esprit des Royaumes estrangers, ny des générations futures. On les croira facilement après auoir appris qu'vn Sicilien, Moine Mendiant, Iacobin a esté fait Viceroy en Catalogne à la place du Mareschal de La Motte, du Comte d'Harcourt, et du Prince de Condé, les Hercules de nostre siècle, parcequ'il estoit frère Mazarin ; et qu'on l'a veu depuis pompeux et magnifique dans Paris, dans vn luxe digne de sa nation, mettre la main sur le sein des plus belles dames de la Cour, se persuadant que les Françoises n'estoient pas plus chastes que les Italiennes. Après cela qui peut douter qu'il n'eust résolu d'establir en France vne Monarchie plus barbare et plus dure que celle des Ottomans ? Et après auoir mis les Princes et les Grands de l'Estat comme en captiuité et à la chaisne, disposer de la vie et des facultez de tous les peuples selon ses humeurs capricieuses et le mouuement irrégulier de son imagination, ou pour mieux dire, de sa fureur ?

En suite de ces excès, il n'est point nécessaire de parler de l'abondance prodigieuse de ses richesses par ses larcins et ses voleries sur les Finances, ny des artifices barbares qu'il a inuentez pour les amasser. Il est superflu de dire les millions qu'il a rauis sous la couuerture des Comptans, dont il a remply les bourses d'Amsterdam, les banques de Venise, et les Monts de Piété de Rome, tant sous son nom que sous celuy de ses confidens. Depuis trois ans on ne sçait plus en France s'il y a eu autrefois des pistoles d'Italie ; celles d'Espagne ne sont pas moins rares que les roses en Hyuer ; et l'on aura de la peine à croire, encore qu'il ne soit que trop vray par la déposition de témoins oculaires, que les nouueaux Louys d'or ont esté fondus et mis en lingots pour estre transportez en Italie auec plus de facilité et moins de soupçon, dans des ballots de meubles et de marchandises.

Voilà, Monseigneur, vne partie de la vie, de la conduite et de l'esprit du Cardinal Mazarin, que l'on dit que vous fauorisez de vostre protection, ce que nous ne croyons pas, n'y ayant point d'apparence qu'vn grand Prince tel que vous estes, qui a sceu par son trauail vnir si parfaitement la Science, la vertu auec la générosité; qui pratique les Vertus Morales, Politiques et Chrétiennes auec vn si parfait exemple; qui s'est acquis tant de gloire par ses victoires, qu'il semble auoir enseuely la mémoire des Alexandres et des Césars, tombast dans cet aueuglement estrange, de vouloir volontairement faire perte de son honneur et de sa conscience, en se faisant l'appuy de l'ennemy de son Roy et de son Estat. Iugez, Monseigneur, si ce malheur arriuoit, ce qu'on diroit de vous, ce qu'on diroit de nous! Vous sçauez que nous ne sommes pas sans enuieux et sans ialoux, qui, fauorisez de quelques exemples, ne manqueront pas de publier que c'est le fruit de nostre mauuaise éducation[1] pour les mœurs, et de nostre doctrine, non seulement accommodante, mais dangereuse pour la seureté des Roys, l'authorité des Magistrats, le repos des peuples, et l'intégrité du commerce public.

De vous aussi, quel moindre iugement en pourroit-on faire, sinon que dégénérant à vostre naissance et à la gloire de la race des Bourbons, vous voulez par vn caprice inconceuable effacer de l'histoire la mémoire de

---

[1] Il est clair par ce passage que l'auteur a voulu mettre la *Lettre* sur le compte d'un religieux jésuite. C'est en effet par les jésuites qu'avait été élevé le prince de Condé. On aura pu d'ailleurs remarquer au commencement quelques lignes curieuses sur la grâce.

vos belles actions, pour vous rendre complice et compagnon du plus vil et du plus infâme de tous les hommes. Ne souffrez donc point que le iugement que l'on doit faire de vostre conduite, soit plus longtemps en suspens, à vostre propre détriment et à celuy de tant de millions d'ames qui pâtissent sous cette violence tyrannique. Ostez à ces estrangers et ennemis de l'Estat cette folle persuasion et ce dernier refuge qui leur reste, que vous perdrez la France et vous-mesme pour empescher qu'ils n'ayent ce qu'ils méritent. Souuenez-vous de tant de généreux exploits en Flandre, en Allemagne, en Catalogne, de tant de Batailles gagnées et de villes forcées ; et ne donnez pas lieu aux Histoires Estrangères, quand les nostres, par considération, ne le voudroient pas faire, d'apprendre à la postérité que vous auez couronné tant de belles actions par la plus lasche de toutes celles qui peuuent partir d'vne personne de vostre condition ; et qu'après auoir bien fait du mal au Roy d'Espagne, en le dépoüillant de ses villes et de ses Prouinces, vous luy en auez fait la restitution au centuple, en tournant la force de vos armes contre la France, afin de la luy liurer entre les mains, par la désolation que vous y méditez, et que vous commencez auec ce malheureux, qui, voyant qu'il n'y a plus de lieu pour ses vols, ny de seureté pour sa personne, veut la perdre auant que de partir, ou s'il ne peut eschaper que par la mort, dresser vn Mausolée à ses cendres des ruines de Paris et du reste de l'Estat.

Quittez, Monseigneur, cet insolent auec ses prétentions barbares et criminelles ! Traittez ce cerueau desmonté en habitant des Petites Maisons ! Riez-vous des fumées de cette bile qui luy inspirent des resueries si extrauagantes et si pernicieuses ! Saisissez-vous de cet Ennemy du roy et peste de son Estat, et le conduisant captif au derrière de vostre Carrosse, quoy qu'il ne mérite pas cet honneur, venez à Paris acheuer son procez auec ces vertueux et sages Sénateurs, et luy faire souffrir et à tous ses adhérents les iustes peines duës à leurs démérites, pour vn exemple éternel aux Estrangers, aux Orgueilleux et aux mauuais François. C'est par vne action si louable, si généreuse et si sainte, que vous mériterez les faueurs du Ciel, la gloire d'vn prince du Sang Royal, les loüanges de toutes les Nations, les bénédictions de toute l'Église, les congratulations de toute la France, auec les prières de toute nostre Congrégation, et de tout le monde.

Vers burlesques envoyez à Monsieur Scarron, sur l'arriuée du Conuoy à Paris [4016] [1].

(23 janvier 1649.)

Amy Scarron, constant malade,
Et plus qu'vn nauire à la rade,
Inesbranlable dans ton lit,
Veux tu sçauoir ce que l'on dit?
Voicy d'vn homme véritable
Le récit d'vn épouuantable
Conuoy, qui nous vient de venir [2],
Que le bon Dieu veuille bénir.

[1] Ce pamphlet pourrait bien être de Saint-Julien, l'auteur du *Courrier françois en vers burlesques*, et du *Courrier burlesque de la guerre de Paris*.
[2] « Ce jour (19 janvier), Monsieur le Duc d'Elbœuf estant sorty auec de la Caualerie, pour aller du costé de la Prouince de Brie, deffit des Troupes Mazarines qui emmenoient quantité de bestial, et particulièrement quatre à cinq cens porcs, lesquels il fit conduire à Paris. »
Seconde arriuée du Courrier François.

Sans te parler de nos Gens d'armes
Ni de tant de beaux exploits d'armes
Qu'a faits ce grand Duc de Beaufort
Que tout Paris ayme si fort,
Sans te parler de la retraite
Par les gens de Mazarin faite,
Qui vouloient prendre le Conuoy,
Il est entré. Vive le Roy!
Nostre bourgeois a de quoy frire,
Quoy qu'à la Reyne on veuille dire
Que de faim la ville périt.
 En ce temps que tout s'aguerrit,
Marchoient les premiers en bataille
Cinq cens cochons de belle taille.
Ils tenoient mieux leur grauité
Que Caton qu'on a tant vanté,
Et se carroient à nostre veue
Comme pourceaux dans vne rue.
Leur bataillon sage et discret
Laissoit vn estron à regret;
Mais parcequ'ils marchoient en ordre,
Chacun le laissoit sans le mordre.
Aussi ces sobres animaux
Reconnoissoient des Généraux.
Vn gros verrat, leur capitaine,
Se faisoit obéir sans peine.
Quatre autres seruant de Sergens
Les tenoient chacun dans leurs rangs;
Et tous d'vn rang serrant la fille,
S'aduançoient deuers nostre Ville.
Pour le bruit qu'ils faisoient, ce iour,
Ie n'entendis pas leur tambour.
Leurs Chefs de grande expérience
Ne pouuoient obtenir silence.
Mais pardonnons-leur aisément.

Puisque dans ce point seulement
Qu'on ne les pouuoit faire taire,
Ils violoient l'art militaire.
Et dit-on que cet animal
Crioit contre le Cardinal.
Iamais vn soldat en furie
N'alla mieux à la boucherie.
Au reste, ces guerriers prudens
Portoient des viures pour longtemps.
Ce qui fait que ie te le mande,
C'est que i'ay sceu d'vn de leur bande
Que parmy leurs prouisions
Ils auoient chacun deux iambons
Et du lart à faire potage,
Les vns moins, d'autres dauantage.
 Après ces Messieurs les gorets,
Pour soustenir leurs intérests,
Il marchoit en corps dans la plaine,
Vn troupeau de bestes à laine,
Vulgairement dits des moutons
Qu'on menoit à coups de bastons;
Moutons que tous nos premiers pères
Ont estimé peu sanguinaires,
Qui ne iurèrent iamais Dieu,
Et qu'on plaça dans le milieu,
Pour n'auoir pas l'humeur actiue,
Ains auoir l'âme fort craintiue,
Et telle que l'ont ces soldats
Qui Iuuisy ne passent pas [1].
Ils estoient en nombre deux mille

---

[1] Les soldats du parlement. Allusion à une expédition qui avait pour but de faire lever le siége de Corbeil, et qui s'arrêta à Juvisy. On peut voir sur cette expédition la pièce ci-après qui commence par ces mots : « Le Roy veut que le Parlement sorte de Paris, » et le *Courrier burlesque de la guerre de Paris*.

Qui drilloient tous vers nostre Ville.
Leur Chef estoit vn peu guerrier.
C'étoit vn illustre bellier
Qui bondissoit par la campagne
Comme vn ieune cheual d'Espagne.
Il ne demandoit qu'à heurter
Ce qui se vouloit présenter.
Et si par sa teste baissée
I'ay peu iuger de sa pensée,
Plus courageux que n'est vn coq,
Il ne respiroit que le choq.
En effet de ses cornes fortes
Il s'en vint heurter à nos portes,
Que sitost qu'on le vid courir
Le Bourgeois se hasta d'ouurir.
 Ensuite venoit vne troupe
De huict cens bœufs à faire souppe.
Bref les pourceaux, moutons et bœufs,
Escortez par messieurs d'Elbeuf,
Vitry, Narmoutier, la Boullaye
Leur faisoient vne belle haye.
Mesmes le grand Duc de Beaufort
Empeschoit qu'on ne leur fist tort.
Tous ces guerriers braues et ieunes
Nous ont sauué beaucoup de ieusnes.
Ie passe pour faire plus court,
Le vaillant La Mothe Houdancourt,
A qui tout le petit Poëte
Cent bénédictions souhaitte,
Comme il fait à nostre bon Roy,
Comme il fait à tout le Conuoy,
A ces Messieurs dont la prudence
Va faire refleurir la France,
A toy, Scarron, amy lecteur,
Dont il est fort le seruiteur.

Catalogve des partisans, ensemble leur généalogie et extraction, vie, mœurs et fortune [646[1]].

(26 janvier 1649.)

La succession de Cornuel[2], cy-deuant Intendant des Finances. Cornuel, son frère, cy-deuant Thrésorier extraordinaire de la Guerre, qui demeure rue des Francs-Bourgeois, et a plusieurs belles terres aux Champs, rentes sur la Ville et autres biens.

La succession Darragomois [Darragonnois], commis dudit Cornuel, dont la veufue demeure aux Marais, rue d'Anjou, qui est extrêmement riche, quoy qu'elle n'aye rien eu en mariage.

La succession dudit [de du] Vouldy, beau-frère dudit Cornuel, Intendant, dont la veufue demeure aux Marais, rue des Quatrefils, est extrêmement riche, a aduancé ses enfans en mariage de plus de quarante mille escus chacun, bien qu'elle en ayt dix.

Vaille comte [Vallicont], beau-frère dudit Cornuel, Intendant, demeure dans le Temple.

D'Alibert, confident dudit Cornuel, qui demeure rue

---

[1] C'est, avec le titre de la première édition, le texte des éditions augmentées. Il m'aurait été facile de multiplier les notes, en me servant de Tallemant des Réaux, d'autant plus facile que M. Paulin Paris voulait bien mettre à ma disposition son excellent travail sur les *Historiettes*; mais j'ai craint d'être trop long pour l'espace qui m'était accordé; et d'ailleurs, certain que la nouvelle édition de Tallemant ne tardera pas à être livrée au public, j'ai pensé qu'il suffirait ici des rapprochements que peuvent me fournir les Mazarinades.

[2] « On a veu comme des Harpies subalternes nées pour la ruyne du peuple, vn Cornuel qui estoit l'âme de Bullion; ce qui est tout dire en vn mot pour exprimer sa vertu et sa probité. »
La vérité toute nue, etc. [4007].

des Vieux Augustins, a esté de tous les traitez qui se sont faits, par le moyen desquels il possède de grands biens, tant en maisons dans Paris qu'en rentes constituées. Berault, leur associé, demeure rue Geoffroy-Lasnier.

Le Febure[1], associé dudit Cornuel, qui demeure près l'Hostel d'Espernon, estoit vendeur d'huyle à Melun, a commencé de s'enrichir par le pillage qu'il a fait des deniers du Roy, prouenant de l'imposition mise aux entrées du vin lors du siége de Corbie, et depuis par plusieurs traitez de taxes faites sur les officiers.

Bautru Nogent[2], Cousin germain et associé dudit Le Febure, demeure aux Marais, rue d'Anjou. Caniuet, beau-frère dudit Le Febure, demeure auec luy.

Des Brosses Guénégaud, commis dudit Cornuel, Intendant, demeure rue neufue Sainct-Louys. Le Vasseur, son beau-père, demeure en mesme maison.

Mauroy[3], commis dudit Cornuel, Intendant, demeure aux Marais, rue de Poitou.

Bordier[4], fils d'vn Chandelier, qui demeure aux Ma-

[1] Quid?

>   Le petit Lefebure la Barre,
>   Qui (fut vn temps) faisoit fanfare
>   Contre ce fat de cardinal,
>   S'est fait du vilain le vassal.
>
>   *Le Parlement burlesque de Pontoise*, etc. [2701].

[2] « N'est-ce pas vne impudence capitale de présenter à la reine vne bouchée de pain et luy faire à croire qu'elle vaut vne pistole à Paris? »
   Manuel du bon citoyen, etc. [2406].

Il paraît que l'anecdote est de Bautru.

[3] Il était intendant des finances en 1652. On raconte dans le *Grippemenaud de la cour*, etc. [1519], qu'il refusa, cette année-là, de prêter vingt mille livres au cardinal Mazarin, qui venait de rejoindre la cour à Poitiers.

[4] « Vn Bordier qui, tirant son illustre naissance d'vn Chandelier de Paris, a despensé plus de trois cens mille escus à bastir sa maison du Rincé

rais, rue des trois Pauillons, a esté de tous les traitez qui se sont faits iusques à présent, dont il s'est enrichy au point qu'outre les grandes despences et auantages qu'il a faits à ses enfans, ayant donné à sa dernière fille huict cens mille liures en mariage, il a fait faire son bastiment qui luy couste plus de quatre cens mille liures, et a achepté vne charge huict cens mille liures, sans compter sa maison de Paris, ses beaux meubles et plusieurs autres biens qu'il possède, montant six fois plus que ce qui est cy-dessus.

Macquars, son commis, demeure proche de luy.

La Forests, son nepueu, demeure aux Marais, rue Sainct-Anastaze.

Doublet[1], qui a fait toutes les maltotes du Clergé et le retranchement de cinq grosses Fermes, demeure aux Marais près Bordier.

Ses associez, entr'autres, sont du Mas, qui demeure rue Beaubourg; Margonne, près ledit Bordier;

[Raincy], par vne insolence sans exemple, mais qui mériteroit, pour l'exemple, qu'on le logeast à Montfaucon, qui en est tout proche. »
La vérité toute nue, etc. [4007].

« Ce deuxiesme au nez boutonné
Et de rubis damasquiné,
Est de Bordier la géniture
Et d'vn Chandelier la facture.
Son père fut de tous mestiers,
Et parmy les maletostiers
A tenu la première place.
C'est comme il s'est de biens farcy,
Tesmoin l'insolent Raincy.
De ce fils la plus grande gloire
Est de manger et de bien boire. »
Le Parlement burlesque de Pontoise, etc. [2701].

[1] Il est sous le nom de Telbuod, anagramme de Doublet, un des personnages de la *Farce des courtisans de Pluton*, etc. [1372].

La Magne [Lumagne?], demeurant rue des Rosiers;

Gargan[1], demeurant rue du Temple, près la rue Chappon.

Le Vasseur, l'aisné, loge aux Marais, près la rue Sainct-Louys.

De Bordeaux[2], qui a iadis fait banqueroute et demeure à présent rue des Francs Bourgeois, a aussi esté de tous les traitez, et possède des biens immenses dont la Déclaration seroit trop longue.

Maillet, son confident et associé, et qui a traité du sol pour liure et des taxes des ayses sur les Tailles, a eu pour associez, outre ledit de Bordeaux, entr'autres les cy-après nommez, sçavoir : deffunct Galand, dont la veufue est à présent remariée[3], demeurante près l'Eschelle du

---

[1] Il figure dans le récit du *Grippemenaud de la cour*, etc. [1519]. Seul de tous les intendants des finances, il compta au cardinal Mazarin les vingt mille livres que celui-ci leur demandait.

[2] « Vn de Bordeaux qui, pour n'en auoir pas du tout tant (*que Bretonvilliers*), ne doit pas estre accusé de négligence, puisqu'il a tousiours esté beaucoup plus ardent et plus hardy que luy pour en acquérir. »
La vérité toute nue, etc. [4007].

« Bordeaux, race de partisan,
De malices grand artisan. »
Le Parlement burlesque de Pontoise, etc. [2701].

[3] « Vn Galland qui, estant fils d'vn paysan de Chasteau-Landon, s'est fait si riche en peu d'années, qu'vn Président au Mortier n'a pas eu honte d'espouser sa vefve. »
La vérité toute nue, etc. [4007].

Le Parlement burlesque de Pontoise va nous apprendre quel était ce président au mortier :

« Coigneux, ce petit arrogant,
Des foux le plus extrauagant,
Qui son cours a fait à l'Escole
De la Durier, où l'on bricole;
Et pour éuiter pauureté,
A la Galland il s'est frotté. »

Pour l'intelligence complète de ce passage, il faut voir les *Lamentations de la Durié de Saint-Cloud*, etc. [1800].

Temple, dans vn Palais magnifique que ledit deffunct a fait bastir, et possède plusieurs belles Terres aux Champs, rentes constituées et argent monnoyé.

Le Camus[1], son beau-frère, qui demeure rue Sainct-Auoye, près ladite Eschelle du Temple, a fait bastir vne superbe maison à Colombe, qui luy reuiendra à plus de cent mille escus, et possède plusieurs autres grands biens, quoy qu'il ne soit que fils d'vn Notaire.

De Mons, commis dudit Galand, à présent Greffier du Conseil, et qui demeuroit, il y a six mois, en la rue du Temple, d'où il est deslogé pour esuiter le pillage de sa maison, et est allé demeurer en la cousture Saincte-Catherine, près des Iesuistes, et se fait appeler Vicomte d'Andreselle, qui est vne terre considérable qu'il a acquis depuis peu, outre sondit Office, qui luy couste quatre cens mille liures, sans compter plusieurs autres biens qu'il possède, tant en rentes constituées que immeubles et argent contant, quoy qu'il n'ayt espousé que la fille du plombier de la Pome, dont il n'a eu que dix ou douze mille liures en mariage, et qu'il ne soit que fils d'vn ouurier en soye de Tours.

Ce de Mons et ledit Camus sont associez au retranchement des gages et droits de tous les Officiers de France, traité des taxes du droit Royal, confirmation d'hérédité, Offices quatriennaux, taxes d'aysez sur les entrées de Paris et plusieurs autres traitez.

Picard[2], fils d'vn cordonnier, qui depuis a esté Thrésorier des parties casuelles, a esté intéressé auec ledit

---

[1] « Vn le Camus qui, estant venu de rien et ayant au moins six enfants, a laissé au moins vn million de liures à chacun. »
La vérité toute nue, etc. [4007].

[2] C'est le Dracip de la *Farce des courtisans de Pluton*, etc. [1372].

Catelan, de Mons, Galand, Le Camus et autres en tous les traitez cy-dessus, outre plusieurs qu'il a faits. Il demeure au Marais, rue du Grand-Chantier, près les Enfants-Rouges, et prend le titre de Marquis de Dampierre, dont il a fait acquisition, outre plusieurs biens qu'il possède.

Bonneau[1], petit-fils d'vn ouurier en soye de Tours, a esté de toutes les maltotes, et est à présent Fermier des Gabelles, auec les nommez Merault, Rolland, Quentin, de Richebourg et Aubert, lequel Aubert a esté lacquais, et nonobstant cette noble compagnie de Gabeleurs aux despens des deniers du Roy acquiert des Marquisats et autres Terres considérables par les voleries qu'ils font sur lesdites Gabelles et sur les taxes sur les Officiers d'icelle, dont ils se sont faits Partisans, mesmes sur les rentes de la Ville qu'ils ont fait retrancher, et en ont fait consommer le fonds iusques à plus de vingt-cinq ou trente millions depuis dix ans.

Marin[2] est fils d'vn Paysan de Bourgogne; et entr'autres traitez qu'il a faits, il a eu celuy de la suppression des droits aliénez sur les Tailles et Gabelles en 1644, qui a ruiné tous les Officiers du Royaume et autres particuliers intéressez en ces affaires, pour enrichir vne douzaine d'autres qui y auoient intérest, entr'autres ledit Cornuel Intendant et son frère, ledit deffunct du

---

[1] Voyez les *Entretiens de Bonneau, de Catelan et de La Raillière*, etc. [1248]. Dans les *Moyens infaillibles pour faire périr le cardinal Mazarin*, etc. [2317], Bonneau est dénoncé parmi les personnes qui doivent de l'argent au cardinal ou ont de ses meubles en dépôt. Il est nommé enfin dans le *Qu'as-tu vu de la cour?* etc. [2941].

[2] « L'on a trouué à Paris dans vn Couuent de Religieux plusieurs papiers de conséquence, appartenant au nommé Marin, cy-deuant Thrésorier du marc d'or, parmy lesquels il y en a beaucoup concernant les traittez et partis des gages retranchez des Officiers et d'autres sortes de monopoles. » *Le Courrier françois*, etc. [830], 5° arrivée.

Vouldy, d'Alibert, deffunct Boyer, qui a laissé ses enfans riches de plus d'vn million à chascun, lesdits Bonneau, dont l'vn, qui est mort, a laissé à chascun de ses enfans plus d'vn million, ledit deffunct Galand, qui est mort riche de plus de six millions de liures, et n'a point laissé d'enfans, son bien ayant esté partagé entre sa veufue et son frère.

Deffunct Camus, qui demeuroit derrière Sainct-Leu, a laissé à ses enfans, au nombre de neuf, plus de quatre cens mille escus chascun, et auoit pour intéressez en sa part ses deux fils aisnez, dont l'vn est à présent Controlleur Général des Finances, et l'autre est mort et a laissé à sa veufue plus de cent mille liures de rente d'acquisitions par luy faites, laquelle, après auoir vescu en veufve Gaillarde pendant six ou sept ans, s'est enfin remariée depuis peu; et a esté, ledit Camus et ses fils, intéressez en toutes les fermes et traitez qui ont esté faits pendant sa vie.

De Mery [d'Esmery][1], pendant son Intendance, Controlle Général et sur Intendance, a pris des pots-de-vin et des pensions, fait rembourser des rentes sur diuers prétextes, a diuerty et destourné les deniers du Roy pour les appliquer à son profit, comme il paroist en ce que depuis quinze à vingt ans il a despensé plus de trois cens mille liures par an, fait de grandes et considérables ac-

---

[1] Les pamphlétaires de la Fronde ont souvent parlé de d'Émery; mais il suffira de citer l'*Auertissement très-important et très-vtile au public touchant le retour du sieur d'Émery*, etc. [462], les vers *Sur le bouhomme d'Émery*, dans les *Diuerses pièces sur les colonnes et piliers des maltotiers*, etc. [1161], et la *Farce des courtisans de Pluton*, etc. [1372], où d'Émery s'appelle Yremed'.

« Le mercredi, troisiesme [février], fut trouué de la vaisselle d'argent et quantité de meubles appartenant à d'Emery, cy-deuant surintendant des finances..., lesquels ont esté saisis de l'Ordonnance de Messieurs de la Cour de Parlement. »
Le Courrier françois, etc. [830], 3ᵉ arriuée.

quisitions, basty des Palais somptueux, tant à la Ville qu'aux Champs, ornez de meubles précieux dont l'estimation est presqu'impossible; cependant chascun sçait qu'il n'a eu aucuns biens patrimoniaux, son père et son frère estant morts insoluables dans la Conciergerie, après auoir fait banqueroute à leurs légitimes créanciers. Aussi l'inclination qu'il a tousiours eu au larcin luy ayant fait entreprendre de voler iusques dans la Garderobbe du Roy, il fut pour la réparation condamné à estre pendu; ce qui n'a pas esté exécuté par la corruption des mauuais Iuges, qui ont mieux aymé le sauuer pour de l'argent que de le faire exécuter : les supposts de ses desbauches, desbordements, larcins, violements et persécutions qu'il a exercées pendant ses emplois, et auec lesquels il partage le butin, sont Petit, son honneste macquereau, qui est celuy qui receuoit tous ces pots-de-vin et pensions, par le moyen de quoy luy et Chabenat, son Gendre, esleué dans les mesmes intrigues, ont acquis chascun plus d'vn million de liures de bien, quoy que, comme il est notoire, ledit Petit fust auparauant Procureur au Chastelet à tort et sans cause, et ledit Chabenat copiste au Conseil.

Catelan[1], cette maudite engeance, est venu des montagnes du Dauphiné, lequel, après auoir esté lacquais en cette ville, fut marié par Cornuel à la sœur d'vne nommée la Petit, sa bonne amie, à présent femme d'vn

---

[1] Parmi les meubles dont le *Courrier françois* annonce la saisie sous la date du 3 février, il y en avait qui appartenaient à Catelan. On peut consulter sur ce traitant célèbre l'*Adieu du sieur Catelan.... au sieur de La Raillière*, etc. [43], et la *Réponse de La Rallière*, etc. [3394], les *Entretiens de Bonneau, de Catelan et de La Raillière*, etc. [1248], le *Factum notable pour Thomas Carrel*, etc. [1363]. Suivant la *Réponse de La Rallière*, la femme de Catelan était fille, et non sœur de la Petit. Catelan est le Nalelac de la *Farce des courtisans de Pluton*, etc. [1372].

nommé Nauarrot; pour faciliter lequel mariage dudit Catelan, iceluy Cornuel donna audit Catelan, en faueur dudit mariage, tous les Offices de sergens vacans iusques alors et ensuite; ledit Catelan s'est aduancé dans la Maltote sous feu Bullion et Tubeuf, et entr'autres traitez, a fait celuy des retranchemens de gages, droits et reuenus de tous les Officiers de France, dont il a fait recepte et recouurement sous le nom du nommé Moysel[1], qui est son nepueu et s'appelle Catelan comme luy. Cependant il luy a fait prendre ledit nom suposé de Moysel, pensant se mettre à couuert de ses voleries et exactions.

Tabouret[2], fils d'vn fripier de ceste Ville, depuis notaire et ensuite maltotier, associé dudit Catelan, a fait de son chef toutes les taxes, créations et augmentations de Greffiers du Royaume, par le moyen de quoy ce drôle, outre ses superbes bastiments et plusieurs acquisitions qu'il a faites à la campagne, a donné en mariage depuis six mois à vne sienne fille plus de six cens mille liures, et en a asseuré autant après sa mort.

Lantot, beau-frère dudit Tabouret, est son associé.

De Launay[3], Conseiller au Chastelet, et principal as-

---

[1] Moysel est un des partisans contre lesquels est dirigé le *Factum notable pour Thomas Carrel*, etc. [1363].

[2] Il en est de même de Tabouret, qui figure sous le nom de Teruobat dans la *Farce des courtisans de Pluton*, etc. [1372].

[3] « Le ieudy 25 [février] la Cour nomma des commissaires pour instruire le procès.... de Launay Gravé. »
     Le Courrier françois, etc. [830], 7ᵉ arrivée.

Il y a dans l'*Arrêt du conseil d'en haut*, etc. [382], un sonnet aux partisans sur l'emprisonnement de La Raillière et de Launay Gravé.

Launay fut compris dans le procès intenté à Cohon, évêque de Dol, pour sa *Lettre interceptée*, etc. [2243]. « Mais, dit l'auteur du *Courrier burlesque de la guerre de Paris*,

  « . . . . . Gagnant la guérite
  [Il] n'attendit pas cette visite. »

socié dudit Catelan, est cause de tous les maux qu'il a faits, luy en ayant fourny les moyens et l'argent.

La Raillière[1], a esté fermier des Aydes auec le nommé du Mousseau, où ils ont volé les rentiers et l'Hostel de Ville par les présents et corruptions qu'ils ont faites audit Demery [d'Esmery], en considération de quoy l'on a diuerty auxdits rentiers trois quartiers et demy entiers de leurs rentes en vne seule fois, sans compter les autres friponneries et pillages qui ont esté faits depuis sur lesdites rentes, tant par retranchement qu'autrement, le tout montant à douze millions de liures ou peu s'en faut; et outre ledit La Raillière, auec le nommé Vanel dit Trécourt, qui sont à présent Fermiers des entrées, ont fait le traité de quinze cens mille liures de rentes sur lesdites entrées créées en 1644, pour raison de quoy ils ont taxé sous ce titre d'aisez qui bon leur a semblé, et sous de faux Rolles ont exigé lesdites taxes auec des violences horribles en ceste Ville de Paris et en la campagne, quoy que, par l'Edict d'aliénation desdites rentes, il soit expressément porté qu'il n'en pourroit estre fait aucun traité. Leurs principaux associez en iceluy sont lesdits

---

[1] « Le nommé La Raillère, assez connen pour les maux qu'ils a faits au peuple, tant comme principal arcboutant de Particelle, dit d'Emery, cy-deuant surintendant des finances, que pour auoir fait imposer plusieurs droits sur l'Entrée du vin et esté l'Auteur, Partisan et exacteur de ce droit tyrannique imposé et leué sous le nom qu'il leur donnoit (à fausses enseignes D'AISEZ), a esté descouuert seruant d'Espion dans la Ville pour le cardinal Mazarin ; pour quoy il a esté arresté et emprisonné à la Bastille. »

Le Courrier françois, etc. [830], 2ᵉ arrivée.

Les commissaires qui devaient le juger ne furent nommés que le 25 février. On peut consulter sur La Raillère les pièces citées dans les notes relatives à Catelan, à Launay Gravé, et de plus la *Lettre de La Raillère, prisonnier à la Conciergerie, à Catelan*, etc. [1942]. L'emprisonnement de ce financier célèbre fut un des événements de la Fronde.

Demery [d'Esmery], Petit, Bordier, Galand, de Bordeaux, de Mons, Le Camus, de Halus, Samuel, Colbert, Picard, Housset, Payen et plusieurs autres.

Et Demery [d'Esmery], outre les pillages et voleries qu'il a faites publiquement et qui sont notoires à vn chascun, a fait rembourser sur le fonds du Roy plusieurs rentes sur les tailles et autres natures, en faueur de cinq ou six femmes, ses bonnes amies, qu'il a enrichies extrêmement en diuers temps par des moyens illicites; et lorsqu'il n'a pu faire croiser ledit remboursement sur le fonds du Roy, il a baillé les fermes et traitez de Sa Maiesté à vil prix à ses maltotiers confidents, à la charge de satisfaire audit remboursement et mesme à ceux des rentes de son beau-père Le Camus et de toute sa famille; de sorte que par ce moyen il a excroqué aux Finances du Roy plus de quatorze millions de liures.

Tubœuf[1], dans ses commencements Scribe à la suite du Conseil, estant paruenu à l'Intendance, a introduit les prests sur les deniers du Roy en faueur de la veufue Deffiat, de la veufue Le Camus et autres, lesquelles pour

---

[1] « Et vn Tubeuf qui, de petit Commis du Mareschal Desfiat [d'Effiat], est deuenu en peu d'années Intendant des Finances, Président des Comptes, et aussi riche qu'il est grand joueur. »
La vérité toute nue, etc. [4006].
Tubeuf fut un des amis les plus constants du cardinal Mazarin. « l'ay veu, dit l'auteur du *Qu'as-tu vu de la cour?* etc. [2941], i'ay veu MM. de Senneterre, Tubeuf et Bautru disgraciez pour n'auoir pas assez protégé M. le Cardinal et pour auoir conseillé l'extinction du prest.... »
En février 1651, il se fit remettre les clefs de la bibliothèque du cardinal Mazarin pour sûreté de la somme de six cent quatre-vingt mille livres qu'il réclamait du cardinal : *Remise de la bibliothèque de Mons. le cardinal Mazarin par le sieur Naudé*, etc. [3289]; et il est compris dans l'*Arrêt de la cour de parlement* donné en faveur des créanciers du cardinal Mazarin, etc. [300], pour une somme de six cent mille livres provenant de ses maisons des rues des Petits-Champs, Richelieu et Vivien.

quatorze cens mille liures que l'on feignoit qu'elles auançoient au Roy, tiroient des remboursemens du double, c'est-à-dire deux millions huit cens mille liures; et pour cette différence de quatorze cens mille liures, l'on prenoit prétexte d'amortir au profit du Roy cent mille liures de rentes sur les tailles qui pouuoient valoir au prix courant enuiron trois cens mille liures; tellement que l'on faisoit perdre au Roy onze cens mille liures qui estoient partagées entre lesdits prétendus presteurs et l'Intendant et ses commis. Aussi voit-on que ledit Iubert [Tubœuf], qui n'a iamais eu deux mille escus de patrimoine, son grand-père estant boucher, possède des biens innombrables, tant en charges, Palais, maisons des Champs que deniers comptans, outre les despenses immenses qu'il a faites, tant pour le ieu que pour les femmes, estant certain qu'il s'est trouué telle nuict qu'il a perdu cent mille escus. Il a intérest auec La Meilleraye[1] et plusieurs autres leurs amis et confidens dans les imposts et Billots de Bretaigne, qui ont esté aliénez depuis dix ans à moins d'vn million de liures, quoy que ce soit vne ferme de plus de cinq cens mille liures par an.

La Piardière, commis dudit Tubœuf, est vn pauure garçon de Loches, destitué par sa naissance de toutes sortes de biens de fortune; cependant par les contributions qu'il a eues aux friponneries et corruptions de son maistre, et par l'intérest qu'il a pris dans plusieurs affaires auec des traitans, se trouue possesseur auiourd'huy de plus d'vn million de liures.

[1] Charles de La Porte, duc de La Meilleraye, maréchal de France, lieutenant général de Bretagne sous le gouvernement d'Anne d'Autriche.

Autres Maltotiers qui ont entré indifféremment en toutes sortes d'affaires.

Guérin, du Faux bourg S. Honoré, entr'autres affaires, a esté au sol pour liure et a fait le traité du domaine auec Berault, Piry, Maillet et autres. Mignot, commis de Mauroy, Intendant, a fait plusieurs traitez.

Michaut, commis de Charron, Intendant, *Item* Le Royer, cy deuant commis du Controlle, *Item* auec de Billy, Guérin et Espinay, ses compagnons.

Imbert, cy deuant commis de des Noyers, *Item* L'Escuyer, qui demeure vers les grandes Escuries, qui estoit cy deuant Commédien.

Peraction et Amat sous-fermiers des Gabelles de Dauphiné, où ils font maintes griuelées.

Varin[1], entrepreneur de la monnoye au moulin, y a fait plusieurs falsifications et maluersations par le moyen desquelles il s'est puissamment enrichy. Chantefort, cy deuant commis de des Noyers, a si bien volé dans les fortifications qu'il a fait faire, qu'il est riche de plus de quatre à cinq cens mille escus.

Arnoul, autre commis dudit des Noyers.

Item, Ionglas, Thrésorier de France à Montpellier, par plusieurs traitez qu'il a faits en Languedoc; il demeure près le Palais Cardinal.

Momeret [Monnerot[2]], Brossamin et autres, leurs asso-

---

[1] Jean Varin, graveur et maître de la Monnaie.

> « Je crois mesme que Varin,
> Au lieu de battre sa monnoye,
> . . . .
> A fait libelle contre moi. »
> *Le Mazarin portant la hotte*, etc. [2434].

[2] Daniel de Cosnac, archevêque d'Aix, raconte dans ses *Mémoires*,

ciez, ont fait tous les traitez qui ont causé les retranchemens des rentes des tailles et des gages, droits et reuenus des Officiers, du taillon et autres ; ledit Monnerot demeure rue de Richelieu ; et ledit Brossamin rue des Fossez Montmartre.

Bins, cy-deuant lacquais de Tubœuf, entr'autres traitez qu'il a faits, a entrepris auec vn nommé Boulay les estappes de la Généralité de Paris, dont ils n'ont rien payé ou fort peu de chose à tous les particuliers qui ont entrepris la fourniture desdites estappes ; fauorisez par l'Intendant Nouueau de la Iustice en ladite Généralité moyennant vn pot-de-vin de vingt mille liures qu'ils luy ont donné, en considération duquel ledit Intendant leur accorda des conditions plus auantageuses sur le traité desdites fournitures d'estappes. Ledit Boulay demeure proche la porte Richelieu.

Marin, dit Rigny, a été généralement de toutes sortes de traitez, tant directement qu'indirectement, et par ses vsures illicites a gaigné plus de deux millions dont il est réputé riche, n'ayant eu que dix mille escus en mariage,

t. II, p. 29, une anecdote qui très-probablement se rapporte à Monnerot : « On n'a jamais vu, dit-il, dans un si petit endroit tant de diamants, de pierreries, d'or et de broderies que l'on en voyoit dans une grande bibliothèque des Récollets au milieu du port de Saint-Jean de Luz, où l'on avoit étalé tous les meubles et habits qui étoient préparés pour le roi et pour son équipage. Je m'y trouvai un jour que Sa Majesté vint elle-même voir ce spectacle dont elle fut ravie. Et M. de Roquelaure étant à la suite, le roi lui demanda qu'est-ce qu'il disoit de tout ce qui paroissoit dans ce lieu. M. de Roquelaure avec son accent gascon lui dit : « Par-« bleu, Sire, il me semble que *Moncrot* se marie.... » Je ne sais si cette raillerie fit quelque effet sur Sa Majesté ; mais il est certain que dans la recherche qui fut faite quelques années après sur les partisans, *Moncrot* fut un des plus exactement recherchés et qu'il mourut en prison, n'ayant voulu ou pu payer sa taxe. »

On peut bien croire que Daniel de Cosnac avait écrit *Moncrot*.

sans aucun patrimoine de son chef. Il demeure près les petits Augustins Deschaussez.

Rambouillet et autres ont esté Fermiers des cinq grosses Fermes, dont les droits ont esté augmentez de leur temps du tiers; ensuite et par le moyen de quoy, de gueux et incommodés qu'ils estoient, ils possèdent des richesses immenses qui montent pour eux deux à plus de six millions de liures. Ils demeurent rue des Fossez Montmartre. Valleman [Tallemant] père et fils[1], ont esté leurs associez, et outre ont fait plusieurs traitez, notamment contre les Controlleurs, Conseruateurs des Fermes et leurs Lieutenans, dont ils ont mangé les reuenus, sous prétextes tant pour remboursement, restablissement qu'augmentation de gages et droits, et ont eu pour commis et associez les nommez Mallet et Préuost.

La succession de Vidal, dont la veufue demeure rue des Fossez Montmartre, peut bien estre mise en ce Catalogue, ledit du Vidal ayant fait plusieurs affaires et traittez auec le Roy, notamment en la Prouince de Languedoc, où il a esté Fermier de la Patente, auec les nommez Pellissier et Rose, et a laissé plus d'vn million de liures de bien.

Boudon, cy-deuant Procureur à Montpellier, s'estant ietté dans les traittez en ladite Prouince de Languedoc auec iceluy du Vidal et autres, a fait plusieurs affaires qui ont mesme causé de grandes séditions dans la Prouince, et s'est enrichy excessiuement. Il demeure rue des Bons Enfans, du costé des petits Champs.

La succession de Paget est d'autant plus recherchable qu'il a esté vn donneur d'auis fieffé, qui ne s'est enrichy

[1] Tallemant jeune est nommé dans la *Liste de messieurs les colonels de la ville de Paris*, etc. [2307].

que par mauuaises voyes, ayant en dernier lieu donné l'aduis de la création des Greffiers des feuilles des rentes de l'Hostel de Ville, qui est vne inuention très préiudiciable au général et au particulier des rentiers, et tout fauorable aux payeurs, afin d'esloigner les payemens qu'ils doiuent faire; aussi ce traité, qui a esté fait par ledit Paget, n'a esté que pour donner lieu au nommé le Sage, son beau frère, qui luy preste son nom pour l'exercice des quatre Offices de Payeurs des rentes des huict millions de Tailles, de conseruer le fond du maniement desdits Offices, comme luy et tous les autres Payeurs des rentes font au préiudice des rentiers.

Memmin et Chauuin, oncle et neueu, demeurant en mesme maison rue des Fossez Montmartre, ont esté aussi de toutes sortes d'affaires. Peirat, demeurant en la mesme rue, a esté associé de de Mons, Picard, Tabouret, La Raillière et Vanel en toutes les affaires qu'ils ont faites, notamment aux taxes de confirmation d'hérédité et droit Royal, Chambre de Iustice, Offices et quatriennaux, taxes d'aisez, a eu la iurisdiction, recouurement et maniement de la pluspart desdites affaires, auec vn nommé Rabouin, beau-frère dudit de Mons, lesquels ont ensemble exercé de grandes rigueurs contre les compris auxdites taxes, à l'effet de quoy ils ont fait agir vn nommé Chartier, cy-deuant lacquais dudit Peirat, auquel ledit Peirat, pour récompense de ses seruices, a fait espouser vne sienne bonne amie qu'il qualifie sa niepce.

Portier, Pordet, Riote ont fait plusieurs affaires très-préiudiciables au public, entr'autres les Greffes et notifications, taxes d'aisez dans les Prouinces et autres de cette qualité; ledit Portier demeure rue Montmartre.

Bossuel, qui demeure en la mesme rue, est Fermier

des Gabelles de Lyonnois et Languedoc, auec les nommez Terrat, Chory, Lombart, Chalanges et autres, et ont consommé de taxes tous les Officiers desdites Gabelles pendant le temps de leur Bail, afin de profiter de leurs reuenus; outre plusieurs autres affaires qu'ils ont faites, notamment ledit Bossuel par la faueur du sieur Président Pérault[1], son beau frère ou cousin, qui y prenoit intérest auec luy.

Bachelier, qui demeure derrière S. Leu, a aussi fait auec ledit Manerot [Monnerot] et Brossamin plusieurs affaires où il s'est extrêmement enrichy depuis dix ou douze ans en çà, qu'il fit vne notable banqueroute à Lyon; ce qui ne l'a point empesché, deux ans après, d'achepter vne charge de Payeur des rentes sur les huict millions de tailles, et ensuite vne autre de Receueur général des finances à Orléans.

De la Garde, qui demeure en la rue Montmartre, proche l'esgoust en l'Hostel de Bouillon, qu'il a acquis depuis peu, ayant quitté sa boutique de compagnon drappier pour se ietter dans la maltote, il y a si bien réussi par la faueur et protection de Tubœuf, en considération de la part qu'il luy donnoit dans ses entreprises, qu'il est en réputation de posséder plus d'vn million d'or.

La succession de la Bazinière[2] ne doit pas estre exempte d'vne légitime recherche, sa naissance et la condition de lacquais où il a esté esleué, ne pouuant pas luy auoir donné les auantages d'vne si grande fortune que celle où il est mort.

[1] Le président Perrault, de la chambre des Comptes, était intendant du prince de Condé. On a de 1651 une *Apologie pour monsieur le président Perrault* [129].

[2] Trésorier de l'Épargne, qui avait épousé la fameuse Mlle de Chemerault.

Gedoin et Chatius, ses commis, ne doiuent pas estre pareillement exempts. La succession de Martineau estant de mesme temps et catégorie, ne doit pas non plus estre espargnée.

La succession de Garnier, *Item*, ayant esté vn des principaux piliers de maltote de son temps, tant par création de nouueaux Offices que par attribution de droit et taxes sur les anciens.

La succession de Denouueau et celle de Vassant sont de mesme catégorie, et aussi celle de G rsenla t [Gorsenlart], qui sont tous gens de néant, et néantmoins ont laissé des biens innombrables par les pillages qu'ils ont faits dans les Finances du Roy.

De Combes a esté de tous les traitez qui se sont faits depuis vingt-cinq à trente ans, tant par establissement de nouueaux droits de Ferme que création et autres, où il a acquis de si grands biens qu'encore que de son chef il ne soit qu'vn pauure malotru, il a bien eu l'audace d'acquérir vne maison qui a esté à vn Chancelier, où il demeure à présent.

Maller, qui demeure proche l'Hostel d'Espernon, a esté le confident et associé dudit Combes, où de pauure garçon venu de Senlis, n'ayant pas vaillant cent escus, il a acquis de très grands biens, en sorte qu'il passe auiourd'huy pour vn des plus riches hommes de Paris.

Sauuain, fils d'vn bastelier d'Aramon en Languedoc, estant venu estre lacquais en cette ville et ensuitte fripier et vendeur de vieilles hardes, s'estant associé et intrigué auec ledit de Combes deffunct et autres, a bien eu l'effronterie d'acquérir la Baronnie dudit lieu d'Aramon, qui est vne des plus anciennes et nobles terres de France, qui luy a cousté cent mille escus; et dans l'auidité qu'il a eue d'amasser du bien par toutes sortes de voyes, ayant fait vne fausseté dans l'expédition d'vn Arrest du Conseil qui luy seruoit de tittre pour la perception de quelques nouueaux droits, au lieu d'en estre puny selon la rigueur des Ordonnances, il fut par faueur condamné seulement à faire vne amende honorable; ce qui l'a exempté. Il demeure deuant le grand portail Sainct Eustache.

De Sainct André, fils d'vn franclopin de Bourgogne, vint lacquais en ceste ville, où il s'est enrichy par plusieurs exactions et concussions qu'il a faites en la sous ferme des droits d'ayde en l'eslection de Chartres et Pitiuiers; a traitté de l'attribution des droits des cinq sols pour Parroisse des Esleus et Officiers des Greniers à Sel, et plusieurs autres traitez qu'il a faits. Il demeure aussi proche de S. Eustache.

Mousseau, beau fils dudit Sainct André, a esté son associé en toutes lesdites affaires. Il demeure en mesme maison.

Berault, Garde des Rolles, qui demeure près le Chancelier, a commencé sa fortune par la fabrication des monnoyes défectueuses, ayant entrepris de faire des Doubles jusqu'à enuiron cinquante mille escus; mais au lieu de ce, outre l'altération qu'il y a apportée et qui a causé le décry général de toutes ces espèces et réduction d'icelles à la moitié de leur valeur, il en a fait fabriquer plus de vingt fois autant qu'il ne luy estoit permis; d'où sont venues les grandes richesses qu'il possède.

Bordier, fils du Receueur des Tailles de Paris, a fait plusieurs traitez où il s'est enrichy, entr'autres l'abonnement du Domaine.

Forcoal est venu lacquais en cette ville; et, après auoir

receu maints coups de bastonnade qui luy ont esueillé l'esprit, il s'est ietté dans la maltote des Aydes, petit rat de caue, où à force de friponneries et de voleries, ayant commencé d'amasser quelque chose, il se fit du viuant de Baiots, Fermier de Normandie, où ayant eu matière d'exercer auantageusement sa mauuaise inclination, il s'est rendu si puissant qu'enfin il est paruenu à la Ferme générale qu'il exerce impunément auec vn Office de Greffier du Conseil, mange et consomme en taxes tous ceux qui ont des droits et reuenus sur les Aydes, mesme les rentiers assignez sur icelles, tant à l'Hostel de Ville que d'aliénation ; de sorte que l'on ne peut le punir trop seurrement après tant d'insignes voleries, considéré que sa femme estoit chétiue seruante d'vne blanchisseuse lorsqu'il l'espousa. Il demeure rue Chappon en vne superbe maison qu'il a acquise depuis peu. Ses associez en ladite Ferme des Aydes sont les cy après nommez :

Marcillac, demeurant rue Michel le Comte, et demeurant aux Marais, rue d'Anjou, Mousseau, dont il est cy deuant parlé, Betaut, Huron, Lapat, Roserot [Roseret[1]], Verselin et autres, sont esleuez par les mesmes degrez dans les mesmes qualitez.

Durot, qui demeure rue du Temple, a esté de plusieurs traitez.

Drouin, qui demeure rue du Grenier Sainct Lazare, *Item*, entr'autres du traité de la réduction des droits de 1634.

Verdier et Pauillon[2], demeurans aux Marais, entre

---

[1] Est-ce l'auteur de la *Relation véritable de tout ce qui s'est passé à Sain*-*Germain en Loye* [3258] ?

[2] Le lundi 1ᵉʳ février, « on a trouué chez le nommé Pauillon, partisan du Conuoy de Bordeaux, la somme de trois cent trente tant de mil liures

plusieurs affaires qu'ils ont faites, sont encore Fermiers du Conuoy de Bourdeaux auec Prier et gaignent des sommes immenses.

Beaurain, qui demeure rue du Grand Chantier, près les Enfans Rouges, a esté intéressé en toutes sortes d'affaires.

Montauron, qui demeure dans la mesme rue, *Item*, et a esté le factotum des Sur Intendans et Intendans depuis vingt ans, qui luy ont fourny de quoy satisfaire aux despenses excessiues qu'il a faites auec les deniers du Roy, à quoy il n'auroit pu subuenir autrement, estant vn pauure soldat de fortune.

Piry demeure aux Marais vers la rue Charlote, qui esté de plusieurs traitez, entr'autres de celuy du Domaine.

Berault, qui demeure aux Marais, *Item*, rue S. François, Itendu et Longuet[1] son beau frère, qui demeure rue Tibaut Todée [Thibaut aux dez], ont esté en toutes sortes d'affaires généralement, où ils ont gaigné les grands biens qu'ils possèdent.

La succession de défunt d'Aluimare, dont l'héritier, qui demeure proche le Grenier à Sel, est de mesme catégorie.

Deodati, qui demeure rue des Rosiers.

Item qui demeure rue des Bourdonnois près l'Hostel de Villeroy.

Item la succession de Rouilly.

Item les deux de Luynes, dont l'vn est Commissaire

que la Cour, suiuant l'Arrest par elle cy deuant rendu, a ordonné estre portez ès coffres de l'Hostel de Ville. »
  Le Courrier françois, etc. [830], 2ᵉ arriuée.

[1] Il était en 1649 trésorier général de l'Extraordinaire des guerres. Il fut chargé des *Taxes faites des maisons sises aux enuirons de Paris*, etc. [3753].

Général aux saisies réelles, et demeure rue Ste Croix de la Bretonnerie.

Barbe, qui demeure rue des Francs Bourgeois, a esté aussi de tous les traitez; les deux Guénégaud *Item*[1], et la succession de leur père; Jean et Rolet, leurs commis; *Item* de la Place et Rozerot [Roseret], commis de Petit.

Ioly, payeur des rentes des Aydes, leur associé, demeure rue du Temple, près la rue Pastourelle.

Housset, Trésorier des parties casuelles, a esté de toutes affaires, tant en qualité de commis de Rabatus, dans la desroute duquel il a estably sa fortune, que depuis qu'il a exercé sa charge, et demeure Vieille rue du Temple. Masel, pauure garçon de Surenne, s'est enrichy par les mesmes voyes, et demeure vers la Place Royale, proche l'Hostel de Carnaualet.

Senoc, demeure Cousture Ste-Catherine et a esté de tous les traitez.

De Coulanges père et fils, rue S.-Antoine; *Item*, Dournet, Ioly et Romanet, beau père et gendre; *Item*, la succession de Lataignan.

Item Rose cy-deuant munitionnaire; *Item*, Languet et de Repas ont esté de tous les traitez des nouueaux Offices establis sur les ports. Ledit Languet demeure rue des Deux Boules.

Les l'Huillier frères, *Item*, outre les vsures notoires qu'ils ont commis, eux et plusieurs marchands sans foy comme eux et sans Religion.

Le Tardif, qui a fait le traité des toisez des maisons en suitte de plusieurs autres, comme celuy de l'establissement du sol pour liure et maltotes de cette qualité.

[1] J'ai cité dans la *Bibliographie des Mazarinades* le passage du *Parlement burlesque de Pontoise* [2701], qui les concerne.

Guignot, Iadis pauure vagabond, sans cognoissance de père ny de mère, s'est enrichy du temps de Bullion pour estre entré en quelque maltote.

Le Clerc, Trésorier de l'extraordinaire, et le Page, ses compagnons d'Offices, gens venus de néant, possèdent des biens immenses par les voleries qu'ils ont faites dans leurs charges.

Bersaut [Bertaut] et Angrand ont si bien ioué leur personnage dans les consignations qu'ils s'y sont extrêmement enrichis.

La succession de Guilloty, l'vn des intéressez aux Gabelles, peut bien estre comprise en ces recherches.

La succession de Fieubet[1] n'en doit pas estre exempte, sçachant que de pauure garçon venu de Languedoc, il est mort puissamment riche pour auoir manié les deniers du Roy; et l'on peut iuger des grands biens qu'il a laissez par l'article suiuant.

La succession de Lambert[2], fils d'vn Procureur des Comptes, commis dudit Fieubet, peut contribuer plus

---

[1]   «.... Fieubet qui l'interrompt,
   Luy dit : « Vous oubliés le plomb.
   « Et puis i'ay dedans ma valize
   « De quoy chasser fainéantize ;
   « I'ay triquetrac, cartes et dez
   « Qui ne sont nullement pipez,
   « Et tels qu'on s'en sert chez Sercote,
   « Chez qui, tous les iours, ie tripote. »

On peut voir d'ailleurs l'article du *Parlement burlesque de Pontoise*, etc. [2701], dans la *Bibliographie des Mazarinades*.

[2] « Vn Lambert, fils d'vn Procureur des Comptes, qui, portant encore plus dans le cœur que sur le visage le caractère d'vn Iuif, a laissé quatre millions cinq cens mil liures de bien, dont le président Viole, ce bon François et ce fidèle seruiteur du Roy, a eu pour sa part plus de quatre cens mil liures. »
   La Vérité toute nue, etc. [4007].

d'vn million aux despenses présentes, sans estre incommodé, ledit Lambert estant mort riche de plus de cinq ou six millions de liures, ou peu s'en faut, outre les grands biens et belles maisons qu'il a laissez tant aux champs qu'à la ville.

La succession de Bretonuilliers[1] est encore d'vne classe plus releuée, en ce que, nonobstant le grand nombre de ses enfans, il a donné à sa fille en mariage vn million de liures.

Muissal, pauure petit lacquais de Morin, a si bien agy, à l'exemple d'vn si bon maistre, qu'à force de pilleries il s'est extrêmement enrichy.

Flauriau, pauure garçon de Tours, à présent Fermier de la Patente du Languedoc, a fait si grand nombre de traitez, à l'exemple de Bonneau, son maistre, qu'il est très puissamment riche.

Pallu l'aisné, et Pertel, le payeur des rentes, ont fait le semblable, tant aux sous Fermes du pied fourché et des Aydes qu'en plusieurs traitez et recouurement de taxes qu'ils ont entrepris.

Mommirot, cy deuant commis de Bretonuilliers, a si bien volé le Roy et son maistre qu'il est extrêmement riche et demeure en l'Isle.

Les Groin, frères et fils du maistre du cabaret de la Pomme de Pin, à force de pillages qu'ils ont faits dans la subsistance lors de l'establissement d'icelle, ont acquis de grands biens et possèdent des charges de finances très considérables.

Meusnier a fait de mesme, tant par ces voyes que par

---

[1] « Vn Bretonuilliers qui n'estant autrefois qu'vn simple Receueur général des Finances de Limoges, a gagné tant de millions, qu'estant assez bon homme d'ailleurs, il en auoit honte luy-mesme. »

La Vérité toute nue, etc. [4007].

l'intérest qu'il a eu à plusieurs traitez, notamment en l'establissement du sol pour liure.

Launay Graué[1] a fait plusieurs pillages dans la Généralité d'Orléans pour le recouurement des tailles qu'il auoit en party, y ayant entretenu cinq ou six compagnies de fuzeliers qui ont tout perdu la Prouince, et outre a esté de tous les traitez et particulièrement de celuy des taxes des deniers aisez.

Martin, Intendant de l'Escurie du Roy, a si bien pillé dans ladite Intendance que les tours de baston luy ont valu pour entretenir le faste et le luxe de sa despense.

Le Feron[2] a tellement auily les rentes de l'Hostel de Ville par la tolérance qu'il a fait du retranchement d'icelles, moyennant les finances qu'il en a touché pour se laisser corrompre et souffrir ledit retranchement sans se plaindre, comme il deuroit auoir fait pour l'intérêt du public, et est en possession de sommes immenses en deniers contans, outre les cent mille escus qui luy sont deubs par les fermiers des Gabelles, et les deux cens mille liures par les payeurs des rentes sur les Tailles. Il demeure rue Barre du Bec.

Guillard, qui demeure vers Sainct-Paul, s'est meslé de toutes les affaires; et Blessier *Item*.

Iosselin, qui demeure dans l'Isle, a tant volé à la chambre aux deniers du Roy que ladite Chambre en est si despourueue qu'il ne s'en trouue point pour la despense et bouche de sa Maiesté.

Villete a entre autres traittez celuy des Courriers de Bordeaux, où il s'est extrêmement enrichy auec ses associez. Il demeure aux Marais.

[1] Voir plus haut, page 121.
[2] Prévôt des marchands de Paris.

De Vic, qui demeure au fauxbourg S. Germain, a fait plusieurs traittez, notamment en la Prouince de Normandie.

Le Chancelier[1] a esté partisan des boues et de tous les partis. Son bisayeul estoit Apothiquaire; son ayeul, Procureur, a esté enterré sous les Charniers de S. Seuerin, où estoit son épitaphe[2], qui a esté tiré par force. Le Gros, qui demeure rue Gille-Seine, a fait plusieurs traittez et a esté associé de S. Garnier. Keruet, qui demeure près l'Hostel de Nemours, a esté de tous les traittez sans exception, tant auec Galand, Marin et Bonneau qu'auec Catelan, de Mons, le Camus et autres. Ligours et Pidou, qui a esté commis de Barbier et luy a inspiré toutes les maltotes qu'il a faites, en quelque façon que ce soit, et est vn pauure garçon qui de son chef n'auoit aucune chose, et qui s'est enrichy aux friponneries et diuertissement qu'il a fait des effects de défunt son maistre. Le Vanneur, qui demeure aux Marais du Temple, s'est enrichy pour auoir diuerty les effets dudit Barbier prouenant des recouurements qui luy auoient esté confiez, et s'est pariuré en lustice pour se conseruer lesdits effects et deniers recelez lorsqu'après la mort dudit Barbier on luy en a demandé compte. Gathon, les Ioubert frères et les nommez Potier père et fils, demeurans au fauxbourg S. Germain, ont fait le semblable. Dufresne, Aduocat, et luignon, Procureur en Parlement, ont tant fait que de pauures garçons qui ne possédoient rien, ils sont auiourd'huy très-opulents. Caissant a fait le mesme dans le re-

---

[1] Pierre Séguier. On va voir, page 139, dans les *Diuerses pièces sur les colonnes et piliers des maltôtiers* [1161], les *Vingt rimes sur leur patriarche*.
[2] Elle était à l'entrée de la petite porte à main gauche.
Auertissement à Cohon, éuesque de Dol, etc. [444].

couurement des taxes dont Galand l'auoit chargé. Masserot a esté lacquais et demeure derrière le Palais Royal, a pris les Tailles des Généralitez d'Orléans et de Moulins.

Diuerses pièces sur les colonnes (sic) *et piliers des maltôtiers, et les vingt rimes sur leur patriarche* [1161] [1].

(26 janvier 1649.)

« Dedans le Parlement cet homme que l'on hue,
Qui d'vn lieu sacrosainct a fait vne cohue,
Son corps est aussi droit que son âme est bossue.
Tout le iour il est froid; toute la nuit il sue.
Son œil est assez doux; mais sa langue nous tue.
Iamais à faire bien son cœur ne s'éuertue.
Sa conscience craint surtout vne reuue.
Son conseil fait souuent faire quelque béuue.
Il est doux au sceller; il ne mord ny ne rue.
Saturne dominant rend son humeur bourrue.
Mercure le subtil lui fait la main crochue.
Vénus le rend suspect d'vne tête fourchue.
Il plâtre pour argent vne affaire perdue.
Au lieu de son mouton[2] la France il a tondue.
Son estoile sur nous cent disgrâces influe.
Il croit que nous aurons à iamais la berlue.
De son abaissement sa fortune est venue.

[1] Le patriarche des Maltôtiers est ici le chancelier Séguier. Le texte de cette pièce a été corrigé sur une copie manuscrite qui est à la bibliothèque de Sainte-Geneviève.

[2] Les Séguier portent d'azur au chevron d'or, accompagné en chef de deux étoiles de même, et en pointe, d'un *agneau* d'argent.

La reine l'a connu lorsqu'elle étoit en mue.
Son nom se trouue escrit au milieu de la rue[1]
Si tu ne sais qu'il est, vas, tu n'es qu'vne grue. »

Svr les écuries dv Sicilien[2].

Orgueilleux bastiments où l'iniuste abondance
Monstre au peuple l'horreur de sa nécessité,
Censeurs qui, sans parler, reprochez à la France
Ou son peu de courage, ou sa stupidité,
Ie ne puis contempler vostre magnificence
Que, d'vn esprit bouillant et d'vn œil courroucé,
Voyant que les cheuaux sont traités d'éminence,
Et qu'on les voit loger en cette qualité,
Non, ie ne puis vous voir, éclatante écurie,
Que, d'vn libre discours, soudain ie ne m'écrie :
O trop sensible abus d'vne minorité !
L'on peut voir aisément, dans le siècle où nous sommes,
Tout ce que des tyrans a dit l'antiquité,
Puisqu'encore aux cheuaux on fait manger les hommes.

On dit (peut-estre on dit mal)
Que la grande armée de Flandre
Ne prend rien, mais ne fait que rendre ;
Au contraire du cardinal,
Qui prend tout et ne veut rien rendre.

[1] Le chancelier était, dit-on, dans le parti des boues de Paris. Voyez le *Catalogue des partisans*, page 138.
[2] Mazarin. Il n'y a peut-être rien qui ait été plus souvent et plus vivement reproché au cardinal que ces écuries.

Chanson [1].

Air de cour nouueau sur la plainte de l'Amour contre la Guerre parisienne.
Sur le chant : *De la Courante de la Reyne*, etc.

Que vous nous causez de tourment,
    Fascheux Parlement !
      Que vos Arrests
Sont ennemis de tous nos intérests !
Le cardinal a perdu tous ses charmes.
    Tout est en armes ;
    Et les Amours
Sont effrayez par le bruit des Tambours.

    La Guerre a chassé l'Amour,
      Ainsi que la Cour ;
        Et de Paris
La peur bannit et les Jeux et les Ris.
Adieu le Bal ; Adieu les promenades,
    Les Sérénades ;
    Car les Amours
Sont effrayez par le bruit des Tambours.

    Mars est vn fort mauuais Galand
      Il est insolent.
        Et la beauté
Perd tous ses droits auprès de La Ferté [2].
On ne peut pas accorder les Trompettes
    Et les Fleurettes ;
    Car les Amours
Sont effrayez par le bruit des Tambours.

---

[1] Elle est de Blot. On en trouve deux couplets dans le *Recueil général de toutes les chansons mazarinistes*, etc. [3055]. Le refrain est cité dans la *Lettre à monsieur le cardinal, burlesque.*

[2] Le maréchal de La Ferté.

Mars oste tous les reuenus
A Dame Vénus.
Les chères sœurs
N'ont à présent ny argent ny douceurs.
On séduiroit pour vn sac de farine
La plus diuine;
Car les Amours
Sont effrayez par le bruit des Tambours.

Place Royale où tant d'Amants
Monstroient leurs tourments,
Où leur destin
Estoit tousiours flatté par Constantin [1],
On n'entend plus au lieu de tant d'Aubades
Que mousquetades;
Et les Amours
Sont effrayez par le bruit des Tambours.

Que de plaisirs fait le Blocus
A tant de Cocus!
Car désormais
Ils n'auront plus chez eux tant de plumets.
Les caiolleurs, ces diseurs de sornettes,
Font leurs retraittes;
Et les Amours
Sont désertez par le bruit des Tambours [2].

---

[1] L'*Agréable récit des barricades de Paris* nous montre Constantin « sonnant l'alarme en faux bourdon de barricade en barricade. »

[2] Ce couplet est dans tous les imprimés suivi d'un autre que j'ai cité sous le n° 3055 de la *Bibliographie des Mazarinades*, mais que je n'ai pas reproduit ici, parce qu'évidemment il n'appartient pas à la chanson.

*Inuentaire des merveilles dv monde rencontrées
dans le palais du Cardinal Mazarin* [1729].

(26 janvier 1649.)

Il n'y a rien qui attire dauantage l'admiration et l'affection des hommes que les beautez de l'Art et de la Nature. L'artifice d'vn Peintre qui semble forcer la Nature à venir dans ses ouurages, a plus d'appas pour les curieux que la subtilité et les raisonnements des Philosophes ; et les charmes que l'amour a rencontrés dans les déserts agréablement affreux, ont attiré les hommes auec plus de facilité que l'Escole du diuin Platon, qui semble auoir familiarisé auec la Diuinité pour en apprendre les secrets.

Le désir de voir ces beautez a fait mespriser aux hommes ce qu'ils auoient de plus cher, et les a poussés à commettre leur vie à l'inconstance de la mer et du hazard. La curiosité leur a donné des mespris pour leur pays et de l'amour pour les Barbares.

Tous ont esteint l'amour de leurs maisons dans le désir de voir les raretez du monde. Il n'y a que le seul Cardinal Mazarin qui semble auoir appelé dans sa maison l'Art et la Nature auec leurs ornemens et les auoir contraint de loger dans son Palais, lequel ie vous prie de considérer auec moy, et toutes ses beautez promptement, de peur que quelque Suisse ne nous chasse et rauisse ses raretez à nos yeux.

Au premier aspect, ce superbe Palais monstre qu'il ne loge rien que de superbe. Les plus célèbres Ingénieurs semblent y auoir laissé toute leur industrie; et l'esprit des plus expérimentez Architectes s'y est perdu auec les richesses de la France; en sorte que l'on peut dire :

> Omnis Mazareis cedat labor ædibus;
> Vnum pro cunctis fama loquatur opus.

Entrons dans le Palais. J'aperçois vn Cadran qui montre qu'il n'y a rien icy de plus cher que le temps, puisque la France alloit acheter vn million vn seul moment du temps de son Eminence.

Honteuse nudité des statues. — Donnons la liberté de nos yeux à la curiosité qui nous conduit dans vne Sale basse, bien sale à la vérité; car vn grand nombre de Statues y sont vn peu trop au naturel; et la licence de leurs représentations blesse les yeux des spectateurs et semble leur dire qu'on descouuroit icy les choses les plus cachées dans la nature.

Mais on oste vn Tapis qui nous fait voir vne Table autant rare que belle. On la nomme *Lapis azurus*. La nacre et l'or enchassez dans cette pierre si bien polie font ignorer son prix. La variété de ses couleurs rend les regardans variables dans sa considération; et l'agréable confusion de ses richesses confond leurs regards et leurs esprits.

Deux rares Cabinets d'Ebène bien ornez. — Les spectateurs sont arrachez de cette Sale pour entrer dans vne autre. La curiosité chasse d'icy toute sorte de respects et rend les espaces de la porte trop petits. Cette Sale présente premièrement à nos yeux deux rares Cabinets d'Ebène si belle et si luisante qu'on diroit que ce soit vne glace noire, dont la pureté reçoit nos regards facilement, les conduit partout, et innocemment descouure ses secrets. Plusieurs petits Tableaux enchassez achèuent la beauté de ces deux Cabinets, qui sont portés par quatre petits Lions de cuiure si bien doré qu'il fait honte à l'or mesme. Dessus l'vn des deux vne Licorne, de mesme matière que les Lions, prend l'essor auec ses aisles, et par son vol artificiel semble auoir inspiré à ses admirateurs le désir de voler.

Table de marbre taillée en fleurs bien rapportées au corps. — Nous quittons ces Cabinets et vn grand nombre de Statues dont l'artifice et l'antiquité les fait admirer sans pouuoir les priser, pour arrester nos considérations sur vne autre Table dont la beauté fait mespriser celle qui fait l'ornement de la Sale précédente. Lorsque nous la considérons, il nous semble voir vn beau Parterre semé de Fleurs. Il faut aduouer que l'Art est vn admirable Iardinier, puisqu'il sème le Marbre de Fleurs d'autant de diuerses couleurs qu'vn Iardin bien cultiué en peut fournir. La diuersité des couleurs du Marbre artificiellement taillé fait la diuersité des Fleurs. Vne main ingénieuse contraint la dureté du Marbre de fleurir et la fermeté mesme de prendre la forme de la fragilité. Les pièces de ce Marbre, formées par le trauail en Fleurs, ont vn rapport admirable auec le fonds de la Table, qui est de mesme matière et de couleur noire, pour nous faire paroistre par ce doux meslange et combat de contraires couleurs qu'il faut chercher nostre plaisir dans la meslée, et que nos félicitez sortent des combats.

Sale des Antiques où il y a vne Statue seule que l'on dit coustez deux mil escus. — Cette Sale nous donne l'entrée d'vne autre où l'Antiquité semble auoir apporté toutes ses Merueilles. Icy les plus fameux Sculpteurs reconnoissent leur ignorance. Le nombre des Statues leur donne de l'estonnement; et la Sculpture les fait désespérer de pouuoir iamais porter leur artifice iusques à la perfection.

Les François auoient mesprisé tousiours ces Idoles; mais ce pompeux Cardinal les a rendu chères, en leur faisant bailler de l'or pour auoir des pierres taillées.

Ie ne m'estonne point de ce qu'il ayme ces figures de marbre. Tous les Italiens regardent ces formes insensibles comme leurs viues images. Pour leur tesmoigner nostre amour, nous désirons que, puisqu'ils ont tant de passion pour du marbre figuré, ils soient changez heureusement en la chose aymée.

Table où les pierres précieuses et l'or font vn agréable meslange. — La rareté de ces ouurages rencontre des admirateurs; mais elle n'en trouue point tant qu'vne riche et royale Table qui estale au milieu de cette Sale les richesses de l'Orient; Royale, à la vérité, puisqu'elle a seruy au plus grand des Roys, Henry IV. Les pierres précieuses, enchâssées dans son marbre comme des Astres, ont eu honte d'auoir de l'esclat dans le Louure, puisque leur Soleil n'y répandoit plus ses lumières. Elles se sont éclypsées aux yeux de la Cour dans ce Palais, auec la sincérité des loix establies par ce victorieux Monarque et la félicité des peuples.

Nostre curiosité ne peut encore se renfermer dans cette Sale. Elle passe dans la Galerie des Antiques. Rome luy a donné ses Empereurs. Alexandre y est représenté auec esclat en Porphire; et beaucoup d'autres Statues d'Albâtre y perdent leur blancheur, tant il est vray que la candeur se perd facilement dans la maison des Grands.

De cette Galerie, on monte dans vne autre que l'Art et la Nature semblent auoir pris plaisir à enrichir.

Cabinets d'Escaille-Tortue. — Il n'y a rien de plus poli et plus droit que les Cabinets d'Escaille-Tortue.

Table de marbre taillée en forme d'oyseaux. — Le marbre des Tables semble auoir perdu sa pesanteur pour prendre l'agilité de diuers oyseaux, qui y sont si bien représentez qu'on diroit que ce marbre tasche à quitter sa solidité pour prendre l'essor en haut; ce qui nous enseigne que l'Art élèue icy les choses les plus grossières au-dessus des subtilitez naturelles, et qu'on a tousiours fait régner dans ce Palais l'artifice.

C'est par son moyen que ce Cardinal a contraint presque toutes les Nations de la Terre à contribuer à l'ornement de cette Galerie.

L'Italie luy a donné ses Statues et ses Tableaux. Les Césars, représentez en Porphire et arrangez icy par ordre, font aduouer qu'il n'y a rien de plus auguste.

Tableau de la Vierge. — Parmy cette Antiquité profane, vn beau et rare Tableau de la Vierge fait dire à tous que la Piété est icy seulement en peinture.

Lict d'Yuoire. — L'Afrique luy a donné son Yuoire pour en faire vn lict où l'homme le plus mélancholique pourroit endormir ses soins.

Damas s'est dépouillé de son Damas, et la Turquie de ses Tapisseries pour en orner les Chambres de son Éminence, dont les lambris sont d'or, parce que ce puissant Génie logeoit tousiours ses désirs bien haut.

Statue de marbre qui représente la Charité. — Toutes ces richesses peuuent bien arrester nos sens, mais non pas les captiuer. La Charité a pour eux de plus belles chaisnes que l'or et l'argent. Icy la Charité les rauit, encore qu'elle soit de marbre. La statue d'vne femme qui semble donner la vie auec son laict à vn enfant qu'elle serre amoureusement entre ses bras, représente cette noble vertu. Il semble que l'amour anime ce marbre, et qu'il luy aye donné la forme de son visage et de ses yeux pleins d'appas. Le lieu obscur où est cet ouurage accomply, fait croire à tous qu'on condamnoit icy la Charité aux fers et aux prisons; et l'insensibilité de ce marbre monstre que cette Maison ne loge rien que d'insensible, et que s'il y a de la charité, elle est de pierre.

Chaise du Cardinal admirable. — L'Ambition a basty ce riche Palais; mais la Crainte s'en est fait vn autre bien différent. Il y a vne Chaise, dans vn lieu de cette maison, reculé et obscur, dans laquelle, si quelqu'un s'assied, par des ressorts inconnus, tirant vne corde, il descend ou monte selon les mouuements de ses désirs ou de la Crainte, les planchers estant percez pour cet effect et pour donner vn chemin libre à la Crainte, qui ne trouue son salut que dans la fuite. Cette Passion accompagne partout l'Ambition; elle la suit sur les Throsnes et la fait regarder en bas et appréhender sa chute.

Conclusion morale. — Fuyons de cette Maison, puisque le siège de la Crainte y est. Cette Passion estouffe en nos cœurs la curiosité. Nous ne voulons plus considérer ces richesses que comme vn thrézor de misères; car parmy ces raretez, le repos y est bien rare; et auec cet or on achète bien cher des soins et de la crainte.

Lettre du cheualier Georges de Paris à Monseigneur le prince de Condé [2099][1].

(26 janvier 1649.)

Monseignevr, ie ne suis ny vassal, ny domestique de Vostre Altesse; ie suis François; et cette qualité m'oblige de vous honorer comme Prince du sang de France, et comme celuy dont les grandes actions ont rendu cet Estat le plus florissant et le plus glorieux des Royaumes. Ie croy que tous les autres ont eu pareil respect pour vostre mérite, et qu'ils ont creu la patrie dans vn comble de prosperité, quand ils l'ont veu triompher par vos armes. Il n'y a personne qui n'ait fait des vœux pour l'accroissement de vostre honneur, et pour vostre conseruation; et si vos victoires vous ont cousté quelques gouttes de sang[2], l'on en a pleuré la perte auec plus de tendresse que l'on a témoigné de ioye de l'aduantage qui nous en reuenoit.

Toute la France craignoit pour vous et pour elle la valeur fatale des deux fameux Enguiens, vos prédé-

---

[1] Naudé revient trois fois sur cette *Lettre;* et toujours il la cite comme un des plus remarquables pamphlets. Guy Patin la range parmi les meilleurs dont il attend un recueil. La *Seconde lettre* n'est pas du même auteur; et elle est loin d'avoir eu le même succès.

[2] « Les nouuelles qu'on apporta de Flandre, causèrent cette émotion générale quand elles publioient tout haut que le Prince de Condé, qu'on auoit veu triomphant et glorieux quelques iours auparauant dans la journée mémorable de Lens, auoit receu vn coup de mousquet à Furne, en sortant de la tranchée. »   *Le Politique du temps,* etc. [2812]

cesseurs, quelle enseuelist auec tant de larmes dans le printemps de leurs années. Vous estiez ses délices, et l'espérance de sa protection. Enfin, elle se promettoit tout de vous, et n'appréhendoit rien de ses ennemis. Vous auez esté la seule consolation qui luy soit restée de la mort de Monseigneur le Prince de Condé, vostre Père; ou du moins auez-vous donné vne longue intermission au regret éternel qu'elle en deuoit auoir, parce que l'on vous a longtemps veu suiure ses bons sentiments et ses préceptes dans les conseils.

Vous ne cessiez pas pour cela d'estre le mesme Enguien dans la guerre; et vous l'avez aduantageusement fait voir à cette fameuse iournée de Lens, où vous suppléâtes auec tant de bon-heur au mauuais soin, et à l'imprudence de ceux que l'on appeloit nos ministres. Vous surmontastes les espérances que l'on pouuoit auoir d'vne campagne, au succèz de laquelle ils auoient si mal pourueu que ce ne fut pas sans suiet s'ils furent soupçonnez de trahison et d'intelligence auec nos ennemis : ie diray encore d'attentat à vostre réputation et à vostre personne. L'on auoit eu mesme opinion du voyage de V. A. en Catalogne, où l'on sçait que vous fustes abandonné, et que l'on ne vous enuoya rien de tout ce qui estoit nécessaire, mesme pour y soutenir l'effort que fit l'Espagne, et que la seule présence du Prince de Condé y maintint nos affaires, et y occupa les forces destinées pour opposer à la réuolte de Naples, si mal ménagée de nostre costé.

C'est peut estre la principale raison qui nous a émeu contre la domination tyrannique de Iules Mazarin. Après qu'il eut épuisé presque tout le Royaume de ses finances, l'on n'appréhenda pas sans raison qu'il ne précipitast V. A. dans vn dernier péril où vostre valeur succombast souz la force des ennemis, par les artifices parricides de ce traistre Sicilien.

N'ayant pu vous perdre, et continuant ses pernicieux desseins sur cet Estat, il a voulu vous gaigner, de crainte que celuy qui auoit prodigué sa vie pour la France, ne la voulust encor hazarder pour la déliurer de son oppression. Il estoit asseuré de la facilité de M. le Duc d'Orléans par le moyen d'vn valet qui le gouuerne[1], et qui estouffe dans le point de sa production tous les bons désirs de S. A. R.; et vous estiez le dernier but de sa politique. Toute l'Europe ne s'estonnera pas sans suiet qu'vn acheteur, si mercenaire et si auare, ait pu s'acquérir vne personne si importante, dans vne saison si contraire et sur le point de sa ruine.

Vous deuiez estre alors le plus offensé. Il venoit de liurer aux ennemis vne des principales conquestes de V. A.[2]; il marchandoit auec eux pour la dernière; il ostoit cette récompense à vn seigneur de marque, digne d'vn plus grand employ, et mettoit dedans Ypre la mesme créature qui auoit perdu Courtray, et à qui nos loix deuoient faire perdre la teste[3]. Bref, comme s'il se fust ouuertement déclaré ialoux et ennemy de vostre gloire et de vostre réputation, il voulut troubler impudemment les bénédictions publiques que l'on vous donnoit, et la réiouyssance qu'on témoignoit du gain de votre dernière bataille, par l'emprisonnement de deux magistrats[4], et nous voulut faire connoistre que vous n'auiez vaincu que

---

[1] L'abbé de La Rivière.
[2] Courtray pris par les Espagnols en 1646.
[3] Le comte de Palluau, depuis maréchal de Clérembaut.
[4] Le président de Blancmesnil et le conseiller Broussel.

la France, ny combattu que pour l'affermissement de sa tyrannie.

L'énormité d'vne si estrange action émut les plus tièdes des Parisiens. Ils ne croyoient pas qu'il fust possible d'en estre spectateur sans en estre complice, si l'on ne la vengeoit ; et l'on vous désiroit pour chef d'vne résolution prise pour vostre honneur et pour celuy de la patrie. Vous vintes, Monseignevr ; vous ne vous en ressentistes pas ; mais quoy qu'il en soit, vous pacifiastes ce désordre au gré de tous les intéressez[1], auec vne légalité qui vous continua l'amour des peuples. L'on apporta vn tempérament aux désordres de l'Estat ; et l'on publia cette belle déclaration qui doit estre doresnauant le fondement inébranlable de la Monarchie[2]. L'authorité d'vn bon Roy n'y est point lezée ; les Princes qui sont les premiers obiets de la persécution des fauoris, y trouuent leur seureté ; le Roy y recouure ses finances dérobées ; et le peuple y rencontre cette tranquilité depuis si longtemps troublée par l'insolence des mauuais Ministres et par les rapines sanguinaires des Partisans.

Monseigneur le Duc d'Orléans et Vostre Altesse l'ont approuuée, puisqu'elle s'est faite de vostre consentement et par vostre conseil, à la supplication du Parlement qui n'a point vsé d'autres forces que de celles de la raison. La Cour est reuenue à Paris ; et la ville en a receu vne ioye inexprimable. L'on n'a parlé d'autre chose depuis, que de l'exécution des articles ordonnez, non plus par

[1] La pacification d'octobre 1648. *Le Politique du temps*, etc., que j'ai cité plus haut, a été écrit pour prouver que tout l'honneur de l'accommodement revenait au prince de Condé.

[2] *Déclaration du roi portant règlement sur le fait de la Iustice, police, finances et soulagement des suiets de Sa Maiesté, vérifiée en parlement le 24 octobre* 1648 [936].

le Parlement, mais par le Roy; et parce qu'il estoit impossible que l'on ne découurist les larcins du Cardinal Mazarin, seul autheur de tous nos maux, ce chef des volleurs de l'Estat, tout-puissant auprès de la Royne-Régente, s'est seruy de tout son crédit pour l'empescher.

Le bruit est tout commun qu'il vous entretient de grandes espérances pour estre protégé de Vostre Altesse; mais que peut-il vous promettre verbalement pour vne action indigne de vostre sang et de vostre vertu, que l'on ne vous accorde, en effet, pour ce que vous auez desià mérité? Et, n'est-ce pas vne extrême insolence à ce perfide de vous proposer, pour prix de son salut, de nouueaux Estats qui vous sont deuz pour vos services, et que vous ne pouuez receuoir que de la main de ceux contre lesquels il vous arme. C'est faire peu de cas de ce que vous auez fait auec tant de gloire; et c'est vne étrange témérité d'estimer plus que tant de villes conquises et batailles gagnées, la deffense du plus cruel ennemy de l'Estat. Il n'y va point de vostre honneur de le maintenir; au contraire, c'en est fait, et vous perdez le fruit de toutes les obligations dont la France vous est redeuable, si vous vous seruez contre elle-même de la réputation que vous auez acquis pour elle.

Si Votre Altesse daignoit ietter les yeux sur l'Estat misérable où elle se voit réduite par l'oppression de la guerre intestine que luy ont fait depuis la Régence tant de corbeaux épars dans les prouinces, créatures et émissaires de Mazarin qui l'ont déuorée iusques aux intestins, il est sans doute que vous auriez horreur de son misérable cadaure si rongé en toutes ses parties. Songez que c'est le patrimoine de vos ayeux et qui pourra estre celui de vostre postérité ; et considérez que la Royne, Monseigneur le Duc d'Orléans et vous, iouez l'héritage de vos enfans contre vn infâme filou, qui vous ioue luy-mesme, et qui hazarde, pour la plus abominable teste du monde, vos personnes, vos biens et vostre honneur.

Il a tousiours vescu et ioué aux dépens d'autrui, comme celuy qui n'estoit né que pour la perte du public. La fortune accoucha de ce monstre adultérin pendant son diuorce avec la vertu ; et elle ne l'a promené vagabondant par tant d'Estats que pour donner vn vain éclat à sa puissance. Ie connois son pays ; et la Sicile mesme, qui ne l'aduoue que pour nostre honte, m'a fait sçauoir son origine chez vn cabaretier de ses parens, en la ville de Palerme, à mon retour de Malte. I'y sceus la banqueroute de son père, qui estoit chapelier et boutonnier de son métier, et comme il se retira à Rome, où le P. Iulio Mazarini, Iésuite, son frère, le mit en condition. Il y vola beaucoup pour amasser vn peu de bien ; il y maria quelques filles et mist son fils auprès du Connestable Colonne. De là, il passa au seruice du cardinal Antonio Barberin, et n'y eut pas le rang que l'on eust donné à celuy que l'on eust creu deuoir vn iour prétendre de s'allier auec cette maison. Il s'y signala par ses débauches, et fut l'intendant des plaisirs deshonnestes de la Cour Romaine.

Ce fut luy qui donna conseil au Cardinal Antonio de se défaire d'vn neueu du Pape d'auiourd'huy[1] qu'il auoit esloigné de ses bonnes grâces. Il fut *mal-traitté* à coups

---

[1] Francesco Panfili, neveu du pape Innocent X. On peut lire sur ce sujet le *Tableau funeste des harpies de l'Estat et des tyrans du peuple*, etc. [3743].

de bastons; et, craignant iustement le dernier effet de la haine italienne, il ne put pas mesme éuiter la mort dans l'armée de l'Empereur, où il fut assassiné par le ministère de Mazarin, qui, suiuant la bonne coustume de son pays, ne pouuoit souffrir viuant aucun de tous ses ennemis, particulièrement celuy-cy, qui estoit autant braue qu'il estoit lasche et poltron. C'est le suiet de son inimitié contre le Pape, et de l'exclusion qu'il fit donner par l'Ambassadeur de France pour l'élection de sa Sainteté. Depuis, il continua dans le libertinage et donna au ieu et aux intrigues le reste de son temps. C'est ce qui le fit connoistre et qui le fit rebuter du seruice d'Espagne par les ministres du Roy Catholique, qui ne trouuoient en luy ny vertu, ny sincérité, ny capacité pour seruir dans les employs qu'il briguoit.

Il prit par despit le party de France; et ceux qui ont escrit de la paix de Casal, l'ont assez mal à propos loué pour luy complaire, de ce qu'il y eut du bon-heur[1]. La fortune qui le conduisoit aueuglément dans le piége où il doit périr, luy prépara cette entrée en France, où il fut bien receu du Cardinal de Richelieu, qui ne put mieux faire veoir qu'il s'estimoit au-dessus de la pourpre, que d'en reuestir son valet. Ie l'appelle valet; car tout Paris sçait comme il vesquit, et que ceux de la Chambre du Cardinal de Richelieu luy faisoient présent de ses vieilles hardes pour le rhabiller, iusques à des souliers et des vieux gands. Il doit encor son chapeau à l'auersion que le mesme Cardinal auoit contre ceux de nos Éuesques qui le pouuoient mériter. Le sieur de Chauigny, Secrétaire d'Estat dans l'employ des affaires estran-

---

[1] Entre ceux qui l'ont *loué assez mal à propos*, il faut citer l'auteur de la *Lettre à monsieur le Cardinal, burlesque.*

gères, qui l'auoit pris en affection et qui le receuoit tous les iours à sa table, y apporta des soins extraordinaires, dont nous auons veu la récompense dans la Régence d'auiourd'hy, que l'on peut appeller l'interrègne des François et l'Empire du Sicilien.

L'Histoire ne perdra rien de la plainte de tous les peuples qu'il a fait gémir dedans et dehors le Royaume, par la guerre qu'il a continuée pour affermir son authorité ; et Vostre Altesse en entendra parler toutes les nations, qui ne pourront que vous blasmer de l'auoir voulu arracher des mains de la Iustice et de luy auoir voulu liurer la Iustice mesme, pour esteindre ce petit reste de la splendeur de nostre ancienne Monarchie, que la tyrannie n'a pu offusquer.

Seroit-il bien possible que vous eussiez ignoré qu'il a fait ses efforts pour entrer au seruice de M. le Duc d'Orléans, et pour oster à la Royne et à M. le Prince, père de V. A., la part que le feu Roy leur auoit donnée à la Régence du Royaume ? Ce fut vn valet à louer l'espace de quelque temps; tout le monde l'auoit en horreur ; et il n'y eut que Monsieur l'Éuesque de Beauuais qui se laissa surprendre par ses fourbes, qui l'ont éloigné de la Cour et du Conseil de la Royne : Sa Maiesté ayant par mal-heur pris plus de créance en vn homme de cette qualité qu'en tout ce qu'elle auoit auprès d'elle de gens de bien et d'honneur, desquels on espéroit que son gouuernement seroit aussi plein de iustice qu'elle auoit témoigné de zèle et de compassion pour les misères publiques dans vne vie priuée.

Depuis que Sa Maiesté l'a appellé au Ministère, a-on veu autre chose que ieux, que ballets, que comédies, que farceurs, que bouffons et que traîtres dans la maison du Roy? Et ne peut-on pas dire que tout l'Estat a été mordu de la Tarentule? C'est vne beste de son pays, dont la morsure et le chant excitent diuerses passions : quelques-uns rient et dansent sans suiet ; et les autres pleurent amèrement ; et tous quelquefois iusques à la mort, si elle n'est préuenue de celle de cet animal immonde. Il en a été de mesme souz son administration et dans nostre seruitude : pendant que toute la cour estoit dans des délices imaginaires par ses enchantemens, les Prouinces gémissoient souz le ioug et sous l'oppression de ses harpies ; et ces cruels comites et ces bourreaux de l'Estat les tenoient dans vne captiuité plus authorisée que la puissance légitime que les Roys donnent aux grands qui les gouuernent. Ils n'ont point été traittez en suiets par ces Traittants et Partisans, mais comme des voleurs questionnez et gehennez pour descouurir la cache de leur larcins. Enfin, il ne leur restoit qu'vne âme affligée de la prison d'vn corps qui estoit encor souuent prisonnier et hors d'estat d'aller chercher vne vie moins misérable hors du pays natal.

Il a rendu le nom et l'Empire des anciens peuples Francs ridicules à tous leurs voisins et méprisables à la postérité ; et l'on ne parlera iamais des Vespres Siciliennes auec tant d'exagération que de la licence que nos Princes ont permise au dernier homme de la plus basse populace de Sicile. Toutes les Histoires nous mettent ce pays en horreur ; nos Roys l'ont eu en abomination ; et aucun d'eux n'a perdu le désir d'expier sur cette nation perfide le sang de ses suiets victimez dans cette terre de Lestrigons. Ce sang crie vengeance à sa Patrie, par la bouche de ses enfans tourmentez par ce Phalaris Palermitain, et vous demande l'exécution de l'Arrest de l'an 1617, si vous ne voulez plustôt luy permettre la satisfaction qu'obtinrent les Cypriots que les Iuifs auoient mis à feu et à sang souz l'Empire de Traian. Il fut défendu à tout Iuif de mettre le pied dans leur isle, à peine de la vie; et l'on n'excepta pas de la rigueur de cette loy les exilez et les amis des Romains, et non pas mesme ceux qui aborderoient par la contrainte des vents ou que la tempeste y auroit iettez[1].

Ce Sicilien icy s'est voulu exempter du crime de sa patrie par de plaisantes attestations, qu'il estoit d'vne race de vieille faction Angeuine ou Françoise; et il eut bien mieux fait de la renier comme vne marastre qui ne luy auoit donné aucun bien, et de se dire Bourgeois de l'Vniuers et fils de la terre, comme les Cyclopes, ses compatriotes, que d'attribuer à ses ayeux tout ce qui s'est pu faire de notable par les habitans de Mazarini en Sicile, dont les Seigneurs et Comtes que i'ay veus, et qui se surnomment Branciforte, le désauouent de l'affinité qu'il a voulu faire auec eux, comme encor le défunct Magalotti, Mareschal de camp, tué deuant La Motte, qui a nié en ma présence qu'il fust son parent, auec tant d'auersion pour cette proximité, qu'il disoit mesme qu'il aimeroit mieux n'estre pas son amy, s'il falloit estre l'vn et l'autre ensemble[1].

---

[1] *Dyon. Cass.* : In eâ insulâ, duce Artemione conspirantes Iudæi circiter centum et quadraginta capitum millia trucidârunt. Quâ facti atrocitate, Iudæus de cœtero legibus et penis Cyprum attingere prohibetur, si vel vi tempestatis, vel per errorem illuc delatus fuerit, ceu capite damnatus, statim morte mulctatur. N. D. T.

[2] Il y a sur Magalotti une anecdote de ce genre dans la *Lettre du sieur Pepoli, comte bolognois*, etc. [2205]. Cependant Magalotti avait reçu le commandement du siége de la Mothe avec promesse du bâton de maréchal après la prise de la place; mais il y fut tué.

Si la générosité Françoise vous empesche de consentir qu'il porte la peine de la barbarie de son pays par reprézailles, comme estant le premier que nous ayons trouué en France, n'empeschez pas qu'il ne soit puny de ses crimes personnels, qui sont la ruine de la mesme France, et l'intelligence qu'il a auec nostre ancien ennemy, son prince naturel; du moins, veuillez estre son Iuge auec le Parlement; et ne croyez pas qu'il soit plus honorable à V. A. de l'auoir protégé contre la Iustice et contre le ressentiment général de tout le Royaume. Aymez-vous mieux conseruer sa personne que vostre honneur et l'amour des peuples? et voulez-vous qu'il échappe auec ce suiet de vanité, que des Princes qui ont d'autant plus de suiet de le haïr qu'ils ont part à l'Estat qu'il a pillé, se soient exposez et opposez pour sa défense?

Serons-nous tousiours si mal-heureux que de voir Vostre Altesse dans des hazars continuels par ses menées? Il ne vous a fait combattre que pour vous perdre; et ce pernicieux dessein n'aura-il esté sans effet que pour vous conseruer pour luy-mesme, contre vn peuple qui seul a prié Dieu pour vostre conseruation? Iettez les yeux sur la Iustice de la Requeste; considérez vostre condition; examinez celle de l'accusé; voyez de quelles armes il est poursuivy; et si i'ose dire d'auantage, songez vne fois seulement que Monseignevr le Duc d'Orléans et vous estes inuestis par certaines gens de sa Cabale et qui courent sa fortune, qui vous obseruent et vous obsèdent, pour empescher que la Iustice qui vous suit, et qui vous tend les bras, ne puisse vous approcher. Il y en a sans doute auprès de vous qui sont à ses gages et qui ne sont ny à Vostre Altesse, ny à la patrie. Ils se veulent auec luy mettre à l'abry du Sacré Sang de nos Roys; mais c'est en vain; et ie prie Dieu qu'il les choisisse à vos costés sans qu'il vous touche de son foudre.

Vostre Altesse ne peut les garantir de sa valeur, ny de sa qualité, contre celuy qui vous les a données, et qui peut bien vous empescher de rien entreprendre sur les siens. Dieu oste souuent le courage aux Princes; mais nous le prions de vous conseruer le vostre, et qu'il vous donne de meilleures inspirations, afin que nous ne nous plaignions pas iustement de vostre fureur et que vos ennemis n'attribuent pas à vne seule impétuosité ce que vous auez fait au delà des frontières, comme ce que vous faites iniustement aux portes de Paris, sans y auoir esté prouoqué que par de mauuais conseillers. Vous estes le seul Prince qui l'ait iamais entrepris; et Dieu veuille que vous ne seruiez point d'exemple à ceux qui viendront après vous ! Il est vray que vostre Bisayeul paternel en est venu là, et qu'il y fut défait par vostre Bisayeul maternel, qui mourut victorieux; mais ç'a esté pour sa querelle particulière, pour sa Religion, et contre la mesme faction de la Cour que vous soutenez : encor en vsa-il comme vn enfant qui porte respect à la maison de son père; et nos ancêtres nous ont appris qu'il ne fut fait aucun désordre dans les villes et dans les maisons mesmes éparses à la campagne, qui appartenoient à ses ennemis.

Cependant nous entendons que vostre armée n'a laissé à commettre aucun acte d'hostilité partout où elle a passé, et qu'elle a fait dans Saint-Denys ce que le Turc n'a point commis dans Hiérusalem. Cette ville est dédiée au Patron des Roys, de la Maison Royale et du Royaume de France ; c'est le sanctuaire et le sacré dépost de vos augustes Prédécesseurs. Est-il possible que Vostre Altesse ait pu commander ou bien souffrir vn si sensible outrage contre leur glorieuse mémoire, et que le respect des cendres du grand Saint Louis, de qui vous descendez, et dont vous portez le nom et les armes, ne vous ait pu destourner d'vn si étrange procédé contre vne ville innocente, et de si longtemps protégée et possédée par les Bourbons? Elle appartient à Monseigneur le Prince de Conty, vostre frère; et cela feroit croire que vous estes deuenu l'ennemy de vostre maison comme de vostre patrie, et qu'vne passion estrangère auroit étouffé dans vn si grand cœur et l'amour François et l'amour fraternel.

Pardon, Monseigneur, si i'ose vous dire que Son Altesse a fait vn coup d'Estat qui vaut toutes vos grandes victoires, et que, si vous auez la force et la vaillance des Bourbons, il est le principal héritier de la sagesse de son père, et de l'affection qu'il portoit à la France et aux Parlemens. Il sera éternellement loué d'auoir préféré le salut des Citoyens à tous ses biens et au soutien de la fortune d'vn indigne estranger; et Vostre Altesse, réueillée quelque iour comme vn autre Philippe de Macédoine, s'accusera d'auoir blasmé sa générosité, et la sainte résolution de Madame de Longueuille, vostre sœur, et de Monseigneur le Duc, son mary. Si le conseil de ce sage Prince, digne successeur de la branche restauratrice de l'Estat et de la réputation de ces grands comtes de Dunois, eust pu rappeler en vous les sentimens d'vn vray père de la patrie, comme vous en auez esté le protecteur, vous attiriez sur vous toutes les bénédictions que Dieu départ ordinairement aux prières d'vn peuple iuste; vous terrassiez la fortune; vous renuersiez le throsne qu'elle s'est éleué sur nos épaules; et vous restablissiez le Royaume dans ce repos, que vous l'obligez de chercher par la voye des armes en se défendant contre vous-mesme.

Tout le monde est soldat pour vne telle occasion, qui est le prétexte le plus spécieux des armes du Roy dans l'Allemagne; ainsi, MONSEIGNEVR, vous auez affaire contre tout ce qu'il y a de François, contre vos plus affectionnez seruiteurs, contre vos parens, et contre ceux mesmes qui vous ont accompagné dans vos conquestes et qui ont donné de leur sang pour sauuer celui de V. A. Vous ne pouuez pas espérer, comme vn autre Pompée, de faire naistre des Légions d'vn coup de pied; la terre que vous foulez est vostre ennemie; et elle n'enfantera point de Soldats que pour vous combattre et pour la défendre.

Ces estudieurs de bons mots, ces lasches Parasites et ces plaisans impies que l'on souffre auec tant d'impatience sur le théâtre de la Cour, ont beau vous prédire de grands progrez et vous promettre vne Scène Tragicomique de nos Magistrats et des principaux Bourgeois de Paris traisnans les chaisnes de leur ville à la suite de vostre triomphe, ils font vne mauuaise application du seul exemple qui soit dans nos Croniques, qui nous en donnent beaucoup d'autres du supplice de la corde qu'ont subi leurs semblables, et qu'ils ne peuuent éuiter que par le feu, qui doit estre la punition de quelques-vns.

Ce n'est point icy le tumulte extrauagant d'vne insolente populace; c'est vn armement nécessaire, authorisé par ceux qui sont les dépositaires de l'authorité du Roy dans sa minorité, contre l'ennemy de son Estat et pour la liberté ancienne. C'est plustôt vne inspiration du ciel qui demande la ruine des meschans, et qui les veut oster de dessus la face de la terre; et la confiance que nous auons en sa miséricorde, et la consolation d'vne mort glorieuse, plus désirable qu'vne vie languissante, nous rendent plus aguerris que la plus vieille milice. Tout le Royaume est dans vne mesme vnion, et dit, comme les Machabées : *Releuons l'abaissement de nostre peuple et combattons pour nostre nation, et pour nostre loy, et pour nos saints*[1]. Nos Rois sont nos Dieux; et nos Parlemens et nos Pasteurs sont nos Saints. Ils ont l'esprit de Dieu et nous peuuent dire : *Ne craignez point la puissance ny le nombre de vos ennemis; soustenez courageusement, et ne tremblez point. Le Seigneur aura pitié de nous; il va défaire auiourd'huy cette armée en nostre présence; et les estrangers apprendront que nous auons qui nous défende et qui nous déliure de l'esclauage*[2]. Il y a longtemps que tant de saintes âmes implorent la Iustice Diuine contre cet ennemy de la paix publique et contre ses suppôts; et le Ciel ne résonne à présent d'autres échos que de ces paroles : *Mon Dieu, vengez-nous de cet homme et de son armée; faites-les tomber sous le glaiue. Veuillez vous ressouuenir des blasphesmes de ses gens; et ne l'endurez pas plus longtemps sur la terre*[3].

Vne seule considération retient nostre courage; et c'est pourtant ce qui nous anime d'auantage; c'est que

---

[1] Erigamus deiectionem populi nostri ; et pugnemus pro populo nostro et sanctis nostris. N. D. T.

[2] Ne timueritis multitudinem eorum, et impetum eorum ne formidetis. Miserebitur nostri Dominus et conteret exercitum istum, ante faciem nostram, hodiè ; et scient omnes gentes, quia est qui redimat et liberet Israel. *Machab.*, *Bib.*, 1. N. D. T.

[3] Fac vindictam in homine isto et exercitu eius et cadat in gladio ; memento blasphemias eorum et ne dederis eis ut permaneant. *Ibid.* N. D. T.

nous ayons à combattre au nom du Roy contre nos frères, qui ont suiuy le Roy, quand ce Rauisseur de tout ce que nous auons de plus cher et de plus précieux, nous l'a enleué, et contre des Princes que cet imposteur aueugle pour rendre sa ruine plus célèbre par leur péril ou par leur perte. Nous prions Dieu que cette guerre se termine plus doucement, et qu'il vous illumine de la mesme grâce qu'il répandit sur la Noblesse de Bretagne, sur le point de s'entretuer pour Pierre Landais, fils d'vn chauffetier, et fauory de François II, duc de Bretagne, et que les deux armées s'vnissent pour liurer son semblable à la potence.

Nostre siècle a besoin de cet exemple pour espérer vn meilleur gouuernement à l'auenir, et pour la consolation de ses souffrances; et V. A. n'a que ce moyen pour rentrer dans l'amour et dans l'admiration des Peuples. Après cela, nous ioindrons toutes nos forces pour contraindre les ennemis du dehors à nous offrir la paix, que ce traistre a refusée à toute la chrestienté; et nous recouurerons vne nouuelle vie par vostre faueur. Autrement nous nous tenons obligez à défendre nostre liberté, le repos de nos familles et de nos vies : *C'est la preuue de la plus parfaite sagesse que de se résoudre à tous les dangers, et de tout entreprendre pour le salut de la République. Nous sommes nez pour elle plus que pour nous; et nous ne pouuons iamais mieux employer vne vie que nous deuons aussi bien au destin, qu'en la sacrifiant à la patrie : c'est vne debte de l'éternité que tout l'âge d'vn homme ne peut acquitter*[1].

Hélas! en quels termes serons-nous réduits de dé-

---

[1] Sapiens, qui omnia Reipublicæ causâ suscipienda pericula parabit. Sæpè ipse secum loquetur : non mihi soli, sed etiam atque adeò multò

fendre l'honneur de la Couronne, et de la nation contre ceux qui y ont plus de part. Les fauoris ont accoustumé de briguer l'amour du peuple pour opprimer plus facilement les Princes. C'est quasi la seule marque, et le premier témoignage qu'ils doiuent donner de leur puissance; et il y en a eu fort peu qui n'ayent eu quelque victime de vostre Royale maison. Les témoignages en sont trop récens de toutes parts, et en la personne mesme de Monseigneur le Prince de Condé, père de V. A., qui n'en est échappé que par bonheur, et par vne prudence singulière. Nous n'auons iamais veu les Roys séuir contre leur sang si fréquemment, que lorsqu'ils ont abandonné le gouuernail de l'Estat à quelque mignon. Si les grands du Royaume ne se soumettent seruilement à des commandemens deshonnestes, il croit qu'ils luy enuient sa fortune, et les traitte en ennemis; mais comme cette administration, dont il abuse, appartient naturellement aux enfans de France, quel milieu peut-on trouuer entre ces deux oppositions? et que doit-on penser d'vne alliance entr'eux, sinon au desaduantage de celuy qui a le droit et l'authorité? Il est au pouuoir de Monseigneur le Duc d'Orléans, et de vous, Monseigneur, d'abolir auiourd'huy ce nom et ce ministère omineux qui a trop duré pour nostre bien, et qui ne peut plus subsister après tant d'exemples, qu'à l'abbaissement et pour l'extinction de nos familles.

Les Parlemens y apportent l'authorité des Loix; tous les François conspirent à ce dessein; il n'y a que vous qui retenez sur la maison Royalle vn ioug infâme que

potiùs, natus sum patriæ. Vita quæ fato debetur, saluti patriæ potissimum solvatur.... Quid est quod à me satis ei persolui possit? *Cic. ad Heren.*

N. D. T.

le peuple ne peut souffrir, et qu'il secoue si généreusement. Nous sommes en armes pour cela; et vous vous faites Capitaine des gardes d'vn homme indigne de la plus basse charge d'auprès de V. A., si bien qu'il faut vne armée pour amener vn criminel infâme qui ne deuroit estre traisné que par des sergens.

Ne voulez-vous point vous souuenir que c'est vne corneille déguisée, et que, quand on a voulu commencer à la plumer, tout ce qu'elle avoit d'éclat estoit emprunté? Il n'a d'esprit que pour tromper par de fausses apparences, et pour corrompre de nostre argent les femmes de la Cour et quelques intéressez; il ne sçait rien de toutes les sciences, quoy qu'il ait fait ramasser vne riche bibliothèque; il n'a bien fait à aucun véritable docte; nous n'auons pour toutes pièces de sa composition que des Commentaires sur les brelans; et la seule statue qui restera de luy en France, sera le valet de carreau dans le *Hoc Mazarin*. Il ne parle qu'indiscrètement; il écorche le françois; et ses comparaisons ne sont que de méchaniques dans ses harangues. Il n'a pour Conseillers que des infâmes, pour domestiques que des criminels de France ou des bandits d'Italie, pour intrigues que des garces et des filous, pour amis que des voleurs et des blasphémateurs, des ioueurs et des bouffons, qui ne connoissent rien et qui sont indignes de prendre aucune part en nos affaires.

Auec ces belles perfections, il nous enlèue nostre Roy, nostre Royne et nos Princes. Nous sçauons bien par quel artifice il a eu Monseigneur le Duc d'Orléans; et il est tout public qu'il s'est serui, pour le persuader, d'vn nommé Barbier, fils d'vn mouleur de bois, sous promesse de faire ce pédant vn Cardinal de La Riuière.

Mais l'on ne peut s'imaginer par quel conseil V. A. s'est voulue ietter dans ce party, ny qui vous aura pu porter à dire dans vostre lettre écrite à la Ville[1], que le Parlement s'entendoit auec les ennnemis de l'Estat, ny comment vous auez à mesme temps commencé la guerre contre Paris. Est-ce que cette ville deuoit adiouster foy à cette calomnie doublement insigne, par la qualité des accusateurs surpris et trompez par la malice du Sicilien et par celle des accusez? ou bien la croyez-vous si lasche que d'exposer à la passion d'vn enragé la seule marque qui luy reste de sa maiesté, et de ce qu'elle a d'auantageux sur toutes les villes du monde?

Quoy! ce Parlement qui s'est déuoué à la prospérité de l'Estat, seroit liuré? V. A. refuse d'abandonner l'ennemy du Royaume; et nous vous en abandonnerions les protecteurs! que deuiendrions-nous? Que deuiendroit Paris, que le théâtre d'vne proscription plus sanglante et plus fréquente que Constantinople? Vous auez pour prétexte l'authorité d'vn Roy mineur; en quoy peut-elle auoir esté violée en la personne d'vn usurpateur, que le Parlement poursuit pour rendre compte des finances qu'il a volées et au Prince pupille, et à son Estat, et qu'il a transportées hors du Royaume? Le Parlement qui a vérifié la Régence de la Royne, l'a-il érigée en tyrannie pour Iule Mazarin, Sicilien, et ennemy originaire de la France? S'est-il absolument démis de la connoissance qu'il a droit de prendre des affaires publiques? et ceux que les Roys reconnoissent pour Iuges de leurs causes Ciuiles et des conspirations des Princes du Sang, n'auront-ils point ce droit contre vn homme si inférieur à

[1] *Lettre de Monsieur le Prince à M. de Montbazon et à Messieurs les Prévost des marchands*, etc. [2274].

leur qualité? Peut-il estre leur Iuge, si cette auguste Compagnie n'est iusticiable que de soy seule, si vous ne le pouuez estre vous mesmes qu'auec eux, et si les Roys soumettent leurs intérests à leurs arbitres?

L'empereur Nerua protesta en plein Sénat qu'il ne permettroit iamais la mort d'aucun des Sénateurs; et il garda sa parole enuers ceux mesmes que l'on accusa d'auoir attenté à sa vie. Ce sage Prince n'ordonna iamais rien de son mouuement, et prenoit le conseil des principaux[1]. Enfin Adrien, quoy que cruel, iura encore qu'il ne souffriroit pas qu'vn Sénateur fust condamné que par le Sénat[2]. Il en a esté de mesme de nos Roys : les plus anciens auoient accoustumé de résoudre toutes les affaires de l'Estat dans les champs de Mars, puis de May, parceque, dans ces mois, il se faisoit vne conuocation d'Estats pour aduiser aux besoins et à la réformation du Royaume. Ils ont depuis transporté ce droit au Parlement de Paris, auec mesme authorité, pour estre Iuge équitable entr'eux et le peuple ; ils y ont gardé leur place et en ont assigné d'autres aux Princes, et aux plus grands de leur Couronne.

Vostre Altesse est née Conseiller de cette Cour Souueraine, qui est la véritable Image du Sénat Romain souz les Empereurs[3]. C'est le vray lieu du throsne de nos Roys, et le véritable conseil de Paris, de toute la

---

[1] *Dyon. Cass.* : In curiâ iurauit suo iussu neminem Senatorum occisum iri. Quod sacramentum, quamuis etiam insidiis petitus esset, inviolatum servauit; nihil unquam de suo arbitrio statuit, sed Principes viros in consilium semper adhibebat. N. D. T.

[2] Ælius Spartianus in Senatu quoque excusatis quæ facta erant, iurauit se nunquam Senatorem nisi ex Senatûs sententiâ puniturum. N. D. T.

[3] Summum populi Romani, populorumque et gentium omnium consilium Senatus. *Cicero, pro Domo sua.* N. D. T.

France, et des nations mesmes estrangères qui s'y sont soumises. L'on n'y trauaille que pour la gloire et par honneur. Ces saints Aréopages taschent, par leurs peines et par leurs veilles, à nous donner le repos et les plaisirs d'vne douce vie; ils suent pour le bien du public; ils s'exposent courageusement à l'inimitié des meschans, et ont quelques fois à combattre contre les plus puissans[1]. Ils se sont conseruez iusqu'à maintenant auec vne réputation entière; les Roys les plus victorieux et les plus puissans les ont honorez, et y ont eux-mesmes conduit les Princes, leurs voisins, pour leur faire voir ce r'acourcy de la grandeur et de la dignité de leur Estat; et les fauoris les veulent abbaisser iusques à venir receuoir leurs commandemens et prendre leurs Arrests par écrit dans leur garderobe.

Ie prendray la liberté de vous dire que c'est vn bonheur à V. A. de n'estre iusticiable que d'vne si célèbre assemblée, et que c'est ce qui asseure vostre condition. Toutes fois, vous estes en armes pour exterminer son authorité et pour changer cette Monarchie en vn Estat Despotique. L'on dit plus, l'on dit que l'on demande les testes des plus gens de bien, et que l'on a desià disposé de leurs biens de la ville et de la campagne. Voilà le suiet de la guerre dont nous ne pouuons parler plus véritablement qu'auec Cicéron, discourant de celle de Marc-Antoine, et dire comme luy : *Cette guerre icy n'est point vne discorde ciuile; elle n'est allumée que par l'espé-*

---

[1] Idem *pro Sextio* : Qui autem bonam famam, bonorum quæ sola verè gloria nominari potest, expetunt, otium quærere debent et voluptates; non sibi, sudandum est; his pro communibus commodis adeundæ inimicitiæ, subeundæ sæpe pro Republicâ tempestates; cum multis audacibus improbis, nonnunquam etiam potentibus dimicandum. N. D. T.

rance de quelques meschans qui ont adnoté nos biens, et qui desià les partagent entr'eux, chacun selon sa volonté[1]. Après vous auoir exorté à r'entrer dans vous-mesmes, et dans l'intérest de la Patrie, si vous persistez à la molester, ie tourneray ma voix vers le Parlement; et ie l'exciteray d'appuyer son authorité de toutes les forces de la France.

Ie me seruiray des paroles du mesme Cicéron[2], duquel il a exécuté le conseil. Il s'est préparé à poursuiure l'autheur de nos maux dès le iour de la fuitte. Le peuple s'est déclaré pour luy; et l'on doit espérer que ce mal naissant prendra bientost fin par la diligence de ces Magistrats. L'on n'a point perdu de temps; les leuées sont faites; et nous auons d'excellens chefs. La Renommée n'attend que de les voir partir pour publier auec la Iustice de notre cause, la punition et la vengeance de l'orgueil de ce meschant gladiateur estranger. Il connoistra que ce n'est point à Paris qu'il fait la guerre, et qu'il a affaire à tout le Royaume. Il sçaura que c'est de la puis-

---

[1] Hoc bellum non ex dissensione partium, sed ex nefariâ spe perditissimorum ciuium excitatum, quibus bona fortunæque nostræ notatæ sunt, et iam ad cuiusque opinionem distributæ. N. D. T.

[2] Vndè est adhuc bellum nisi ex retardatione et morâ? Vt primùm post discessum latronis, vel potiùs desperatam fugam, liberè Senatus habere potuit, semper flagitaui, ut conuocaremur.... Si ex eo tempore dies nullus intermissus esset, bellum profectò nullum haberemus. Omne malum nascens facile opprimitur; inueteratum fit; plerùmque robustius.... quamobrem Legatorum mentionem nullam censeo faciendam; rem administrandam arbitror sine vllâ morâ et confestim gerendam censeo; tumultum decerni, iustitiam indui, saga sumi, dico opportere; delectum haberi sublatis vacationibus in vrbe, et in Italiâ, præctereà Galliâ totâ. Quæ si erunt facta, opinio ipsa et fama vestræ seueritatis obruet scelerati gladiatoris amentiam. Sentiet sibi bellum cum Republicâ esse susceptum; experietur consentientis Senatûs neruos atque vires; nam nunc, quidem partium contentionem esse dictitat. *Cicero, Philipp.* 3.

N. D. T.

sance et de la force d'vn peuple dont il ne croyoit triompher que par la diuision qu'il attendoit. La ville de Paris sera louée éternellement d'vne si généreuse action qu'elle eust volontiers cédée à Vostre Altesse ; elle aura le titre de protectrice de cet Estat, que vous deuriez auoir ambitionné pour couronner vne vie cy-deuant toute héroïque, que vous exposez contre vostre terre natale, pour appuyer le plus détesté de tous les hommes.

Vostre frère puisné vous enleuera l'appanage qui vous deuoit estre plus cher[1]. Et ce ieune Scipion sera plus estimé de la conseruation d'vn Citoyen que vous ne pourrez estre du carnage de tant d'ennemis ; et la France aura cette gloire de s'estre déliurée par ses seules forces, et mal-gré les vostres, de son persécuteur, et du plus méchant de tous les tyrans qui l'ayent opprimée. Ie n'ay que le temps de finir pour prendre les armes ; et il n'en reste pas dauantage à Vostre Altesse pour les quitter, et pour changer cette résolution désespérée contre votre pays et contre vostre Sang, en celle de les seconder dans leur généreuse entreprise, et de rendre la paix à ce Royaume à qui l'on ne fait la guerre que sur l'espérance de vostre courage et de vostre fortune.

Ie prie Dieu et les Patrons de cette ville qui ont chassé les Huns et les autres nations barbares de ses murailles, qu'ils vous touchent le cœur et qu'ils vous fassent désister de vostre entreprise par vn sage conseil, plustost que de vous humilier par nos forces, et qu'ils ne permettent pas que la postérité puisse dire que nous ayons trouué nostre salut dans la perte de nostre premier Prince du Sang.

[1] *Cicero*. Galliaque quæ semper præsidet atque præsedit huic imperio libertatique communi, verèque laudetur, quod se suosque vires non tradidit sed opposuit Antonio. N. D. T.

Agréez, s'il vous plaist, ce dernier sentiment que ie ne pourrois exprimer de bouche sans y mesler des larmes, et me faites l'honneur de croire que ie voudrois mourir pour vostre seruice en toute autre occasion que celle-cy, qui arme tous les bons François contre vous, puisque vous auez autrefois agréé que ie me donnasse l'honneur de me dire de V. A., Monseignevr, le très-humble et très-obéissant seruiteur,

GEORGES DE PARIS.

Les logements de la cour à Saint-Germain en Laye [2324].

(26 janvier 1649.)

Monsieur et très-cher Amy, les désordres suruenus depuis peu ont obligé tout le monde de pouruoir plus tost à ses affaires les plus pressantes que de penser à sa satisfaction particulière et à celle que l'on doit à ses amis. L'intérest que chacun doit prendre de se conseruer, et particulièrement ceux qui sont obligez de se tenir près de leurs Maiestez, a fait garder le silence pour ne point tomber dans quelque faute qui pust blesser la réputation et la fidélité. Mais croyant non pas de vous descouurir vn secret, mais de vous demander aduis sur le fait de ma charge, et sçauoir si, selon l'occurrence, ie m'en suis bien acquitté, ie vous diray que le conseil estant pris d'esloigner leurs Maiestez de Paris pour éuiter le péril dont la brutalité d'vn peuple esmeu sembloit les menasser, ie fus commandé auec mes compagnons d'aller à S. Germain en Laye faire les logemens, quoy qu'il fust presque nuict; ce qui nous embarrassa beaucoup. Toutesfois nous y trauaillasmes auec toute la diligence possible. Nous descendismes droit au chasteau, où nous trouuasmes le vieil occupé par la Reine d'Angleterre, et le neuf qui tomboit en ruine, tellement que la nécessité nous contraignit de visiter les hostelleries et y faire logement.

Nous choisismes pour le Roy le Mouton. Monsieur fut logé au Papillon; et la Reine au Chapeau rouge; mais parceque le logis et principalement les chambres estoient mal accommodées, nous y logeasmes son train; et sa personne eut pour elle le Saucisson d'Italie, bien qu'il luy fust fort agréable pour sa gentillesse. Les filles furent logées à la Petite Vertu. Monsieur le Cardinal fut logé à la Harpe, la Couronne luy ayant esté desniée; et ses gens au Loup d'or et d'argent. Il y eut grande contestation pour ce dernier, parceque les Députez, tant des Parlemens que des Communes, y vouloient loger, disant leur appartenir de droit; mais, à cause de la faueur, il fallut céder aux gens de son Éminence; et lesdits Députez furent logés à la Raquette. Son Altesse Royale eut pour elle le Mulet bardé. Madame fut logée au Silence. Mademoiselle fut logée à l'Empereur; mais ce logis estant descouuert, elle fut contrainte de se tenir à l'Espérance. Madame la Princesse douairière fut logée à la Vertu. Monsieur le Prince fut logé aux Quatre Vents; Madame la Princesse à l'Asseurance; monsieur le prince de Conty au Signe de la Croix; monsieur le Duc de Longueuille à la Prudence, et Madame à l'Escu; Messieurs du Parlement à la Iustice. Monsieur de La Meilleraie fut logé aux Crocheteurs; mais il fallut oster l'enseigne, crainte de désordre[1]. Monsieur de Montbazon prit la Corne, son

---

[1] On disait que l'homme qui avait été tué par le maréchal de La Meil-

logis ordinaire, et madame sa femme la Magdeleine;
monsieur de Cheureuse le Grand Cerf; monsieur le Mareschal de L'Hospital la Corne d'abondance et sa femme
le Publiquain; monsieur de Souuré les Trois Pucelles;
sa femme la rue de l'Arbre sec; monsieur de Liancourt
le Chapelet; monsieur le Marquis de Mortemart la Bouteille; monsieur de Créquy la Grosse teste; monsieur de
Roquelaure le Mont de piété; monsieur le Mareschal de
Villeroy le Pauure homme; monsieur de Ioyeuse le Bien
aduisé; monsieur de Senneterre le Mauuais Larron. Messieurs les Capitaines des gardes du Corps estoient logés à
la Cage; mais à cause de leur absence, le logis demeura
vacant jusqu'à ce que monsieur de Chauigny fust contraint
de l'occuper. Puis monsieur de Rodes fut logé au Regnard; madame de Flaire au Tabouret; monsieur le Chancelier au Grand Turc; messieurs du Conseil à la Chauue
souris; monsieur l'Abbé de La Riuière à la Fortune;
monsieur le Comte de Brienne à la Double Escritoire;
monsieur de La Vrillère à l'Ours; monsieur de Guénégaut au Veau; monsieur Le Tellier au Champignon;
monsieur le Commandeur de Iars au Grand Guillaume;
monsieur de Botru au gros Baston; monsieur le premier
Président au Singe qui pisse; le Président Le Coigneux
au Couteau sans dos; le Président Le Bailleur (Bailleul)
au Rêueur; monsieur de Brousselle au Bon secours;
monsieur Tubeuf au Nombre d'or, tout proche la Feste
dominicalle; le Pouruoyeur du Roy à l'Hospital; les Officiers du Roy à l'Aumosne. Voilà, cher Amy, comme
chacun a esté logé selon son mérite.

leraye, sur le Pont-Neuf, d'un coup de pistolet, le jour des Barricades,
était le syndic des crocheteurs. Voy. l'*Agréable récit des Barricades*.

*Coq à l'asne ou Lettre bvrlesque dv sievr Voi-
tvre ressvscité au prevx cheualier Gvichens,
maréchal de Gramont, sur les affaires et
nouuelles du temps* [797][1].

(26 janvier 1649.)

Trouvez bon que ie vous escriue,
Sans vous informer du Qui Viue,
Et sans regarder de trauers
Cette trouppe de petits vers,
Parceque Paris les fait naistre,
Paris que vous prendrez peut-estre,
Mais aussi peut-estre que non.
De braues gens y tiennent bon,
Qui ne parlent pas de se rendre,
Mais iurent de vous aller prendre.
Ie scay, comme ils sont gens de bien,
Qu'ils ne iureroient faux pour rien.
Ainsi vous pouuez vous attendre,
Puisqu'ils ont iuré de vous prendre,
Que pour rien ils n'y manqueront,
Mais bien qu'ils vous enleueront,
Auec vn peu moins de caresses
Que l'on n'enlèue des Maistresses.
Vous plaist-il familièrement,
En attendant cet enlèuement,
Que vous débitions des nouuelles
Et vous en comptions des plus belles?

[1] Cette pièce est de Jean-François Sarrazin. Le maréchal de Gramont,
à qui elle est adressée, avait le commandement supérieur de la rive gauche pendant le blocus. Son quartier général était à Sceaux.

Voicy, Monsieur le Mareschal,
Vn assez fascheux Carnaual,
Où les Corselets, les Salades
Font les habits des Mascarades,
Où les Mousquets et les Canons
Massent et toppent les Mommons.
A mon sens telle Mommerie
Est vne droite diablerie.
N'en parlons plus : elle fait peur.
Nous tenons icy, pour le seur,
Que vous passez mal vostre vie,
Que la Campagne vous ennuie,
Et que vous regrettez Paris,
Où maintes dolentes Cloris
Plaignent vostre fuitte inhumaine
Et chante : Birene, Birene.
Or ie donnerois force argent
Pour voir vn peu présentement
Quelle est vostre Galanterie,
Comme auprès de Dame Marie,
La fille de maistre Denis,
Cabarettier de Sainct-Denis,
Vous auez la puce à l'oreille,
Comme vous lui contez merueille,
Comme vous traittez de Soleil
Les Boulangères de Corbeil.
A cette heure mesme peut-estre,
Chantez-vous sous vne fenestre
Pour quelque ioly bauolet
Vn des plus beaux Airs de Boisset;
Et la fille en fait raillerie
Auec vn valet d'escurie.
Dieux! pour en estre là réduit
Falloit-il sortir à minuit?
Mais quoy? vous estiez en colère;

Et vous auiez fait bonne chère[1].
Puis vous pensiez qu'en deux marchez
Les Badauts seroient dépeschez,
Que le Peuple armé de furie
Fronderoit sur la fronderie,
Et qu'vn Samedy seulement
Estrangleroit le Parlement.
Il est vray que gens sans farine
Sont d'vne humeur assez mutine ;
Mais gens qui sont enfarinez,
Font aux autres vn pied de nez.
Nous en auons en abondance.
Ainsi faites la conséquence.

 Pour changer vn peu de discours,
Sçachez que depuis peu de iours
Nostre Duchesse incomparable[2]
A fait vn enfant adorable,
Et que le Préuost des Marchands
L'a nommé Paris d'Orléans.
En naissant il a voulu boire.
Par là commence son Histoire.
Demandez à quelque Allemant
Si c'est vn beau commencement.
Lagneau, Goizel et nos Prophètes,
Comme de bruyantes trompettes,
Disent desià que cet enfant
Doit estre vn Héros triomphant,
Égalant en valeur guerrière

---

[1] On sait que le 5 janvier, veille du départ du roi, le duc d'Orléans, le prince de Condé et le cardinal Mazarin avaient soupé chez le maréchal de Gramont.

[2] La duchesse de Longueville, accouchée le 28 janvier dans l'hôtel de ville de Paris, du fils qu'elle perdit en 1672 au passage du Rhin. C'est donc sous la rubrique de l'*Arrestation de La Raillère*, le 26, que j'aurais dû placer le *Coq à l'asne* dans la liste chronologique des Mazarinades.

Messieurs ses Oncles et son Père,
Et représentant la beauté
De la Dame qui l'a porté;
Ce qui se voit dans les Planètes
Auec de fort bonnes lunettes.
  Mais pour finir cet entretien,
Tous vos amis se portent bien;
Et ie crois qu'ils prendront la peine,
Dans la fin de cette semaine,
De vous aller voir de plus près.
Ils ont leurs équipages prests,
Et sont tous dans l'impatience
De rompre auec vous vne lance.
Il n'est pas iusqu'aux Citadins
Qui ne fassent les Paladins,
Vous menacent auec brauade
D'escalade et de camisade.
Vous direz qu'ils sont des badins.
Ils le sont moins que vos blondins;
Et les balles de mousquetades
Leur passent pour noix de muscades.
Ie pense aussi que les Normans
Vous porteront leurs complimens.
C'est vne nation peruerse
Qui demande partie aduerse;
Et sur ce suiet vous diron :
A furore Normanorum,
Ou plustost de toute la France;
Car à vray dire, ie pense
Que vous aurez de tous costez
Vne troupe de députez,
Aussi soumise, aussi ciuile
Que celle du haut Longueuille;
Et vous verrez de main en main
La Cour fort grosse à Sainct-Germain.

En attendant, vaille que vaille,
Dites à cet homme qu'il s'en aille.

Anagramme prophétique sur la sortie du Cardinal.

IVLES MAZARIN
SERA MIS AV LOIN.

Lettres numérales de ladite anagramme marquant l'année de cette sortie.

M. VI. IL.
1649.

Lis et fais [2304][1].

(11 février 1649.)

Pauure peuple de Paris, que ie plains ta simplicité et ton aueuglement. Dis-moy les subiets de plainte que tu as de l'administration de la Reyne. T'a-t-on chargé de nouueaux imposts? Il me semble plustost que tu as eu des descharges de millions à la fois et des grâces et des soulagemens au delà de ce que la nécessité de soustenir deux pesantes guerres pouuoit permettre[2]. Cependant

[1] C'est le premier des billets que le chevalier de La Valette sema par les rues de Paris dans la nuit du 11 février. Il est de Cohon, évêque de Dol, s'il faut en croire l'auteur du *Conseil nécessaire donné aux bourgeois de Paris*, etc. [760].

[2] « La reyne ayant remis vne partie des tailles, elle fut obligée de manquer à ceux qui luy auoient fait des prests et auances sur ses reuenus. Les particuliers retirèrent leur argent des mains des financiers. De là des faillites à Paris et dans toutes les villes de commerce. »
Avis sincère aux bourgeois de Paris, etc. [543].

quelle rage te possède de prendre les armes contre ton Roy, vn Roy mineur, vn Roy innocent, donné de Dieu, vn Roy tousiours triomphant de ses ennemis, à qui ta rébellion, si elle duroit, va rauir des mains l'aduantage de conclure la paix la plus glorieuse que la France ait faite depuis l'origine de la monarchie? On veut luy voler le plus beau fleuron de sa Couronne. On attaque directement son authorité, qui est ce qui le distingue du reste de ses subiets. Le Parlement, emporté par les factieux, veut bastir vne puissance nouuelle et iusqu'à présent incognue dans ce Royaume sur les ruines de la Royauté. Il veut de l'Estat du monde le plus monarchique en composer vn gouuernement monstrueux de deux cens testes. Et tu n'adhères pas seulement à ce détestable projet; tu le soustiens au péril de ton repos, au hazard de tes biens, de l'honneur de tes familles, de leur subsistance et de ta propre vie. Quelle fin peust auoir cette affaire si tu t'opiniastres à la soustenir, qu'vn gouffre de misères et de calamitez, que l'horreur des guerres ciuiles, que l'effusion de beaucoup de sang François et l'aduantage des ennemis de l'Estat? Car enfin quelle raison peut donner la souueraine puissance à des gens ordinaires qui n'ont rien par dessus les autres que la fortune d'auoir pu achepter des charges bien chèrement? Et crois-tu, quand Dieu ne prendroit pas en main la cause d'vn Roy mineur qu'on veut opprimer, quand le Roy n'auroit pas pour te ranger en ton deuoir, toutes ces braues troupes qui ont mis si bas nostre ennemy, auparauant si formidable, crois-tu, dis-ie, que le Duc d'Orléans, le Prince de Condé, tant de Princes et grands du Royaume, tout l'Ordre Ecclésiastique et tant de généreuse noblesse pussent iamais souffrir la domination illégitime de gens qui leur sont en toutes façons si fort inférieurs? Ouure les yeux, pauure peuple. Voy dans quel précipice on t'engage. Ce n'est point contre toy que le Souuerain est irrité. Il sçait que tu as esté abusé sous l'apparence d'vn faux bien. Il ne sçauroit te faire du mal qu'il n'en ressente le contrecoup plus viuement que toy. Il n'est donc pas à croire qu'il en ait l'intention, si tu ne l'y forces. Il veut seulement oster des mains aux factieux du Parlement les armes dont ils luy ont fait tant de mal. Faut-il que tu sacrifies tout pour l'intérêt d'vn petit nombre de séditieux? Que t'importe que les Présidens de Nouion et Blancmesnil n'ayent pu auoir la coadiutorerie de l'Euesché de Beauuais pour vn de leurs proches? et pourquoy t'intéresser à la vengeance qu'ils veulent prendre de l'éloignement de leur oncle[1]? T'imagines-tu que Broussel eust fait si fort ton tribun s'il eust pu obtenir pour son fils la Compagnie aux gardes qu'il poursuiuoit? Que te soucies-tu si le Président Viole n'a pu estre admis en la charge de Chancelier de la Reyne? et prendrois-tu Coulon pour vn grand législateur, luy qui fait vanité publique d'estre vn dissolu en toutes desbauches, et qu'on a souuent délibéré de chasser du Parlement pour l'infamie de sa vie et pour la prostitution qu'il faisoit luy mesme de sa famille? T'a-t-on offensé quand on n'a pu satisfaire Guiry sur la charge qu'il vouloit d'introducteur des Ambassadeurs? Et crois-tu que les barbes vénérables de Vialar et Bachaumont et d'autres ieunes fous de cette partie qui se nomment eux mesmes par raillerie les petits pères du peuple et les tuteurs des Roys, soient fort propres à réformer l'Estat? Enfin rien ne se meut dans cette grande machine que par des ressorts intéressez. Cependant tu

[1] Potier, évêque de Beauvais et aumônier de la reine.

y prestes ton bras comme si elle ne trauailloit que pour ton aduantage, quoy que ce ne soit qu'à ta destruction. Crois-tu que le party en soit deuenu beaucoup plus utile ou plus fort pour y voir quelques Princes à la teste? Ils te donnent leur assistance pour prolonger tes misères, et non pas pour les finir. Ils te sacrifieront pour auoir plus aduantageusement leur compte, et ne se soucieront pas fort des hostages qu'ils t'ont donnez. N'as-tu pas l'exemple du Prince Thomas qui reprit toutes les places du Piedmont sur les Espagnols, quoique sa femme et ses enfans fussent entre leurs mains? Le Prince de Conty est vn ieune Prince qui a de bonnes intentions, mais que son beau frère a desbauché sous prétexte de luy faire acquérir de la gloire. Le Duc de Longueuille n'est auec toy que parce qu'on luy a refusé le Haure, après qu'on luy auoit desià donné Caen et le Comté de Ious. Attends-tu des conseils fidèles et de durée d'vn homme qui a manqué à son Maistre, qui luy auoit fait l'honneur de l'appeler dans les siens, qui luy auoit fait tant de grâces et qui a tourné casaque aussi souuent que l'occasion s'en est offerte? La Rhétorique naturelle du Duc d'Elbeuf pourra elle persuader qu'il prenne autre intérest en cette affaire que d'auoir le gouuernement de Montreuil qu'on a refusé auec raison à vne personne de sa condition, et qui a porté si longtemps l'escharpe rouge[1]? Le Duc de

---

[1] Le duc d'Elbeuf avait été exilé à cause de la part que sa femme, Catherine-Henriette, fille légitimée de Henri IV et de Gabrielle d'Estrées, avait prise à des intrigues de cour contre le cardinal de Richelieu. Il était passé en Angleterre. Voy. plus loin *Demandes des princes et seigneurs*, etc. [997].

« Le mesme iour (24 mars)... la Cour délibéra sur la permission que Monsieur le Prince de Harcourt, fils aîné de Monsieur le Duc d'Elbeuf, demandoit de leuer des troupes dans le territoire de Montreuil sur la mer, où il est allé à cause de la mort de Monsieur le Comte de Launoy, son Beaupère, qui en estoit gouuerneur; et fut ordonné que mondit sieur le duc d'El-

Bouillon veut Sédan ; et serois-tu si enragé que de contribuer à donner vne entrée seure aux ennemis pour rauager la Champagne par leurs courses et venir iusqu'à tes portes quand l'enuie leur en prendroit? Le Coadiuteur veut se venger de ce qu'on a rabattu le vol trop hautain qu'il prenoit, voulant ioindre le commandement temporel au spirituel, c'est à dire le gouuernement de Paris à l'Archiépiscopat. Ce sont là les arboutans qui appuyent ta désobéissance. Le motif de leur mescontentement est parce qu'ils veulent des places. Cependant si ie ne me trompe, il me semble que le Cardinal, qu'ils deschirent et noircissent tant, n'en a aucune, et qu'il s'en est deffendu tousiours aussi viuement que les autres les ont recherchées. Ie vois bien qu'il a sceu contribuer à accroistre le royaume de places et de Prouinces entières; mais il n'a sceu encore donner les mains à prendre aucun establissement pour luy; et il fait voir vn exemple de modération iusqu'à présent incogneu dans cet estat qu'vn premier Ministre, après six ans d'heureuse administration, ne se treuue auoir ny charge de la Couronne, ny gouuernement de Prouince, ny place, ny autre bien que quelques Abbayes pour soustenir sa dignité. Cependant ie remarque que ceux qui sont si emportez contre luy, et qui trauaillent tant à animer les peuples, n'en ont autre suiet que la fermeté qu'il a eue à ne pas conseiller au Roy qu'il se laissast despouiller de son authorité et de ses places. Ie considère aussi qu'il n'a iamais fait mal à personne qu'aux ennemis de la France ; et sans cette douceur qui luy est naturelle, tu ne verrois

beuf, Gouuerneur de la Prouince de Picardie, dont cette ville dépend, donneroit ordre à la seureté de ladite place, selon qu'il verroit en estre besoin. »
Le Courrier françois, etc. [830] 11ᵉ arriuée.

pas auiourd'huy ny le Duc de Beaufort, ny le mareschal de La Mote à la teste de tes troupes rebelles. Enfin, peuple abusé, dessille tes yeux. Ceux qui ont le principal intérest au bien de l'Estat, te monstrent assez ce que tu dois faire. Tu ne sçaurois faillir de marcher dans le chemin où tu vois le Duc d'Orléans si auant engagé, si constant et si zélé, où tu vois le Prince de Condé le seconder de tout son pouuoir. Il faut bien que les Conseils du Cardinal soient bons, puisque ces deux personnes-là les approuuent. Crois-tu, quand le Cardinal seroit esloigné, que le Duc d'Orléans et le Prince de Condé, qui ont exposé si gayement leur vie pour releuer l'authorité Royale et la gloire de nos armes, voulussent iamais donner les mains à la ruine de l'Estat et receuoir la loy de quatre hommes du Parlement qui, pour se rendre les maistres, prétendent de renuerser tous les fondemens de la monarchie? Considère combien l'estat où tu te trouues, est différent de cette opulence qui t'a rendue la ville du monde la plus heureuse. Prends garde à ce qu'est deuenu ton commerce; que tu es à la veille de crier à la faim; qu'il n'y aura plus de rentes payées; que tu vas tomber en vne entière désolation; que ta grandeur est ta foiblesse; que tu es desià exposée à la mercy et au pillage de la canaille et des vagabons; qu'on te saignera de tous costez iusqu'à l'agonie; que tu entretiendras les deux partis à tes despens; que les troupes dont tu prétends tirer ta deffense, te rongeront elles mesmes iusqu'aux entrailles; mais considère plus que tout cela que pour plaire aux factieux du Parlement, tu te iettes dans la rebellion; que tu prends les armes contre le Souuerain que Dieu t'a donné, et que tu cours risque de perdre son amour et peut-estre ton bonheur. *Le Désintéressé à Paris.*

A qui ayme la vérité [8] [1].

(11 février 1649.)

Le Parlement veut despouiller le Roy de son authorité pour s'en reuestir. Les Princes qui se sont vnis au Parlement, voudroient bien s'accommoder de son bien et de ses places [2].

Et vous, pauures Bourgeois de Paris, sacrifiez vostre repos, hazardez vostre vie, vuidez le fonds de vos bourses, vous réduisez à la faim, prenez les armes contre vostre Roy et ne trauaillez qu'à vostre ruine pour apuyer, sans le sçauoir, les iniustes prétentions des vns et des autres. C'est bien se tourmenter pour se rendre criminels et malheureux toute vostre vie, quoy qu'il arriue; car ou le Roy demeurera le maistre, comme il y a grande apparence, et si auant cela vous ne réparez vostre crime, et ne regaignez son affection par quelque marque de la vostre, il vous fera seruir, vous et vos familles, d'exemple à la postérité par vn chastiment mémorable de la rébellion que vous commettez; ou le Parlement et les Princes auront le dessus (ce qui fait horreur, seulement à le penser, à tout bon François), et au lieu d'vn Roy, d'vn légitime Souuerain qui vous chériroit auec tendresse et ne songeroit qu'à vostre soulagement et à vous rendre heureux, vous aurez quatre cens tyranneaux qui vous deschireront et vous opprimeront de mille taxes, comme ils ont desià commencé; et vostre opiniastreté n'aura seruy

---

[1] Second billet de Cohon, distribué par le chevalier de La Valette.
[2] Voyez plus loin les *Demandes des princes et généraux*, etc. [997].

qu'à allumer et nourrir vne guerre ciuille qui rendra la France la proye de ses ennemis, et changera vostre ville, la plus belle du monde et la plus heureuse, en vn théâtre d'horreur et de misères.

Le Cardinal est vn meschant homme parce qu'il n'a pas voulu consentir à la destruction de la Royauté, où aucuns du Parlement visent pour gouuerner eux mesmes. C'est vn perturbateur du repos public parcequ'il n'est pas d'accord de contenter Nouion, Blancmesnil, Viole, Broussel et autres, ny les Princes dans ce qui leur estoit venu à la teste de prétendre. Il trouble le Royaume, luy qui a incessamment trauaillé et auec force à le conseruer en tranquillité pendant toute la Régence, et à la procurer au dehors. Il n'a, ny luy ny aucun de ses parens, place, ny charge, ny gouuernement, ny establissement; et c'est vn ambitieux, vn intéressé, vn perfide. Les autres prétendans n'ont rien contribué comme luy aux conquestes qui ont esté faites, et ne laissent pas de demander les meilleures places du Royaume et des grâces qu'ils n'ont point méritées.

Le Cardinal s'entend auec les Espagnols pour trahir l'Estat, pour les en rendre maistres. Il faut qu'il soit bien habile et qu'il les dupe bien finement de conseruer ainsi leurs bonnes grâces lorsque le Royaume s'accroist, toutes les années, de places et parfois de Prouinces entières à leurs despens. Si le bon Dieu nous assiste tousiours de Ministres si meschans, nous mettrons bientost en chemise le Roy d'Espagne de son consentement.

Le Cardinal est vn cruel, vn violent, vn sanguinaire. Cependant on voit la Bastille remplie depuis quinze iours de plus d'Officiers et seruiteurs du Roy qu'elle n'a esté de meschans et de criminels dans les six années de la Régence; où je ne sçay pas qu'il y ait eu autre sang répandu que celuy d'vn Italien qui donnoit des aduis aux Espagnols.

Le Cardinal est vn Crœsus, vn voleur de deniers publics; il a englouty tout l'argent de France. Cependant nous aprenons qu'il n'a pas de quoy viure, et que sa Maison est tous les iours sur le point de renuerser. Il faut qu'il soit bien cruel à soy mesme de ne mettre pas ses trésors au iour dans cette occasion où il va du tout pour luy, et où il ne luy seruiroit de rien de les auoir sauuez s'il se perdoit[1].

Enfin, les autres mettent tout s'en dessus dessoubs, font prendre les armes au peuple contre leur Roy. Cependant ils ne sont ny perturbateurs, ni meschans, ny gens qui se remuent pour autre intérest que pour le bien public. Pauure peuple, dessille tes yeux! Permettras tu d'estre sacrifié pour des intérests particuliers de nulle considération, et de plus pour des gens qui se mocquent de toy dans le temps mesme que tu sers à leurs fins? Ne sçais tu pas que ces braues Princes, passementez et brodez à tes despens, boiuent tous les iours, l'vn et l'autre, à la santé des badaus de Paris? L'vn d'eux disoit, il y a quelques iours, qu'il falloit prier Dieu qu'ils fussent longtemps dupes; l'autre, que c'est faire vne guerre bien commode d'auoir beaucoup d'argent, coucher dans de bons draps et ne se battre point. Où sont ces deux cens mil hommes qui deuoient sortir pour engloutir d'vn morceau les troupes qui t'affament? Pour toutes les taxes qu'on a faites sur toy, dont le Roy auroit pu leuer cent mil hommes, qu'as tu encore que deux mil meschans

[1] On peut lire à ce sujet une curieuse anecdote dans la *Lettre d'vn secrétaire de saint Innocent*, etc., qui suit.

fantassins et huit cens cheuaux de mesme, qui n'osent monstrer le nez hors la ville, sans se recoigner aussi-tost dans tes portes, tesmoin la belle esquipée de Corbeil[1] ? Si tu ne m'en crois pas pour le nombre, donne toy la peine de les compter aux reuues[2] ; et ne t'estonne pas après cela si tous leurs exploits ne vont qu'à faire cuire quelque pain aux fauxbourgs, et à l'escorter à la halle pour persuader aux niais qu'ils l'ont conquis à la pointe de l'espée en rase campagne.

Tes Généraux et autres chefs n'ont pas laissé de toucher quatre à cinq cens mil escus. Il est vray que la pluspart d'entr'eux, clinquantez comme ils sont, valent bien pour le moins les troupes qu'ils s'estoient chargez de leuer. On controle les actions du Roy quand il donne mil escus à des Officiers qui vont respandre leur sang à la campagne contre les ennemis de l'Estat. C'est vn prodigue, vn dissipateur. Les Finances sont mal administrées quand on donne deux mil escus pour leuer vne compagnie de cheuaux légers qui va en des pays esloignez pour le seruice de sa patrie; et c'est estre fort modéré, grand œconome et bon mesnager des deniers pu-

---

[1] « Le dimanche 24 (janvier), quantité de Caualerie et d'Infanterie sortirent de Paris sur le prétexte du siége de Corbeil que tenoient les Mazarinistes, mais en effet pour amuser leurs troupes pendant qu'on rompoit les ponts de Gournay et de Sainct-Maur : ce qui leur empescha la communication qu'ils auoient au pays d'entre les riuières de Marne et de Seine. »
Courrier françois, etc. [830] 2ᵉ arrivée.

Il faut mettre en regard de ce récit la version du *Courrier burlesque de la guerre de Paris*, qu'on trouvera plus loin. Cette journée est appelée dans les Mazarinades la journée de Juvisy.

[2] « Il se trouua des gens qui éclairèrent de si près les capitaines de la ligue [Fronde] qu'ils découurirent que les reuues qui se faisoient en la place Dauphine, se faisoient le lendemain en la place Royale par les mesmes troupes sous de différens noms de régimens. »
Mémoires du baron de Sirot, 2ᵉ vol., p. 240

blics, quand on donne icy des cinquante mil francs en pure gratification à des particuliers qui ont pris party contre leur Souuerain, quand on paye des quinze mil francs pour leuer vne compagnie seule. Tu peux facilement t'esclaircir de ces véritez; et si tu en doutes tant soit peu, la seconde touche qu'on se prépare de donner à ta bourse, ne t'en rendra que trop certain; comme la troisième et la quatrième qui suiuront bientost les autres, acheueront de te mettre aux abois si tu ne prens auant cela quelque résolution généreuse pour rompre les fers de la tyrannie qu'on t'impose [1]. Pourquoy souffrir si longtemps vn ioug si rude qu'il ne nous soit pas seulement permis de parler, parceque ceux que nous faisons volontairement nos maistres, ne trouuent pas bon que nous le puissions faire que comme ils nous sifflent? Ils en veulent au Cardinal. Cependant qui ne sçait que s'il eust voulu satisfaire les chefs de parti du Parlement que ie t'ay nommez, et conseiller qu'on donnast Sedan, le Haure, Montreuil et autres choses de pareille nature, le bien public se fust bien porté; il n'en seroit pas le perturbateur; il auroit esté le meilleur Ministre qui fut iamais; il faudroit le canoniser.

Est il possible après cela que tu sois encore dupe et que tu laisses si long temps abuser de ta bonté? Vange plustost ton Roy désobéy, mal traité, offensé, attaqué; vange toy toy mesme des maux que tu souffres et de ceux où l'on ne se soucie guères de te plonger à l'aduenir. Quand tu n'aurois autre chose à craindre que de perdre pour tousiours la présence de ton Roy, ce qui t'est infaillible si tu t'opiniastres en ta rébellion, ne con-

---

[1] Les arrêts du parlement pour la levée des taxes de guerre sont du 9 janvier et des 13, 16 et 22 février.

sidère tu point quelle seroit pour toi la grandeur de cette perte, et que cette présence est ce qui t'enrichit et te donne la splendeur et l'opulence par dessus les autres villes? Où irois tu chercher le payement de tant d'argent que la Cour te doit? Ne t'aperçois tu point que si elle faisoit son séiour en quelqu'autre ville, tous tes artisans seroient à la faim et qu'il se dépenseroit à Paris moins de douze millions de liures par an qu'on ne fait?

Déclare toy seulement; et tu seras le maistre de ces factieux criminels qui t'ont armé contre ta patrie. Tu auras les bénédictions du Ciel, les grâces de ton Roy et l'applaudissement de tous les bons François. Oblige le Parlement à sortir de Paris; et tu obligeras ton Roy à y retourner, et auec lui le bonheur, l'abondance, le commerce, la tranquillité, la seureté et enfin toute sorte d'opulence, de félicité et contentement.

Le roi veut que le parlement sorte de Paris, etc.
[2762] [1].

(11 février 1649.)

Le Roy veut que le Parlement sorte de Paris parcequ'il ne croit pas y pouuoir estre en seureté tant que les factieux de la compagnie y conserueront la puissance qu'ils ont vsurpée.

[1] Ce pamphlet n'a de titre ni dans l'édition originale, ni dans la réimpression qui en a été faite à Paris parmi les *Diuerses pièces de ce qui s'est passé à Saint-Germain en Laye*, etc. [1160]. Il est de Renaudot, au moins à ce que prétend l'auteur de la *Conférence secrète du cardinal Mazarin auec le gazetier* [742]. Il complète les deux billets colportés par le chevalier de La Valette; et il n'y a pas lieu de douter qu'il n'ait été répandu dans Paris à peu près en même temps et de la même manière.

Les factieux veulent que le Parlement demeure dans Paris parcequ'ils craignent, s'il alloit ailleurs, que le Roy n'eust plus de facilité de réprimer les attentats qu'ils continuent de faire sur son auctorité; d'autant qu'ils ne pourroient pas alors étouffer les sentimens des bien intentionnez de la compagnie, comme ils font auiourd'huy dans Paris par la crainte qu'ils leur impriment des mouuemens du peuple, s'estant rendus maistres absolus de son esprit par diuers artifices.

Voylà véritablement en quoy consiste tout le différend qui menace la désolation de tant de familles et dont nécessairement s'ensuiura, s'il est poussé aux extrémitez, ou la ruine de Paris, le Roy ayant le dessus, ou le bouleuersement général de la Monarchie, le Parlement deuenant le maistre.

Voilà la question qui est à décider, sçauoir qui, du Roy ou du Parlement, sera obéy en France;

Sçauoir si le peuple de Paris aymera mieux ou fauoriser la désobéyssance d'vn petit nombre de particuliers pour les auoir auec soy, soustenant pour eux vne guerre à ses despens, et s'exposant mesme à mourir de faim ; ou bien se ranger en son deuoir et iouyr de la présence du Roy, et de la maison Royale et de toute la Cour, auec vn plein repos et toute sorte de félicité ;

Enfin sçauoir s'il est plus iuste que le Roy desloge de sa ville capitale, ou que quelques-vns de ses subiets s'en retirent pour quelque temps, iusques à ce que leur séiour y soit compatible avec celuy du Roy.

Le Parlement reconnoissant combien il se rendroit odieux s'il s'engageoit ouuertement dans vne contestation si extrauagante, vous a donné le change (mes chers Parisiens) et a mis en ieu le Cardinal, dont il n'estoit nullement question, vous faisant croire que c'est luy qui vous affame, et que tous ces mouuements cy ne sont excitez que pour son intérest, et par son caprice; mais ne vous apperceuez vous point, pauures abusez, que cette cause là mesme ne seroit pas plus plausible ny meilleure à soustenir que l'autre?

Ie n'entreprens point icy de deffendre le Cardinal. Supposons mesme que sa conduite ne soit pas bonne, qu'il soit noircy de plus de crimes que ne disent tous nos libelles, qu'il soit vn perfide, vn violent, vn intéressé, qu'il ait fait enuahir le tiers de la France par les Espagnols, que ses seruices soient autant de trahisons; mais en quel endroit de ses Registres le Parlement trouuera-t-il qu'il puisse prescrire à son Roy le choix de ses ministres? Quelles loix du Royaume ou quel vsage lui donnent l'auctorité d'obliger le Souuerain à les esloigner quand ils ne luy sont pas agréables? Quel droit a le Parlement, n'estant institué que pour rendre la iustice aux particuliers, de mettre la main au gouuernement de l'Estat? Sommes-nous en quelque République? Et le Roy n'est-il plus que nostre Doge? S'il faut changer le Ministère, n'est-ce pas à la Reine, conseillée par le Duc d'Orléans et par le Prince de Condé, à le faire, et non pas au Parlement?

Le Roy voyant que le Parlement attaque son authorité et met tout en confusion, luy commande de sortir de Paris. Le Parlement refuse d'obéyr à son maistre et ordonne par vn Arrest que le Cardinal sur qui il n'a aucun pouuoir, sortira du Royaume[1].

Si le Cardinal estoit Ministre du Parlement, il pourroit

---

[1] Du 8 janvier 1649.

le chasser; mais chasser le domestique d'vn autre, il me semble que la bien-séance, la coustume et la raison veulent que nous nous adressions à son maistre; autrement il est inutile et mesme ridicule de luy donner congé; et à plus forte raison si ce maistre là est aussi bien le nostre que le sien.

Le Parlement n'enseigne pas fort l'obéyssance. Peut il trouuer à dire que le Cardinal n'exécute pas ses ordres si luy mesme mesprise ceux de son maistre?

Mais tout cecy n'est point le fait dont il s'agit. Que le Cardinal soit dans les affaires ou non, tousiours faudroit-il décider quelle des deux authoritez doit préualoir : ou celle du Roy qui a heureusement régi la Monarchie, douze cens ans durant, ou celle que le Parlement a enuahie depuis huit mois et qu'il veut se conseruer auiourd'huy par la prise des armes contre le Souuerain? Tousiours faudroit il voir si le Duc d'Orléans et le Prince de Condé souffriroient d'estre dégradez et que le Parlement deuenant Roy, diuers marchands, confituriers et artisans, pour appartenir de près à des Officiers de ce Corps là, vinssent à tenir le rang des fils de France et des Princes du Sang.

On nous fait accroire (mes chers compatriotes), que le Roy veut nous exterminer, qu'il veut nous affamer. Il ne veut que ce à quoy nous l'obligerons. Il ordonne au Parlement de sortir de Paris; le Parlement veut y demeurer par vne désobéyssance sans excuse (n'y en ayant aucune légitime quand le maistre commande); et nous sommes si aueuglez que de prendre les armes pour appuyer sa rébellion! quel autre party restoit à prendre au Roy, s'il vouloit se conseruer cette qualité, que de nous réduire tous deux par la faim dans nostre deuoir? Ainsy ce n'est pas le Roy qui nous affame ; c'est nous qui le voulons bien estre. Ce n'est pas le Roy qui nous attaque ; c'est nous qui sommes les agresseurs. Si nous obligions le Parlement à sortir de Paris, le Roy nous assure qu'il nous viendroit voir le mesme iour.

Si le Parlement ayme le bien public autant qu'il le veut faire croire, si sa principale visée, comme il proteste, est nostre soulagement et nostre repos, que ne nous en donne-t-il vne preuue, qui luy est si facile? Nostre tranquillité dépend de sa sortie. Nous serons heureux dès qu'il aura obéy. Nous aurions l'abondance de toutes choses et n'entendrions plus parler de gens de guerre ny dans Paris ny aux enuirons. Cependant il veut que nous souffrions ; il aime mieux que nous soyons enueloppez dans son chastiment, nous qui n'auons eu aucune part à ses fautes passées. Est-ce là auoir passion pour nostre bien?

Le Roy nous promet vn oubly général de tous nos excez. S'il nous reste dans l'esprit quelque scrupule là dessus, et que nous ayons peine à croire qu'on ait pour nous tant de bonté après de si grandes fautes, enuoyons nos Escheuins et des Députez des six corps des marchands à S. Germain stipuler toutes nos seuretez. On nous assure qu'elles ne nous seront pas refusées et qu'on n'y désire rien de nous, si ce n'est que nous ne nous meslions pas de l'affaire. Refuserons-nous nostre indifférence à nostre maistre pour qui nous serions plustost obligez de respandre iusqu'à la dernière goutte de nostre sang? Il faut que Dieu veuille bien nostre chastiment puisqu'il ne nous donne pas seulement la force de consentir à nostre bonheur.

Remettons-nous vn peu en mémoire les crieries et le vacarme que le Parlement a fait tout l'Esté et tout l'Automne contre la violence de la Régence, contre la dissipation des Finances et pour faire soulager le pauure peuple. C'estoient là les trois points principaux où sembloient aboutir toutes leurs clameurs, les trois prétextes spécieux et en apparence désintéressez par lesquels il nous a artificieusement engagez à suiure à tastons tous ses moindres mouuemens comme des oracles. Cependant qui ne voit auiourd'huy que nostre conduite sous sa direction canonise celle de la Reine et l'administration de la Régence, puisqu'il est constant en premier lieu que nous dissipons plus d'argent en vne semaine pour faire au Roy vne meschante et impuissante guerre et pour enrichir des Princes, que le Roy n'en despensoit en deux mois, soustenant la guerre en tant d'endroits et auec tant de gloire et d'auantage contre toute la maison d'Autriche?

Pour ce qui est des violences, en peut-on imaginer aucune qui puisse esgaler celle d'attaquer vn Roy mineur lorsqu'il a sur les bras d'autres ennemis très considérables, vouloir abattre son authorité, diuiser l'Estat, et donner lieu par ce moyen aux Espagnols de reprendre en peu de temps et auec facilité ce qui a cousté la vie à tant de braues gens et espuisé la plus pure substance des peuples?

Y a-t-il de plus grande violence que de tenir en captiuité des Ambassadeurs contre le droict des gens? Que d'emprisonner des Euesques et les empescher d'aller dans leurs Diocèses contre le droict diuin? Que de retenir par force tant de gens de bien qui sont au désespoir de se voir enfermez dans vne ville rebelle, et qui hazardent leur vie à tous momens pour secouer le ioug de cette tyrannie, tesmoin l'Euesque d'Authun[1]?

---

[1] *Arrêt de la cour de parlement portant défense à toutes personnes.... de changer leurs noms et se trauestir pour sortir de la ville.... du 20 jan-*

Y en a il de plus estrange que d'oster iusques à la liberté de la voix et des plaintes à des misérables qui souffrent? que de menacer de mort ceux qui seroient si hardis que d'ouurir la bouche pour parler du bien et du repos de Paris[1]? que de remuer iusqu'aux cendres de nos pères et fouiller dans les sépultures pour trouuer de l'argent? que de songer à vendre les Calices, à despouiller les Eglises et les reliques de leur argenterie et de leurs richesses, comme si le Turc estoit à nos portes? enfin que de remplir les cachots de la Bastille d'innocens, sans en interroger aucun depuis plus d'vn mois, après tant de diligences que le Parlement a fait luy mesme auprès du Roy pour faire régler qu'on fust obligé d'interroger chaque prisonnier dans les vingt quatre heures de sa détention, conformément aux Ordonnances, dont il se moque lorsque l'obseruation le regarde et non pas le Roy?

Pour ce qui est du soulagement du peuple, ha! que nous esprouuons bien à nos despens si le Parlement a eu à cœur pour le procurer en effet ou seulement à la bouche, pour nous entraisner à le seruir dans les autres desseins qu'il formoit! Qui ne touche au doigt auiourd'huy que toutes les charges que le peuple a suporté

uier 1649 [228]. *Arrêt.... portant défences.... de laisser passer aucunes personnes...., auec passeport que par les portes Saint-Iacques et Saint-Denys, du 29 januier* [235]. *Arrêt.... portant qu'aucunes personnes ne pourront sortir de cette ville en vertu de passeports après huitaine du iour et de la date d'iceux, du 11 féurier* [344]. Le 16 février, le parlement fit donner des gardes à Cohon, évêque de Dol, et à Boutaut, évêque d'Aire, accusés de correspondance avec le cardinal Mazarin. Voyez la *Lettre interceptée du sieur Cohon*, etc. [2243].

[1] *Arrêt de la cour de parlement portant défense à tous imprimeurs.... d'imprimer, etc.* [232].

jusqu'icy, estoient incomparablement plus douces et plus légères que ce que le Parlement luy mesme nous fait souffrir présentement de capitations, d'extorsions et de violences? N'a-t-il pas fait plus payer aux seuls habitans de Paris en quinze iours de ces désordres que ne monte la descharge d'vne année entière que le Roy leur auoit accordée, quoy qu'elle fust très considérable? et cet argent là est employé à faire la guerre à nostre Souuerain; et l'autre l'estoit à abattre la puissance des ennemis de cet Estat.

On nous forge, chaque iour, cent impertinences et cent chimères pour nous obliger à souffrir nos maux sans nous plaindre. On nous dépeint la Cour affamée elle mesme dans S. Germain; le Roy sur le poinct d'en partir pour aller à Chartres; le Duc d'Orléans tousiours à la veille de nous venir trouuer; le Prince de Condé en dessein de se retirer dans son gouuernement, connoissant la foiblesse du party où il est engagé; le Cardinal tenant tousiours ses cheuaux sellés pour prendre la fuite. On nous repaist d'espérances d'enlèuemens de quartiers, de défaites des gens de guerre du Roy, de leur débandement faute d'estre payez. On nous dit que le Roy n'a pas vn sol ny moyen d'en auoir, qu'il n'a presque point de troupes et n'en peut assembler ny leuer dans aucun lieu. On nous amuse d'ouuerture des passages pour les viures, de ionctions de Parlemens, de Déclarations d'armées pour nostre party, de secours considérables qui viendront de Normandie, de réuoltes de Villes et de Prouinces entières; et enfin on nous iure que le feu alumé dans Paris suiura indubitablement tout le Royaume.

Premièrement faisons vn peu réflexion quelle doit

estre nostre impiété et nostre fureur de demeurer dans vn party qui met tout son salut en l'embrâsement général de l'Estat et qui le désire auec autant d'ardeur que tous les bons François et tous les gens de bien ont d'horreur seulement d'y songer. Croirons nous que Dieu puisse iamais bénir nos desseins et nos actions si nous faisons de si détestables souhaits?

Que vous estes abusez (mes bons compatriotes); mais ie veux bien auoir la charité de vous détromper en vous apprenant ce que i'ay veu moy mesme à S. Germain dans vn voyage que i'y ay fait trauesty, par curiosité pour sçauoir la vérité des choses.

Sçachez donc que toute la Cour est en ce lieu là, auec toutes les commoditez qui nous manquent icy, qu'elle est plus remplie de Princes, de Grands Seigneurs et de Noblesse, qui y accourt de toutes les Prouinces, qu'elle n'a iamais esté, qu'elle s'y tient en pleine seureté, ayant outre ses propres forces, des quartiers auancez que toute nostre milice et trente fois autant n'oseroyent affronter;

Que le Roy ne fait point estat de partir de là que pour rentrer à Paris ou de vostre bon gré ou par force;

Que le Duc d'Orléans ayme trop l'Estat et a trop d'intérest au soutien de l'authorité Royalle pour prendre iamais le party de ceux qui la veulent abattre, et que d'ailleurs il sent trop son cœur et sa naissance pour s'abaisser si fort que de venir prester serment de fidélité au Parlement;

Que le Prince de Condé a tant d'horreur et outre cela si mauuaise opinion de tout ce que nous faisons, qu'il ne parle iamais que du restablissement de l'authorité du Roy et de la mettre mesme en plus haut point qu'elle n'a ia-mais esté, que comme d'vne chose aussi infaillible que iuste : iugez si c'est là vne disposition à quitter le party où il est;

Que le Cardinal se porte mieux que ne voudroient ses ennemis, qu'il ne se met nullement en peine des Arrests qu'on a donnez contre luy, parcequ'estant egallement iniustes et impuissans, il est assuré que s'ils laissent quelque tache, ce sera plus tost à l'honneur de ceux qui l'attaquent sans suiet auec tant de rage, qu'à sa réputation qui se trouue assez establie par les seruices qu'il a rendus à l'Estat.

I'ay sceu d'ailleurs qu'aucun Parlement du Royaume n'a donné d'Arrest semblable et qu'il n'y a point de Présidial dans le ressort du Parlement de Paris qui l'ait enregistré, nonobstant les ordres exprès qu'ils en auoient receu de luy; Ouy bien qu'ils ont vérifié la Déclaration du Roy qui leur attribue le pouuoir de iuger souuerainement[1], ce qui les a de nouueau engagez et toutes les villes où ils résident, à suiure aueuglément les volontez du Roy;

Que c'est vn amuse badaux que les deffaites des troupes du Roy et les enlèuemens de quartiers qu'on nous fait espérer. Nous n'auons osé les regarder dans le commencement du blocus, lorsqu'il n'y auoit dans chacun que quelques compagnies; et l'on veut que nous les emportions maintenant qu'ils sont fortifiez des meilleures troupes de l'Europe!

De plus i'ay bien trouué qu'il passe chaque iour quantité de soldats de Paris à l'armée; mais nul de l'armée à Paris. Et il ne faut pas s'en estonner, veu que les bu-

---

[1] *Déclaration du Roy par laquelle les présidiaux du ressort du parlement de Paris ont pouuoir de iuger souuerainement, etc.*, du 6 féurier 1649 [918].

tins qu'ils font dans les conuois qu'ils détroussent à chaque moment, sont des charmes bien plus puissans pour attirer et arrester la soldatesque, que le peu d'argent qu'on luy donne icy au iour la iournée.

I'ay remarqué en outre que vraysemblablement le Roy ne manquera pas d'argent. I'en ay veu arriuer estant à la Cour des voitures considérables qu'on disoit estre suyuies d'autres de diuers endroits; à quoy il y a grande apparence; les Prouinces estant comme elles sont, dans le calme; et d'ailleurs le fonds de nos rentes qui ne se payeront plus icy, ne sçauroit luy manquer. I'ay veu aussi que l'argent ne s'employe là qu'aux despenses nécessaires, et encore auec vne grande économie; et icy nous le iettons auec prodigalité pour les superflues. Leurs Princes auancent du leur propre pour soustenir les affaires; et nous ne sçaurions assouuir la conuoitise des nostres; et ce n'est pas merueille puisqu'ils ne se sont iettez auec nous que pour remplir leurs bourses.

Nous despensons cinquante mil francs par iour, croyans d'auoir près de cinq mil cheuaux et douze mil hommes de pied. On trouue bien ce nombre ou à peu près dans les reuues de la Place Royale, où nos généraux font les Rodomons, et veulent tout engloutir; mais à la campagne, il est tousiours diminué des deux tiers.

Voulez-vous sçauoir comment, faisant vne si prodigieuse despence, nous demeurons tousiours foibles et sommes battus partout? C'est parcequ'à Paris nous payons vn soldat quatre fois, et qu'à la campagne quatre soldats ne se battent pas pour vn.

Nous entretenons plus de généraux pour trois ou quatre meschans mil hommes que nous auons, que le Roy ne fait en toutes les armées qu'il est obligé de tenir sur pied.

Il est certain que la despence que nous faisons, tyrannisant le tiers et le quart et prenant l'argent à tort et à trauers, où il se trouue, sans autre forme ny raison que la volonté de nos nouueaux Seigneurs, et cela pour faire vne guerre au légitime Souuerain, il est sans doute, disje, que cette despence suffiroit au Roy pour entretenir toutes les armées de terre et de mer et contraindre les ennemis à faire vne paix glorieuse pour la France.

Comment accordera-t-on ce qu'on nous presche continuellement de l'armée du Roy avec ce qui se passe chaque iour? Nous voyons que cette armée là est nécessairement séparée en diuers quartiers fort esloignez les vns des autres; et cependant ils ne sont pas seulement tous en entière seureté; mais nous ne sçaurions faire sortir toute nostre caualerie de Paris qu'on ne luy coure sus aussitost et qu'on ne l'oblige à la retraite ou à la fuite.

Chacun de leurs quartiers est tousiours prest à combattre toutes nos forces; et on nous veut persuader que le Roy n'a point de troupes! Il faut bien ou que les nostres soient bien foibles, ou qu'elles ne valent rien, ou que nous soyons trahis, ou que les autres soient en plus grand nombre qu'on ne nous veut dire.

Pour les ouuertures des passages, si nous réussissons tousiours comme à Corbeil[1] et à Charenton[2], nous pouuons bien nous recommander à nos magazins du Louure et voir combien de iours encore ils nous empescheront de mourir de faim. Hors de cela, ie ne voy pas grande ressource aux exploits de nos braues combatans. On vient leur enleuer sur la moustache en plein iour vn poste retranché et qu'on auoit incessamment fortifié de-

---

[1] Journée de Juvisy, le 24 janvier.
[2] Prise de Charenton, le 8 février.

puis quinze iours, muny de tout iusqu'à quantité de feux d'artifice, et cela à la veue de Paris, et qui plus est, de toutes nos forces, et sans auoir eu que les troupes d'vn de leurs quartiers; et elles ne laissent pas de nous présenter le combat, au mesme temps qu'elles enuoient de l'autre costé à l'assaut; et elles emportent des fortifications défendues par trois mil hommes, que nous auions choisis pour les meilleurs, et qui l'estoient en effet, sans qu'vn seul des nostres ait éuité la mort ou la prison; et tout cela ne peut obliger nos troupes à s'aduancer vn seul pas, ni à quitter le poste qu'elles auoient choisi pour s'enfuyr en seureté dans nos portes.

Monsieur et Monsieur le Prince ne manquent iamais à monter à cheual dès que nous sortons. Ils se trouuent en personne à cette exécution; ils y hazardent leurs vies; et nous sommes encore si idiots et si foibles que de nous laisser siffler qu'ils sont au désespoir d'estre à Saint-Germain, que le Cardinal les a enleuez avec le Roy, qu'ils n'y demeurent que pour empescher la suite des mauuais conseils dudit Cardinal, qu'ils bruslent d'enuie de faire que le Roy satisface le Parlement! Cependant les prières de la Reine, de Madame, de Mademoiselle, de Madame la Princesse, et de toute la Cour ne peuuent obtenir qu'ils n'aillent en personne en tous les lieux où il y a occasion de battre nos troupes; et nous serons si dupes de croire qu'ils n'agissent que molement et contre leur gré!

Pour la ionction des Parlemens, nous laisserons-nous tousiours surprendre à cet artifice grossier dont on nous bufle, lorsqu'on fait aller au Palais et à la Maison de Ville des personnes apostées, comme s'ils estoient députez des autres Parlemens et ayant charge d'eux de poursuiure l'vnion avec celuy de Paris? On les appelle en présence de beaucoup de monde; on leur fait desgoiser ce qu'il a esté concerté qu'ils diroient; et on sort après auec des exclamations au peuple, comme s'il ne manquoit plus rien à son bonheur, et qu'il dust estre asseuré pleinement de l'heureux accomplissement de tout ce qu'il souhaitte.

J'ay apris bien loin de cela, que le Parlement de Diion a fait vne enqueste curieuse pour trouuer vn séditieux et le faire pendre, qui auoit affiché la nuit aux portes d'vne Église l'Arrest donné icy contre le Cardinal[1], et que toutes les Compagnies souueraines de Bourgogne ont enuoyé à Saint-Germain protester de leur obéyssance par leurs députez.

Le Parlement de Dauphiné a donné ordre aux siens de dire au Roy qu'il déteste la conduite de celuy de Paris et qu'il mourra pour son seruice, s'il est nécessaire.

Le Parlement de Bourdeaux auoit résolu d'enuoyer cachetée à la Reyne la Lettre de celuy de Paris[2] si elle luy eust esté présentée.

Il n'y a rien de si faux que l'Arrest imprimé et publié dans Paris comme donné par le Parlement de Bretagne contre le Cardinal[3]. On y deuoit plustost publier

---

[1] C'est apparemment d'après cette pièce que Mailly raconte la même anecdote. En tout cas, il est certain qu'il se trompe quand il la met sur le compte du *Courrier de la Cour*, etc. [821].

[2] *Lettre de la cour de parlement de Paris envoyée aux parlemens*, etc. [1936].

[3] *Arrêt de la cour de parlement de Rennes en Bretagne contre le nommé Iules Mazarin*, etc. [343]. « Ce iour, dit le *Journal du Parlement*, sous la date du 7 février, les colporteurs ayant vendu par Paris vn arrêt du parlement de Bretagne contre le cardinal Mazarin, et ledit arrêt s'estant trouué faux, les exemplaires en furent saisis et déchirés, auec défense de les plus exposer. »

les deffences très-expresses qu'il a faites de leuer des gens de guerre dans la Prouince, autrement que sur les Commissions du Roy, qu'il a en mesme temps enuoyé asseurer de sa parfaite obéyssance. Cependant la plus véritable conséquence qu'on puisse tirer à mon aduis de cette supposition d'Arrest, aussi bien que de l'autre qu'on fait de faux députez des autres Parlemens, c'est qu'il faut que nos affaires soient bien désespérées puisqu'elles ne sont appuyées que sur de si foibles fondemens, et que nostre cause soit bien mauuaise puisqu'elle a besoin d'estre soustenue par tant de faussetez et d'artifices.

Le tumulte arriué à Aix pour vn soufflet donné au laquais d'vn Conseiller a esté aussitost appaisé qu'esmeu [1] et semble mesme n'estre arriué que pour vn plus prompt accommodement de l'affaire des deux Sémestres, afin de faire cesser non-seulement le désordre, mais toute occasion de brouillerie à l'aduenir. Cependant le Parlement a enuoyé vn courrier extraordinaire au Roy pour l'asseurer de son entière obéyssance.

Le Parlement de Thoulouze a fait dire et escrit au Roy qu'il maintiendroit tout le Languedoc dans vn plein calme et qu'il donneroit en cette occurrence des preuues d'vne fidélité inuiolable.

Il n'y a eu que Rouen seul que les cabales du Duc de Longueuille ont porté à nous imiter; mais quel secours pouuons-nous en attendre? Croirons-nous que Rouen seul puisse plus à trente lieues, pour forcer les quartiers du Roy, que Paris qui n'en est qu'à vne heure de che-

---

[1] *Lettre d'vn conseiller au parlement de Prouence*, etc. [1859]; *Relation véritable de ce qui s'est fait et passé dans la ville d'Aix en Prouence*, etc. [3202].

min et qui a dix fois autant d'habitans et de richesses? I'ay apris mesme que le Comte d'Harcourt est en cette Prouince là auec vn corps de caualerie capable de dissiper ou de battre tout ce qui voudroit s'assembler; et d'ailleurs on m'a assuré qu'il arriuoit de tous costez tant de troupes pour l'armée du Roy qu'on auoit dépesché sur leur marche pour les enuoyer autre part, comme y estant inutiles. Quel effort peut faire après cela le Duc de Longueuille? Cependant nous fondons toute nostre ressource sur cette chimère.

Le Duc de Bouillon nous promet aussi qu'il disposera de son frère et de son armée; mais on ne dit pas icy ce que i'ay trouué à Saint-Germain, que le Mareschal de Turenne a escrit au Roy et à la Reyne pour les assurer de sa fidélité, y adioustant mesme qu'il seroit inconsolable si on l'auoit creu capable d'adhérer au crime du Duc.

Pour conclusion, on ne nous amuse que de chimères et d'illusions; et nous sommes si peu aduisez que nous nous payons de cette monnoye et nous disposons mesme à souffrir les dernières extrémitez pour des gens qui, après auoir bien exténué nos corps et nos bourses, nous sacrifieront à la fin pour se sauuer, si nous n'auons la prudence de les préuenir. Tirons-nous de tant de misères par vne généreuse résolution : nostre Roy nous tend les bras et ne veut qu'vne bien petite marque de nostre amour pour donner des preuues solides du sien et venir rendre Paris heureux par ses bienfaits et par sa présence. Nous voyons qu'il prend plus de soin de nous tesmoigner sa tendresse à mesure que nos affaires prennent vn plus mauuais train. Il a eu mesme la bonté pour nous sauuer, de relascher beaucoup enuers ceux du Parlement, taschant encore vne fois de les réduire à leur deuoir par la douceur et applanissant les chemins pour les y porter; tesmoin les Déclarations qu'il a enuoyées à eux et à nous¹. Serons-nous si aueuglez que de résister encore à tant de grâces? et ne faut-il pas croire que nostre ruine est résolue dans le Ciel si nous résistons plus longtemps à la voix qui nous appelle?

Ie m'assure que plus des deux tiers d'entre vous ont horreur de nostre rebellion et des cruautez qu'on nous contraint d'exercer contre nous-mesmes. Qui est celuy qui se peut vanter d'auoir quelque chose de propre? Tout est à vous, Messieurs, qui nous tenez le pied sur la gorge et prenez nostre bien. Nous voilà enfin dans vos fers. Nous n'auons pu supporter des charges ordinaires establies depuis quinze ou vingt années; et nous souffrons auiourd'hy qu'on nous mette tous à la faim, que nos petits enfants courent le risque de mourir à la mammelle de leurs mères, ne trouuant plus que succer; et nous ne l'endurons pas seulement; nous l'approuuons; nous le louons, et croyons faire des merueilles. Prenons courage (mes chers compatriotes); obligeons le Parlement à obéyr au Roy et à sortir de Paris. Les gens de bien de la Compagnie béniront vne si douce violence qui les affranchira de la tyrannie des factieux qui les entraisnent dans leurs détestables résolutions.

Ie voy bien que vous estes de mon aduis, mais que personne n'ose encore s'en expliquer à son compagnon. Il y a quatre cens mil hommes dans cette pauure ville qui n'attendent que l'heure de voir quelque bon François qui ait la générosité de se déclarer le premier pour se ioindre aussitost à lui.

¹ *Déclaration du roi, du 3 février* 1649, *par laquelle sont donnés six iours aux habitans de Paris pour rentrer dans leur deuoir* [912].

Si vous ne iugez pas qu'il soit encore seur de s'assembler en public, pour concerter la chose, que chacun en confère auec ses amis en secret. Qui nous empesche après, allant à la garde ou dans l'occasion de quelque sortie, de prendre le chemin du Palais et de déclarer à nos nouueaux Maistres qu'il faut qu'eux et nous reconnoissions l'ancien et le légitime et qu'ils sortent de Paris.

Le Roy a eu la bonté de leur enuoyer donner pleine seureté, qu'il ne sera point touché à leurs personnes ny à leurs biens, sans excepter mesme d'vne si grande grâce les plus factieux et les plus criminels d'entr'eux. Persisteront-ils après cela à nous vouloir encore enseuelir dans leurs ruines? et s'ils le font, le souffrirons-nous? Courage donc (mes braues Concitoyens); et n'attendons pas les dernières extrémitez à prendre vne résolution qui sera alors nécessaire, mais sans mérite auprès du Roy parce qu'elle ne dépendra plus de nostre volonté et que nous y serons absolument contraints.

Taxes faites des maisons sises aux enuirons de Paris et ailleurs, en exécution de l'Arrest suiuant du Conseil [3753][1].

(11 février 1649.)

Le Roy voulant pouruoir à la subsistance et entretenement des troupes que sa Maiesté est obligée d'entre-

[1] « L'esprit du Cardinal Mazarin, tousiours porté au mal et à la hayne particulière qu'il a conceue iniustement contre le Parlement et la ville Capitale du Royaume, ne se contentant pas de l'oppression qu'il s'est efforcé de leur faire par la voye ouuerte des armes, a encore voulu se

tenir et de faire séiourner aux enuirons de Paris pour réprimer la rébellion et le réduire à son obéyssance, et pour cet effet assurer vn fonds certain à prendre sur les terres, maisons et héritages appartenant aux bourgeois, habitans et officiers de ladite ville : sa Maiesté estant en son conseil, la Reyne Régente sa mère présente, a ordonné et ordonne que lesdites terres, maisons et héritages, appartenant aux dits bourgeois, habitans et officiers de ladite ville de Paris, seront taxés par vn rolle qui en sera arresté au conseil de sa Maiesté, pour l'entrétenement et subsistance desdites troupes, et que trois iours après la signification qui sera faite desdites taxes aux receueurs et fermiers desdites terres, maisons et héritages, ils payeront en ce lieu entre les mains du sieur Longuet, trésorier général de l'extraordinaire des guerres, commis par sa Maiesté à la recepte desdits deniers; autrement et à faute de ce faire dans ledit temps, le recouurement desdits deniers sera fait par les

seruir des inuentions de son pays, ayant fabriqué auec ses fauteurs et adhérens vn instrument auquel il a donné pour titre Arrest du Conseil, qui porte vne taxe à prendre sur tous ceux qui sont demeurans dans la Ville de Paris pour sauuer du feu et du pillage de ses Satellites les Chasteaux et autres Maisons champestres qu'ils ont à la campagne et enuirons de ladite Ville. La Cour de Parlement en ayant eu aduis, y a pourueu par sa prudence accoustumée et a, le Lundy 22 dudit mois de Feburier, donné arrest par lequel elle a fait deffense à toutes personnes de payer lesdites prétendues taxes et ordonné que le Sieur Fouquet, Maistre des Requestes, apporteroit au Greffe de la Cour le pouuoir qu'il auoit de faire la leuée d'icelles, et iusques à ce qu'il eust satisfait, qu'il demeureroit interdit de la fonction de son office. »

Le *Courrier françois*, etc. [830], 6ᵉ arrivée.

« Après les princes et quelques partisans, qui possède tout l'argent de France, sinon eux *(les magistrats du parlement)*? A qui appartiennent les plus riches fermes, les plus superbes chasteaux, les plus belles terres et les meilleurs fiefs nobles de la campagne, sinon à eux? »

Réfutation de la réponse sans iugement au bandeau de la Iustice [3068].

troupes d'infanterie et de caualerie de sa Maiesté ; à chacune desquelles sera donné vn rolle particulier desdites taxes par cantons pour leur tenir lieu de monstres, subsistances et recrues, lesquelles ils exécuteront contre les y dénommés par saisie et vente de tous les meubles, bestiaux et matériaux qui se trouueront dans lesdites maisons, mesme par coupe des bois de haute futaye et taillis et autres voyes qui leur seront ordonnées par sa Maiesté comme pour ses propres deniers et affaires. Et sera le présent Arrest exécuté nonobstant opposition ou empeschement quelconque. Fait au Conseil d'Estat du Roy, sa Maiesté y estant, la Reyne Régente sa mère présente, tenu à Saint Germain en Laye, le quinzième iour de feburier 1649. *Signé* DE GUÉNÉGAUD.

Role des taxes.

Les terres de Champlastreux et Le Plessis Vallée, appartenans au sieur Molé, cy deuant premier président de la Cour de Parlement, transférée à Montargis, payeront pour partie de la subsistance et entrètenement des troupes de sa Maiesté, comme il est dit dans l'Arrest, la somme de *huit mil liures;*

La terre de Goussainuille, appartenant au sieur Nicolaï, président en la Chambre des Comptes, *huit mil liures;*

La terre du Mesnil Sainct Denys, appartenant au sieur de Montmaur, *quatre mil liures;*

Les terres de Roissy, Eponé, Bray sur Seine, Balagny, appartenans au sieur de Mesme, cy deuant président en ladite cour, *six mil liures;*

Les terres du Mesnil et Moregard, appartenans au

sieur Amelot, Premier Président à la Cour des Aydes, *six mil liures;*

La terre de   , appartenant au sieur d'Orieux, président en la Cour des Aydes, *trois mil liures;*

La terre de Fontenay sur Marle, appartenant à la veuue du sieur Meliand [1], *deux mil liures;*

Vne maison à Saint Cloud, appartenant au sieur Le Coigneux [2], cy deuant président en ladite cour, *six mil liures;*

Les terres de Vatan et Bréuannes, appartenans au sieur Aubry, président en la Chambre des Comptes, *quatre mil liures;*

La terre de La Ferté en Normandie, appartenant au sieur Marc La Ferté, *quatre mil liures;*

Vne maison sise à Vitry, appartenant au sieur Le Noir, président en la Cour des Aydes, *trois mil liures;*

La terre du Tremblay, appartenant au sieur du Tremblay, *quatre mil liures;*

Le terre d'Hésanuille, appartenant à maistre Prélabé, *deux mil liures;*

Vne maison sise à Saint Aubin, appartenant au sieur de Grieux, président en ladite Cour des Aydes, *trois mil liures;*

La terre du Plessis et vne ferme dans Vilpinte, appartenans au sieur de Flexelle, président en la Chambre des Comptes, *quatre mil liures;*

La terre d'Aury La Chapelle, appartenant au sieur de

---

[1] Procureur général au parlement de Paris.

[2] Il passait pour l'auteur de la *Très humble remontrance du Parlement au Roy et à la Reyne Régente* [3814].

Brion, président en la Cour des Aydes, *trois mil liures;*

La terre de Ville Eurard, appartenant au sieur Dollu, *deux mil liures;*

La terre de Courberon, appartenant au sieur de Nesmon[1], cy deuant président en la Cour de Parlement, *six mil liures;*

La terre de Berny, appartenant au sieur de Bellièure, cy deuant président en ladite cour, *six mil liures;*

La terre de Magnanuille, appartenant au sieur Brissonnet, maistre des requestes, *quatre mil liures;*

La terre de Bauille, appartenant au sieur de Lamoignon, maistre des requestes, *quatre mil liures;*

La terre de Bonnelle, appartenant au sieur de Bonnelle, *trois mille liures;*

Vne maison sise dans le village d'Aty, appartenant au sieur Boucherat, maistre des requestes, *quatre mil liures;*

La terre de Villebon, appartenant au sieur Potier[2], cy deuant président en ladite cour, *six mil liures;*

La terre de Beauregard, appartenant au sieur Ardier, président en la Chambre des Comptes, *quatre mil liures;*

La terre de Morman, appartenant au sieur Lefebure, trésorier de France, *deux mil liures;*

La terre du Viuier, appartenant au sieur Crepin, cy deuant conseiller en ladite cour, *trois mil liures;*

---

[1] Il présida la chambre de la Tournelle pendant le procès de Bernard de Bautru, dont il prit le parti avec une grande passion. *Factum pour M. Bernard de Bautru*, etc. [1366].

[2] De Novion.

La terre de Rézé, appartenant au sieur Besnard [1], *quatre mil liures;*

La terre de Montrenet, appartenant au sieur Garnier, président en la Cour des Aydes, *trois mil liures;*

Vne maison sise à Pontoise, appartenant au sieur de Brousselle, cy deuant conseiller en ladite cour, *trois mil liures;*

La terre de Creuan, appartenant au sieur Le Nain, cy deuant conseiller à ladite cour, *trois mil liures;*

La terre de Gayonnet, appartenant au sieur Vion, *deux mil liures;*

La terre de Lartiges, appartenant au sieur Le Meusnier [2], cy deuant conseiller en ladite cour, *trois mil liures;*

La terre de Romilly, appartenant au sieur Duret de Cheury [3], *quatre mil liures;*

La terre de Nogent les Vierges, appartenant au sieur de Chaillou, maistre des comptes, *trois mil liures;*

La terre de Iaussigny, appartenant au sieur de Bragelonne, conseiller en la Cour des Aydes, *deux mil liures;*

La terre de Roquancourt, appartenant au sieur Sanguin, conseiller en la Cour des Aydes, *deux mil liures;*

Vne maison sise à Sussy, appartenant au sieur Gontier, cy deuant conseiller à la cour, *trois mil liures;*

La terre de Liury, eslection de Melun, et vne maison sise à Cuuilly, eslection de Paris, appartenans au sieur Lionne, grand audiencier, *trois mil liures;*

---

[1] Voyez le *Parlement burlesque de Pontoise*, etc. [2701].

[2] Il fut en 1650 un des commissaires du parlement pour la pacification de Bordeaux. *Procès verbal fait par messieurs Le Musnier et Bitaut*, etc. [2893].

[3] Président au parlement.

La terre de la Brosse, appartenant à maistre Mole, receueur des rentes de la Cour des Comptes, *deux mil liures;*

La terre de Tauerny, appartenant au sieur de Lescalopier, *deux mil liures;*

La terre d'Oalle, appartenant au sieur Champeron, cy deuant conseiller en la cour, *trois mil liures;*

La terre de Nuë, appartenant au sieur Chezelles, *deux mil liures;*

La terre de La Grange, appartenant au sieur Séuin, cy deuant conseiller en la cour, *trois mil liures;*

La terre d'Euesquemont, appartenant au sieur Lesseuille, maistre des comptes, *trois mil liures;*

La terre de Torcy, appartenant au sieur de La Croix, maistre des comptes, *trois mil liures;*

Vne terre au village de Montauban, appartenant au sieur de Villebois, *deux mil liures;*

Les moulins de Gonesse, appartenant au sieur Laisné, cy deuant conseiller en la cour, *trois mil liures;*

La terre d'Oynuille, appartenant au sieur Barthélémy, maistre des comptes, *trois mil liures;*

La terre de Valenton, appartenant au sieur Godefroy, *deux mil liures;*

La terre d'Escharcon, appartenant au sieur Bouguier, cy deuant conseiller en la cour, *trois mil liures;*

La terre de Bagneux, appartenant au sieur Chapelier, auocat général en la Cour des Aydes, *deux mil liures;*

La terre de Vanure, appartenant au sieur Préuost [1], cy deuant conseiller en la cour, *trois mil liures;*

---

[1] Charles Prevost, conseiller clerc. En 1649, il fut payeur de l'armée parlementaire; en 1652, il présida les assemblées royalistes du Palais-Royal. *Arrêt du parlement de Pontoise,* etc. [334].

Vne terre à la Planchette, appartenant à maistre Noire, *mil liures;*

La terre de Chatenay et vne ferme à Saint Denys en France, appartenant au sieur de Longueil [1], cy deuant conseiller à la cour, *trois mil liures;*

La terre de l'Espine, appartenant au sieur de Moussy, maistre des comptes, *trois mil liures;*

La terre de Richebourg près Clermont, en Normandie, appartenant au sieur Jassaut, maistre des requestes, *quatre mil liures;*

La terre de Gilvoisin, appartenant au sieur Gobelin, *deux mil liures;*

La terre de Ludy, près Melun, appartenant au sieur Payen [2], cy deuant conseiller en la cour, *trois mil liures;*

La terre de Bisseuil, appartenant au sieur Amelot, maistre des requestes, *quatre mil liures;*

La terre de Brière le Chastel, appartenant au sieur Merat, maistre des comptes, *trois mil liures;*

La terre de Poully et autres lieux en dépendans, appartenant au sieur Coquelay, cy deuant conseiller en la cour, *trois mil liures;*

La terre d'Auffemont, appartenant au sieur Lieutenant ciuil de Paris [3], *six mil liures;*

La terre de Bernières, appartenant au sieur de Bernières, maistre des requestes, *quatre mil liures;*

La baronnie de Melay, près Chartres, appartenant

---

[1] On lui attribue les *Articles accordés entre messieurs le cardinal Mazarin, le garde des sceaux Chateauneuf,* etc. [402].

[2] Deslandes Payen, On lui a dédié en 1649 le *Discours adressé aux soldats françois,* etc. [1101]. L'*Esprit de guerre des Parisiens,* etc. [1281], le range parmi les parlementaires frondeurs.

[3] Dreux d'Aubray. Voyez le *Silence au bout du doigt* [3674].

au sieur de Thou, cy deuant président aux Enquestes, *quatre mil liures;*

La terre du Tremblay, appartenant au sieur Miron [1], maistre des comptes, *trois mil liures;*

La terre d'Autheuil, appartenant au sieur Viallard, *quatre mil liures;*

La terre de Périgny, appartenant au sieur Le Picard, maistre des requestes, *quatre mil liures;*

Les terres du Blancmesnil et de Groslay, appartenans au sieur Potier, cy deuant président aux Enquestes, *quatre mil liures;*

La terre de Boisgreffier, pays d'Aunis, appartenant au sieur de Cumont, cy deuant conseiller en ladite cour, *trois mil liures;*

La terre de Baillet, en France, appartenant au sieur Dubois, *deux mille liures;*

La terre de Gois, près Prouins, appartenant au sieur du Tillet, cy deuant conseiller en ladite cour, *trois mil liures;*

La terre du Boulay, appartenant au sieur Fauier, maistre des requestes, *quatre mil liures;*

La terre de Chastillon, appartenant au sieur Lieutenant criminel au Châtelet de Paris[2], *quatre mil liures;*

La terre de Neuuille, appartenant au sieur de La Grange, maistre des comptes, *trois mil liures;*

Vne maison sise à Issy, appartenant au sieur de La Nauue, conseiller en ladite cour, *trois mil liures;*

La terre de Villemenen, appartenant au sieur Lieutenant particulier au Châtelet, *deux mil liures;*

---

[1] Il figure sur la *Liste de Messieurs les colonels de la ville de Paris*, etc. [2307].

[2] Tardieu.

Vne maison sise à Putheaux, appartenant au sieur Benoise, cy deuant conseiller, *quatre mil liures;*

La terre des Meures, près Montfort, appartenant au sieur Courtin, maistre des requestes, *quatre mil liures;*

La terre de La Gallissonnière, appartenant au sieur Barrin, maistre des requestes, *quatre mil liures;*

La terre du Tremblay et de Mousset dans ledit Tremblay, appartenans au sieur de Bermond, (cy deuant) conseiller en la cour, *trois mil liures;*

La terre de Bougiual, appartenant au sieur Goret, *trois mil liures;*

La terre de Sainct Germain près Corbeil, appartenant au sieur Le Roy, cy deuant conseiller en ladite cour, *trois mil liures;*

Vn tiers dans la terre de S. Peccais, appartenant au sieur Lottin, cy deuant conseiller en ladite cour, *trois mil liures;*

La maison de Villetou, sise à Noisy, appartenant au sieur de Villefort, *deux mil liures;*

La terre de Brière, appartenant au sieur Maupeou, cy deuant conseiller en ladite cour, *trois mil liures;*

La terre de Marcouuille, près Pontoise, appartenant au sieur de La Grange, cy deuant conseiller en ladite cour, *trois mil liures;*

La terre de Charni, appartenant au sieur Lottin, maistre des requestes, *quatre mil liures;*

La maison de Chauconin, appartenant au sieur Pinon, *deux mil liures;*

La terre de Courtault et autres lieux, appartenans au sieur de Montecot, maistre des requestes, *quatre mil liures;*

La terre de Louure, appartenant au sieur Le Féron, cy deuant président aux Enquestes, *quatre mil liures;*

La terre de La Magdelaine, appartenant au sieur de Bragelonne[1], cy deuant président aux Enquestes, *quatre mil liures;*

La terre de Champigni, appartenant au sieur Bochard, maistre des requestes, *quatre mil liures;*

Les terres de Mesni, Ecouard et Noisi, appartenans au sieur Coulon[2], cy deuant conseiller en ladite cour, *trois mil liures;*

La terre de Fourqueux, appartenant au sieur Bouuard, (cy deuant) conseiller en ladite cour, *trois mil liures;*

Les terres d'Erblay, Gentilli et Etrichi, appartenans au sieur Préuost, maistre des requestes, *trois mil liures;*

La terre de Messy, appartenant au sieur de La Baillie, *deux mil liures;*

La terre du Tillet près Gonesse, appartenant au sieur Girard, cy deuant conseiller en ladite cour, *trois mil liures;*

Vne maison sise à Nogent, appartenant au sieur de Laffemas[3], maistre des requestes, *quatre mil liures;*

La terre de Pontcarré, appartenant au sieur de Pontcarré, cy deuant conseiller en ladite cour, *trois mil liures;*

La terre de La Guette, appartenant au sieur de Broué, maistre des requestes, *quatre mil liures;*

La terre d'Ebli, appartenant au sieur Charlet, *deux mil liures;*

[1] Voyez le *Mercure de la Cour,* etc. [2452], et le *Parlement burlesque de Pontoise,* etc. [2701].

[2] On peut consulter sur Coulon le premier billet du chevalier de La Valette : *Lis et fais.* Voyez plus haut.

[3] Isaac de Laffemas. Il est auteur du *Frondeur désintéressé* [1452].

La terre de Villeregi, appartenent au sieur de Villeregi, cy deuant conseiller en ladite cour, *trois mil liures;*

La terre de Pruneuault, appartenant au sieur Foulé[1], maistre des requestes, *quatre mil liures;*

La terre de Nouan, appartenant au sieur de La Barre, cy deuant président aux Enquestes, *quatre mil liures;*

La terre de Houille, appartenant au sieur Briu, *trois mil liures;*

La terre de Toré en Bourgogne, appartenant au sieur de Toré[2], cy deuant président aux Enquestes, *quatre mil liures;*

Les terres de Tillemon et Beaumont, appartenans au sieur Le Nain, maistre des requestes, *quatre mil liures;*

La terre de Varize, appartenant au sieur Robin, *mil liures;*

La terre du Val Cocatrice, appartenant au sieur Thibeuf[3], cy deuant conseiller en ladite cour, *trois mil liures;*

La maison de Plaisance, appartenant au sieur de Villesauin, *quatre mil liures;*

La terre de Seri et maison de Chatou, appartenans au sieur Portail[4], cy deuant conseiller de la cour, *trois mil liures;*

La terre de Tiersan, appartenant au sieur Ruellan, maistre des requestes, *quatre mil liures;*

Les terres de Chizay et Vualli, appartenans au sieur

---

[1] Voyez l'*Arrêt de la cour de parlement de Bordeaux portant cassation des iugemens.... du sieur Foulé*, etc. [177], et la *Relation de ce qui s'est fait et passé en l'emprisonnement du sieur Foulé*, etc. [3106].

[2] Fils du surintendant d'Émery.

[3] Un des colonels de la ville de Paris. Voyez la *Liste*, etc. [2307].

[4] Il est auteur du *Discours sur la députation du parlement à M. le prince de Condé* [1147], et suivant le cardinal de Retz, le rédacteur de la *Déclaration du roi portant défenses au Cardinal Mazarin.... de rentrer dans le royaume*, etc. [925].

Bitault[1], cy deuant conseiller en ladite cour, *trois mil liures;*

La terre de Montanglos, appartenant au sieur Quatresols, cy deuant conseiller en ladite cour, *trois mil liures;*

La terre de Sercelles, appartenant au sieur de Sercelles, *deux mil liures;*

La terre de S. Dyé près Blois, et la ferme de Cauuegny près Beauuais, appartenans au sieur Perrot, cy deuant président aux Enquestes, *quatre mil liures;*

La terre de Gournay, appartenant au sieur Amelot, maistre des requestes, *quatre mil liures;*

La terre du Chemin près Lagny, appartenant au sieur Violle[2], cy deuant président aux Enquestes, *quatre mil liures;*

La terre des Pippes près Grosbois, appartenant au sieur Godard, *trois mil liures;*

La terre de Martroy, appartenant au sieur Pinon, cy deuant conseiller en ladite cour, *trois mil liures;*

La terre de Noisy près Royaumont, appartenant au sieur de Meaupeou, cy deuant conseiller en ladite cour, *trois mil liures;*

Vne maison sise au village de Clamard, appartenant au sieur Desnoyers et ses héritiers, *mil liures;*

La terre de Malmaison, appartenant au sieur Perrot[3], cy deuant conseiller en ladite cour, *trois mil liures;*

---

[1] Commissaire du parlement, avec Le Musnier, pour la pacification de Bordeaux.

[2] Il était commis à la délivrance des passe-ports pour le parlement. Le cardinal de Retz le nomme un des auteurs de la *Requéte de madame la princesse de Condé* (2 décembre 1650) [3475]. Il y a contre lui un *Arrêt de la cour de parlement*, etc. (1654) [341].

[3] Voyez l'*Esprit de guerre des Parisiens*, etc. [1282] et le *Mercure de la Cour*, etc. [2452].

La terre d'Eaubonne, appartenant au sieur Eaubonne, cy deuant conseiller en ladite cour, *trois mil liures;*

Vne maison sise à Auberuilliers, appartenant au sieur Montelon, auocat, *deux mil liures;*

La terre de L'Essart, appartenant au sieur Besnard, cy deuant conseiller en ladite cour, *trois mil liures;*

La terre de Marly la Ville, appartenant au sieur d'Hodicy (*hodicq*)[1], cy deuant président aux Enquestes, *quatre mil liures;*

La terre de Mortefontaine, appartenant à la veuue du sieur Hautman, *trois mil liures;*

La terre de Jusanuigny, appartenant au sieur Mollé, cy deuant président aux Enquestes, *quatre mil liures;*

La terre de Brou, appartenant au sieur Feydeau[2], cy deuant conseiller en ladite cour, *trois mil liures;*

La terre de Quincy, appartenant à la veuue du sieur de Quincy, *deux mil liures;*

Les terres de Griselles et Chaumoy, appartenantes au sieur de Boulx, cy deuant conseiller en ladite cour, *trois mil liures;*

La terre de Viermes et vne maison sise à Suresne, appartenans à la veuue du sieur Boulanger, cy deuant président aux Enquestes, *quatre mil liures;*

La terre du Fay, appartenant au sieur Palluau, cy deuant conseiller en ladite cour, *trois mil liures;*

La terre de La Douze, appartenant au sieur Charton[3],

---

[1] Voyez l'*Esprit de guerre des Parisiens*, etc. [1282].

[2] Abbé de Bernay. Voyez le *Parlement burlesque de Pontoise*, etc. [2701].

[3] Il fut, en 1650, impliqué dans le procès du duc de Beaufort, de Gondy et de Broussel. Voyez les *Causes de récusation contre monsieur le premier président*, etc. [636], et l'*Arrêt de la cour de parlement*, etc. [278].

cy deuant président aux Requestes du Palais, *quatre mil liures;*

La terre de Margency, appartenant à la veuue du sieur président Fayette, *deux mil liures;*

La terre de Nogent et dépendances, appartenant au sieur du Tillet, cy deuant président aux Requestes du Palais, *quatre mil liures;*

La terre de Fleury, appartenant au sieur de Machault, cy deuant conseiller en ladite cour, *trois mil liures;*

La terre de Chanvry, appartenant au sieur de Cottignon, *trois mil liures;*

Vne maison, sise au village de Villepreux, appartenant au sieur de Gondy, *trois mil liures;*

La terre et seigneurie d'Auron, appartenant au sieur de Bretonuilliers, cy deuant conseiller en ladite cour, *trois mil liures;*

Vne maison sise au village de Fontenay sous Bayeux, appartenant à maistre   Milet, cy deuant procureur en ladite cour, *mil liures;*

La terre de Bourdeux et La Morlay, appartenans au sieur de Bocquemare[1], cy deuant président aux Requestes du Palais, *quatre mil liures;*

Vne maison près S. Cloud, appartenant au sieur de La Gastine, *deux mil liures;*

La terre de Chailly, appartenant au sieur de Grasseteau, cy deuant conseiller en ladite cour, *trois mil liures;*

La terre de Giury, appartenant au sieur Courtin, cy deuant conseiller à ladite cour, *trois mil liures;*

---

[1] Il est qualifié de royaliste dans l'*Esprit de guerre des Parisiens*, etc. [1282]. On peut d'ailleurs consulter ce pamphlet sur les partis que suivaient les divers membres du parlement en 1652.

La terre de Rubelle, appartenant au sieur Bonneau, cy deuant conseiller en ladite cour, *trois mil liures;*

La terre de Gagny, appartenant au sieur Fezzary, *deux mil liures;*

La terre de La Houssaye, appartenant au sieur Pelletier, cy deuant conseiller en ladite cour, *trois mil liures;*

Vne maison appelée Ableiges, appartenant à la veuue du sieur d'Ableiges, *trois mil liures;*

La terre de Caumartim et Lhermitage, appartenans au sieur Le Fèure, cy deuant conseiller en ladite cour, *trois mil liures;*

La maison de Villers sur Marne, appartenant au sieur Gaumont, *trois mil liures;*

La maison d'Esboulets, appartenant au sieur Larcher, *deux mil liures;*

La terre de La Garenne Ahebly, appartenant au sieur Charlet, cy deuant conseiller en ladite cour, *trois mil liures;*

Vne maison sise au village de Montreuil, appartenant à maistre   Drouet, cy deuant greffier en ladite cour, *deux mil liures;*

Vne maison sise au village de S. Maur, appartenant au sieur Formé, *deux mil liures;*

La maison et terre de l'Estang et Garches, appartenant au sieur Talon, cy deuant auocat général au parlement, *trois mil liures;*

La terre de Breuiande, appartenant au sieur Mélian, cy deuant procureur général, *quatre mil liures;*

La terre de   appartenant au sieur de Bignon, cy deuant auocat général en ladite cour, *trois mil liures.*

Somme totale du contenu au présent rolle : cinq cent vingt-trois mil liures.

Fait et arrêté au Conseil d'Estat du Roy, sa Maiesté y estant, la Reyne Régente sa mère présente, suiuant l'Arrest donné en iceluy, ce iourd'huy 15ᵉ iour de Féurier 1649. — Signé : Louis, et plus bas : DE GUÉNÉGAUD.

Ode sur dom Ioseph de Illescas, prétendu enuoyé de l'archiduc Léopold [2582] [1].

(19 février 1649.)

Espagnols, nos bons amis
(Au moins si l'on vous veut croire),
Ce que vous auez promis,
Est-il fable? est-il histoire?
Vous nous aimez, dites-vous.
Donc les brebis et les loups
Sont en Paix dans la campagne;
Et l'on sçait en toutes parts
Que les fiers Lyons d'Espagne
Ne sont plus que des renards!
En vain, pensant nous tromper,

---

[1] «.... l'Agent de l'Archiduc Léopold, Lieutenant général du Roy d'Espagne au Pays bas, qui, le mesme iour dix-neufiesme Feurier, se présenta en l'assemblée du Parlement, auec lettres de créance de son Maistre, dattées à Bruxelles du 10 iour de ce mois, qui fit entendre que le pouuoir qui luy estoit donné, estoit d'offrir, de la part du Roy Catholique et de son Altesse Impériale, la Paix, et dire qu'ils mettoient entre les mains de Messieurs du Parlement leurs intérests et celuy du Duc de Lorraine, qui estoient inséparables.... » *Le Courrier françois* [830], 6ᵉ arriuée.

L'on nous fait ce beau message;
Car pour se laisser dupper,
Toute la France est trop sage.
Vous pouuez en vn moment
Reprendre facilement
Tant de villes occupées;
Cependant vous aymez mieux
Offrir mesmes vos espées
Et vous soumettre en ces lieux!

  O fourbes! l'on voit au iour
Le motif de vos grimaces.
Quoy! les Huissiers de la Cour
Ont-ils les clefs de vos Places?
Rare exemple d'amitié!
Vn Mineur vous fait pitié;
Le peuple oppressé vous touche!
Hypocrites, scélérats,
Dont le cœur dément la bouche,
Paris ne vous croira pas.

  Dom Ioseph (sauf le respect
Que l'on doit à l'ambassade),
Ma foy, vous m'estes suspect
De donner vne cassade.
Vous le diray ie, en vn mot?
L'Espagnol n'est pas si sot
Que de passer la frontière.
Et s'il cherche le cercueil,
La France est vn Cimetière
Bien digne de son orgueil.

  Mais pour vous ouurir mon cœur,
(Sans pourtant qu'il vous desplaise),
Ie vous croys fils d'vn Ligueur
A grand busc et grande fraise.
Vous estes mal desguisé,
François Espagnolisé.

Et malgré vostre impudence,
Cette belle inuention
De la lettre de Crédence
N'a fait nulle impression.
 Or, Espagnol ou François,
Ou tous deux, vaille que vaille,
Vous estes tout d'vne voix
Sifflé iusqu'à la canaille.
L'escharpe d'incarnadin
Ne pare en vous qu'vn badin,
Qu'vn homme à timbre malade;
Et de loing comme de près,
Le peuple fait pettarade
Dès qu'il voit Monsieur l'Exprès.
 En vain Monsieur l'Enuoyé,
Pour éterniser nos noises,
Vous auez tout employé
Les Marguerites Françoises;
En vain peu rusé matois,
En assez mauuais patois,
Vous faites le préambule
Où vous parlez d'vn secours
Aussi foible et ridicule
Que l'est vostre beau discours.
 Vantez moins superbement
La puissance de Castille.
D'Espagne on veut seulement
Des gans et de la pastille.
La France la connoist bien.
L'on sçait qu'elle ne peut rien,
Que sa foiblesse est extresme.
Sans la mort de Richelieu,
Vostre Monarque luy mesme
N'auroit plus ny feu ny lieu.
 Ce généreux inhumain,

Qui défend que le pain n'entre,
De son inuincible main
Vous a frottez dos et ventre.
Quatre fois ce fier héros,
Qui vient si mal à propos
Camper trop près de Gonesse,
A vu fuir deuant luy
Les troupes de cette Altesse
Que l'on nous offre auiourd'huy.

Vous nous porteriez malheur.
A son nom l'Espagne tremble.
Et, malgré nostre valeur,
Nous serions battus ensemble.
Ouy, vous estes des mocqueurs.
Les vaincus et les vainqueurs
Ne vont point sous mesme enseigne.
Et ie vous trouue plaisans
De prétendre que l'on craigne
Ceux qui nous ont craint douze ans.

Vingt mille contre ses coups
Ne feroient pas plus que quatre.
Nous nous battrons bien sans vous,
Si nous auons à nous battre.
Enfin, Seigneur Dom Ioseph,
Pour vous le faire plus bref,
Remontez sur vostre Mule ;
Ou d'vn peuple mutiné,
Pour ce discours ridicule
Illescas sera berné.

Allez manger vos oignons,
Parmy vos plaines stériles ;
Ou les mains sur les roignons,
Vous panader dans vos villes ;
Mais ne parlez plus si haut
Pour amuser le badaut.

Que vostre Archiduc ne bouge ;
Car pour ne desguiser rien,
Vne escharpe blanche et rouge
Fait horreur aux gens de bien.
 Ce dessein est criminel ;
Et les François sont fidelles.
Bruxelles n'est pas Broussel ;
Et Broussel n'est pas Bruxelles.
Lorsque nous faisons les fous,
Cela se passe entre nous.
Ce n'est que vapeur de bile ;
Mais si vous vous faites voir,
Adieu la Guerre Ciuile.
Tout ira vous receuoir.

 Vous verrez confusément
Auancer vers la frontière
Vieux corps, nouucau Régiment,
Caualier, Porte Cochère,
Piquez d'vn iuste courroux.
Tout marchera contre vous,
Messieurs à la mine hâue ;
Et d'vn auertin saisi,
Le courtaut qui fait le braue,
Ira iusqu'à Iuuisi.

 Enfin, Espagnol douteux,
Ne contez plus ces sornettes.
Qui les croit, entre nous deux,
A teste à porter sonnettes.
Ridicules capitans,
Nains qui faites les Titans,
Pleins de foiblesse et d'audace,
Bientost iusques à Madrid
Nous irons vous rendre grâce
Des secours qu'on nous offrit.

Bandeau leué de dessus les yeux des Parisiens pour bien iuger des mouuemens présens et de la partie qu'eux et tous les bons François y doiuent tenir [574][1].

(19 février 1649.)

Les Roys, pour auoir les mains bien longues, ne les ont pas moins fortes; surtout en France où les Suiets n'ont iamais présumé de pouuoir vaincre leur Maistre : ce nom de Roy, imprimant vne telle terreur, mesmes dans les esprits les plus audacieux, qu'il ne s'en est point trouué qui l'ayent osé directement choquer, mais seulement sous le prétexte d'vne réformation le plus souuent imaginaire, décriant d'ordinaire le gouuernement présent et amusant la populace de l'espérance d'vn meilleur et du bien public; Au lieu de quoy ces entreprises contre ceux qui gouuernent, se terminent tousiours à la ruine du peuple qui s'est laissé abuser à cette fausse apparence; bien loin d'apprendre des exemples passez que ces réformateurs n'ont iamais tendu qu'à leurs fins particulières, qu'ils ont en définitive bien sceu distinguer des générales dont ils couurent leurs mécontentemens.

Il faut estre bien ieune, ignorer l'histoire ou auoir oublié ce que nous auons veu et apris de nos pères, pour douter de cette vérité.

Aussi la Maiesté de nos Roys est elle l'image de la Di-

[1] C'est encore une pièce sortie des presses de Saint-Germain.

vine : celuy qui attaque l'vne, se prend à l'autre. Et comme il n'y a point de iuste cause de blasphémer Dieu, il n'y en a point de s'attaquer à la puissance Souueraine par luy ordonnée. Si l'on en permet la moindre ouuerture, la Royauté cesse de l'estre et demeure litigieuse entre ceux qui estoient Suiets et celuy qui estoit Roy, mais ne sont plus ny l'vn ny l'autre, puisque leur position dépend de la décision de ce qu'on veut mettre en question pour sçauoir qui est celui qui en doit estre creu. Il n'y a point de remontrances, quelque humilité qu'elles puissent feindre, qui, lorsqu'on cesse d'obéir, ne soient des rébellions, non guères dissemblables des réuérences que faisoient les Iuifs au Sauueur du monde en le crucifiant. Les prières nous sont bien permises ; mais si elles ne sont pas trouuées iustes, c'est impiété contre le Ciel, c'est attentat contre le Roy de se mutiner à l'encontre, et vouloir, à la mode du géant de la Métamorphose, employer la force pour contraindre à obéir celuy qui doit commander. Iamais, le dit Philippe de Comines, aucun suiet ne s'est bien trouué d'auoir mesmes essayé de faire peur à son Maistre.

Tout ce qui s'écarte tant soit peu de l'entière obéyssance, ouure la porte à la réuolte, dont la témérité fait marcher d'vn pas égal ses raisons auec celles du Souuerain ; voire se donne tousiours l'auantage et fait perdre d'abord aussi aisément la bonne cause que Dauid perdit la sienne deuant son peuple débauché par les caioleries d'Absalon ; n'y ayant rien de plus aisé à suborner que les affections d'vne populace à qui la domination présente est tousiours odieuse. Mais le retour n'est iamais loin, comme il se voit en l'histoire de ce Roy, et entre tant d'autres, en celle de ce Royaume qui, malgré tous ses factieux, se trouue en son premier estat depuis tant de siècles.

Se dispenser icy de cette Loy, c'est rendre la condition d'vn Roy de France, dont les prérogatiues surpassent celles de tous les autres Monarques du monde, inférieure à celle du moindre de ses Généraux d'armée, voire de ses Capitaines, aux ordres desquels vn Soldat n'oseroit résister ny réuoquer en doute sa puissance, et refuser l'obéissance au moindre officier qu'il aura establi sur luy et sur ses compagnons ; sans parler de l'Église, laquelle ouuriroit la porte à toutes sortes d'hérésies, si elle donnoit la licence à chacun de résister à son Chef. Et ceux qui employent auiourd'huy le nom du Parlement pour faire tant de bruit, voudroyent ils qu'il fust permis à d'autres qu'à ceux de leurs Corps de donner des Arrests en la matière qui leur est commise, quelque iustice éuidente qui parust dans les griefs d'vne partie opposante à leur exécution, qui n'est pas mesmes empêchée par les requestes ciuiles qu'on leur présente? D'où vient donc qu'ils ne rendent pas au Roy en leur cause la iustice à laquelle ils veulent que tous les autres se tiennent?

Mais posé que le pouuoir du Roy ne fut plus Souuerain, à quoy ne sçauroit consentir aucune âme, non seulement françoise, mais chrestienne, puisque nostre Seigneur et ses Apostres s'y sont eux mesmes assuiettis et nous ont enioint d'estre *suiets aux puissances Souueraines*, mais raisonnable puisque c'est le droit des gens qui ne se peut violer sans passer pour brutaux, si estce que cette puissance de contrôler les Roys ne doit pas estre au premier occupant. Et ie ne voy pas de raison pour que le Parlement de Paris, qui n'est qu'vn des neuf Parlemens de France, à tous lesquels la seule iustice distributiue de leur ressort, entre leurs iusticiables, a esté confiée par le Roy et ses prédécesseurs, se puisse attribuer le droit de syndiquer les actions du Roy et de la Royne régente, sa mère, plustost que les huit autres Parlemens et vn plus grand nombre d'autres Compagnies aussi Souueraines que la leur, et qui ont à la vérité mesme pouuoir du Roy de iuger les différens entre tous les particuliers, mais seulement *tant qu'il plaira à sa Maiesté*, comme ils verront dans leurs Lettres; plustost encore que le Lieutenant Général du Roy en toutes ses Prouinces et armées, qui est Son Altesse Royale, et que le premier Prince du Sang, qui est le Prince de Condé; lesquels ont tant contribué à la gloire de cette Couronne et qui sont incomparablement plus interessez que tous ces Corps là dans la conduite et conseruation de l'Estat : duquel ces neuf Parlemens, quand ils seroient tous ensemble, comme il n'y en a qu'vn, ne font qu'vne petite portion, assauoir vne partie du tiers Estat; l'Église composant la première, et la Noblesse la seconde : de sorte qu'vn des cadets de Bretagne auroit aussi bonne grâce qu'eux de vouloir faire la loy à ses aisnez.

Mais accordons à ceux du Parlement (car leur authorité a préualu chez eux sur tous les autres cette possession sans titre qu'il n'y a point d'autre Parlement en France que le leur, sauf le droit d'autruy qui ne le leur accorde pas), concédons qu'ils ayent droit de réformer, et quoy? Sera-ce l'Estat? Il n'est pas de leur gibier : ils ne doiuent tenir en cette action que le rang de simples suiets; et quand ils en auroient la commission des Estats généraux, approuuée du Roy qui en est le Chef, ils deuoient au moins commencer par eux mesmes pour empescher qu'on ne leur reprochast ce qu'on disoit à cette Lamie qui voyoit clair partout ailleurs que chez elle.

C'est là où ils eussent fait voir qu'ils estoient véritablement touchez de compassion enuers leurs compatriotes, ostant ou du moins diminuant leurs épices et autres droits, puisqu'ils sont obligez de rendre la iustice gratuitement aux suiets du Roy, abolissant les chicaneries, abrégeant la longueur des procez et iugeant sommairement ceux que l'on peut vuider sur le champ, au lieu de les appointer contre l'Ordonnance et les rendre, comme ils sont, immortels ; qui est le plus grand fléau du Royaume, qui abat le plus les courages des François et les détourne de l'exercice des armes et des autres arts, voire se trouue la plus certaine et plus ordinaire ruine des familles. C'est alors que l'on eust inféré qu'ils auoient de bonnes intentions pour le bien public ; au lieu de quoy, sans donner ordre aux abus, à la réformation desquels ils ne sont pas seulement bien fondez, mais y sont obligez par le deuoir de leurs charges, ils s'ingèrent sans aueu à mettre leur faux en la moisson d'autruy, se monstrant grands zélateurs du bien public, lorsqu'ils ne trouuent point d'autre remède pour se garantir des taxes qu'on leur demande pour iouir de la Paulette, ce qui fait appeler par quelques vns nos désordres la guerre du droit annuel.

Mais posons le cas, Messieurs, que vous ayez commencé à régler les abus que vous laissez chez vous, et dont il vous importe peu que tout le monde se trouue mal puisque vous vous en portez bien ; est-ce à coups d'épée et de canon que la réformation de l'Estat se doit faire, ou bien par vos loix, auxquelles ces violences sont si contraires, que le bruit des vns empesche qu'on ne puisse prester audience aux autres.

Nous auons, ce dites vous, esté obligez à prendre les armes par la nécessité, maîtresse des Loix. Ceux qui traitent les cas de conscience, ne demeureront pas d'accord qu'il y ait aucune iuste cause de leuer les armes contre son Prince, non plus que d'estre parricide. Nul esprit bien sensé ne dira aussi que le Roy ait commandé au Parlement ni aux Habitans de Paris choses impossibles, comme il l'eust fallu pour rendre cette nécessité absolue, la seule condition qui vous pouuoit aucunement excuser deuant les hommes, mais non pas deuant Dieu, qui nous commande, estant persécutez en vne ville, de fuir en l'autre.

Sa Maiesté auoit seulement ordonné aux vns d'aller résider en vne ville de leur ressort[1], qui n'est esloignée que de vingt-quatre lieues de leur demeure, le plus vieux d'entr'eux en faisant souuent plus de cent quand il luy plaist d'y aller en commission ; et aux autres de ne fauoriser point le séiour des premiers en vn lieu qui leur est interdit pour des raisons notoires et que le Souuerain ne seroit pas mesmes tenu de leur rendre, comme il a fait. La crainte que les esprits deffians veulent ioindre du chastiment pour leur tumulte, estoit cessée par le premier retour du Roy à Paris, et se pouuoit plutost accroistre que diminuer par la continuation de leur désobéissance, si la bonté de leurs Maiestez n'estoit en possession, non seulement de pardonner aux Suiets humiliez, mais encore de ne penser qu'à l'extrémité et à regret à dompter les rebelles, estant résolues à ne dénier leurs bonnes grâces

---

[1] *Déclaration du roi par laquelle la séance du parlement de Paris est transférée en la ville de Montargis*, etc. [917].

qu'à ceux qui demeureront opiniâtres à les refuser. C'est recourir à vn eschappatoire trop ridicule pour s'y arrester, de dire que vous n'en voulez pas au Roy. Il faut laisser aux enfans ce discours auec des noix pour les en amuser; et l'on ne doit plus rien trouuer estrange de ceux qui osent appeler le party du Roy celuy que le Roy en personne, la Royne Régente, sa mère, son Altesse Royale, le Prince de Condé et les Officiers de sa Couronne assiégent, et contre lequel sa Maiesté pointe ses canons. Changez auparauant les noms à toutes les autres choses, et ne parlez plus partout ailleurs que par antiphraze, comme icy; et alors nous vous pourrons entendre. Le Roy enuoye-t-il des Héraulds[1] à son parti? Et s'il leur en enuoye, les refusent-ils? Le Roy traite-t-il par députez auec lui mesme? Il n'y eut iamais que le visionnaire Antiphon qui se saluoit, s'interrogeoit et se répondoit, qui en vsoit de la sorte.

Vous auez bien de la peine à couurir vos actions de plus de feuilles qu'il n'en faudroit pour faire vn gros volume; mais si l'on veut donner le tort à l'agresseur, estce le party du Roy qui a donné le premier branle à ces Mouuemens et auquel, par conséquent, on doit imputer la cause de nos troubles, comme c'est celuy lequel remue l'eau, auparauant tranquille, qui la trouble? Ne sont-ce pas vos fréquentes assemblées de Chambres[2] faites contre ses défenses? Est-ce donc luy qui a interrompu le calme où estoit la France, il y a huit mois? Qui vous a empesché de les laisser écouler, et autant encore s'il eust esté besoin pour laisser faire la paix générale, que ces tumultes ont empeschée?

[1] *L'Enuoi à Paris d'vn héraut d'armes de la part du roi*, etc. [1262].
[2] Assemblées de la chambre de Saint-Louis en 1648.

Car puisque le mal dont vous vous plaignez, dure, à vostre dire, il y a quarante ans, et que le Parlement ne s'est souleué que depuis huit mois, la cause de cet armement en doit estre attribuée au Parlement et non pas à ce mal inuétéré, qui n'a pas toutefois empesché pendant ces cinq années dernières que la France ait triomphé de ses ennemis, ce qu'elle n'a cessé de faire que depuis vostre soulèuement, que vous appellerez comme il vous plaira.

Les charges, dites vous, estoient insupportables et les finances mal ménagées; le Cardinal premier Ministre gastoit tout. Ces plaintes sont aussi vieilles que cette Monarchie; les régences particulièrement n'ayant iamais esté exemptes de calomnies. Sans recourir aux exemples éloignez de nostre mémoire et de celle de nos pères, Catherine de Médicis, l'vne des plus sages et vertueuses Princesses de son âge, n'auoit elle pas, au dire des factieux de son temps, fait mourir ses enfans l'vn après l'autre, pour estre tousiours régente? La défunte Reine Mère, aussi grandement vertueuse, n'a-t-elle pas esté si publiquement blasmée de n'auoir pas assez soigneusement recherché les autheurs de la mort de Henri le Grand, son époux, qu'il lui fallut souffrir dans les articles de la Conférence de Loudun que le parti contraire employast qu'on feroit la recherche des autheurs de cet assassinat?

L'Arrest que vous prétendez auoir donné sans exploit ny aucune forme de iustice, depuis vostre interdiction, contre ce Cardinal[1], monstre assez que vostre haine vous rend incapables de connoistre de ce qui le concerne.

---

[1] *Arrêt de la cour de parlement donné.... le huitième iour de ianuier* 1649, *par lequel il est ordonné que le cardinal Mazarin vuidera le royaume*, etc. [217].

C'est pourquoy ceux qui voudroient parler en sa faueur, ce que ie ne prétends pas ici, deuroient choisir des iuges moins passionnez. Mais il y aura bien peu de candeur en ceux qui ne confesseront pas que c'est par sa trop grande douceur qu'il est auiourd'huy persécuté. Aussi ne vous plaignez vous pas moins des autres que de luy; mais la différence est que vous le craignez moins que vous ne faisiez son prédécesseur, qui a bien fait voir par les resnes qu'il vous tenoit hautes, qu'il vous connoissoit mieux que luy qui vous les a tant relaschées.

Il est vray que la charge des imposts a esté grande; mais elle ne pouuoit guères estre moindre en vn Estat qui soustenoit seul la principale dépense que luy et tous ses alliez ont faite en vne guerre de quatorze ans contre l'Empereur, le Roy d'Espagne et tous leurs Confédérez, auec les prodigieux succez que tout le monde admire, qui méritoient d'autres complimens des François qui en ont remporté l'honneur, que des factions qui ont obligé leur Roy victorieux de ses ennemis à sortir de nuit de sa ville capitale pour le iuste soupçon qu'il auoit des siens : ce que la postérité aura de la peine à croire, et rougira pour ceux à qui cette ingratitude ne fera point aujourd'huy de honte.

Et toutefois depuis la Régence, les tailles ont été diminuées de quinze millions, outre les trente-cinq autres millions dont le peuple fut déchargé, l'année passée : ce qui n'a pas empesché qu'on n'ait remué Ciel et terre contre la Reyne pour la rendre par là odieuse. Et quant à ceux qui ont manié ces finances, ie ne prétends pas non plus parler à leur iustification. Il y a trop d'auersion contr'eux par ceux mesmes qui ne les connoissent non plus que le paysan faisoit Aristides qu'il bannissoit. Seulement vous remarqueray ie que ceux qu'on a détesté en vn temps, sont souuent tenus pour des Saints en vn autre. Tant nostre humeur est volage! ce qui n'empesche pas que le pauure peuple ne pâtisse tousiours de ces iugemens téméraires.

Toutes ces raisons cessant, qu'vn esprit non passionné iugera possible dignes de quelque considération, voyons, comme dit Bodin en sa République, parlant des changemens qu'on fait en vn Estat, si le vieil édifice de nostre Monarchie ne receuroit point plus de dommage par l'ébranlement qu'on luy apporteroit en l'application de nouueaux matériaux, que d'affermissement par ce changement là : veu que nous sçauons bien ce que nous voulons quitter, mais non pas ce qui luy succédera. Et si la fin participe de ses moyens, iugeons par la comparaison du gouuernement que le Parlement de Paris impugne, et de celuy qu'il exerce à présent, auquel des deux il vaudroit mieux se ranger.

Il se plaint des grandes charges du peuple et des profusions des sommes qui ont esté employées à la solde de plus de cent mille hommes de guerre, qui ont si glorieusement combattu pour la dignité de cette Couronne; et cependant ils ont pour faire la guerre au Roy, plus despensé d'argent en deux mois que sa Maiesté ne faisoit en six contre les ennemis déclarez de la France.

Ils ont voulu réduire le Roy à ne retenir point, sans l'interroger, plus de vingt-quatre heures vn prisonnier d'Estat[1]; et ils ont en ce temps rempli la seule Bastille de plus d'accusez (dont la pluspart n'en sçauent pas encore le suiet) qu'il n'y en a eu durant les six années qu'a duré la Régence.

[1] Par la déclaration du 22 octobre 1648.

Ils ont blasmé les partisans d'auoir ruiné les affaires du Roy ; et eux ont rafflé toutes ses tailles[1] qui deuoient entrer en son espargne, et tous les autres deniers publics, iusques à auoir vendu le sel des greniers de sa Maiesté à la moitié de son prix, sans auoir oublié l'argent de plusieurs particuliers sur lequel ils ont pu mettre la main, qu'ils ont confisqué sans forme de iustice.

Ils se sont plaints qu'on leur ostoit leur liberté ; et ils ont tenu iusques aux Ambassadeurs et aux Euesques prisonniers dans leur Ville.

Mais possible que leur gouuernement, que Dieu nous réserue après que les troupes de Paris et celles que luy promettent les Princes et les Seigneurs mal-contans, auront dissipé toutes les armées du Roy, sera plus doux lorsqu'ils seront venus à bout de leurs desseins. Pour en iuger, voyons quels ils sont.

Sans s'arrester à ce qu'ils en ont publié dans leurs écrits, notamment dans celui qui est intitulé : *Le Contract de mariage du Parlement auec la Ville de Paris*[2], qui ne se peut lire sans l'indignation de tous les gens de bien, le premier de ces desseins qu'ils ne peuuent désauouer, puisque c'est la principale question qui les arreste auiourd'huy, nous fera connoistre le reste. Ils veulent donner des Ministres au Roy, changeans ceux qui ne sont pas à leur gré; qui seroit proprement estre les maistres et les Directeurs du Conseil du Roy et de la personne du Roy mesme (comme il a paru en ce qu'ils ont osé appeller enlèuement sa sortie de Paris sans leur

---

[1] *Arrêt de la cour de parlement portant que tous les deniers publics...., seront saisis et mis ès coffres de l'hôtel de ville* [227]. On peut voir encore les *Arrêts* concernant les deniers des recettes générales de l'Auvergne et de Rheims [238 et 239].

[2] Voyez page 39.

congé) puis qu'il ne se feroit rien dans la Cour que par leurs ordres et par ceux de leurs créatures. Iugez où les affaires d'Estat en seroyent réduites, comment le secret seroit obserué entre trois cens curateurs du Roy, ausquels vn beaucoup plus grand nombre des autres Parlemens et Cours Souueraines auroit mesme pouuoir qu'eux de s'adioindre.

Qui nous cautionnera que ces Éphores, non au nombre de sept comme à Lacédémone, mais de plus de sept fois septante, pourroyent conuenir entr'eux du choix de ces ministres et demeurer d'accord du reste? A faute de quoy, combien de mouuemens et de guerres ciuiles nous causeroient leurs différens auis et intérêts de tant de diuerses familles? Y auroit-il assez de finance en l'espargne pour contenter leur auidité, assez de charges et d'honneurs pour satisfaire à leur ambition? Car de se feindre vne République où les hommes fussent sans ces passions et sans toutes les autres, elle ne se trouueroit pas mesmes chez Platon.

Et quand ils seroient tombez d'accord de mettre d'autres Ministres et d'autres Officiers de la Couronne à leur déuotion, qui nous asseurera qu'ils feront mieux que les autres? Ne voyez-vous pas que sans parler des guerres perpétuelles auxquelles donneroit lieu le iuste intérêt de nos Princes, tant qu'ils eussent exterminé, comme ils feroient vray semblablement, tous ces Ixions, nous ne serions pas plus auancez que le premier iour? Pourquoy donc trauailler ainsy enuain et pour obtenir vne chose non seulement incertaine, mais qui nous plongeroit en de plus grands maux et moins rémédiables qu'à présent?

Ceux qui recherchent de plus loing les causes de nos

troubles présens, pour y apporter le remède aux Estats généraux que nous touchons[1], les trouuent dans cet abus de la Iustice, lequel l'ayant rendue arbitraire et remis en la liberté des Cours Souueraines de se dispenser de la Loy et de l'Ordonnance, a mis l'honneur, la vie et les biens des hommes en leur puissance ; ce qui les ayant fait craindre et respecter d'vn chacun, les Compagnies dont le ressort s'est trouué grand, comme celuy de Paris, se sont tellement enflez de ce pouuoir excessif que ne se contentant pas de voir les particuliers assuietis à leurs volontez, dont par ce moyen ils dépendent, elles ont voulu étendre leur domination iusques sur Leurs Maiestez et sur leur Conseil.

A ces Mouuemens encore n'a pas peu serui le prix excessif où l'ambition des hommes en cette considération a fait monter leurs Offices, qui n'en vaudroient pas le quart, s'ils les exerçoient selon leur institution et conformément aux Ordonnances. Et comme au payement de ces sommes immenses, plusieurs d'entr'eux se sont obligez au delà de leur bien et de celuy de leurs femmes, le mauuais estat où se trouuent leurs affaires, les rend, comme dit Saluste en la coniuration de Catilina, autant amateurs de changemens dans l'Estat que les autres de la tranquillité publique : qui est aussi l'vne des causes de la dissention qui se trouue dans ce Corps, la plus saine partie estant contrainte de céder à l'autre : qui les a fait assembler plusieurs fois contre les défenses expresses de Leurs Maiestez et prendre des résolutions dans leurs assemblées, lesquelles si elles n'eussent tendu, comme elles deuoient, qu'à supplier le Roy et son Conseil de remé-

---

[1] Les États généraux étaient convoqués pour le 15 mars.

dier aux désordres qu'ils trouuoient en ses Finances, et aux autres abus dont ils se plaignent, ils ne les eussent pas fait imprimer et publier[1], comme ils ont fait, auant que la Déclaration du Roy y fût interuenue ; dérobant par ce péculat à Sa Maiesté l'affection de ses peuples pour se l'appliquer par vn moyen infaillible de se faire agréer de tout le monde, c'est à dire en publiant qu'il ne faloit plus payer.

Moyen d'autant plus lasche que ce Corps l'employa en vn temps où la crise des affaires mettoit l'Estat en péril, et se seruit de l'auantage qu'vn ennemi généreux n'auroit pas voulu prendre sur son ennemi, si occupé et affoibli par vne si longue maladie dans la minorité de son Roy, lorsque l'Espagnol puissamment armé sur la frontière estoit prest d'entrer en France, comme il eust fait si la mémorable victoire de Lens ne luy eust fait obstacle.

Le Conseil du Roy, bien qu'il connust la mauuaise intention des demandes de ce Corps, ainsi faites à contre-temps, n'ayant pas laissé de les luy accorder sur la promesse de cesser ses assemblées, elles n'ont pas laissé de continuer ; et tant s'en faut que le Parlement en ait tesmoigné satisfaction que les Barricades se firent en mesme temps ; et sans en plus parler, puisqu'elles sont condamnées à vn éternel oubli, il n'a pas depuis voulu permettre que le Roy tirast du secours présent de ce qu'on luy auoit laissé de son reuenu après vne si grande largesse.

Car les grandes despenses de la guerre ayant consumé, dès le viuant du feu Roy, deux années de son

[1] *Récit de ce qui s'est passé en l'assemblée des cours souueraines, assemblées en la chambre de Saint-Louis* [2989].

reuenu par auance, et la continuation des mesmes frais n'ayant pas permis qu'on les ait remplacez, on auoit tousiours esté contraint de traiter pour l'auance qu'il faloit fournir pour l'année courante et la suiuante. Que font ces Messieurs? ils l'empeschent et le font empescher.

Voilà où se trouuoient réduites les affaires du Roy lors de sa sortie de Paris, sans vous parler des médisances publiques, iniures atroces et libelles diffamatoires, précurseurs et compagnons inséparables de la réuolte, beaucoup moins excusable à la Ville de Paris qui ne s'est énorgueillie au point de reiimber contre son Maistre que par l'abondance que sa présence luy auoit acquise après l'auoir enrichie de la dépouille des autres, tous les Seigneurs et gens de condition tant soit peu remarquables y estant iusques alors venus manger les trois quarts du reuenu de leurs villages, au lieu qu'ils l'employent maintenant à leur faire la guerre, comme les Bourgeois, ce qu'ils auoient gagné auec eux.

Despence qui acheuera bientost de les ruiner, si le repentir ne succède promptement à leur faute, de laquelle ils trouuent autant de marques qu'il y a d'endroits où ils peuuent ietter leur veue.

Regardent-ils le Louure ou le Palais Cardinal, demeures de leurs Maiestez? Ils leur représentent la mesme horreur que fait le corps du Soleil éclipsé, présages des changemens ordinaires qui le suiuent ; auiourd'huy aussi déserte de Noblesse, comme tous leurs quartiers qu'elle peuploit ; ou s'il y en reste, ce sont des gens armez contre le Roy, qui piafent à leurs dépends, en attendant qu'ils soient admis à poursuiure la rémission de leurs crimes, s'ils ne se hastent de l'abolir par l'amnistie que la bonté Royale leur présente.

Iettent-ils les yeux sur le Palais destiné à rendre la Iustice? Il ne sert plus que de cohue aux brigues des factieux ; l'appellant et l'intimé n'y ont plus affaire, les plus iudicieux ne se voulant pas trauailler inutilement à soliciter leurs procez deuant des Iuges qui ont bien d'autres affaires en teste et dont les Arrests aussi bien n'ont plus de force, comme ayant esté interdits et leur pouuoir osté par celuy qui le leur auoit donné[1].

Leurs marchands après auoir débité quelques baudriers à leur nouuelle milice pour des espèces qu'ils peuuent aisément reconnoistre, parce qu'elles sont toutes sorties de leurs bourses, ont loisir d'aller à la garde sans crainte de perdre leurs chalans, ne s'y faisant plus d'emplète, tout le commerce estant interrompu, leurs lettres d'eschange protestées, et en vn mot tout leur crédit perdu.

Portent-ils leur vue dans la campagne de dessus les murailles de leur ville? Tout y fume d'embrâsemens ; tout y est désolé de saccagemens. Ils y ont appellé par leur désobéissance les Alemans, les Polonois et autres nations estrangères, qui leur apprennent la pratique de la guerre, qu'ils n'auoyent auparauant veue que dans les Gazettes ; ce Royaume seul s'estant trouué iusques à présent garanti du logement d'ennemis par la sage conduite et préuoyance de nos généraux et de ce Cardinal qu'ils blasment tant, aussi bien que ses prédécesseurs.

Voilà tous les auantages que la Ville de Paris a iusques à présent receus de la réformation du Parlement. Le temps leur apprendra le reste. Car pour la ruine qu'ils

---

[1] *Déclaration du roi portant suppression de toutes les charges et offices dont sont pouruus les gens cy-deuant tenant la cour de parlement de Paris*, etc. [941].

ont causée à vingt mil familles, ie n'en parle point, puisqu'il suffit à leur dire que c'estoyent des Partizans ou de leurs amis et alliez; de sorte qu'ils ont démenti la maxime de la Physique, qui veut que la génération de l'vn vienne de la corruption de l'autre; et le prouerbe, que l'vn ne perd point que l'autre n'y gagne, ne pouuant montrer qui a gagné à leur réformation qui a causé tant de pertes.

D'où il me semble desià voir que non seulement le simple bourgeois, mais le Parlement a honte de cette équippée; mais comme il est plus malaizé de se retirer d'vn mauuais pas que d'y glisser, ils trouuent de la peine à en sortir.

Courage néantmoins, mes chers compatriotes; perdez cette fausse opinion qu'il y ait du déshonneur à quitter son erreur. Leurs Maiestez font la moitié du chemin. Elles ont plus d'intérest en vostre conseruation qu'en vostre perte. Ne résistez pas plus longtemps à leurs tendresses. Ayez seulement enuie d'estre sauuez; vous le serez. A plus forte raison serez-vous exempts de mal, puisque ceux qui vous l'ont procuré, sont receus en grâce. Ouurez vostre cœur à vostre Roy qui y veut venir loger. Dieu mesme, tout bon qu'il est, ne sçauroit habiter chez nous, si nous ne l'y voulons receuoir; et cette réception ne se fait pas sans vne préparation précédente. Toute celle que leurs Maiestez requièrent de vous, c'est la mesme affection qu'elles vous offrent. Refuserez-vous vn si précieux trésor à si bon marché? Ie ne le puis croire.

Sur tout après la funeste catastrophe qu'a naguères eu le souleuement du Parlement d'Angleterre contre son Roy, pour lequel les Anglois disoyent au commencement auoir pris les armes. Barbarie exécrable et pleine d'horreur, qui doit émouuoir tous les Rois et tous les peuples, et particulièrement porter tous les cœurs véritablement François à se présenter en foule aux pieds de leur Roy et lui parler en ces termes : « Sire, comme l'exemple des entreprises du Parlement d'Angleterre a authorisé les actions du nostre enuers le vulgaire, qui n'a pas sceu distinguer l'équiuoque du nom de Parlement qui signifie en Angleterre les trois Estats généraux, au lieu qu'il ne comprend en France qu'vne partie du troisième, nous auons telle auersion à l'énormité du crime de celuy-là, qui a osé mettre ses mains parricides sur son Roy, que pour la tesmoigner à Vostre Maiesté, nous luy venons protester que si le Parlement de Paris ne change de dessein de s'opposer à vos volontez, nous de qui dépend l'usage des mots, le contraindrons à changer de nom et rendrons celuy de Parlement aussi odieux à la postérité, que l'est auiourd'huy celuy de Tyran, depuis la violence d'aucuns de ceux qui portoyent ce nom, auparauant si réuéré qu'il seruoit de titre aux Souuerains.

« Mais nous espérons que ce Corps si cupide d'honneur et dans lequel il y en a plusieurs qui ne peuuent estre accusez que de foiblesse ou conniuence, ne nous voudra pas laisser tout entier celuy d'auoir sacrifié, comme nous faisons à Vostre Maiesté, nos biens et nos vies, pour aller éprouuer contre les Espagnols qui nous ont voulu séduire, ce que peuuent toutes vos armes iointes ensemble, s'ils ne se veulent à l'instant réduire à la raison par vne paix aussi glorieuse à l'Estat que celle de l'Empire, et qu'ils ont eux mesmes cy deuant consentie; ne pouuant souffrir que nostre procédé puisse en aucune façon préiudicier à la gloire de nostre Prince légitime, ny méliorer la condition des anciens ennemis de sa Couronne. »

Acheué d'imprimer le vingt septiesme féurier 1649.

Décision de la question du temps. — A la Reyne Régente [871][1].

(19 février 1649.)

Au R. P. Confesseur de la Reyne :

Mon Père, dans la difficulté qu'il y a d'aborder la Reyne, ie vous adresse cette Lettre afin de la présenter à sa Maiesté. Vous auez intérest qu'elle luy soit fidèlement rendue et qu'elle la lise auec attention, puisqu'il y va de vostre conscience, aussy bien que de la sienne, dont vous rendrez compte à la Iustice de Dieu.

MADAME, encore que ie sçache bien que depuis quelque temps votre Maiesté se soit rendue inaccessible et inexorable aux remontrances et aux prières, qu'elle ait non seulement fermé les oreilles, mais mesme chassé de sa présence et banni de la Cour tous ceux qui affectionnez au seruice du Roy et au repos de la France, ont par vn zèle de charité Chrestienne et vn cœur véritablement François, essayé de lui représenter l'estat déplorable où se trouuent réduits tous les peuples par la

[1] C'est, au jugement de Naudé et de Guy Patin, un des meilleurs pamphlets.

mauuaise administration de ceux qui régissent soubs son authorité, néantmoins comme la foy m'apprend que les Grands sont en la main de Dieu, qu'il change leur dureté et les amolist par sa miséricorde quand il luy plaist, et que nostre Seigneur nous commande dans l'Éuangile de demander auec instance, ayant luy mesme accordé aux clameurs importunes d'vne femme ce qu'auparauant il auoit refusé à sa prière auec iniure, I'ay creu qu'enfin Dieu toucheroit le cœur de vostre Maiesté, qu'il ne permettroit pas que les larmes de tant d'innocens fûssent inutilement respandues, que les vœux qu'ils font incessamment prosternez à ses pieds deuant l'Autel, seroient exaucez, qu'il romproit les charmes dont ses ennemis et ceux de l'Estat ont enchanté vostre Maiesté, et osteroit ces cataractes funestes de dessus vos yeux, afin de faire voir à vostre Maiesté, auec horreur, la condition malheureuse et pire que celle des chiens, où sont réduits les Suiets du Roy et les siens.

Personne, Madame, n'a iamais douté de la piété de vostre Maiesté. Elle en a donné et donne incessamment des tesmoignages trop sensibles. Nous sçauons qu'elle a la conscience timorée; que la seule ombre du péché véniel luy fait peur; et par ainsi que ces extrêmes malheurs qui commencent auec tant de barbarie et qui ne sont pas prests de prendre fin, si Dieu, par sa miséricorde, n'y met la main, ne sçauroient prendre leur source tant dans le cœur tout déuot de vostre Maiesté, que de la mauuaise impression que luy en peuuent auoir fait des Théologiens Mahumétans, non Éuangéliques.

On le dit, Madame, et nous le tenons comme article de créance, tant nous sommes affermis dans les bons sentimens que nous auons de ceux de vostre Maiesté, qu'il s'est trouué des personnes si esloignées des loix du Christianisme et si peruerties de iugement, qu'elles ont bien osé luy persuader que non seulement elle pouuoit mais qu'elle deuoit traitter Paris, le Parlement et toute la France auec la rigueur sans exemple dont nous voyons les estranges commencemens ; qu'il y alloit de son honneur et de sa conscience, aussy bien que de la grandeur du Roy, dont elle doit maintenir et conseruer l'authorité ; que c'estoit vne rébellion formée qu'il falloit punir, à peine d'en estre responsable deuant Dieu et deuant les hommes; et que dans l'excès et dans la suite de cette vengeance, il n'y auoit pas pour vostre Maiesté matière de péché véniel.

O Dieu ! O Sauueur ! O Sang adorable respandu en la Croix ! O Corps sacré immolé tous les iours sur nos Autels ! Se peut il bien faire que parmy ceux qui sont destinez au ministère d'vn si auguste sacrifice, il s'en trouue dont les pensées soient si sacrilèges, qu'après vous auoir presté leurs mains et leur bouche pour offrir vostre corps en victime agréable à vostre Père, ils les prestent en suitte à Satan pour se faire des victimes sanglantes de vos enfans ? Que la mesme langue qui vous a serui d'instrument pour former vostre corps, serue d'instrument au démon pour inspirer dans l'esprit d'vne si vertueuse Princesse des sentimens si barbares ? Et que vostre chair viuante et vostre sang tout bouillant puissent compatir auec eux dans vn mesme cœur des Maximes si cruelles et si inouyes ?

Que vostre Maiesté, Madame, pardonne ce transport à ma douleur. C'est pour son intérest et non pour le mien que ie me sens animé. L'honneur qu'elle me fait de m'escouter quelquesfois, et de me communiquer auec confiance de ses actions de piété, ne permet pas que ie souffre auec silence l'outrage signalé que l'on fait en ce point, et à sa conscience et à son honneur. Il faut que ie crie et que ie fasse violence, pour la garantir des mains de ces harpies qui s'efforcent, par ces malheureux dogmes, de sacrifier son ame aux enfers et sa réputation à vne infamie éternelle. Ouy, Madame, c'est leur but et non pas le repos de vostre cœur. Ils taschent, comme Satan fit à nostre Seigneur, de séduire vostre créance sous le manteau de la vertu, sçachant bien qu'ils n'en viendroient pas à bout sous celuy du vice ; et après auoir, mais en vain, employé tous leurs efforts pour rendre vos mains sacrilèges en les armant contre le sanctuaire, ils les arment contre le peuple, sans distinction de sexe, d'âge ny de profession, afin qu'ils fassent par cette voye ce qu'ils n'ont pu faire par l'autre, et que le sang des enfans à la mamelle, meslé avec celuy de leurs mères, celuy des Prestres parmi celui des Laïques, et celuy des Vierges consacrées à Dieu avec celuy des autres filles, ils dressent vne hécatombe aux démons du corps, du sang et de la vie des innocens et de l'âme de vostre Maiesté.

Ie ne doute point, Madame, que ces paroles ne vous touchent. Ie sçay que vostre Maiesté ne les pourra lire sans frémir, et qu'elles luy glaceront le cœur ; mais la preuue luy en fera cognoistre la vérité, à la confusion de ces faux Profètes, à la gloire de Dieu, au bien du Roy et de ses Suiets, et à sa propre consolation. Les Parisiens, dit-on, sont rebelles. Il les faut punir et les exterminer. Il n'y a point de péché ; au contraire, il y a obligation, afin de maintenir l'authorité du Roy, à quoy vostre Maiesté s'est engagée par serment lorsqu'elle a accepté la Régence. Ainsi, Madame, s'ils sont rebelles, vous auez raison; mais s'ils ne sont point rebelles, mais au contraire fidèles Suiets et seruiteurs, il faut que vostre Maiesté aduoue qu'elle est homicide de tant d'âmes qui périssent, et responsable à la Iustice de Dieu et à celle du Roy, de toutes les cruautez, les vols, les viols et les sacrilèges qui ont été exercez et qui continuent sous vostre authorité. Ainsi toute la difficulté consiste à sçauoir s'ils sont rebelles ou obéyssans; ce qui ne se peut mieux cognoistre qu'en examinant ce que c'est que Rebellion et quels sont ses effets.

On appelle Rebellion vne désobéyssance des Subiets aux loix et aux ordonnances iustes et légitimes de leur Souuerain; Vn soulèuement des peuples contre leur prince, qui, à main armée, attentent à sa personne sacrée ou troublent le repos de son Estat, qui se cantonnent dans les Prouinces pour y establir vne république, qui appellent l'Estranger à leur secours en se mettant sous sa protection, ou luy liurent entre les mains les Villes et les Prouinces, en le reconnoissant pour leur Roy au préiudice de celuy que Dieu leur a donné, et auquel ils sont tenus d'obéyr. On appelle Rebellion lorsqu'on ferme les portes de la Ville à son Roy, qu'on le chasse de son Palais, qu'on le poursuit à main armée, qu'on se laisse corrompre par l'Estranger, et esleuant ses enseignes au milieu du peuple, on emploie vie et biens pour son seruice.

Voylà, Madame, le Tableau au naturel de la Rebellion; voylà sa naïfue peinture avec ses véritables couleurs. Que vostre Maiesté maintenant les considère l'vne après l'autre, et auec la force de cet esprit dont elle a coustume d'vser au iugement des choses de cette importance, elle voye s'il y en a quelqu'vne dont elle puisse faire reproche au Parlement ny aux Parisiens. Où sont les loix et les ordonnances dont ils se sont rendus réfractaires? Au contraire, on les veut faire criminels de ce qu'ils en demandent l'exécution pour l'honneur et le bien du Roy et celuy de tous ses Suiets.

Quel attentat ont ils commis contre la personne sacrée du Roy? Ont ils de l'auersion pour ce Prince si parfait et de corps et d'esprit? Ils le demandent auec soupirs. L'ont ils chassé de son Palais? Ils se plaignent de son enlèuement. Ont ils refusé de contribuer aux nécessitez de la guerre? Ils se sont espuisez et réduits à la besace pour y subuenir. Ont ils fait des ligues pour perdre l'Estat? Ils ne font que des remontrances pour sa conseruation contre ceux qui le ruinent. Enfin se sont ils armez pour l'Estranger? Luy ont ils fourny à soubs main des hommes, de l'argent ou des viures? L'ont ils appelé à leur secours? Se sont ils donnez à luy? A présent qu'on les poursuit, qu'on les persécute, qu'on les traitte auec plus de cruauté que ne feroit pas le Turc, s'il estoit aux portes de Paris, l'appellent ils? Se donnent ils à luy? Et parmy les Courriers qu'on a arrestez, a-t-on intercepté des lettres que le Parlement ait escrites en Espagne, en Flandres, en Hollande ou en Angleterre, afin d'auoir des forces pour sa protection?

Les Parisiens ont ils faict comme les Catalans? Ont ils renoncé à la domination de France pour se mettre sous celle d'Espagne, et en auoir vn viceroy? A-t-on veu Paris, pour vne imposition de néant, remply de sang et de carnage comme Naples? Et à son imitation tuer, massacrer et chasser tous les fidèles seruiteurs du Roy comme ont fait les Neapolitains? Ie ne parle point de la furie enragée des Anglois qui, par vn exécrable régicide, ont fait vn Original effroyable à la postérité sur lequel les plus détestables rebelles puissent tirer des copies.

Qu'ont ils donc fait qui les fasse rebelles? et qui mérite le sacrifice de toutes les vies iusqu'à celles des enfans? qui oblige vostre Maiesté d'attirer les forces des places frontières et de prouoquer iusques aux enfers, afin de causer le sac de cette Ville incomparable, l'abrégé du monde et les merueilles de l'Vniuers? Depuis vingt-cinq ans, ils sont, auec le reste de l'Estat, chargez et surchargez de toute sorte de subsides. Il n'y a point eu d'années qu'on n'ait fait de nouuelles impositions. On a multiplié les Officiers sans nombre. Il n'a pas esté iusqu'aux boues dont on n'ayt trouué l'inuention de tirer de l'or et de l'argent [1]. Les Noms ont plustost manqué au prétexte des leuées à ceux qui les imposoient, que le payement. Parmy tous les fardeaux insupportables à d'autres espaules qu'à celles des François, on a tousiours patienté auec douceur; on s'est laissé non pas tondre, mais escorcher. L'exemple des Estrangers n'a iamais fait d'impression dans les cœurs contre le deuoir de vrais Chrestiens et de fidèles Suiets. On s'est laissé ouurir les veines et espuiser le sang sans dire mot; et comme on est venu iusqu'à l'extrémité et à la défaillance, qu'a-t-on encore fait? on a pleuré, on a gémy, on a prié, on a supplié, on a eu recours à votre Maiesté auec des humiliations plus profondes que l'on n'en tesmoigne pas à Dieu, et auec des gémissemens de cœur plus amers que

[1] On avait créé une taxe pour l'enlèvement des boues de Paris, et on avait mis cette taxe en parti. Le chancelier Séguier était accusé d'avoir un intérêt dans le parti des boues.

ceux que l'on demande pour le Sacrement de Pénitence. Enfin le cœur de vostre Maiesté, Madame, qui est de ceux que Dieu demande pour soy dans l'Escriture, c'est à dire de chair, non pas de bronze ou de diamant, en a esté touché. Les larmes publiques ont esté accompagnées des vostres. Vos souspirs, par vn Écho sacré, ont respondu à ceux de tout le peuple. Vostre Maiesté a fait tout ce qu'elle pouuoit pour le soulagement des misérables dans la conioncture pressante des affaires ; elle a fait vne Déclaration qui portoit quelque relasche à tant de souffrances[1]. On l'a receue comme venant de la main de Dieu ; on en a fait des feux de ioye et chanté des *Te Deum* d'actions de grâces. Mais en mesme temps, ô malheur ! ceux qui abusent du Nom du Roy et de vostre authorité, ont changé nos ioyes en larmes et nos cantiques en gémissemens. La première Déclaration étoit encore moitte de l'impression qu'on en a vue une seconde qui réduisoit les choses en pire estat qu'elles n'estoient auparauant, qui remettant les Tailles en party, remettoit le peuple sous la barbarie des Partisans, qui renouuellant les prests auec vne nouuelle méthode, establissoit vne nouuelle sorte d'vsure, infâme et tyrannique, innouye iusqu'à présent, contraire à l'Éuangile, à l'vsage de l'Église et à ses Canons, et pour vne saignée du bras que l'on faisoit auparauant au peuple, donnoit la liberté à ces voleurs publics de leur couper auec impunité la veine iugulaire.

Ah ! Madame, ah ! Madame, que ie dirois de grandes choses à vostre Maiesté, si i'osois rappeler le passé sans crainte de luy blesser le cœur ! Qu'il y a longtemps que

---

[1] La déclaration du 22 octobre 1648.

les François auroient eu iuste suiet de se sousleuer et qu'ils l'auroient pu, ne manquant point de cœur ny de forces pour se maintenir, s'ils estoient Machiauélistes, et pour dire tout, s'ils estoient Italiens et non point François. Ie demanderois à vostre Maiesté quels sentimens elle auoit de l'estat des peuples sous la régence du cardinal de Richelieu, du viuant du feu Roy. Ie la supplierois de rappeler sa mémoire pour se souuenir combien de fois elle en a pleuré; et iugeant des misères dont le peuple estoit opprimé, par ce qu'elle soufroit en sa personne propre, n'estimoit elle pas la condition des François plus dure et moins supportable que celle des esclaues? Et néanmoins, Madame, i'ose dire à vostre Maiesté, que ce n'estoit que l'ombre de ce dont la réalité fait en nos iours horreur au Ciel et à la terre; et ce qui est plus estrange, durant la régence d'vne Princesse, de vertu incomparable, comme tout le monde reconnoist et admire vostre Maiesté. On ne voyoit pas pour lors, comme on fait à présent, les gens de guerre, destinez pour la défense de l'Estat contre les ennemis, employez pour estre les Sergens des Partisans, afin de piller et ruiner le peuple. Nous n'auions iamais appris en France qu'il falloit des fuzilliers pour leuer la taille. Cette race maudite est trop exécrable pour auoir son inuention parmy les peuples qui se disent Chrestiens. On les a veus oster le pain aux mères et le laict aux enfans; rauir les brebis et laisser les aigneaux dans la neige; renfermer les troupeaux dans les estables sans souffrir qu'on leur donnast à manger, afin qu'ils y périssent de faim. On les a veus auec blasphesmes prendre les Prestres à la barbe, battre, blesser, tuer, brusler, sans qu'on ait osé se plaindre, à cause de la protection qu'ils auoient auprès des Intendans. On a veu les prisons pleines de misérables pour raison de la taille, où ils ont demeuré les deux et les trois années, cependant que leurs enfans demandant l'aumosne ne trouuoient point de pain pour les nourrir. On a veu des brigands voler et assassiner les Marchands en pleine campagne et au milieu du Royaume, sous prétexte de traitte foraine, sans qu'on en ait peu auoir raison, mesme dans le Conseil Priué du Roy. On a veu, dans la plus grande fertilité des années, les pauures paysans manger l'herbe, et qui eussent creu d'estre à la nopce, ayant du pain que l'on donne aux chiens, parce qu'ils n'auoient pas vn sol pour en acheter. Et pour ne proposer point des exemples esloignez, combien de fois vostre Maiesté, Madame, a elle esté importunée des clameurs et des plaintes de toute sorte de personnes et de toutes conditions, dedans et dehors de Paris, sans qu'elles ayent receu aucun soulagement, parceque vostre Maiesté, obsédée, a tousiours esté diuertie de l'inclination naturelle qu'elle a à la compassion, sous des prétextes impies et cruels que l'on qualifie du nom de Politique.

Parmy tant de si rudes traittemens et durant tant d'années, qu'a on dit? qu'a on fait? L'Eglise et la Noblesse ont esté dans l'oppression comme les autres. Quelle émotion a on fait pour cela? A on fait ligue? s'est on souleué? a on pris les armes, encore qu'il y en eust iuste suiet, contre les sangsues humaines qui, de laquais et banqueroutiers, sont deuenus grands Seigneurs et possèdent des biens immenses qu'ils ont volé auec impunité, et ruiné l'Estat sous le nom du Roy et vostre authorité?

Mais on les a prises? Ouy, mais quand? Lorsqu'on s'est veu assailly par le fer, le feu, le sang et la faim, les plus extraordinaires et cruels ennemis de la vie des hommes; lorsqu'on s'est veu assiégé de tous costez par des démons, non par des hommes; lorsqu'on a veu les Allemans et les Polonois voler, violer et piller plus cruellement qu'en vn païs de conqueste; lorsqu'on a entendu publier les défenses d'apporter à Paris aucuns viures sur peine de la vie; lorsqu'on a veu les villages pillez et désolez pour marque de ce que l'on préparoit aux Parisiens. Mais encore qu'a on fait auec ces armes? On a tasché à se conseruer de la surprise et d'vn pillage général, à se garantir des coureurs qui viennent voler iusques deuant les portes. Et si l'on s'est auancé plus auant, ç'a esté pour aller chercher du pain, afin que les pauures ne mourûssent pas de faim. Encore ne l'a on pu auoir qu'au prix de beaucoup de sang. Et voilà, Madame, ce que ces sçauans en la Théologie de Machiauel veulent faire passer dans l'esprit de vostre Maiesté pour rebellion, dont Dieu qui voit tout et qui pénètre les cœurs, sera enfin le Iuge et prendra le party de la Iustice, comme non seulement Paris, mais toute la France l'en supplie auec des larmes et des gémissemens.

Mais si le Parlement, si Paris est rebelle, qu'est-ce que les habitans de la campagne ont fait à vostre Maiesté? De quoy sont coulpables les pauures villageois que l'on a mis en chemise et à la besace, ne leur laissant pas seulement de la paille pour coucher, ny des portes à leurs maisons pour se défendre de la rigueur de l'Hyuer? Hé, l'oseray-ie dire à vostre Maiesté? et le pourra elle bien entendre sans mourir de chagrin? De quel crime estoient coulpables les femmes et les filles des villages conuoisins que pour l'expier, il ait fallu les exposer à la barbarie des Soldats pour estre violées? qu'on les aye veu rauies d'entre les bras de leur Pasteur où elles s'estoient réfugiées, traisnées dans l'Eglise, et là leur pudeur et leur virginité prostituées en la présence de Iésus Christ au S. Sacrement de l'Autel, afin de ioindre le sacrilége au rauissement, et faire voir qu'on n'est pas moins ennemy de Dieu que des hommes? Oseray ie encore faire vne demande? Quel tort auoit receu vostre Maiesté des Eglises pour en punition estre exposées au pillage, iusqu'aux nappes, aux Croix, aux Calices et au Ciboire où repose le corps de Iésus Christ? Sans parler des autres prophanations insolentes et sacriléges qui y ont esté commises. Et puis l'on dira que cela est iuste! et puis l'on asseurera vostre Maiesté qu'il n'y a point matière de péché véniel! Va, flatteuse mais abominable et sacrilége Théologie! Allez, esprits de ténèbres, instrumens d'Enfer, démons déguisez, Athées exécrables! Si l'on va au ciel par cette voye, quel chemin faut-il tenir pour aller en Enfer? Si l'on opère son salut parmy les vols, les meurtres, les viols, les rauages, les sacriléges, quelles actions faut-il faire pour fabriquer sa torture et trauailler à sa damnation? Si c'est la conduite qu'il faut tenir pour viure auec les Anges et les Bienheureux, enseignez-nous celle qui rend les hommes compagnons des Diables, afin que nous taschions de l'éuiter.

Mais il semble, Madame, que ie voy vostre Maiesté rougir, et d'vn mouuement de colère respondre qu'elle ne participe point à tous les crimes auxquels elle ne voudroit pas mesme penser; qu'elle ne les a point commandez, au contraire, qu'elle les improuue et les déteste. Ie ne doute point qu'il ne soit ainsy; mais mon souhait seroit que cette excuse, quoy que véritable, fust légitime deuant Dieu pour le repos et la descharge de vostre conscience. Ouy, Madame! et plust à Dieu que ce fust assez pour satisfaire à cette supresme Iustice deuant laquelle les Rois ne sont pas plus fauorablement traittez que les autres hommes.

Mais vostre Maiesté est mieux instruite que cela. Elle sçait trop bien, et ses Directeurs ne peuuent pas dire le contraire, que les fautes des seruiteurs sont imputées au Maistre lorsqu'il les peut corriger, qu'il le doit et ne le fait pas; qu'Eli, dans l'Escriture, mourut malheureusement pour auoir toléré les crimes de ses enfans; que les loix Diuines et humaines punissent les Capitaines pour les outrages causez par leurs Soldats, encore qu'ils ne soient pas commis en leur présence, qu'ils les défendent et qu'ils en ayent du déplaisir; que les Princes sont responsables de toutes les fautes de ceux qui agissent sous leur conduite; et encore qu'ils n'ayent point de Supérieur, de la Iustice duquel ils relèuent, et dont ils appréhendent les chastimens, leur condition en cela en est d'autant plus dangereuse, plus à craindre et plus à plaindre qu'ils ont pour Iuge de leurs actions celuy qui en est le témoin; que le mesme Dieu qui voit et lit iusqu'au centre de leur cœur, est le Souuerain incorruptible qui prononcera l'Arrest dont il n'y aura point d'appel. Ainsi, Madame, et suiuant la maxime que nous faisons nous-mesmes ce que nous faisons par les mains d'autruy, ie le diray, mais auec larmes et le respect que ie dois à vostre Maiesté, que c'est elle qui fait tous les outrages et cause tous les maux. C'est elle qui pille, qui tue, qui meurtrit, qui assassine, et par vne inuention du Démon, contre la Nature et la possibilité de son sexe, qui rauit la pudeur aux femmes et aux filles la virginité. Et parmy tous ces désordres incroyables, il ne se trouuera pas vn péché véniel!

Hé quoy! piller les Eglises, prophaner les choses Sainctes, faire de la maison de Dieu non-seulement vne retraite de voleurs, mais vn lieu infâme pour la prostitution et le rauissement de la pudicité des Vierges Françoises par la rage des Polonois et des Allemans, passera pour vne action légitime? Si les vols, les viols, les sacriléges, les cruautez, les barbaries sont permises sous vn prétexte de guerre, pourquoy blasmons-nous les Turcs et les Hérétiques dans les ruines dont nous voyons encore fumer les vestiges? Les Sarrasins et les Barbares qui tiennent les Chrestiens à la chaisne, par l'auersion qu'ils ont à nostre Religion et au Saueur que nous adorons, les traittent-ils auec la séuérité, pour ne dire la cruauté, auec laquelle vostre Maiesté souffre, mais que l'on dit qu'elle fait traitter les Suiets du Roy et les enfans de Iésus Christ, tout nuds, dans les plus aspres rigueurs de l'Hyuer, à Sainct Germain dans vn tripot[1] ou au bois de Vincennes dans vne caue, où trois cens sans paille n'ont autre chaleur que celle de la puanteur des excrémens que la nature les contraint de se faire l'vn sur l'autre? Sont-ce les loix de la guerre, mesme entre les plus Barbares? Et tout cela est Chrestien? et tout cela d'vne Princesse qui entend tous les iours la Messe, qui Communie souuent, qui fréquente le Sacrement de Pénitence, et qui n'en est point touchée et ne s'en confesse point, parcequ'il n'y a pas mesme de péché véniel! Et si l'on

---

[1] « L'on a eu aduis de Sainct Germain en Laye que quelques Habitans des villages et autres particuliers que ceux des Troupes Mazarines auoient prins prisonniers, ont esté si mal traittez d'eux que mesme ils les ont dépouillez tous nuds comme Esclaues, et les ont laissez de la sorte pendant la rigueur du froid de cette saison, enfermez dans le Ieu de Paulme de Sainct Germain en Laye.

Le *Courrier françois*, etc. [830], 3ᵉ arriuée.

rendra compte à Dieu d'une parole oiseuse, et de laquelle personne n'est offensé, sera-on canonizé pour auoir versé le sang des innocens? Iésus Christ récompensera-il de sa gloire au dernier iour ceux qui auront fait périr par le fer, par le feu et par la faim les enfans qu'il a enfantez en la Croix, dans l'effort et l'excez de ses souffrances, luy qui proteste de précipiter en Enfer ceux qui leur auront refusé du pain en leur nécessité?

Ah! Madame, ce ne sont pas les maximes de l'Euangile! Et il est bien estrange qu'au mesme temps que tout Paris est prosterné dans les Eglises, en la présence de Iésus Christ exposé sur les Autels, pour demander à Dieu la conseruation de vostre Maiesté et la prolongation de sa vie, vous défendiez, sous peine de la vie, de leur rien apporter, afin que dans huict iours vous offriez à la mort vne Hostie de quatre cens mille vies! Cependant qu'ils crient à Dieu du plus profond de leur âme qu'il conserue le Roy, vous prononcez l'Arrest pour la leur rauir par le plus cruel Tyran de la vie, qui est la faim! Vous demandez leur mort cependant qu'ils ne souspirent que pour vostre vie! Vous appelez les Estrangers pour les opprimer, sçachant bien que les vrais François n'auroient pas assez de cœur pour se souler du sang de leurs compatriotes auec tant d'inhumanité, cependant qu'ils prouoquent les Anges de vous estre fauorables. Et vous mettez les armes en la main de la colère, du despit, de la perfidie, de l'auarice et de l'intérest pour couper les testes et les mains qui sont esleuées vers le Ciel afin d'implorer son secours pour la santé du Roy, pour la prospérité de ses armes contre ses ennemis, pour le repos et la tranquillité de son Estat et pour l'heureux succez de vostre régence.

Ainsi faisant vn crime de leurs vœux, et vne impiété de leurs prières, vous changez les louanges qu'ils méritent en iniures, les récompenses honorables en supplices; et comme si ce n'estoit pas assez de leur oster la vie, vous voudriez leur rauir l'honneur et la conscience, si vous pouuiez, en les faisant passer pour rebelles et factieux, et tout cela auec Iustice et sans appréhension d'offenser [Dieu] non pas mesme véniellement.

Ie supplierois volontiers vostre Maiesté, Madame, qu'elle demandast à ces Casuistes admirables l'explication et l'intelligence de l'histoire tragique de Naboth; qu'ils luy rapportassent auec fidélité quel en estoit le suiet, quels en furent les acteurs, le commencement, le progrez, la fin et la suitte, ainsi que nous l'apprenons de l'Escriture Saincte. Naboth auoit vne vigne qui luy appartenoit, et non pas au Roy; les François ont des biens qui leur appartiennent, et non pas à leur Prince, quoy que veuillent dire les faux Ministres et les perfides Partisans. Le Roy voulut auoir la vigne de Naboth par le seul motif de ses plaisirs; les Ministres, sous l'autorité du Roy, ayant desià raui plus des trois quarts, veulent auoir le reste des facultez du peuple, pour assouuir leurs passions et leurs auarices. Naboth fit des remonstrances au Roy; le Parlement, au Nom de tous les Suiets du Roy, en a fait et réitéré plusieurs fois de très iustes et très importantes. Pour forcer Naboth à perdre la vie auec sa vigne, on inuente cruellement qu'il a mal parlé du Roy; pour rauir la vie aux François auec leurs biens, on suppose malitieusement qu'ils sont rebelles. Ie ne fais pas l'application du reste de l'histoire. Fasse nostre Seigneur par sa miséricorde qu'elle soit défectueuse pour nostre regard et qu'elle n'arriue iamais!

Ie laisse vostre Maiesté dans ces pensées, mais entre les bras de la Croix et dans les playes du Crucifié, afin de les mieux digérer et d'en tempérer les amertumes par le meslange de celles de cet aymable Sauueur. C'est dans ce cœur sacré, Madame, dans ce cabinet Royal, dans cette fournaise de charité, que ie coniure vostre Maiesté par tous les sentimens d'vne âme Chrestienne et par elle mesme, de considérer auec attention et peser auec le poids du sanctuaire le dessein, l'esprit et la conduite de ce Dieu miséricordieux, de ce Roy clément, de ce Père benin et débonnaire Seigneur, et d'en faire la comparaison auec les vostres. Cependant que prosterné aux pieds de sa Croix, les larmes aux yeux, les sanglots en la bouche, les souspirs dans le cœur, ie ne me contenteray pas de le supplier, mais ie le coniureray auec tous les fidèles François, par la vertu et les mérites de son sang, de conseruer vostre Maiesté dans l'éminence et l'esclat de la piété et de la vertu, nécessaires à vne grande Princesse qui, par l'effet de deux Sacremens, porte les titres glorieux de Très Chrestienne et Très Catholique. Qu'il luy remette par sa miséricorde tous les meurtres, les vols, les viols, les incendies et les sacrilèges qui ont esté commis sous son authorité, et qu'elle a tollérez par vne conscience erronée, formée par des Casuistes ignorans et malitieux. Qu'il luy donne à l'aduenir de meilleurs conseils, plus Chrestiens et moins intéressez. Qu'il couronne sa Régence des bénédictions du Ciel et des acclamations des peuples; et qu'il la rende à iamais triomphante dans son amour et dans l'histoire.

Lettre dv père Michel, religieux hermite de l'ordre des Camaldoli près Grosbois, à monseigneur le duc d'Angoulesme, sur les cruautéz des Mazarinistes en Brie [2128][1].

(19 février 1649.)

. . . .

Nous sommes courus dans nos bois par ces tygres plus cruels que ceux de la Libye, qui n'ont iamais fait de tort aux anciens pères hermites. La couleur innocente de nos habits leur inspire vne rage forcenée contre tout ce qu'il y a de candeur; et nostre pauureté qui nous a tousiours asseurés dans les passages les plus infestés, fait que nostre sang est désiré par ces gouffres insatiables qui ne peuuent souffrir que rien échappe à leur fureur que ce qui peut satisfaire leur auarice. Ils font toutes sortes de prophanations autour des abbayes d'Yerre et de Iarcy; et il faut que ces sainctes Vierges, espouses de Iésus Christ, composent tous les iours pour la seureté de vingt quatre heures de leur honneur. Ces Vestales sacrées qui croyoient pouuoir garder ce feu éternel qu'elles ont préféré à vne flamme légitime qui leur eust donné vn asseuré secours dans les villes, dans les bras de leurs maris et en la iuste valeur de leurs enfans et de leurs proches, sont à tout moment dans la crainte de se voir l'opprobre de cette nation maudite qui a fait des dé-

---

[1] Guy Patin faisait grand cas de ce pamphlet. Naudé en parle avec éloge. Je regrette de n'avoir pu qu'en extraire quelques pages. L'abbaye de Grosbois était une fondation du duc d'Angoulême.

bauches et des ordures qui ne se peuuent descrire, dans les vaisseaux sacrés, et à qui il ne reste plus que de commettre généralement ce sacrilége abominable que l'on nous dit auoir esté perpétré sur quelques religieuses particulières.

. . . .

Il y a peu de François, il est vray, qui soient accusés de ces impiétés. Il est vray que c'est pour vn Italien qu'elles se commettent, et pour vn Cardinal et que la Reyne qui le soustient contre la iuste indignation des peuples, n'est point Françoise non plus; mais ce sont des princes qui les ont introduits dans le centre de l'Estat; et c'est vn Comte françois qui les commande en Brie, qui approuue toutes ces abominations et qui partage tous ces larcins; c'est le comte...[1], Monseigneur; c'est ce Vulcain malheureux et ce misérable boiteux qui a l'ame encore moins droicte que le corps et que Dieu atteindra le premier, aussitost que sa iustice sera satisfaite de nostre persécution. Il a volé Lezigny[2] et Panfou. Il a coupé iusques à des tableaux dans leur enchasseure pour les emporter, et n'a pas emporté les chasteaux et les maisons que parcequ'ils estoient attachés à la terre; mais il les a désolés.

C'est vn homme dont les crimes ont fait cognoistre son nom et qui n'a fait que des ennemis dans son propre pays où la bassesse de son extraction le rend méprisable par les hommes et où le peuple déteste sa violence et son humeur tyrannique. Nous auons vu de nos pères qui cognoist sa race et qui nous a asseuré que le

[1] Le comte, depuis maréchal de Grancey.
[2] Le château de Lezigny était au duc de Luynes, qui commandait un des régiments de la Fronde.

nom qu'il porte luy est commun, comme le sang et le cœur, avec la plus commune populace de.... et qu'il n'a point d'alliance recommandable que par sa mère seulement, fille d'vn Mareschal de France qui estoit vn athée [1] et le principal de ces ministres qui déprauèrent les mœurs du duc d'Alençon et d'Aniou, frère de Henry III, qu'ils portèrent à vouloir régner par force et par citadelles sur les Flamans et Brabançons qui l'auoient appelé, reçu et déclaré leur prince légitime. Il s'est donné à Monsieur le Duc d'Orléans qui l'a fait Mareschal de Camp et gouuerneur de...; et ces bienfaits sont des marques qu'il a fort peu seruy S. A. R. si ce n'est que la iugeant capable de quelque ialousie des exploits de Monsieur le Prince, il trauersa ses desseins au siége de Thionuille en donnant passage à des troupes qui entrèrent dans la ville pour la défendre.

Il est venu à cette guerre contre sa patrie avec l'espérance d'vne proye infaillible. Il a ruiné tous les lieux où il a passé. Il a assiégé Brie-Comte-Robert qui a esté défendue par son gouuerneur [2] avec tous les témoignages d'vne valeur et d'vne générosité singulières; mais comme la place n'estoit pas tenable sans vn puissant et présent secours, il fallut la rendre par composition. Il l'accorda pour esuiter la perte des siens et promit de laisser sortir les soldats assiégés et de conseruer les biens des bourgeois et l'honneur de leurs femmes et de leurs filles; mais il faussa cette fidélité que les Turcs mesmes ne rompent que rarement et iamais sans prétexte. Les soldats parisiens furent fouillés, puis battus, puis despouillés, puis tués pour la pluspart et retenus captifs.

[1] Philippe Strozzi.
[2] Il s'appelait Bourgogne.

Diray ie le reste? et si ie le dis, où pourray ie prendre des couleurs assez noires? Il en fut de mesme, Monseigneur, de tout ce qui fut promis pour les bourgeois; mais il en fut pis que dans vne ville prise de force et emportée d'assaut où le général, pour peu qu'il soit homme, pour peu qu'il soit humain, pour peu qu'il ne soit pas diable, ne donne qu'vne ou deux ou trois heures de temps au plus pour le pillage; mais le pillage dure encore; et i'appréhende de dire le reste; mais il faut que ie dise tout afin que tout le monde sçache la cause du tonnerre qui gronde et qui va tomber sur ce chef criminel et sur celuy de tous ses complices. Comme il est ordinaire quand il arriue quelqu'orage ou quelque lauasse, que ceux qui sont dans la campagne, cherchent l'abri de quelqu'arbre, et que moins il s'en rencontre, plus il s'y trouue de gens, il en a esté de mesme dans la pauure ville de Brie. Les nobles qui n'auoient point de maisons fortes, les laboureurs et enfin tout ce qu'il y auoit de familles éparses dans la campagne, s'y estoit retiré. La ville rendue, les femmes et les filles et parmi elles plusieurs damoiselles ioignirent à la seureté de la Capitulation et la parole d'vn gentilhomme l'azyle des Églises. Cet azyle fut violé, comme si ce n'eust pas esté assez pour ces troupes enragées d'auoir violé l'article des biens qu'ils pillèrent. Ils forcèrent les Pasteurs et les Prestres de leur ouurir la porte de cette sacrée bergerie. Ces pillards et ces paillards partagèrent ces pauures brebis confusément, sans espargner mesme les aigneaux de lait qu'ils ont fait mourir et expirer sous des tourmens que la nature défend aux bestes féroces et qu'elles n'ont iamais practiqués. Des Damoiselles de condition sont escheues par sort aux plus infâmes qui leur ont osté les moyens de se défaire et d'aller porter iusques au ciel dans des mains sanglantes cette saincte virginité que les lois de Dieu et de l'honneur les obligent de garder plus chèrement que leur vie qu'il ne leur est permis de perdre volontairement que pour la conseruation de ce trézor.

. . . .

Il m'est tantôt échappé de dire que ce misérable Cardinal, cet opprobre de l'Église, ce destructeur d'églises, cet ennemy de tous les Chrestiens, tiroit sa naissance des ennemis et des bourreaux de Iésus Christ. Il me sera bien aisé de le prouuer quoique ie ne puisse pas donner tous les dégrés de cette sanguinaire extraction. Ie l'ay appris dans nos maisons religieuses d'Italie où le bruit de sa fortune prodigieuse rappella presqu'aussi soudainement la mémoire de ses ancestres chez ceux qui estoient de son pays, qui m'ont asseuré qu'il estoit né à Palerme de Pierre Mazarin, marchand de chappelets, qui changea de pays par banqueroute et par la force du destin et de la malédiction des Iuifs qui portent la peine de leur péché par toutes les nations de la terre où ils seruent, horsmis en France où les bonnes lois sont renuersées et les meschans esleués en fortune à proportion de leurs crimes et de l'esloignement de leur pays. Les pères de ce Pierre estoient de la ville de Mazarini en Sicile où ils abiurèrent la profession du Iudaïsme; et, se voyant sans surnom dans vne religion nouuelle, ils prirent celui de la ville de leur naissance sous lequel ils furent baptisez. Il y en a encore beaucoup qui portent ce nom en Sicile, qui sont ou Barqueroles ou Tauerniers ou Bandis. Ie n'en cognois point de banqueroutier que le père des deux Éminences auxquelles se doibt estaindre cette branche masculine, seule noble de cette maison.... Il a remarié son père à vne dame de la maison des Vrsins pour tascher à tirer de cette alliance des héritiers qui fussent plus considérables par leurs parens; mais il en est arriué comme de l'accouplement des animaux de diuerses espèces qui n'engendrent point ou qui n'enfantent que des monstres. Toute cette ample succession et cette partie de la couronne du feu roy dont il s'est veu l'vn des principaux héritiers, ces deniers transportés par diuerses flottes en Italie, doiuent passer pour la plus grande partie après lui à Manzini, voyer et l'vn des moindres citadins de Rome, son beau frère duquel il esleuoit le fils à Paris dans vn éclat pareil à celui des enfans de France. Il auoit la chambre de Monsieur le Prince de Conty au collége de Clermont, sa chaire dans les classes ; et rien ne faisoit la différence de ce prince phantastique à cet autre effectif sinon qu'il receuoit plus d'honneurs et qu'il estoit autrement suiuy, seruy et meublé....

Plaintes dv Carnaval et de la foire Saint-Germain, en vers burlesques [2794][1].

(19 février 1649.)

Vien-çà, ma petite belote ;
Approche-toy, muse falote,
Chère Maistresse de Scaron,
Qui n'aimes pas l'air fanfaron
Dont se chantent les funérailles
Des Héros morts dans les batailles ;

[1] Naudé donne à cette pièce le troisième rang parmi celles « dont on peut faire estime. »

Et quoy que nous nous préparions
A donner quelques horions
Sur les oreilles Polonoises,
Alemandes, Basques, Françoises,
Et celles généralement
Que condamne le Parlement,
Ie ne veux maintenant descrire
Que des choses qui feront rire,
Sur la feste du Carnaual
Troublée par vn Cardinal.
 La veille de l'Epiphanie,
Où d'vne plaisante manie
Dont l'vsage a fait vne loy,
Chacun veut crier : le Roy boy!
Lorsque tout le monde en gogaille
Ne songe qu'à faire ripaille,
Lorsqu'vn enfant est ordonné
Pour dire : Fœbe Domine,
Départant à toute la troupe
Du pain qui fait vuider la coupe,
Et qui fait des Roys dans le vin,
Qui sont suiets le lendemain,
Payant auec la bonne chère
Leur monarchie imaginaire,
 Carnaual, le Dieu des Ioueurs,
Amoureux, Gourmands et Beuueurs,
Et des amateurs de la dance,
Qui vient tousiours après la Pance,
Pensoit chommer, comme autresfois,
La gaillarde feste des Roys,
Et que la coustume ancienne
Feroit aussi chommer la sienne,
Iusqu'à celle du Mardy gras,
Où l'on creue de bons repas,
Parmy les ieux des Bacchanales

D'orgies et de Saturnales.
Il sçauoit bien que parmy nous
On y voit tel nombre de fous
De tous sexes et de tous âges,
Qu'on n'y voit presque point de Sages,
Et qu'on ne consentiroit point
Qu'il perdist de son embonpoint;
Mais vn Cardinal, faux Apostre,
Le iour des Roys, fit que le nostre
Deuant le iour prit le chemin
De la Ville de Saint Germain.
 Cette nouuelle inopinée,
Dans vne fameuse iournée,
Surprit le Noble et le Bourgeois
Et mesmes iusqu'au Villageois;
Sur tout le Parlement Auguste
Qui rien ne pense que de iuste,
Dans l'enlèuement de son Roy,
N'estant pas capable d'effroy,
En sentit pourtant quelqu'attainte;
Car la prudence est vne crainte,
Mais qui se tempère aisément
Par les règles du iugement.
Ce corps, tout composé de testes,
Auoit bien préuu les tempestes
Qui se formoient depuis six mois,
Auant cette veille des Roys,
Par les opinions sinistres
De ceux qu'on appelle ministres,
Dont le chef est le Cardinal,
Fort mal voulu du Carnaual.
 Pour reuenir donc à mon conte,
Plein de colère et plein de honte,
Ce grand Dieu des Plats et des Pots
Débuta par ces beaux propos :

« Quoy, dans Paris, la bonne Ville,
Où i'ay compté plus de cent mille
Qui n'aimoient rien que les Festins,
Qui dansoient comme des Lutins,
Qui se piquoient de Sérénades,
De Momons et de Mascarades,
Et qui chantoient tant de chansons
Dans la rue et dans les maisons;
Dans ce Paris où les délices
Se trouuent dans tous exercices,
Où les Drilles et les Filoux,
Le soir après qu'ils étoient soux
De vin, de tabac et de bierre,
L'vn deuant, l'autre derrière,
Surprenoient le Bourgeois craintif
Qui se retiroit tout plaintif,
Que son manteau, l'honneur des Gaules,
Ne fust plus dessus ses épaules;
Dans Paris où les cabarets
Sont partout voisins de si prez;
Paris où l'on voit tant de Garces,
De bouffons, de ioueurs de farces,
Où l'on voyoit l'Oruiétan[1]
Faire si bien le Capitan,
Les deux Triuelins, les machines,
Et mille noūueautez badines;
Dans Paris où les fils gaillards,
En despit des Pères vieillards,
Menoient la vie détestable
Qui fait sauter du lit à table
Couuerte de nape ou tapis,
Pour manger, ou pour faire pis;

[1] Charlatan fameux dont les pamphlétaires ont quelquefois emprunté le nom. Voyez le *Dialogue de Iodelet et de l'Oruiétan*, etc. [1080], et les *Sanglots de l'Oruiétan*, etc. [3584].

Car c'est pis quand les testes foles
Perdent des monceaux de Pistoles,
Quand trois dez sortant du cornet
Mettent tous leurs coffres à net;
Dans ce Paris nul ne s'appreste
A chommer dignement ma feste,
Et personne ne songe à moy
Depuis qu'on enleua le Roy.
Tout le monde est dans l'humeur sombre.
On voit des soudrilles sans nombre,
Qui furent iadis mes supposts;
Eux qui vuidoient si bien les pots,
Ils les remplissent de leurs testes,
De peur de certaines tempestes,
Qui grondent voirement dans l'air,
Mais qui se forment dans le fer,
Dans l'airain et autres matières,
Qui font bossus les cimetières.
Plusieurs voudroient continuer
Le plaisir qu'ils ont à iouer,
Et se chauffant aux corps-de-gardes,
Engageroient plustost leurs hardes;
Mais tousiours quelque Qui va là?
D'où vient cecy? D'où vient cela?
Et quelque nouuelle impréuue
Partout à l'instant répandue
Leur fait perdre tout le plaisir
Qu'en paix ils prenoient à loisir.
L'vn iure que Monsieur le Prince
Mène le Roy dans sa Prouince;
Et l'autre dit qu'en peu de temps
Il entrera dans Orléans.
L'autre, que le Duc de Lorraine
Et le Mareschal de Turenne
Se sont desià mis en chemin

Pour Paris ou pour Sainct-Germain;
Vn autre de meilleure grâce
Vient s'informer en quelle place
Il pourra trouuer à bon prix
Des pains qui ne soient pas petits,
Et dit qu'il a veu de charrettes
Plus de deux mille toutes prestes
Pour vn conuoy de Longiumeau,
D'Estampes ou de Palaiseau;
Vn autre parle des rauages
Que l'Ennemy fait aux passages,
Au Bourg la Reyne, à Meudon[1];
Mais ils plaignent tous Charenton[2],
Protestent qu'en cette occurrence
Paris manqua de diligence
Et qu'il eust bien pu secourir
Tant de gens qu'il laissa mourir,
Puisqu'il fust sorti de la ville
De Bourgeois plus de trente mille;
Mais vn autre qui est plus fin,
Dit qu'on n'a perdu qu'vn moulin,
Et que Chastillon et tant d'autres
Ont bien payé la mort des nostres,
Outre qu'il espère dans peu
Venger mieux le braue Clanleu;
Vn autre qui n'a veu de guerre
Ny iamais ouy de tonnerre
Que celuy de nostre Arsenal,
Croit en sçauoir plus qu'Annibal,
Et raisonnant sur la sortie,
Dit qu'il falloit qu'vne partie

---

[1] *Harangue à la Reine par messieurs les curés des bourgs de Sceaux*, etc. [1539]; le *Départ des Allemands et des Polonois du château de Meudon* [1003].

[2] La prise de Charenton est du 8 février.

S'en allast droit à Saint-Denis,
Où restoit fort peu d'ennemis.
Vn bourgeois tout plein de courage
Dit que s'il sort, il fera rage,
Et qu'il ne craint point le trespas
Plus que le reste des soldats.
On entend iusqu'aux harangères,
De teste et de langue légères,
Qui disent : « Ie sommes perdus ;
Commère, ie sommes vendus. »
Mais laissons là la populace
Qui sans suiet crie et menace,
Et qui iaze indiscrètement
De la Cour et du Parlement,
En faisant tous les politiques
Dans la place et dans les boutiques.
Pestons contre cet Animal
Qu'on appelle le Cardinal.
Est-il possible qu'vn infame
Qui sert d'homme et seruit de femme,
Pratiquant en ses ieunes ans
L'Amour qui ne fait point d'enfans,
Cet homme qui fait des despences
En pommades et en essences
Plus que n'en faisoient autresfois
Pour leur maison force grands Roys,
Que celuy qui monstre à la France
Des ragousts de resiouyssance,
Que le berlandier si fameux,
Qui sans le ieu n'estoit qu'vn gueux,
Cet homme qui tient à grand gloire
Et croit estre bien dans l'histoire
Pour auoir esté le Parrain
Du hoc appelé Mazarin,
Qui laissant périr nos armées,

Par son auarice affamées,
Fit icy venir de si loin,
A force d'argent et de soin,
De ridicules personnages
Auec de lasciues images[1];
Quoy, ce Zany, ce Pantalon,
Ce Phorphante, ce Violon,
Ce Iongleur qu'on déguise en Prestre,
Qui ne veut et qui ne doit l'estre,
Viendra troubler mes passe-temps,
En France receus de tous temps,
Pour faire voir au lieu de Masques
Des Peaux de Renard et des Casques,
Et nous fera deuenir sourds
A force d'ouyr les tambours
Et les fifres et les trompettes
Qui rompent les plus dures testes!
Sera-t-il dit que ce vilain,
Pour estre dans vn Sainct Germain,
De l'autre ait empesché la Foire
Où i'auois mis toute ma gloire,
Où l'on voyoit tous les hyuers
Les raretez que l'vniuers
Produit dedans chaque contrée,
Où l'on rencontroit dès l'entrée
Des sauteurs, des faiseurs de tours,
Des hommes qui monstrent des ours,
Des Singes, des Marionnettes,
Et mille conteurs de sornettes;
Et lorsque l'on estoit dedans,
L'on y voyoit autant de gens
Que de sortes de marchandises,
De meubles et de friandises;

[1] Les acteurs de la comédie italienne.

C'est là qu'on voyoit des tableaux
D'hommes, de bestes et d'oyseaux,
Et que l'on voyoit en nature
Ce que l'on voyoit en peinture,
Et ce qu'ailleurs on ne voit pas.
C'est là qu'on a veu de gros chats,
Enfermez dans de belles cages,
Oublier leurs humeurs sauuages.
C'est là qu'auec certains iettons
Qui valent souuent dix testons,
On iouoit vaisselle et monnoye,
L'vn estant triste, l'autre en ioye.
Ce détestable Cardinal,
Outre le festin et le bal,
Priue Paris de ses délices,
Luy qui n'aime rien que les vices;
Si c'estoit vn graue Caton,
N'eust-il pas de barbe au menton,
Mesmes s'il estoit vn peu sage,
S'il estoit sçauant personnage,
Ie souffrirois sans murmurer
L'affront qu'il me fait endurer.
Mais n'estant qu'vn sot, vn pagnote,
N'ayant dans sa teste à calote
Que de la fumée et du vent,
Ie le trouue trop insolent.
Toutes fois, malgré sa malice,
Qui me rend vn mauvais office,
Dans mon extresme affliction
I'ay cette consolation
Que mon ennemy le Caresme
De luy sera traité de mesme,
Et qu'on ne l'obseruera pas
Non plus que moy dans les repas.
Ainsi se ioignant à la France

Qui le va poursuiure à outrance,
Le Caresme et le Carnaual
Feront la guerre au Cardinal. »

Catéchisme des Partisans, ou Résolutions théologiques touchant l'imposition, leuée et emploi des finances, dressé par demandes et par réponses, pour plus grande facilité, par le R. P. D. P. D. S. J. [652][1].

(19 février 1649.)

Demande : Qv'est-ce que le Roy ?

Responce : Vous m'auriez fait plus de plaisir de me demander qu'est-ce que Dieu, puisqu'à l'imitation d'vn Ancien, après auoir pris du temps pour y respondre, ie serois quitte en auouant mon ignorance ; car auiourd'huy la flaterie met la Royauté en vn tel point, l'Intérest, l'Ambition et l'Auarice s'en forment vne idée si estrange que, si Dieu venoit en terre, non plus dans la vie abiecte de Iésus Christ, mais dans l'esclat, la splendeur et la vertu d'vn de ses Séraphins, à peine trouueroit il place, non pas dans la maison du Roy, mais parmy les domestiques d'vn Fauory.

D. Ie ne m'informe point quel peut estre le sentiment de ceux qui n'ont point d'autre Dieu que leur intérest, ny d'autre Religion que la satisfaction de leurs sens. Ie

---

[1] L'auteur est le R. P. dom Pierre de Saint-Joseph, de l'ordre des Feuillants. Après la paix de Saint-Germain, on a donné de ce pamphlet une suite qui n'a ni le même sens, ni le même intérêt.

demande quel est le vostre et quel doit estre celuy d'vn véritable Chrestien.

R. Puisque vous le désirez ainsi et qu'il ne m'est pas permis de vous refuser, et que d'ailleurs dans les Catéchismes que nous dressons pour l'instruction des enfans dans les mystères de nostre créance, nous commençons par l'estre de Dieu, qui est le fondement de tout, en leur apprenant ce qu'il est, encore que nous sçachions par la foy que Dieu est incompréhensible, et que nous n'ayons point de noms ni de termes par lesquels nous le puissions parfaitement exprimer ny définir ; de la mesme manière et par proportion pourtant, car il ne faut iamais faire de parallèle des hommes auec Dieu, ie diray que le Roy est l'image viuante de Dieu, le caractère sacré de sa maiesté, de sa grandeur, de son authorité et de son indépendance ; le premier mobile sous cet Empire immuable qui par ses ordres donne le branle et le mouuement à tous les inférieurs ; c'est le Souuerain visible sous le suprême inuisible pour la direction et l'exercice de sa prouidence et de la iustice temporelle sur les hommes sans autre dépendance que celle de Dieu ; en vn mot c'est le premier rayon émané de ce Soleil Incréé, le premier ruisseau de cet Océan Infini, qui communique les lumières et les eaux pour la direction des corps et des biens de fortune et auquel en cette qualité nous sommes attachez après Dieu par plus de deuoirs qu'à aucune autre puissance temporelle.

D. Le Roy est il le maistre de la vie de ses subiects ?

R. Ouy, mais non pas en la manière que l'entend la Politique de Machiauel, mais en celle que nous apprenons de l'Éuangile, c'est à dire qu'exerçant la iustice de Dieu sur les hommes, il a droit de leur oster la vie ou de la leur conseruer conformément aux lois de Dieu et non autrement, ou à celles qu'il a establies et qui ne dérogent point à celles de Dieu s'il ne veut pécher ; car c'est vne chose qu'il faut bien obseruer, et qui sert comme de fondement aux responses qu'on doit faire à toutes les questions qui se peuuent proposer en ces matières : que les Roys ne sont pas d'eux mesmes absolus et indépendans ; qu'il n'y a que Dieu qui possède cette perfection par soy mesme et de soy mesme ; et qu'ils dépendent absolument de luy et ne peuuent rien au delà de ses lois ni de ses ordonnances, comme les Gouuerneurs des Prouinces sont obligés de suiure les ordres et les commandemens des Roys. Et c'est pour cette raison que, dans l'Ancien Testament, il estoit ordonné au Roy de prendre le liure de la Loy de la main du Prestre ; et dans celuy de la Nouuelle Alliance on luy fait baiser le liure de l'Éuangile lorsqu'il assiste au sacrifice auguste du Corps de Iésus Christ, pour lui monstrer l'obligation qu'il a de suiure les ordres de Dieu et de l'Éuangile, et la protestation continuelle qu'il fait de les obseruer. Ainsi le droict de vie et de mort qu'a le Souuerain sur ses subiects, doit estre réglé par les règles diuines et infaillibles lorsqu'il s'agit ou de tirer vengeance des crimes ou de pardonner aux coupables. Et c'est sur ce fondement que Sainct Paul les propose comme redoutables, n'ayant pas inutilement le glaiue à la main ; et que le Chancelier refuse de sceler les lettres de grâce lorsqu'il voit qu'elles ne sont pas dans l'ordre de la Iustice.

D. S'il y a des limites au pouuoir des Roys touchant la vie des hommes, y en a-t-il aussi en ce qui regarde leurs facultez ? Le Roy n'est il pas le maistre de tous les biens de ses Subiects ? N'a-t-il pas droict d'en disposer selon son plaisir, sans autre motif ny considération que sa seule volonté? En sorte que, quand il prendroit tout, il n'useroit que de son droit; et s'il en laisse quelque chose, c'est vne grâce et vne aumosne qu'il fait, de laquelle on lui a obligation et à laquelle il n'estoit point obligé.

R. Nullement. Ce sont des maximes impies, damnables et abominables qui ne sçauroient estre approuuées ni authorisées parmi les peuples les plus barbares et les plus desnaturez, et qui n'ont esté inuentées que depuis quelques années par des sangsues populaires, par des hommes de gourmandise, de luxure et d'auarice pour seruir de prétexte aux vols et aux violences qu'ils ont faites à l'oppression de tout le monde, qui sont cause des troubles et des mouuemens que nous voyons à nostre grand regret, et dont les sentimens auroient esté tous contraires s'ils auoient esté en estat d'estre pressés, au lieu que, non pas leur mérite, mais la fortune ou le mauuais Génie de la France les auoit mis en celuy de mettre les autres au pressoir afin d'en exprimer le sang, comme ils ont fait presque iusqu'à la dernière goutte. Il faut donc raisonner sur les biens de la mesme sorte et par proportion que sur les vies et mettre en tout et partout les lois de Dieu, de l'Éuangile et de la Charité, comme vn flambeau pour seruir de conduite afin d'esuiter les escueils et les précipices qui se rencontrent dans les fonctions de la puissance Souueraine.

D. Eh quoy? le Roy n'a-t-il pas le pouuoir de mettre des impositions et des leuées sur ses Peuples?

R. Ouy. Aussi ne sçauroit on tirer le contraire de ce que nous venons de dire où nous n'auons respondu qu'à la folie des impies qui, voulant tout mettre en la liberté du Roy, vie et biens, sans autre règle ni raison que sa seule volonté, iustifieroient les cruautez des plus barbares et rendroient les plus cruels tyrans impeccables dans leur conduite. Ils peuuent donc imposer des contributions ; ils peuuent faire des leuées, mais tousiours dans l'ordre de la Iustice Chrestienne et dans les circonstances nécessaires pour faire qu'elles ne soient pas criminelles.

D. Enseignez nous quelles sont ces conditions; car c'est le point le plus important en cette matière et sans lequel, n'y estant pas instruits comme il faut, nous ne sçaurions à quoi nous résoudre dans les occurrences qui se peuuent présenter.

R. I'aduoue que cette question est de grande conséquence et bien nécessaire; mais aussy vous diray ie qu'elle en enueloppe et enferme tant d'autres auec elle que, pour lui donner tout le iour qu'elle demanderoit afin qu'il n'y restât rien à expliquer, il faudroit composer vn volume de plus de trente feuilles. Néanmoins pour vostre satisfaction présente, en attendant peut estre que ie le fasse plus à loisir, ie tascheray de l'esclaircir par quelques vérités que ie proposeray sans autre ordre que celuy auec lequel elles se présenteront à ma mémoire : 1. Que comme diuers royaumes peuuent estre régis par diuerses lois, ie ne traitte ces matières que pour la France et par les règles soubs lesquelles les François doiuent estre régis ; 2. Que le royaume de France n'est pas vn Estat tyrannique où le Souuerain n'ait pour obiect de sa conduite que sa seule passion ; 3. Que c'est vn royaume Chrestien et Catholique et qui depuis Clouis a fait gloire de se tenir ferme aux maximes de l'Éuangile par dessus tous les royaumes de la terre, ce qui a

donné à nos Roys le nom glorieux de Très Chrestiens ;
4. Que nos Roys ont leur domaine séparé d'auec celuy
de leurs subiects ; 5. Que plusieurs prouinces de la France
ne sont pas nées auec l'Estat et n'y ont point esté vnies
par les conquestes de nos Princes, mais se sont volontairement soumises et données auec des conditions et des réserues tant pour leurs personnes que pour leurs biens,
auec les contributions qu'elles deuroient faire, et la manière auec laquelle elles les feroient ; ce que les Roys
ont stipulé, accordé et promis et ont obligé tant eux que
leurs successeurs à les entretenir ; car si les contrats
entre particuliers sont réciproquement obligatoires, il ne
faut point douter qu'ils ne le soient dauantage lorsqu'ils
regardent le public ou des communautez et qu'i n'y ait
obligation en conscience de les obseruer de part et
d'autre auec sincérité et bonne foy. De ces vérités qui
sont notoires d'elles mesmes, il s'ensuit que le droict que
le Roy a de faire des impositions et des leuées sur ses
subiects, doit estre réduit dans les limites de la nécessité
lorsque son domaine n'est pas suffisant pour y subuenir,
et selon les concordats pour les Prouinces qui se sont
données.

D. Mais sans faire distinction de Prouinces, dites nous
quelles sont ces nécessités.

R. Ces nécessités sont la conseruation de la personne
du Roy ; son rachapt s'il estoit en captiuité ; la deffense
de l'Estat contre les ennemis estrangers et domestiques ;
le repos et la tranquillité des peuples contre les factions,
les rébellions, les vols, les iniustices, les violences des
particuliers et toutes choses généralement quelconques
qui causent la ruine ou dommage notable au bien public ;
car comme le Roy n'est pas moins obligé de protéger

son peuple et le deffendre de l'oppression qui lui est faite par les puissans dans son Royaume que de l'incursion et inuasion des ennemis estrangers, le peuple n'a pas moins d'obligation de contribuer pour sa deffense contre ceux là et sa déliurance de ses ennemis domestiques, que contre ceux qui combattent sous la liurée d'vn prince estranger. Ainsi il n'y a point de doute que le Roy peut imposer et que le peuple doit contribuer ce qui est nécessaire en telles occurrences....

D. Quelles impositions se peuuent et doiuent faire?

R. On ne sçauroit bien constamment ny auec vne détermination arrestée respondre à cette demande. Il y en a de plusieurs sortes. Les vnes se font par imposition pécuniaire sur les fonds ou sur les personnes ou sur tous les deux, qu'on nomme tailles réelles, personnelles et mixtes; les autres sur les denrées nécessaires à la vie et qui croissent dans le Royaume, comme sur le vin et le sel; les autres sur les choses qui entrent des Royaumes estrangers, qu'on appelle douanes ou traittes foraines. Pour celles qui regardent les tailles mixtes, il semble qu'elles soient les plus iustes et les plus équitables; car comme l'Estat contient et le sol et les hommes, il est bien raisonnable que l'vn et l'autre contribuent à sa conseruation dans vn ordre et proportion conuenable. Pour celles qui concernent les choses nécessaires à la vie et qui croissent dans le Royaume, ce sont les plus dures et les moins Chrestiennes; car quelle apparence de mettre de l'enchère sur ce dont les pauures ne se peuuent passer et que la nature nous donne pour notre entretien ou sans trauail ou auec vn peu de trauail? N'est ce pas assez que ie paye ou pour ma terre ou pour ma personne selon ma condition et mon trauail, sans payer pour le vin qui vient sur ma terre, qui n'est que le fruict de mon fonds et de mon labeur? Il n'en est pas de mesme des douanes et traittes foraines, lesquelles estant des marques de l'authorité du Prince, tiennent en quelque sorte de la nature de son domaine; d'autant que le Roy estant le maistre de son Estat, il a droit par cette seule considération, sans autre nécessité, d'empescher ou de permettre le commerce auec les estrangers, principallement pour les choses dont on peut se passer facilement et qui pour l'ordinaire ne seruent qu'au luxe et à la vanité; de façon qu'il peut tirer recognoissance de la permission qu'il donne du transport réciproque de ces marchandises dedans ou dehors son Royaume. Mais aussi cette taxe doit estre modérée, ne doit estre que dans les villes frontières pour les entrées ou sorties du Royaume, et non pas dans le Royaume pour ce qui passe d'vne prouince à l'autre; ce qui seroit rendre l'Estat estranger à soy mesme; ny pour toutes les entrées de villes lesquelles, quelque titre spécieux qu'on leur donne, sont tousiours des marques de diuision entre les frères dans vne mesme maison et sous vn mesme père.

. . . .

D. Vous venez d'auancer vne parole qui m'estonne et qui en fera bien estonner d'autres : eh quoi! le Roy est il de moindre condition qu'vn particulier? Ne peut il pas disposer de son bien comme il lui plaist? Ne peut il pas le mettre en parti? Et ceux qui en traitent de cette sorte, sont ils pires que ceux qui font vn autre trafic pour l'auancement de leurs familles et l'éléuation de leurs enfans? Y a-t-il rien en cela qui ne soit licite?

R. Vous n'estes pas le premier qui auez proposé cette difficulté. C'est le manteau dont se couurent tous les hommes qu'on nomme d'affaires, pour voler auec impunité et en bonne conscience si leur semble, et le Roy et ses subiects. C'est sous ce beau prétexte que leurs maisons sont cimentées du sang des peuples, que leurs ameublemens sont composés des larmes des veufues et qu'ils portent sans rougir iusqu'au pied de l'autel et à la Table de Iésus Christ la pourpre et le luxe tirés de la substance des orphelins et des misérables. Or pour vous releuer de cet estonnement et les désabuser, il faut obseruer que dans le fait ce n'est pas le nom qui fait le crime, mais la chose qui est exprimée par ce nom; ie veux dire que ce n'est pas le terme de Parti ou de Partisan qui est odieux et à détester; c'est ce qui nous est signifié par iceux.

D. C'est ce qu'il y a longtemps que ie désire de sçauoir et que ie vous prie de m'enseigner.

R. Les noms, comme vous sçauez, n'ont point de signification que celle que les hommes leur donnent ou qui prend cours dans la suite des temps. Ainsi ces mots de PARTI et de PARTISAN, comme ces autres de TRAITÉ et de TRAITANT, qui disent la mesme chose, ne disent rien de soy de mauuais, et sont indifférens pour estre appliqués en bien ou en mal; de manière que tous les Marchands qui viuent de leur trafic et en gens de bien, peuuent estre appelés traitans, et toutes leurs ventes et achapts des traitez; mais ie prends ces mots selon le cours commun qu'ils ont en France depuis quelques années où l'on appelle TRAITANS ou PARTISANS vne secte de personnes qui composent auec le Roy de certaines sommes liquides que la nécessité des temps l'oblige de leuer sur ses peuples, à beaucoup moins qu'elles ne se montent comme au quint ou au quart près; et les contrats et actes par lesquels ils stipulent, c'est ce qu'on nomme TRAITEZ OU PARTIS.

D. Et qu'y a-t-il en tout cela qui ne soit iuste et honorable?

R. Vous le conceurez plus facilement si nous en exposons le fait, suiuant la méthode des Iurisconsultes quand il s'agit de quelque résolution. Supposons donc par exemple que pour les nécessitez de la guerre et l'entretien des armées il aye fallu imposer et leuer sur le peuple douze millions de liures que l'on a distribuées partie en augmentation de tailles, partie en taxes sur les officiers, et partie en création de nouueaux offices. Pour leuer cette somme, on traitte auec des personnes qui s'en chargent moyennant neuf millions qu'ils fournissent au Roy, ou peut estre moins, le reste leur reuenant bon pour leurs peines. Ie dis en ce cas que ces personnes offensent Dieu mortellement, qu'elles volent ce quart au Roy et à l'Estat, qu'elles sont obligées de le restituer; et il n'y a personne qui les en puisse dispenser.

D. Mais ils font des auances et rendent l'argent plus promptement et plus prest au besoin.

R. Il n'importe, parceque, si tout chrestien est obligé d'assister son prochain gratuitement, lorsqu'il est nécessité, principalement s'il le peut faire sans aucune perte, il y a bien plus d'obligation d'assister le Roy qui est le père et le protecteur du peuple, et pour les nécessitez de l'Estat; et si l'on ne peut pas auancer quelque chose laquelle reuient tousiours, comment est ce qu'on contribueroit de sa bourse aux despenses nécessaires pour le bien du public? Ioinct que, comme tous les intérests des particuliers sont essentiellement engagés dans ceux du général, tous ces traitans ou partisans qui font partie du corps de l'Estat, sont obligez d'y contribuer ; ce qu'ils ne peuuent moins faire que par l'auance des sommes qui leur reuiennent auec le temps.

D. Si cela est ainsi que vous dites, les trésoriers de l'espargne et autres ne sont pas sans défaut puisque leurs plus grands profits viennent des auances qu'ils font, et des grosses remises qui leur sont faites ; ce qui met le prix de leurs charges à des sommes immenses au delà des gages qui leur sont attribuez.

R. Il n'y a point de difficulté en cela. Leur condition dans ces occasions n'est point différente d'auec celle des partisans dont ils peuuent porter le nom puisqu'ils en font l'office.

D. Mais les vns et les autres ne prennent point ces grosses sommes dans leur bourse. Il les empruntent du tiers et du quart dont ils payent l'intérest ; ce qui n'est pas raisonnable qu'ils fassent à leurs despens.

R. A cela ie responds deux choses : Premièrement que les obligations de ces particuliers qui leur prestent auec intérest, sont usurières et par ainsi suiettes à restitution ; en second lieu qu'il y a bien de la différence de prendre de l'argent d'autruy à cinq ou six pour cent, afin d'auancer au Roy pour après le reprendre sur soy mesme, et cependant en retenir par ses mains et en prendre quinze, dix-huit ou vingt pour cent ; et c'est pour ce suiet que tous ces Partisans ou Trézoriers sont punissables puisque, faisant auance du bien d'autruy, ils en prennent plus du Roy qu'ils n'en donnent pas aux particuliers ; ce qu'on ne sçauroit désauouer estre vn vol public, punissable par toutes les Lois diuines et humaines, si l'on ne veut renoncer non seulement au Christianisme mais au sens commun. . . . .

D. Depuis quelques années, on a inuenté vne nouuelle sorte d'imposition sous le nom d'Aisez et sous Aisez, qui a fait beaucoup de bruit et dont plusieurs se plaignent et à mon iugement auec raison. Ie vous prie de m'en dire le vostre.

R. A cela ie ne sçay que vous respondre. Le cœur me saigne quand i'y pense. Cette inuention n'est pas des hommes. Elle ne peut estre sortie que de l'Enfer pour la ruine vniuerselle de l'Estat en général et de chacun en particulier; qui met les François dans vne condition plus rude qu'ils ne seroient pas sous la domination du Turc et par laquelle il n'y a personne dans le Royaume, de quelque condition qu'il soit, qui puisse s'asseurer d'auoir vn teston en propre et dont il puisse faire estat.

D. Ie vous prie de me l'expliquer plus clairement.

R. C'est que sous la domination du Turc les taxes sont arrestées et publiques, où chacun sçait ce qu'il doit par teste, après quoi il possède son bien en repos et tranquillité. Au lieu que si outre les Tailles et mille impositions qui sont sur les denrées, que l'on rend infinies par des augmentations si estranges que les peuples succombent sous le faix; si, dis ie, outre cela il est permis à vn Ministre ou à vn Fauory qui abusera de l'authorité du Prince, de taxer les particuliers quand bon lui semblera, et à telles sommes qu'il lui plaira, sous prétexte qu'ils sont accommodez dans leur condition, et les contraindre de payer ou de gré ou de force, qui ne voit que c'est mettre tout le bien des particuliers au pillage de ces insatiables et qui ne diront iamais : C'est assez, encore qu'ils ne trouuent plus rien à prendre. Il y a encore vn autre mal dans cette maudite inuention. C'est la méthode que l'on a tenue pour ces leuées; car ie ne diray en ceci que ce dont ie suis témoin : qu'ayant fait signifier des taxes d'Aisez, ceux auxquels la signification estoit faite, ayant recours aux Partisans à Paris ou à leurs sous Traitans ou Commis dans les prouinces, en estoient facilement dispensés, en donnant à sous main le quart ou le tiers de leur taxe; au lieu desquels on en substituoit d'autres. Si bien que c'estoit vne porte ouuerte à vn brigandage public; et pour vn million, par exemple, de traité qui en venoit au Roy ou, pour mieux dire, à ses Fauoris, il s'en leuoit quatre ou cinq sur le pauure peuple. Iugez si en ce cas la condition des François qui se disent libres pardessus toutes les nations du monde, n'est pas plus malheureuse que celle de ceux que nous appelons esclaues sous l'Empire du Turc!

. . . .

Remerciment des Imprimeurs à Monseigneur le Cardinal Mazarin [3280] [1].

(4 mars 1649.)

Monseigneur, nous ne serions pas dignes de nostre bonne fortune, si nous tardions dauantage à vous en remercier, auec tous les témoignages d'vne très-sensible obligation. Nous ne pouuons souffrir que tout le monde se plaigne de vostre Éminence, et que personne ne s'en louë. Vos bien-faits sont trop visibles pour les dissimuler; et nous les receuons dans vn temps qui les rend encor plus considérables, et qui confond la calomnie de tous

---

[1] Ce pamphlet n'est cité qu'en passant par Naudé. Il méritait mieux.

vos ennemis. L'on vous accuse de vouloir faire périr de faim la ville de Paris ; mais est-il rien de plus ridicule ? puisque c'estoit nostre corps qui s'en deuoit le premier sentir, et qui deuoit plutost tout seul satisfaire à vostre fureur, comme celuy qui a tousiours vescu dans le glorieux mépris des richesses, qu'il professe auec tous les Maistres des autres arts nobles et libéraux, qui ne gardent rien d'vn iour à l'autre. Tous les bourgeois estoient munis de tout ce qui leur pouuoit estre nécessaire pendant vn blocus de plus d'vn an. Nous n'auions ny argent ny viures ; toutes fois graces à Dieu, et à vostre Éminence, Monsieur saint Iules nostre second patron, nous sommes auiourd'huy les mieux accommodez ; et nous craignons plus de manquer d'ancre et de papier, que de pain et de vin, ny de viande.

C'est vne chose admirable aussi de quelle façon nous trauaillons. Vostre vie est vn suiet inépuisable pour les autheurs et infatigable pour les Imprimeurs. C'est le plus heureux métier de Paris ; et le gain est auiourd'huy comparable à sa dignité. Il ne se passe point de iour que nos presses ne roulent sur plus d'vn volume de toutes sortes d'ouurages, tant de vers que de prose, de Latin que de François, tant en charactères Romains qu'en Italiques, comme gros canon, petit canon, parangon, gros romain, saint augustin, cicero etc. Vne moitié de Paris imprime ou vend des imprimez ; l'autre en compose ; le Parlement, les Prélats, les Docteurs, les Prestres, les Moines, les Hermites, les Religieuses, les Cheualiers, les Aduocats, les Procureurs, leurs Clercs, les Sécrétaires de Saint Innocent, les filles du Marais, enfin le Cheual de Bronze et la Samaritaine écriuent et parlent de vous. Pierre du Quignet ne sçauroit plus garder le silence qu'ont rompu des statues, puisque les morts mesme ressuscitent pour venir dire leur sentiment de la conduite de V. E. Les Colporteurs courbent souz le poids de leurs imprimez au sortir de nos portes ; ils ne font pas cent pas, qu'ils ne soient soulagez du plus pesant de leur fardeau ; et ils reuiennent à la charge avec vne chaleur plus que martiale.

Nous nous réiouyssons de tant de renom que vous vous estes acquis. Vous estes le seul du monde en qui l'on ait tant trouué à dire et à redire ; vostre nom ne mourra iamais, non plus que celuy d'Hérostrate qui brusla le temple d'Éphèse, comme nous nous souuenons d'auoir plusieurs fois imprimé ; aussi auez vous plus entrepris ; et c'est toute autre chose d'auoir voulu consommer vne ville comme Paris et saccager tout vn Royaume. Nous ne mourrons iamais de faim non plus ; et la postérité ne pourra iamais ignorer, que nous n'ayons eu plus d'obligation à vostre Éminence, quoy qu'ignorante, qu'à tous les Doctes, et à tous leurs ouurages sacrez ou prophanes. Les armuriers ne témoignent pas moins de ressentiment du bonheur que vous leur auez causé. Le sieur de Benicourt, Maistre de la Chasse Royalle, vous en fera ses remerciemens au nom de tous les confrères ; et vous deuez attendre la mesme reconnoissance de la plupart des autres corps de marchands. Ainsi, quoyque sans doctrine et sans valeur, V. E. s'est signalée par les lettres et par les armes.

Il nous reste vne chose à desirer, pour comble d'vne dernière fortune ; c'est vn arrest de mort, qui sera celuy de vostre canonisation par nostre compagnie. Toutes les nations le feront traduire en leur langue ; chaque pays, chaque ville, mais plustost chaque maison vous dressera vn Cénotaphe; et la France particulièrement comptera ses années par celle de vostre supplice, qui sera celle de sa liberté. Ce sera pour lors qu'il faudra s'employer nuit et iour à en faire des relations auec diuerses figures en taille de bois; l'on criera vostre descente aux enfers, vostre rencontre avec le Marquis d'Ancre, vostre entretien auec Iean Prochyte, qui sonna les Vespres Siciliennes, les reproches que Monsieur le Président Barillon vous fera du Sein d'Abraham, vostre testament de mort[1], les regrets de vos Niepces[2], les consolations à la Muti, la Martinozzi et la Manzini, vos sœurs, les iustes reproches de la Signora Portia Vrsina à Pietro Mazarini, vostre père, sur l'inégalité de leur Mariage, l'année Climatérique de la race Mazarine, contenant le progrez et la fin de la fortune des deux cardinaux auec leur apothéose, et autres galanteries qui se débiteront, bonnes ou mauuaises, pour les recueils que les curieux font de tout ce qui se publie.

Nous espérons que ce supplice sera pareil à celuy de Saint Iean de Latran, nostre principal patron. Il a esté le vostre, quand vous auez esté chanoine de son Église à Rome. La France qui vous donna sa voix pour cette dignité, que vous ne méritiez pas, vous condamne réciproquement à la peine qu'il n'auoit pas meritée. Consolez-vous, Monseigneur, de ce qu'elle sera extraordinaire, et que les Césars et la plus grande part des personnes illustres ont fait vne fin tragique; peut estre que les tour-

---

[1] Il y a en effet deux testaments du cardinal Mazarin; l'un, *Testament solemnel du cardinal Mazarin*, etc. [3766], est de 1649, mais du 19 janvier, et par conséquent antérieur au *Remerciment*; l'autre, *Testament du cardinal Mazarin*, qu'il a renouvelé à son départ [3764], est de 1651.

[2] Les *Soupirs et regrets des nièces de Mazarin*, etc. [3708]?

mens vous seront plus doux que l'appréhension qui vous bourelle si cruellement dans vostre conscience. Nous sommes obligez de faire des vœux tous contraires à ce Romain, qui pria les Dieux que l'empereur Adrian, qui le faisoit tuer, ne pust pas mourir quand il voudroit. Vostre Éminence nous a fait viure ; et nous ioignons nos intérests et nos prières auec ceux de toute la France, à ce que la mort vous déliure bien-tost des misères de la vie. C'est vn droict que vous deuez à la iustice diuine et humaine, et à la nature, contre qui vous auez peché, et que vous ne pouuez satisfaire que par vne généreuse résolution d'expier vos crimes en expirant. C'est ce que desirent très passionnément pour le salut de Vostre Éminence, Monseigneur, vos tres-obligez et tres-affectionnez seruiteurs.

L. I. D. P.

Advis à la Reyne sur la Conférence de Ruel
[472][1].

(4 mars 1649.)

Madame, voicy le coup de partie qui doit décider de grandes affaires. Iusques icy, le Roy règne paisiblement ; vostre Maiesté est Régente ; et Paris en estat et en volonté et mesme en impatience de reuoir bientost l'vn et l'autre. Il ne faut qu'vn seul moment et vne résolution mal prise pour changer toutes ces choses puisqu'elles sont en leur penchant et que la Monarchie de France est si

---

[1] Naudé range ce pamphlet parmi les pièces soutenues et raisonnées. Il l'attribue à l'abbé de Chambon, frère de du Chatelet.

vieille, que le moindre accident peut la mettre à son dernier période. Iusques à cette heure, MADAME, le Conseil d'en haut a creu que le Parlement auoit tort; ie ne diray point maintenant ce qui en est; mais tous les peuples de France soustiennent le contraire; et ils sont bien résolus de maintenir que l'authorité du Roy ordinaire et l'extraordinaire mesme, estendue iusques où les nécessitez d'vne longue guerre la pouuoient raisonnablement porter, n'a point esté violée. Cet intérest public, ioint peut estre à celuy de quelques particuliers, produira, auec le temps, d'estranges monstres et qui pourroient aussi bien renuerser des Royaumes comme des maisons Bourgeoises et des chaumières de Paysans. Il semble, MADAME, que le Ciel, depuis trente ans, ait coniuré la ruine de toutes les Monarchies. C'est pourquoy il faut éuiter soigneusement ce qui peut donner lieu à des réuolutions si funestes. Quand le bon Pilote voit que la tempeste est trop forte, il abbaisse les voiles. Faites en de mesme, MADAME; ne risquez point le tout pour vne petite partie; et n'obligez point le Roy à conquérir des villes en France, comme il fait en Espagne. Cela arriuera néantmoins, MADAME, si vous continuez d'oster le pain et la paix aux Parisiens, puisqu'ils seront forcez de rechercher l'vn et l'autre par les armes. Et comme les affaires ne finissent iamais par où elles commencent, Dieu seul peut cognoistre les accidens qui en pourront suruenir; mais les hommes et les Roys mesmes les peuuent bien appréhender. Quoy qu'il en soit, qui ioue, hazarde; et qui fait la guerre, peut aussi tost perdre que gagner. Le subiect armé contre son Maistre deuient son esgal; et l'authorité d'vn Prince est bien heurtée plus furieusement par des Canons que par des remonstrances.

Or, MADAME, le remède à tous ces inconuéniens est de choisir promptement les moindres ; c'est à dire de ne point reietter les propositions très humbles de Messieurs les Députez, crainte que les peuples affamez ne perdent légitimement le respect qu'ils doiuent à Vostre Maiesté ; et crainte aussi que ces réuolutions si merueilleuses et si préiudiciables à tant de Royaumes n'achèuent leur cours au préiudice du vostre, si vous ne luy donnez bien tost la paix, en mettant fin à toutes ces guerres tant domestiques qu'estrangères.

E. B. P.

Lettre à Monsieur le Cardinal, burlesque [1813][1].

(4 mars 1649.)

    Monseigneur, Monsieur, ou sieur Iules,
    Ie serois des plus ridicules,
    Si i'entreprenois auiourd'huy
    De parler de vous comme autruy.
    Quoy qu'on permette ou qu'on ordonne,
    Jules, ie ne suis pas personne
    A suivre vn sentiment commun,
    Et railler de vous ny d'aucun.
    Ie laisse agir la populace ;
    Qui le voudra faire, le fasse.
    Ie n'en dis mot ; car aussi bien
    Ce procédé n'est pas chrestien.
    Et puis cinq cens lettres escrites,
    Qui ne sont rien que des redites,

---

[1] Naudé met cette lettre au-dessus des pièces burlesques de Scarron. L'auteur est l'abbé de Laffemas, fils d'Isaac de Laffemas.

Ne me laisseroient pas de quoy
Faire quelque chose de moy.
Ie ne ferois, à bien le dire,
Que copier et que transcrire,
Et n'aurois pas de ce costé,
La gloire d'auoir inuenté.
Donc, si ie produis quelque chose
En ces Carmes que ie compose,
Ce n'est que pour me diuertir,
Ou, pour mieux parler, compatir
A tous les maux où nostre France
Se trouue depuis vostre absence;
Car si nous vous tenions icy,
Nous aurions nos iustes aussi [1].

Hélas! depuis vostre sortie
Toute la ioie est amortie.
On n'entend plus parler de bal;
Et dans le temps du carnaual,
Les canons et les mousquetades
Ont pris la place des aubades;
Et l'on chante, *que les Amours*
Sont effrayez par les tambours [2].
S'il nous auoit esté facile
De vous tenir en cette ville,
Enuiron deuers ce bon temps,
Nous aurions esté plus contens.
Le bourgeois eust quitté le casque.
On eut veu la canaille en masque
Se reiouyr, et (comme on dit)

---

[1] Les pièces d'or et d'argent à l'effigie de Louis XIII. On ne leur donne pas d'autre nom dans les Mazarinades. Un poëte du temps a écrit le *Voyage des iustes en Italie*, etc 4063].

[2] C'est la chanson qui court. N. D. T.

C'est la *Plainte de l'Amour contre la guerre parisienne*. Voyez plus haut les *Diuerses pièces sur les colonnes et piliers des Maltotiers*, etc.

DE MAZARINADES. 297

Crier : *il a chié au lit.*
Mais, hélas! quoy qu'il en pust estre,
Vous n'auez point voulu parestre,
Ayant préféré Sainct Germain
A Paris que croyez sans pain ;
Ce qui, pourtant, n'est qu'vne baye ;
Car le Seigneur de La Boulayë
Ce grand Gassion de Conuoy[1],
Nous ameine touiours de quoy
Nous garentir de la famine,
Soit bœufs, soit moutons, soit farine,
Cochons, et d'autres bestiaux,
Auoine, foin pour nos cheuaux,
 Enfin le gaillard ne sort guères
Qu'auecque ses portes cochères,
Il ne reuienne du danger
Pour nous donner de quoy manger.
Mais tout cela, quoy qu'on en die,
N'est pas pour faire longue vie ;
Et ie crains fort que le blocus
Ne mette à sec tous nos escus ;
Car Blocus est vn capitaine
Qui nous donne bien de la peine,
Et qui, sans se mouuoir d'vn lieu,
En peut bien faire iurer Dieu.
 C'est vn mal que vostre Éminence
Nous fait souffrir par son absence.
Vous deuriez estre, en ce besoin,
Vn peu plus près, ou bien plus loin.
Outre qu'en ce temps difficile
Personne n'a ny croix ny pile ;
Les riches sont bien empeschez.

---

[1] Il y a de ce passage un curieux commentaire dans la *Lettre ioviale au marquis de La Boulaye.* Voyez plus loin.

S'ils ont des biens, ils sont cachez;
Les Marchands ferment leur boutique;
Les procureurs sont sans pratique;
Les Patissiers, pour le Douzain,
Au lieu de gasteaux font du pain;
Les Vendeurs de vieille féraille,
Les crieurs d'huistres à l'écaille,
Les apprentifs et les plus gueux
Ne sont pas les plus malheureux;
Car, n'ayant aucun exercice,
D'abord comm' en titre d'office,
Eux et Messieurs les Crocheteurs,
Se sont tous faits Colle-porteurs;
Et, si tost que le iour commence,
Crient sans mettre d'Éminence,
Voicy l'Arrest de Mazarin [1],
Voicy l'Arrest de Mascarin,
La Lettre du caualier George [2],
(Si le nom n'est vray, l'on le forge);
Puis, *voicy le Courier françois* [3]
Arriué la septiesme fois;
Voicy la France mal régie [4];
Puis, vostre généalogie [5];
La Lettre au Prince de Condé [6]
Qui vous a si bien secondé;
Après, *Maximes autentiques*,

---

[1] *Arrêt de la cour de parlement.... par lequel il est ordonné que le cardinal Mazarin vuidera le royaume*, etc. [217].

[2] *Lettre du cheualier Georges de Paris à monseigneur le prince de Condé* [2099]. Voyez plus haut.

[3] *Le Courrier françois apportant toutes sortes de nouuelles*, etc. [830].

[4] Je ne l'ai jamais rencontrée.

[5] *Généalogie ou Extraction de la vie de Iules Mazarin*, etc. [1478].

[6] *Lettre d'vn religieux enuoyée à monseigneur le prince de Condé*, etc. [1895]. Voyez plus haut.

Tant morales que politiques[1],
Remonstrances du Parlement[2],
Qui sont faites fort doctement;
Item, *la Lettre circulaire*[3],
A qui vous seruez de matière;
Lettre de consolation
A Madame de Chastillon[4];
Bref, tout au long de la iournée
Chascun, comme vne ame damnée,
S'en va criant par-cy par-là
Et vers, et prose, et cœtera,
Il n'importe pas sous quel titre,
Car c'est vous seul que l'on chapitre;
Et, sous d'autres noms, quelquefois
On vous donne dessus les doits.
De dire par quelle espérance
D'honneur, de gain, ou de vengeance,
Les bons et les mauuais Autheurs
Donnent matière aux Imprimeurs,
C'est ce que ie ne puis bien dire;
Ie sçay bien qu'on en voit escrire
Quelques vns par ressentiment,
Et d'autres par émolument;
Et comme chacun veut repaistre,
Le valet qui n'a plus de maistre,
Ne voit point de plus prompt mestier,
Que de débiter le cahier,
Ou bien, dans la faim qui le presse

---

[1] *Maximes morales et chrestiennes pour le repos des consciences dans les affaires présentes*, etc. [2427].

[2] *Très-humble remontrance du parlement au roi et à la reine régente.* [3814].

[3] *Relation de ce qui s'est passé à Paris depuis l'enlèuement du roi iusqu'à présent*, etc. [3117].

[4] *Lettre de consolation enuoyée à M*^{me} *de Chastillon*, etc. [1921].

Combattre pour Saincte-Gonesse[1].
Il n'est pas iusques à Iodelet[2]
Qui n'ait en main le pistolet,
Ayant adioint à sa cabale
Les gens de la Troupe Royale;
Si bien qu'eux tous, iusqu'aux Portiers,
Ont cuirasse et sont Caualiers,
Tesmoignant bien mieux leur courage
En personne qu'en personnage.
 Chacun va cherchant son salut,
Diuersement au même but;
Car vostre Troupe Théatine[3],
Qui fait vœu d'estre peu mutine,
Ne croyant point de seureté
En nostre Ville et Vicomté,
A fait Flandre et dans des cachettes
A serré les Marionettes,
Qu'elle faisoit voir cy-deuant
Dans les derniers iours de l'Auant,
Voulant cette Troupe nouuelle,
Aller se reioindre à Bringuelle,
Iusqu'à tant que, dans ce quartier,
Soit en partie, ou tout entier,
Vous reueniez prendre séance

---

[1] Aller chercher du grain à Gonesse. N. D. T.

[2] Jodelet est un des personnages de la Fronde. On a publié le *Dialogue de Iodelet et de l'Oruiatan*, etc. [1080], les *Entretiens sérieux de Iodelet et de Gilles le niais*, etc. [1257], et *Iodelet sur l'emprisonnement des princes* [1736].

[3] Les Théatins, outre la prédication qu'ils faisoient cet Aduent dernier, en Italien, voulant émouuoir l'assemblée par les yeux aussi bien que par les oreilles, faisoient parestre des petits personages pareils à ceux qu'on voit passer au-dessus de l'horloge du Marché-Neuf, quand les heures sonnent, pour représenter quelque histoire sainte; ce qui tenoit plus de l'artifice de l'Italien que de la deuotion du François.
 N. D. T.

Au Palais de vostre Éminence,
Pourueu que vouliez chercher
Des lits afin de vous coucher;
Car, pour ne vous y point attendre,
Ces iours passez on a fait vendre
Vostre précieux demeurant,
Et vos meubles au plus offrant,
Excepté la Bibliothèque
Qui demeure pour hypothèque
A tous les sçauans de Paris,
Qui n'estoient point vos fauoris;
Encor qu'en bonne conscience
Ils méritent bien récompense,
Estant certain que la pluspart
Ont mis maints deniers au hazard,
Soit en Liure, ou Thèse, ou Peinture,
Afin d'estre en bonne posture
Et d'obtenir asseurément
Quelque notable appointement,
Auoir Bénéfices ou Charges;
Mais vous n'êtes pas des plus larges;
Et ie croy bien que ces Messieurs
Peuuent chercher fortune ailleurs
S'ils ne l'ont déià toute faite;
Car ie voy que vostre retraite
Va vous oster tout le moyen
De iamais leur faire du bien,
Que par vostre retraite mesme,
Qui leur feroit vn bien extresme;
Car vous les pouuez obliger
Allant au pays Estranger.
 Ie sçay bien que cela vous peine;
Mais vostre répugnance est vaine.
En vain cherchez vous des détours.
Il faut partir auant trois iours.

Ne fondez point vostre espérance
Sur l'effet de la Conférence[1],
Ou bien sur la facilité
De quelqu'honeste Député.
A moins que le peuple ne parle,
Que maistre Iean et maistre Charle,
Maistre Pierre et maistre Bastien,
N'ayent dit : *Ie le voulons bien*,
Ce n'est pas encor chose faite ;
Encor faudroit-il que Perrette,
Dame Lubine et dame Alis
Vous pussent souffrir à Paris,
Et prissent vostre affaire à tasche,
Comm' au quartier de S. Eustache,
Elles firent pour leur Curé,
Qui depuis leur est demeuré[2].

Ha ! que s'il m'eust esté facile,
Quand vous estiez en cette ville,
De vous aborder quelquefois,
Et vous parler de viue voix,
Vous seriez encore à vostre aise,
Et n'auriez point fait de fadaize,
Pourueu que mes petits auis
Eussent par vous esté suiuis.
Mais il nous estoit impossible.
Vous estiez tousiours inuisible ;
Et l'on pouuoit mettre en escrit
Dessus vostre porte, *Cy-gît !*

[1] De Ruel. Les députés du parlement partirent de Paris le 4 mars.
[2] Il y eut, quelques années auparauant, dans la paroisse de Saint-Eustache, après la mort du curé, vne émeute de femmes qui vouloient que la cure passât au neueu du défunt. La reine ayant dit à vne députation des insurgées qui auoit été admise deuant elle : « Vous l'aimiez donc bien ? — Eh ! Madame, lui fut-il répondu, nous sommes accoutumées depuis cent ans à les voir se succéder de père en fils. » N. D. T.

Cependant qu'en vostre Antichambre
Où fumoit le Iasmin et l'Ambre,
L'Intendant et le Cordon bleu
Pestoient ensemble auprès du feu,
Sçachant bien que pour toute affaire,
Soit importante, ou nécessaire,
Vous teniez en main le Cornet,
Ou railliez dans le Cabinet,
Auec Bautru, Lopes et d'autres [1],
Qui sont bien d'aussi bons apostres,
Et deux Singes sur vos genoux,
Qui dansoient parfois auec vous.
Ce n'est pas viure à nostre mode.
Le François a d'autre méthode;
Et vous n'auriez pas fait tant mal
D'imiter le feu Cardinal,
Dont le discours et le visage
Gagnoient le cœur du plus sauuage;
Donnant au monde tour à tour
Vos audiences chaque iour.
Vous deuiez imiter cet homme,
Et ioindre l'addresse de Rome
A la science qu'il auoit
De Politique et d'homme adroit.
Comme vous auiez la puissance,
Et de deniers grande abondance,
Vous pouuiez finir nos langueurs
Et par la Paix gagner les cœurs.
Elle n'estoit que trop facile
Grâce au généreux Longueuille,
Si vous n'auiez point trauersé
Ce qu'il auoit bien commencé.

---

[1] Voyez plus haut sur Bautru et sur Lopes l'*Adieu et passeport de Mazarin*, etc.

Voilà ce qu'il vous falloit faire
Pour estre longtemps nécessaire.
Sur tout il se faloit garder,
Sans vn peu trop se hazarder,
De toucher aux Cours Souueraines,
Qui pour la pluspart sont hautaines,
Et sanglent vn homme tout net
Par arrest de six cens dix-sept[1],
Et de Ianuier, en cette année,
Où l'on vous l'a belle donnée.
Voilà ce que c'est de s'ingérer
Aux affaires de l'Estranger.
Excusez, Iules, ie vous prie,
Si, d'vne plume si hardie,
Ie semble auiourd'huy vous parler.
Ie ne sçaurois dissimuler.
Ie dis icy ce que ie pense,
Non par esprit de médisance,
Mais bien par le dépit que i'ay,
Que vous n'auez point ménagé
Cet honneur que vous auiez d'estre
Aussi puissant que nostre Maistre,
Faire de nouueaux Réglemens,
Disposer des Gouuernemens,
Conférer tous les Bénéfices,
Créer, supprimer les offices,
Bref, de faire, selon vos vœux,
Les hommes grands ou malheureux.
Tant s'en faut que ie vous accuse,
I'ay tousiours fait parler ma Muse
Auec des termes de respect,
Si que ie crains d'estre suspect,

---

[1] *Arrêt de la cour de parlement, du 8 iuillet 1617, contre le défun marquis d'Ancre et sa femme* [204].

Et besoin est que ie m'explique
Selon l'air de la voix publique.
Pourquoy vous traitterois-ie mal?
Vous êtes vn grand Cardinal,
Vn homme de haute entreprise,
Vingt fois Abbé, Prince d'Eglise,
Quoy que ne soyez *in sacris*,
N'ayant Ordres donnez ny pris,
Et n'ayant point de Caractère,
Non plus que l'art du Ministère.
Il est vray qu'en ce dernier point,
Cher Iules, vous ne sçauez point
La science ny la pratique
Du gouuernement Politique.
Ie vous en parle franchement;
Et chacun dit communément
Que si, par le conseil d'vn autre,
Loin de faire suiure le vostre,
Vous vous fussiez pû contenter
D'obéyr et d'exécuter,
Vous auriez tousiours fait merueille,
Tesmoin l'action non pareille
Que vous fistes près de Cazal.
On n'a iamais rien fait d'égal.
Il faut que tout chacun l'auoue
Et qu'en passant ie vous en loue.
Sans contredit, ce coup fut beau;
Mais ce fut vn coup de chapeau.
Depuis, sans se faire de feste,
Il falloit faire vn coup de Teste,
Ou fuir les degrez les plus hauts
Peur de faire voir vos défauts;
Pour le moins, si ce vous fut force
De prendre à cette douce amorce,
I'entends, l'honneur de dominer,

Il s'y falloit mieux gouuerner.
Il falloit estre fauorable,
Doux, humain, visible, traictable,
N'auoir aucune passion,
Abolir la proscription,
Ne causer la mort à personne,
(Pour le moins à la Barillonne[1]).
Ce n'est pas tout que s'esleuer ;
L'esprit est à se conseruer.
Vous connoissez bien quelles peines
Vous font Pierr'Encise et Vincennes[2].
Vous en connoissez le hazard ;
Mais, Iules, c'est vn peu trop tard.
Il faut, maintenant, faire gille,
Vous en retourner en Sicile,
Et, soit auiourd'huy, soit demain,
Fuir, pour iamais, de S. Germain.
Il ne faut point que l'on diffère.
Cet Arrest, ou doux ou séuère,
Est tout prest à s'exécuter.
Et, si vous ne voulez vous haster,
Ie crains bien fort, que chez vos niepces,
Ne portiez pas toutes vos pièces,
Et ne partiez de S. Germain
Vn peu léger de quelque grain.

   Ie sçay fort bien, ne vous déplaise,
Qu'auiourd'huy vous seriez bien aise,
Si l'on vous venoit asseurer
Qu'ici vous pouuez demeurer
Dans le calme et parmy la gloire.

---

[1] Le cardinal Mazarin était accusé d'avoir fait empoisonner le président de Barillon, prisonnier d'État à Pignerol. Voyez plus haut la *Lettre d'vn religieux*, etc.

[2] Pierre-Encise, où avait été détenu le maréchal de La Mothe Houdancourt, et Vincennes, d'où s'était évadé le duc de Beaufort.

Mais, comme vous auez mémoire,
Ie veux vser avec raison
De la mesme comparaison,
Qu'au poinct des affaires troublées,
Vous fistes sur nos assemblées,
Parlant à Monsieur Boucqueual.

Or ça, Monsieur le Cardinal,
Parlons en saine conscience,
Et souffrez auec patience
Ce raisonnement délicat.
Vous portez des Glands au Rabat[1].
Si, d'authorité souueraine,
Le Roy, ie ne dis pas la Reyne,
Alloit dire : Ie vous défends
De plus iamais porter des glands.
Ie veux qu'il ne soit point blasmable
De s'orner de chose semblable.
Mais, si le Roy le défendoit,
En conscience auriez-vous droict
D'en porter, malgré sa défense?
Cela presse vostre Eminence.
Or venez ça, Respondez-nous!
Tout de bon, en porteriez-vous?
Non; vous n'en auriez point enuie;
Vous n'en auriez de vostre vie;

[1] Le cardinal Mazarin ayant appris que l'vnion des cours souueraines pourroit ruiner son authorité, tascha d'attirer les plus forts des compagnies ; et, voulant vn iour persuader à M. de Boucqueual, Doyen du grand conseil, que les assemblées n'estoient point permises, il se seruit de la comparaison des glands; il lui dit en ces mesmes termes : « Venez ça, M. de Boucqueual, vous portez des glands. Si le Roy vous défendoit d'en porter, vous seroit-il permis d'en auoir après sa défense? Respondez, disoit-il, cela vous presse. Or ie dis de mesme, puisque le Roy vous défend de vous assembler, pourquoy, etc. » Cette comparaison seruit le lendemain de matière à tous les rieurs.

N. D. T.

Et sans vous enquérir, pourquoy?
Vous voudriez obéyr au Roy.
 Ainsi le Roy, dont la prudence
Met toutes choses en balance,
Par Arrest de son Parlement,
Vous enioint, sans retardement,
De quitter la France, et sur peine
D'encourir l'excès de sa haine.
Pourquoy donc ne partez-vous pas?
Et qui peut retenir vos pas?
Est-ce point que vous voudriez dire
Que nostre Prince a moins d'empire
Sur les hommes hauts et puissans
Que sur leurs colets et les glands?
Non, non; sans tarder dauantage,
Allez, partez, pliez bagage,
Crainte que Monsieur de Beaufort
Ne vous enuoye vn passe-port
Pour aller iusqu'en l'autre monde,
Malgré le bras qui vous seconde;
Car ny nos généraux. ny luy,
Ne vous donneront point d'appuy.
Puisqu'ils veulent, par leur vaillance,
Restablir nostre pauure France
Dans son ancienne liberté,
Vous n'estes pas en seureté.
N'attendez pas que nos villages
Soient réduits aux derniers pillages;
Et suffise que Charenton
Vous couste le grand Chastillon.
Ny le combat ny la victoire
Ne vous sçauroient donner de gloire;
Et ie mets au rang des mal-heurs
Vn bien qui vous couste des pleurs.
Quand, par la suite d'vne guerre,

Vous aurez rauagé Nanterre,
Meudon, Suresne et S. Denis,
Vous serez les premiers punis;
Car ne leur laissant pas la maille,
Ils ne payeront plus de Taille;
Et le Prince en maiorité
Dira bien que sa Maiesté,
Au temps de sa plus tendre enfance,
Estoit soubmise à l'Eminence.
Voyant son domaine enuahy,
Il dira que l'on l'a trahy,
Et qu'vn Ministre bien habile
Ne deuoit point donner de Ville,
Du moins en Souueraineté,
Si force ce n'auoit esté.
  Mais ce raisonnement me passe.
Ie vous demande encore grâce :
Peut-estre vn peu trop librement
I'expose icy mon iugement;
Non par vn esprit de censure;
Ie l'ai desia dit, et i'en iure.
Au contraire, c'est par pitié,
Ou par vn reste d'amitié
Que ie vous parle en ceste sorte,
Et sans que l'humeur me transporte.
Certes, nous auons, presque tous,
Suiet de nous loüer de vous.
Pour le moins oserois-ie dire,
Quand tout le monde en deuroit rire,
Que vous auez fait de grands biens
A Messieurs les Parisiens.
L'Esté, vous faisiez d'eau de Seine
Arrouser le Cours de la Reine;
Et, qui plus est de vostre estoc,
Leur auez introduit le Hoc,

Estably la plaisanterie,
Et fait bastir vne Escurie ¹
Digne de vous, grand Cardinal.
Pardon; la rime de Cheual
M'a ietté dans cette pensée,
Qui par vn mal-heur s'est glissée;
Enfin, vous auez apporté
Quelque chose à cette Cité;
Si bien que chacun, ou ie meure,
S'entretient de vous à toute heure.
Mesme, depuis vostre départ,
Les bons Beuueurs, à tout hazard,
Vous loüent de leur mal-heur mesme;
Car cela fait que ce Caresme ²,
Le poisson se vendant trop cher,
Ils peuuent manger de la cher;
Et nonobstant le Priuilége,
Ils doiuent cette grace au Siége,
Non pas au S. Siége Romain,
Mais au siége de S. Germain.
Vne chose seule me ronge
Et me fait peine quand i'y songe;
Ceux qui restent de vostre cour
Sont cachez icy tout le iour;
Et pas vn n'ose plus parestre,
De crainte d'estre pris pour traistre.
Mesme on dit que Cantarini ³,
Qui rimoit à Mazarini,
Ne trouuant point chez qui se mettre,

¹ Un poëte a fait sur cette écurie des vers qui ont été publiés dans les *Diuerses pièces sur les colonnes et piliers des Maltotiers*, etc. Voyez plus haut.

² *Réglement de Monseigneur.... archeuesque de Paris, touchant ce qui se doit pratiquer dans ce saint temps de caresme* [196 du Supplément].

³ Cantarini était le banquier du cardinal Mazarin.

S'est fait abréger d'vne lettre;
Et voyant que son nom en Rin
Rimoit encor à Mazarin,
Dust il auoir vn nom Arabe,
Il retranche vne autre syllabe.
Vn chacun d'eux fuit ce trantran,
Hormis l'homme à l'Oruiétan,
A cause qu'il est populaire,
Et que sa drogue est nécessaire.
Mais pour Monsieur Particelli,
Les sieurs Miletti, Torelli,
Aussi bien que toute la trouppe,
N'osent plus auoir I en crouppe;
Et, de peur d'estre criminel,
Torelli se nomme Torel.

Vous en voyez de qui la mine,
Pour paroistre vn peu fourbe et fine,
Fait qu'ils passent pour estrangers;
Et pour éuiter tous dangers,
Ils disent qu'ils sont de Prouence,
Encore qu'ils soient de Florence,
Et quelquefois Siciliens;
Car baste pour Italiens.
C'est pour cela que ce bon homme,
Qui monstroit la langue de Rome,
Oudin, n'ose plus faire bruit[1];
Et s'il l'enseigne, c'est de nuit.

---

[1] Oudin est-il auteur de Mazarinades? Voici ce qu'on lit dans les *Entretiens burlesques de M⁰ Guillaume*, etc. [1247].

« N'en déplaise à ce romaniste
Dont le style est cent fois plus triste
Qu'vn bonnet sans coiffe de nuit,
Dont les écrits font peu de bruit,
Quoique vers la Samaritaine
On les voie aller par centaine. »

Il cache son Dictionnaire,
Et met en terre sa Grammaire;
Et ceux qu'il enseignoit aussi
N'osent pas dire : *Signor si.*
Pourtant ce n'est rien que folie;
On n'en veut point à l'Italie;
Mais on confond l'Italien
Auecque le Sicilien.
Pour moy, ie ne fais pas de mesme;
Car, malgré ce péril extresme,
Et deuant tout le genre humain,
I'auoüe que ie suis Romain.
Ouy, ie le suis; et ie me picque
D'estre très parfait catholique ;
Mais quelque Romain que ie sois,
Ie sçay parler en bon François.

 Plust au ciel, pauure Seigneur Iule,
Que n'eussiez point esté crédule
Aux conseils de certains esprits,
Et qu'eussiez fait, comme i'écris,
C'est à dire auecque franchise.
Quoyque l'on fasse mine grise
Partout à vos rouges habits,
Vous seriez encor à Paris,
Dans la gloire et dans la puissance;
Au lieu que vous estes en transe,
Et n'auez (peur du courre sus)
Que des sommes interrompus;
Attendant que l'on exécute
Cet Arrest qui vous met en butte
Au moindre homme qui l'aura beau.
Et l'on dira comme au Rondeau [1],

---

[1] C'est le rondeau qui fut fait après la mort de feu M. le cardinal de Richelieu : « Il est passé l'éminent personnage, etc. » N. D. T.

Il est passé le personnage,
Sans qu'on aioute, c'est dommage ;
Si ce n'est qu'vn cœur attendry
Vous voyant peut-estre meurdry,
Découuert et sans sépulture,
Puisse plaindre vostre auenture,
Disant, quand vous serez passé,
Vn *Requiescat in pace.*
Pour moy i'en ferois dauantage
Si vous auiez plié bagage,
Non pas vous souhaitant la paix ;
Car vous ne l'aimâtes iamais ;
Mais, puisque vous aimez la guerre,
Sitost que vous serez par terre,
Ie veux supplier le Seigneur
De quitter, en vostre faueur,
Ses qualitez accoustumées
Pour celle de Dieu des Armées.
Soubs ce titre, ie vous prédis
De l'employ dans le Paradis.
Là, vous pourrez estre Ministre,
Si, par quelque accident sinistre,
Où vous ne vous attendez pas,
Vous n'allez trauailler plus bas.
Ie ne vous en puis rien promettre.
Adieu, c'est trop pour vne lettre.
Ie suis vn modeste Frondeur
Qui me dis vostre seruiteur,

    Nicolas LE DRU.

A Paris, de Mars le neufiesme,
Qui n'eut ny Foire ny Caresme ;
L'an que le Roy, le iour des Roys,
Partit pour la seconde fois,

Se retirant de cette ville
Pour sauuer l'homme de Sicile,
Dont bien luy prit, et que Paris
Fut assiégé sans estre pris.

SCAZON.

Non damna damnis, Bella non licet bellis,
Referre; pacem optare, pro dolis, præstat,
Si Christianæ quid valet fides legis.
　Ciet tumultus, Iulius, vetans pacem;
Me optare mortem Iulio putas? Nolim.
Sedet tumultus, et *Quiescat in pace*.

Sommaire de la doctrine cvrieuse dv Cardinal Mazarin par lui déclarée en vne lettre qu'il escrit à vn sien Confident, pour se purger de l'Arrest du Parlement, et des Faicts dont il est accusé.
Ensemble la response à icelle, par laquelle il est dissuadé de se représenter au Parlement [3683][1].

(4 mars 1649.)

AU LECTEUR, — SALUT.

AMY LECTEUR, Cette lettre du Cardinal Mazarin, qui contient vn abrégé de ses pernicieuses Maximes, m'estant tombée entre les mains, i'ay douté si ie deuois la

---

[1] C'est, d'après Naudé, un modèle des bonnes pièces.

donner au public, de crainte que les simples n'y trouuassent de quoy se surprendre par les faux appas de ce Ministre et la couleur de ses raisons. Mais après les auoir bien considérées, et recogneu que, prises mesme auec le sens qu'il leur donne, elles font beaucoup plus pour sa condamnation qu'elles ne sont capables de le iustifier, i'ai crû que ie ne deuois priuer les curieux de la satisfaction qu'ils pourront auoir par la lecture de ces Maximes si extraordinaires, qui feront voir que ce n'est pas sans raison que ce Ministre tyran a attiré sur luy l'indignation de tous les gens de bien. Et néantmoins, comme il s'en trouue qui n'ont pas assez de lumière pour pénétrer sa malice à trauers des faux iours qu'il a donné à sa conduite, ie te promets (cher Lecteur), à mon premier loisir, la response à ces pernicieuses Maximes; par laquelle ie te feray voir qu'il n'y a iamais eu de Tyran aussi inique qu'il aye pû estre, qui ait commencé ses oppressions sur des fondemens si dangereux que sont ceux que le Cardinal Mazarin establit pour raison de sa Doctrine; me réseruant encores de te descouurir pour lors les Maximes de sa Politique, qu'il appelle Secrette, lesquelles ie te reserue pour ce temps.

Adieu Lecteur, et lis attentiuement.

Et premièrement la lettre dv Cardinal Mazarin à T. T. son Confident.

Monsieur, la conduite de mon entreprise n'ayant vn succès si heureux, comme ie me l'estois promis, ie voids bien qu'il me faut chercher vne autre voye, pour me restablir au rang que i'ay acquis dans le Royaume;

m'estant du tout impossible de mettre le Parlement et le Peuple à la raison, attendu la mutuelle vnion de toutes les Prouinces et leurs intelligences auec vne partie de nos gens de guerre, aux efforts desquels nostre party ne pourra résister, lorsque toutes leurs forces seront assemblées pour nous combatre, c'est pourquoy ayant d'ailleurs aussi esprouué que ie ne pouuois estre en seureté en aucun autre Royaume ou République, qui tous ont refusé de me receuoir, quoy que mon or et mon argent y soient en dépost, et que i'aye employé tout mon crédit pour les en conuier, i'ay résolu auparauant que d'attendre que ceux du party contraire ayent aucun aduantage sur moy, d'aller me iustifier au Parlement des accusations que l'on m'impose, pour faire leuer l'Arrest qu'ils ont donné contre moy sans aucune formalité; ce qui produit, ce m'a-on dit, vne nullité en la forme, et m'ouure le moyen de me faire releuer de la condamnation portée en iceluy. Mais pour y paruenir et ne rien faire auec légèreté, ie me suis fait enuoyer par vn de mes amis, qui a cognoissance des intentions de ceux qui me veulent du mal, vn Mémoire des Faits et Articles sur lesquels ils pourront me faire interroger; lequel ayant receu de sa courtoisie, i'ay esté bien aise d'apprendre qu'ils n'auoient plus grande instruction contre moy; ce qui me donne occasion de demeurer dans le dessein que i'auois pris. Mais auparauant que de l'exécuter, i'ay encores trouué à propos de communiquer à vne personne capable et affectionnée pour mes intérests (comme ie vous estime, Monsieur), les responses que i'ay préparées sur les calomnies que l'on m'impute, pour voir si ie ne me trompe pas, de croire qu'estant contraint d'adnouer tous les faits dont ie suis accusé, attendu que la preuue en est maintenant trop facile à mes ennemis, ie puis, par la force de mon raisonnement et de ma Politique, facilement destruire et satisfaire à tous les chefs des accusations que l'on me propose, sans laisser aucun suiet à mes iuges de réuoquer en doute mon innocence. C'est ce qui me fait enuoyer vers vous ce porteur, pour vous donner auec la présente, le Mémoire de ces Faits apostillez de mes Responses, afin que ie puisse receuoir vostre sentiment au retour de ce Courier, qui est vne voye très fidelle et très seure. Ie vous prie donc de trauailler à cet examen auec la fidelité qui vous est ordinaire; et i'espère que vous iugerez comme moy qu'il est bien difficile de surprendre vn Italien rompu dans les grandes affaires, quand il a le temps de préparer sa défense, et qu'il faudroit auoir beaucoup d'addresse pour me susciter des accusations auxquelles ie ne puisse satisfaire par mes artifices. Espérant donc de vos nouvelles, ie suis, Vostre seruiteur et amy,

I. M. C.

A Saint-Germain-en-Laye, le 16 iour de féurier 1649.

Ensuit le Mémoire enuoyé par le Cardinal Mazarin à son Confident, ou l'Interrogatoire qu'il s'est fait; Accompagné de ses Responses.

1. *Int.* Premièrement, Interrogé de mon Nom et de ma Qualité?

Resp. Ie respondray que ie m'appelle Iulles Mazarin; Et quant à ma qualité, que ie porte le tittre de Cardinal de la saincte Église Romaine, et grand Ministre du Royaume de France : laquelle dignité de Ministre tenant le premier lieu dans l'Estat après le Roy, me rendroit indépendant de quelque iuridiction que se peust estre, n'estoit que ie me submets volontairement à celle du Premier Parlement du Royaume, dans le désir que i'ay de faire paroistre mon innocence aux yeux de toute la France, contre toutes les accusations que la liberté du temps a fait éclater contre moy, et dans l'asseurance que i'ay que ce Parlement, instruit de la vérité de mes intentions, ne dégénérera pas de son intégrité ordinaire, pour me rendre la iustice que i'attends.

2. *Int.* De mon Origine et de mon Pays?

Resp. Que ie tiens à gloire d'auoir pris naissance de Mazara, ville de Sicille, parcequ'estant des dépendances du Royaume d'Espagne, celuy de France m'est d'autant plus particulièrement obligé, si, quittant les intérests de mon Roy naturel, i'ay laissé mon pays pour me donner entièrement à ce Royaume.

3. *Int.* De mon Père et de mon Extraction?

Resp. Que ie m'estonne, comme mes ennemis ont voulu prendre aduantage de ce que la fortune de mes parens ne correspond pas à la mienne, et se soient fort estudiez à chercher les moyens d'auilir ma famille, veu que c'est le plus grand honneur qu'ils me puissent faire, puisqu'ils font voir par ce moyen que, comme vn autre Cicéron, le rang que ie tiens, n'est deu qu'à mon mérite, et que ie suis d'autant plus digne de le conseruer, que ie l'ay acquis par mes seuls artifices.

4. *Int.* Quels biens ma naissance m'a donnez; combien il m'en est écheu par donation, succession ou autrement?

Resp. Que ie ne rougiray iamais de dire que ie dois tous les biens que ie possède à la libéralité du Roy; et quoy que véritablement sa recognoissance ait été grande en mon endroit, i'ose néanmoins me vanter que la Reyne m'a souuent tesmoigné que les trauaux et les soins que ie prenois pour le Royaume, n'estoient pas suffisamment récompensez à l'occasion des nécessitez de l'Estat.

5. *Int.* Si dans les seruices que i'ay rendus à l'Estat, i'ay tousiours correspondu au rang que la Reyne m'a donné en son Conseil, et à la fidélité qu'vn premier Ministre d'vn Royaume doit à la couronne qu'il sert?

Resp. Que les personnes qui ont esté dans l'employ des grandes affaires, en rendront tesmoignage pour moy; et puis dire iustement que par ma subtilité, i'ay mis les affaires à vn tel point, qu'il n'y a que moy qui puisse y donner vn heureux succès par la continuation de mes artifices; et tout autre qui en verroit les intrigues, sans en scauoir le secret, croiroit que i'ay ioué à tout perdre en quantité de rencontres, où ie feray néanmoins voir l'aduantage éuident de la France.

6. *Int.* S'il n'est pas vray que i'ay tousiours préféré mes intérests à tous ceux du Royaume?

Resp. Que ie n'ay pas creu qu'en faisant les affaires du Roy, ie deusse négliger les miennes et que, iusques à présent, ie n'ay pas trouué de véritable Politique qui m'aye enseigné le contraire; que Machiauel mesme, très affectionné pour les intérests du Prince, le conseille; mais qu'il ne se trouuera que pour mon vtilité particulière, i'aye consenty à aucune chose qui pust causer quelque perte considérable à la France, si l'on considère mon procédé dans les maximes d'Estat, et non pas auec vne exacte recherche particulière de mes actions, qui n'estant considérées dans toute leur suite et les liaisons qu'elles ont eu l'vne auec l'autre, pourroient estre estimées par ceux qui n'ont vne véritable cognoissance de la Politique, n'auoir pas tousiours esté aussi sincères comme mes pensées l'ont esté, n'ayant iamais eu de soin plus particulier en mon administration que d'accomoder mes intérests auec ceux du Roy et de l'Estat.

7. *Int.* Si ie n'ay pas transporté grande quantité d'or et d'argent hors du Royaume? Si n'aguères ie n'ay pas faict passer douze mulets chargez d'or et de pierreries que i'enuoyois à M. mon père? Si ie n'ay pas des sommes considérables, tant sous mon nom que ceux de mes Confidens, aux banques de Venise et d'Amsterdam, et au Mont de Piété de Rome? Si pour transporter l'or plus facilement, ie n'ay pas fait fondre les Iustes et les Pistoles en lingots? Si ie n'ay pas acheué vn des plus somptueux édifices qui soit dans Rome, que i'ay acheté bien chèrement? Et si pour orner ce Palais, ie n'ay pas fait transporter les plus beaux et plus exquis meubles de l'Europe? Pourquoy ayant profité de ces biens en ce Royaume, ie ne les y ay pas consommez, et employez en acquisitions de belles terres? Et pourquoy il semble que i'aye affecté de n'acquérir aucuns biens en France?

Resp. Que ie m'estonne comme l'on me propose pour crimes des actions qui tournent à l'vtilité du Roy et à l'honneur de l'Estat; car qu'y a-t'il rien de plus glorieux à la France, que de faire paroistre aux Estrangers qu'elle n'est ingrate à ceux qui luy rendent quelque seruice, et d'attirer par ce moyen le cœur de tous ceux qui luy peuuent apporter quelque auantage? Et ce sans intéresser les finances du Royaume, puisque ie puis dire auec vérité, qu'il ne s'est pas transporté par mon ordre et pour mon particulier plus de trente millions, depuis le tems qu'il y a que i'ay l'honneur d'estre employé dans le haut Ministère, qui est peu à comparaison des richesses qui sont en ce Royaume; ce qui a néantmoins causé l'admiration de toute l'Italie, et fait connoistre aux Estrangers la puissance de ce Pays. D'ailleurs, qu'ayant sceu par la longue expérience que i'ay des affaires, que la Fortune d'vn Estranger est exposée à de grandes calomnies, dont l'exemple est auiourd'hui apparent dans les affaires du Temps, il est sans doute que les gens d'esprit m'eussent accusé de peu de préuoyance, si ie n'auois mis mes biens en tel estat de sortir le moins intéressé qu'il m'eust esté possible, si la persécution de ceux qui me veulent du mal, eust esté plus violente et plus puissante. Et ceux qui considèreront de près, verront encores que ce que ie n'auois aucuns biens considérables en France, a beaucoup seruy pour ma conseruation, ayant retenu des plus considérables de mon party, qui m'eussent abandonné si, par ma perte, il y eust eu quelque confiscation de conséquence à espérer; en quoy l'authorité du Roy eust sans doute esté blessée, puisqu'il dépend de sa grandeur de maintenir ce qu'il a esleué, et de me conseruer en vn estat qui puisse exciter les bons esprits de luy vouer leurs seruices.

8. *Int.* Si ie scay que les transports d'argent et d'or sont contre les Ordonnances Royaux?

Resp. Qu'il est hors de propos, pour blasmer mes actions, de me proposer les Ordonnances, puisque réprésentant la personne du Roy, c'est moy qui en dispense les autres.

9. *Int.* Si pour auoir occasion de transporter cet argent, ie n'ay pas pratiqué les sièges de Piombino et de Portolongone, quoy que ceux qui auoient quelque expérience en la guerre, m'eussent asseuré que ces siè-

ges ne pouuoient apporter aucun honneur à la France? Si pour le mesme suiet, ie n'ay pas affecté de faire des leuées de gens de guerre chez les Polonois, Allemans, Écossois et Anglois, afin de trouuer quelque prétexte à la sortie de l'argent hors de France, quoique l'on aye iamais manqué d'hommes en ce Royaume, et que les Estrangers que l'on y fait venir, coustent quatre fois autant que les soldats François, qui valent néantmoins mieux dans les armées que ceux des autres Nations?

Resp. Qu'il suffit de dire pour me iustifier de ces sièges, que ne paroissant pas que dans leurs entreprises ils fussent domageables à la France, le mauuais succès n'en doit faire blasmer les desseins, estant incertain si d'autres eussent réussi plus fauorablement que ceux-là, et que la commodité que i'en ay retirée, ne me peut estre imputée, puisqu'il n'importoit à l'Estat de quel costé il attaquast son ennemy, pourueu qu'il en pust espérer de l'auantage. Et me suffit aussi pour ma iustification, que les leuées de gens de guerre chez les Estrangers ayent apporté cette vtilité à la France, de conseruer des hommes pour les occasions pressantes, sans que la commodité que i'en tire, puisse passer pour criminelle, veu qu'il suffit qu'elle ne combatte pas les intérests de la France pour estre à l'abry de tout reproche.

10. *Int.* Si ie n'ay pas diuerty le fonds des finances du Roy et employé plus d'argent aux machines des théâtres et balets qu'à celles de la guerre?

Resp. Que ce faict ne consiste qu'en interprétation, et que ces profusions ne me seront pas imputées à crime, quand on sçaura qu'il ne coustoit chose quelconque au Roy des balets et des comédies qui luy ont donné tant de plaisir, parceque les auances se prenoient véritablement dans les cofres de sa Maiesté; mais ayant eu soin de les faire représenter au Public après que le Roy et sa Cour y auoient pris leur satisfaction, ie retirois par mes gens beaucoup plus que les auances n'auoient cousté; ce que i'employois aux récompenses que la Reine me permettoit de prendre pour mes seruices, dont les finances de sa Maiesté se trouuoient d'autant deschargées.

11. *Int.* Si ie n'ay pas pris des profits sur le pain de munition destiné pour la nourriture des gens de guerre?

Resp. Que c'est m'accuser d'auoir trop bien mesnagé les finances du Roy, parceque de vérité ayant veu en quelques années que le soldat, estant auancé dans le païs ennemy, auoit moyen de subsister des pillages qu'il faisoit, i'ay donné ordre à quelques personnes interposées de souffrir aux entrepreneurs du pain de munition qu'ils le diminuassent de quelques onces, à la charge qu'il leur seroit moins baillé à proportion du prix conuenu auec eux, ayant depuis employé cette diminution vtilement pour quelques affaires secrètes.

12. *Int.* Si, abusant de l'authorité que la Reine m'a donnée, ie n'ay pas disposé des principales charges et offices du Royaume indifféremment à toutes sortes de personnes, sans auoir égard aux mérites, pourueu qu'il m'en fust donné récompense; et si particulièrement ie n'ay pas tiré vne somme très considérable pour pouruoir le sieur d'Emery de la Surintendance, et Monsieur le Camus du Controole général des Finances?

Resp. Que cette demande contient ma deffense; car puisque la Reine a laissé les grandes charges du Royaume à ma discrétion, il est hors de doute que i'en puis disposer à telles conditions que ie trouueray raisonnables, moyennant que i'en pouruoye des personnes qui n'en soient incapables, et qui sçachent exercer les fonctions des charges que ie leur commets.

13. *Int.* Si ie n'ay soutenu les Partisans pour mon intérest particulier, parcequ'il ne s'adiugeoit pas de party au Conseil, que l'Adiudication ne me donnast vn droict et récompense très considérable?

Resp. Que i'ay tousiours estimé que la direction des finances par party estoit très auantageuse à la France, à cause de la facilité et prompt secours que les affaires du Roy en reçoiuent; ce qui rend l'intérest des particuliers fort peu considérable, qui se plaignent de ce que par ce moyen il se lèue beaucoup plus d'argent qu'il ne se feroit dans la forme ordinaire, et que, par vne iniustice apparente, il se voit que ceux par le moyen desquels ces deniers sont leuez, y profitent plus que le Roy mesme, outre les récompenses qu'ils sont obligez de donner à ceux qui leur facilitent ces partis, parce qu'où l'intérest du Roy et de l'Estat se rencontre, celuy de ses subiets ne luy doit estre opposé; et le Prince, ny ses Ministres qui gouuernent le Royaume, comme Pères communs autant des vns que des autres, ne doiuent considérer si les biens de l'vn de ses subiets passent à l'autre, pourueu qu'ils demeurent tousiours dans le Royaume. Et n'importe en façon quelconque à la conseruation de l'Estat, si le riche est dépouillé pour en couurir le pauure, pourueu qu'il en demeure tousiours vn riche sur qui le Roy puisse leuer les droicts qui luy appartiennent. De là s'ensuit qué ce n'est pas vn crime d'Estat d'auoir profité des partis, particulièrement s'il est remarqué que ce qui m'estoit baillé, n'alloit pas à la diminution du party, qui entroit entièrement, pour mon regard, dans les coffres de sa Maiesté ; et ma part ne consistoit qu'en vn présent que le Partisan me faisoit à sa discrétion, et qui n'alloit qu'à sa charge.

14. *Int.* Si, sous le prétexte des Comptans, ie ne me suis pas fait bailler plusieurs sommes considérables, que i'ay appliquées à mon profit?

Resp. Que ce faict est véritable; mais qu'il ne m'est calomnieux, parceque i'ay fidellement précompté ces sommes sur le courant de mes pensions, la Reine ayant trouué tant de sincérité en mon procédé, qu'elle m'a permis de tirer mes récompenses en telle manière que ie croirois le plus expédient, sur ce que ie luy ay donné à entendre qu'il n'estoit pas à propos que mes gages et pensions passassent par les formalitez ordinaires des Finances, suiectes à vne infinité d'Officiers qui, n'ayant connoissance de la despense qu'il conuient de faire à vn Ministre, s'en pourroient formaliser, et exciter du bruit parmy le peuple; à quoy toutes personnes intéressées dans les affaires publiques doiuent particulièrement prendre garde.

15. *Int.* Si, par ces moyens et plusieurs autres desquels ie me seruois, ie n'ay pas tiré des sommes immenses des coffres du Roy?

Resp. Que ie ne dois rendre compte de cet article, parceque la Reine m'ayant trouué assez fidelle pour laisser à ma discrétion les sommes que ie dois toucher par chacun an pour mes gages et pensions; et sa Maiesté ayant la disposition absolue de toutes les Finances du Roy, aussi bien que les autres affaires, il s'ensuit que les biens que i'ay acquis en France, ne me peuuent estre enuiez, et encore moins imputez à crime, supposé que la quantité s'en trouue exhorbitante, parceque l'acquisition que i'en ay faite, a eu pour fondement vne authorité absolue.

16. *Int.* Si ie ne me suis pas serui de Leony et d'autres banqueroutiers pour attirer à moy l'argent de plusieurs Bourgeois de Paris, ayant souffert qu'ils ayent fait banqueroute à leurs créanciers, après m'estre emparé de leurs biens?

Resp. Que cet article est véritable; et néantmoins que l'on n'en peut tirer aucun aduantage contre moy, parce que Leony mesme demeura d'accord que ie luy auois presté des sommes très considérables; de sorte qu'en prenant ses effets et ses biens, ie n'ay fait que recouurer ce qui m'appartenoit à iuste titre. Et si en cela i'ay esté plus aduisé que les autres créanciers, ie n'en dois rien qu'à ma vigilance, n'ayant pas creû deuoir négliger l'occasion dont on m'a donné aduis, de me saisir de ses biens, parceque ne consistans qu'en choses mobiliaires, on m'a fait entendre que les ayant pris en ma possession, les autres n'y pouuoient rien réclamer, d'autant qu'en France, ce m'a-on dit, meubles n'ont suite par hypothèque.

17. *Int.* Si, estant Estranger, ie ne me tiens pas incapable de tenir le rang que ie tiens en France? Si ie sçay que par les Ordonnances du Royaume les charges, et particulièrement celles de considération, et les Bénéfices m'estoient interdits, comme n'estant originaire François, et que ces Ordonnances ont esté renouuellées par vn Arrest notable de règlement de l'an 1617, que l'on appelle du Marquis d'Ancre?

Resp. Que lorsque défunct Monsieur le Cardinal de Richelieu me proposa de m'esleuer et de me faire succéder en sa place, il m'aduertit que cet inconuénient l'auoit plusieurs fois arresté d'y songer, et que i'auois à y prendre garde; mais que pour luy il n'estimoit pas dans les règles de la véritable Politique, ni que le Parlement, par son Arrest, ait pû imposer ce ioug à son Roy, de ne se seruir de telles personnes qu'il trouuera bon pour la conduite de ses affaires, ny mesme que les Roys, par leurs Ordonnances, ayent pu establir cette loy à l'égard de leurs successeurs ; et que, pour mon particulier, ces Arrests et ces ordonnances ne me deuoient donner aucun suiet d'appréhension, veu que tant que ie pourrois me maintenir, personne n'auroit la hardiesse de s'en vouloir seruir contre moy; que lorsqu'vn Ministre a laissé prendre quelque ascendant sur soy, ceux qui ont la puissance de le choquer, ne manquent pas d'occasion ; et que pour luy, quoy qu'il ne fust Estranger, il sçauoit fort bien que ses ennemis n'eussent manqué de prétexte pour le déposséder, s'il eust souffert que le Roy les eust entendus ; et qu'enfin ie deuois m'asseurer sur cette maxime, que la conseruation de l'estat d'vn Ministre ne despend pas de la force des Ordonnances ny des loix du Royaume, mais de la seule bonne volonté du Roy ou de celuy qui le représente.

18. *Int.* Si, en abusant de l'authorité de la Régence, et en estendant le pouuoir plus qu'il ne doit estre par les loix fondamentales du Royaume, ie n'ay pas exercé mon ministère comme si i'eusse administré l'Estat sous vn Roy maieur, en promettant des villes en souueraineté à Monsieur le Prince, en faisant créer indifféremment toutes sortes d'Offices, et fait plusieurs autres actes semblables, qui dépendent de la pleine puissance du Roy, qui ne peut estre exercée par qui que ce soit, sinon en quelque occasion vrgente, dans les formes ordinaires,

c'est à dire auec l'aprobation des Estats et du Parlement qui les représente?

Resp. Que ie n'ay iamais mis de différence entre l'authorité du Roy, exercée par luy mesme, estant maieur, et celle qui est confiée à vne Régente pendant sa minorité, et que ie suis bien asseuré que ceux qui font tant de bruit sur cette différence qu'ils se sont imaginée, ne m'en sçauroient monstrer le fondement. Et qu'en tout cas, pour moy, ie ne puis estre blasmé, si, par la bonté de la Reine, ayant eu le pouuoir de la Régence entre les mains, i'ay tasché de l'estendre autant que i'ay pû pour l'honneur de sa Maiesté, ayant esté du deuoir de ceux qui croyent auoir droict de l'empescher, d'en restraindre les limites, s'ils iugeoient que ie les portois trop auant.

19. *Int.* Si ie n'ay pas empesché que le Parlement y donnast ordre, en interrompant leurs Assemblées, et banissant ceux que ie croyois auoir plus de zèle pour s'opposer à mes entreprises?

Resp. Que le Parlement et moy estans dans des sentimens contraires, et nous appuyans chacun d'vne authorité opposée, ils ont peu faire de leur part ce qu'ils ont creu nécessaire pour l'achèuement de leurs desseins; mais aussi ne doit-on trouuer estrange si de ma part i'ay fait ce que i'ay peu pour conseruer ce que ie croy auoir légitimement estably.

20. *Int.* Pourquoy, ayant fait accorder à la Reine vne Déclaration[1] qui règle les plus pressans désordres de l'Estat, et fait promettre au Parlement quelques articles secrets, sous la foy desquels cette Compagnie se repo-

---

[1] La Déclaration du 22 octobre 1648.

soit, ie n'en ay rien voulu exécuter, et esté le premier à y contreuenir.

Resp. Parceque l'expérience a fait voir à la Reine et à son conseil que, pour entretenir cette Déclaration, il falloit renuerser les maximes par lesquelles le grand Cardinal de Richelieu auoit si heureusement commencé de gouuerner le Royaume, et que i'ay du depuis fomenté par les belles instructions qu'il m'en a donné et que ie fais gloire de tenir d'vn si grand Politique; ce que sa Maiesté ny son Conseil n'ont trouué à propos de faire; d'autant que ce seroit souffrir que l'authorité du Roy retournast du haut point où nous l'auons esleuée, à celuy dont les anciens Rois se sont contentez auec beaucoup d'incommodité, assuiettis qu'ils ont esté aux formalitez des Estats et des assemblées de leurs peuples pour les choses de conséquences, ezquelles toutefois l'authorité absolue du Roy esclate bien mieux qu'ez affaires communes et iournalières.

21. *Int.* Si ie n'ay pas fait plusieurs leuées de deniers dans le Royaume en vertu d'Edicts non vérifiez, et si, facilitant par trop les entreprises des Partisans, ie n'ay pas souffert qu'il se soit communément donné des Arrests au Conseil, par lesquels il estoit ordonné que foy seroit adioustée aux coppies collationnées d'iceux par vn Secrétaire du Roy comme aux propres originaux[1], et si ie n'ay pas sceu que la plus grande partie de gens d'affaires possédans ces offices de Secrétaires pouuoient par ce moyen fauoriser les fourbes les vns des autres?

Resp. Pour respondre à cet article, il n'est besoin que

---

[1] On peut consulter sur cette pratique le *Factum notable pour Thomas Carrel, huissier sergent à cheual au Chastelet de Paris*, etc. [1363].

de considérer que le Roy est maistre absolu des vies et biens de ses subiets, et que si les précédens Roys ont fait vérifier leurs Edicts et Déclarations ez Cours Soueueraines, ce n'a esté que pour donner plus de couleur et d'apparence à ce qu'il estoit par eux ordonné, parceque les peuples estoient accoustumez à cet vsage, ou lorsqu'ils ont souhaité que leurs volontez fussent transmises à la postérité; d'où vient que défunct Monsieur le Cardinal de Richelieu et moy ayant esleué par nos soins l'authorité du Roy à vn tel poinct, que sans aucune considération, ses volontez sont absolument exécutées par ses subiets, nous auons cru inutile de nous arrester à ces vérifications; principalement lorsque nous auons préueu que les Edicts dont l'exécution estoit nécessaire pour nos desseins, souffriroient quelque résistance dans les formalitez de la Iustice.

22. *Int.* Si ie n'ay pas préueu que les aduances et prests que i'ay introduits, alloient à la ruine de l'Estat, et que les Finances se trouueroient à la fin tant accablées d'intérests, que le Roy auroit de la peine à s'en descharger?

Resp. Qu'au contraire c'estoit par ce moyen que i'espérois sans formalitez exercer la Chambre de Iustice, et retirer des Partisans ce qu'ils auroient gaigné auec si peu de peine, ayant tousiours eu intention, lorsque Dieu auroit donné la paix à la France, de confisquer tous les prests faits par les Partisans et autres gens d'affaires, pour la peine de leurs maluersations.

23. *Int.* Si, sans tirer argent de mes coffres, ie n'ay pas trouué cette inuention de récompenser mes confidens aux despens du Roy et de ses subiets, en leur faisant achepter des rentes sur l'Hostel de Ville au denier

2 ou 3, que ie leur faisois incontinent racheter au denier 12 et 14.

Resp. Qu'en cela l'intérest du Roy n'est pas blessé, puisqu'il ne paye que ce qu'il doit; non plus que celuy des particuliers, veu que l'on n'a encore veu que l'on ait vsé de contraintes pour leur faire vendre leurs rentes, et que d'ailleurs quand elles leur seroient demeurées, manquans de faueur, ils ne pouuoient espérer pareil rachapt et aduantage que mes amis qui sont employez dans le seruice du Roy, reçoiuent par ce moyen.

24. *Int.* Pourquoy i'ay souffert tant de désordres dans la leuée des Finances, que d'auoir permis aux gens d'affaires d'estre arbitres et les maistres des taxes, dont ils auoient pris le party; comme il est arriué dans le traitté des Aisez, où il s'est veu que les particuliers qui auoient esté cottisez, apportans le tiers ou le quart de leurs taxes aux Traittants, ils auoient incontinent vn arrest de descharge pur et simple, qui ne despendoit que de la volonté du Partisan, lequel ensuite faisoit adiouster qui bon luy sembloit sur son roole, et bien souuent tel que celuy qui estoit deschargé auoit pour ennemy, et nommoit en sa place, auquel il faisoit porter, capable ou non de ce faire, la taxe entière, comme s'il n'auoit rien receu du premier?

Resp. Qu'vne seule raison satisfait à ce prétendu désordre, lequel nous auons esté obligé de souffrir, parceque les Traittans s'estant rendus adiudicataires de ce party, sous l'espérance qu'on leur auoit donnée, que la Déclaration par laquelle il estoit authorisé, seroit vérifiée au Parlement, ce que cette Compagnie ayant refusé, après toutefois que nous eusmes touché les aduances de ce party, nous ne peusmes trouuer de plus prompt remède pour contenter les Partisans, qui nous importunoient de toute part afin d'auoir des recouurements des pertes qu'ils souffroient à cette occasion, s'estant rencontré quantité de lieux où les Taxez se préualans des défences qu'ils obtenoient du Parlement, de les contraindre pour leurs taxes, que de leur permettre de leuer ce qu'il leur seroit possible en vertu de ce party, et de recouurer leurs pertes comme ils pourroient, l'estat des affaires du Roy ne nous permettant pas de leur assigner d'autres recouuremens.

25. *Int*. Pourquoy, pour faire réussir mes desseins, vsant mal de l'authorité du Roy, ie me suis seruy de moyens si extraordinaires que de bannir des Magistrats sans autre suiet que d'auoir expliqué leurs pensées auec trop de liberté, et maintenu contre ma volonté les droicts qui leur appartiennent, et d'esloigner deux Ministres de la Cour[1], dont l'expérience de l'vn et l'intégrité de l'autre, accompagnées d'vne longue fidélité vers la Reine, estoient recommandables, sous prétexte que la grande piété de l'vn ne pouuoit compatir auec la conduite des affaires d'Estat, et que ie redoutois pour mon intérest particulier l'esprit entreprenant de l'autre?

Resp. Que l'vtilité de l'emprisonnement des Magistrats paroit par l'exemple des affaires du temps, qui sans doubte ne seroient en cet estat, si le peuple m'eust permis de continuer mes entreprises, qui se iustifient assez en ce qu'il se voit qu'elles n'auoient aucune intention que le maintien de l'authorité Royalle. Que l'esloignement de Monsieur l'Euesque de Beauuais n'est pas moins iuste, non pas que ie tienne absolument que la déuotion soit

---

[1] Potier, évêque de Beauvais et aumônier d'Anne d'Autriche; Léon Le Bouthilier, comte de Chavigny.

tousiours incompatible auec le ministériat, mais parceque dans le rencontre particulier, où il s'agissoit de continuer le Gouuernement de l'Estat dans les fondemens et maximes que défunct Monsieur le Cardinal de Richelieu auoit commencé d'establir, et qui ne paroissent pas aux yeux d'vn chacun aussi sincères qu'elles sont en vérité, ie vis fort bien de la façon qu'il s'y prenoit, que la grande piété à laquelle il est attaché, estoit vn puissant obstacle pour le faire réussir en son administration; et de faict il pensa mettre la diuision dans le Conseil et fist quelque impression dans l'esprit de la Reine lorsqu'il appuya si fort les moyens de paix, qu'il s'aduisa vn iour de mettre en délibération, en vn temps qu'elle ne pouuoit encore estre proposée, pour songer à son accomplissement. Et enfin que i'ay eu aussi raison de procurer l'emprisonnement du sieur de Chauigny, et que c'a esté auec suiet que i'ay douté l'effet de ses entreprises, qui alloient à la subuersion de l'Estat, ayant recognu par l'examen que i'ay fait de son procédé, qu'il estoit trop estudié pour n'auoir autre dessein que celuy qu'il me tesmoignoit; et que si ie n'eusse arresté le cours de ses pratiques, il n'eust plus tardé longtemps à iouer au boute-hors; en quoy sans doute l'Estat eust beaucoup souffert, attendu les particulières connoissances que i'ay des affaires du Royaume, que ie ne puis descouurir que quand ie verray la nécessité de me donner un successeur.

26. *Int.* Si ie n'ay pas employé le poison pour me défaire de défunct Monsieur le Président Barillon[1] et pourquoy i'ay mis au hazard les vies de Messieurs de

---

[1] C'est une des accusations qui reviennent le plus souvent dans les pamphlets. Il n'en est pourtant pas dit un mot dans les *Dernières actions et paroles du président de Barillon*, etc. [1030].

Beaufort et de la Motte Houdancourt, en leur suscitant des accusations qui ont paru calomnieuses par l'éuènement, et par les Arrests qui sont interuenus à leur descharge en deux Cours de Parlement?

Resp. Que par ma qualité de Ministre représentant identiquement la personne du Roy, ie ne dois rendre compte à qui que ce soit de la mort de ses subiets, parceque leurs vies estans sousmises à nos authoritez, nous en pouuons disposer ainsi que nous trouuons bon pour le maintien de son Estat. De là vient qu'il suffit que i'aye iugé que Monsieur le Président Barillon auoit esté et seroit vn obstacle à l'auancement de mes desseins dans la conduite du Royaume, pour en auoir pu tirer raison par sa mort, en laquelle les gens d'esprit estimeront beaucoup ma prudence de m'estre seruy d'vne voye extraordinaire et secrète, parceque ie ne le pouuois autrement sans intéresser vn grand Corps, qui par le ressentiment qu'il estoit obligé de tesmoigner, eust pu apporter quelque désordre dans l'Estat; et que l'on ne me doit imputer si i'ay prononcé cette condamnation sans information et sans forme, d'autant que par cette représentation de la personne du Prince, ie possède en moy la dispense de toutes les Loix et Ordonnances du Royaume, qui ne sont establies que pour la conduite des Iuges ordinaires et des esprits communs, afin qu'eux qui ne possèdent cette infaillibilité de iugement, qui est le partage des grands esprits, ils trouuent vn ordre dans ces formalitez pour ayder leurs délibérations. Que quant à Messieurs de Beaufort et de la Motte, ils ont tout suiet de se louer de moy, si ayant iugé que leurs morts n'estoient absolument vtiles à l'Estat, ie les ay renuoyez à des iuridictions ordinaires, pour estre eslargis auec absolution.

27. *Int.* Si pour me rendre maistre absolu de la personne du Roy, ie n'ay pas esloigné des Capitaines de ses gardes, et congédié sa garde de mousquetaires à cheual, remplie de Gentilshommes très affectionnez au seruice de sa Maiesté, pour ne les auoir pu faire condescendre à mes desseins?

Resp. Qu'il est important au bien de l'Estat qu'en ayant la généralle administration, ie puisse disposer de toutes les personnes qui y tiennent quelque rang considérable ; et que si i'auois suiuy exactement les mémoires de Monsieur le Cardinal de Richelieu, la France ne se verroit en l'Estat qu'elle est, parceque i'aurois mis dans les charges et places de conséquence des personnes de mon intelligence, desquels i'aurois mieux disposé que ie n'ay fait dans cette vrgente necessité du Royaume.

28. *Int.* Si ie n'ay pas eu intelligence auec l'ennemy de l'Estat, et à cette occasion interrompu le cours des heureux succès de la France? Si pour faciliter la prise de Courtray, très-nécessaire au Royaume pour la correspondance des villes des Pays-Bas, ie n'ay pas employé vne armée qui n'étoit que trop suffisante pour résister à celle de l'Archiduc Léopold, au siége de la ville d'Ypre, qui ne se peut garder toutefois et quantes que l'Espagnol se trouuera en estat de l'assiéger, et que pour luy en donner plus de moyen, i'ay empesché qu'elle ne fust fortifiée? Si en cette même année après auoir laissé périr l'armée par les incommoditez qu'elle souffrit, et la necessité de viures et d'argent, qui firent passer plusieurs de nos soldats dans les armées ennemies, ie ne suscitay pas la bataille de Lens, en laquelle, sans vne grâce particulière du Ciel, l'armée du Roy deuoit indubitablement succomber? Si pour priuer la France de ses meil-

leurs chefs, ie ne leur ay fait hazarder plusieurs battailles en Catalogne et aux Pays-Bas, ezquelles ils deuoient périr, n'estant leur courage et bonne conduite ? Si pour faciliter la mesme prise de Courtray, ie n'en fis pas sortir auparauant le siège par vn ordre secret le sieur Paluau, gouuerneur, auec vne partie de la garnison, sous prétexte de donner secours à Monsieur le Prince au siège d'Ypre ? Si par le mesme moyen ie n'ay pas liuré Mardic en le dégarnissant de monde ? Si, dans le quartier d'Hyuer de 46, ie n'empeschay pas, sous prétexte de la paix qui se traittoit, que les recrues fussent leuées ; ce qui fut cause qu'au commencement de la campagne suiuante le Roy n'eut aucune armée considérable au champ, de sorte que l'Archiduc eut moyen de prendre tel aduantage qu'il voulut ? Et si enfin après auoir fait bruit par les Généraux, l'armée estant en campagne, pour fauoriser le siège de Landrecie, ie ne fis point venir deuers moi les sieurs Gassion et de Ranssau [Rantzau], Généraux, sous prétexte de les accommoder de quelque différent qu'ils auoient ensemble, afin, pendant leur absence, de donner loisir aux ennemis de former le siège, ainsi qu'ils firent? Si depuis ces deux Généraux ayant résolu de secourir cette ville, comme il leur estoit aisé de faire, ie ne les en empeschay pas par ordre que ie leur enuoyay de ne rien hazarder ? Si pour faire perdre l'armée du Roy, conduite par Monsieur le Prince deuant Leyrida, ie n'aduertis pas les Ministres d'Espagne de ce siège, de sorte que s'y estans préparés, Monsieur le Prince trouua autant de monde dans la ville pour la deffendre qu'il en auoit conduit pour l'attaquer ? Si lors qu'au commencement des campagnes les armées du Roy ont esté victorieuses et se sont trouuées en estat de conquérir des Prouinces entières, ie ne les ay pas laissé périr par les necessitez que ie leur ay fait souffrir? Et enfin si pour tous ces seruices que i'ay rendus à l'Espagnol, ie n'ay pas receu des pensions de luy et souffert que d'autres suiets du Roy en reçeussent, ayant esté aduerty qu'il y auoit dans Paris vn agent du Roy d'Espagne, lequel payoit les gages des pensionnaires qu'il auoit en France, sans que ie m'en sois mis en peine et aduerty le Conseil?

Resp. Que la response à tous les chefs de cet article despend de la plus sublime Politique, qui a mesme esté incognue au diuin Machiauel et que peu de personnes pourront comprendre, à moins que de pénétrer bien auant dans le secret de cet art; que néanmoins pour en rendre quelque raison, puisqu'il semble que l'on veuille particulièrement insister sur ce poinct, qui de vérité paroist le plus spécieux de tous ceux qui iusques à présent m'ont esté proposez, ie diray ce qui eust esté très vtile à l'Estat de ne pas diuulguer; que le meilleur moyen que i'aye inuenté pour la conseruation de l'Estat, depuis que i'exerce le ministère, a esté de pratiquer des intelligences auec l'ennemy, par le moyen de quoy en luy laissant aller quelquefois de petits aduantages, afin de paroistre affectionné à son seruice, rien des secrets du Conseil d'Espagne ne m'estoit caché, dont i'ay tiré de très grands profits pour faire réussir les affaires de la France et obtenir les grandes victoires, desquelles elle s'est veue victorieuse, depuis que i'ay entrepris sa conduite, et que ie me suis seruy de ces artifices; dont ayant tousiours trouué quelque prétexte d'excuse vers le Roy d'Espagne pour entretenir cette pratique, et qui ayant esté communiquée à mes ennemis, par vne âme infidelle que i'employois à cette négociation sans luy en dire le secret, ils ont pris subiet d'en faire vn chef d'accusation contre moy, quoy que les iudicieux voient fort bien que ces intelligences n'alloient qu'au bien général de la France, qui auoient encores cet effet, outre celuy que ie viens de remarquer, que i'attirois par ce moyen de très grandes sommes de deniers des coffres de nos ennemis, dont le Royaume profitoit, et particulièrement ceux employez auprès de moy pour le seruice du Roy, auxquels donnant cette liberté de receuoir ouuertement ces pensions, cette tolérance apportoit ce bien à l'Estat, que par ce moyen ils ne mandoient rien au Conseil d'Espagne, qu'ils ne me l'eussent communiqué auparauant; au lieu que si i'eusse voulu empescher ce commerce, et que ie n'eusse tesmoigné estre du party aussi bien qu'eux, ils m'eussent si bien caché leurs pratiques que ie n'en eusse eu aucune cognoissance, et qu'au lieu que ie profitois pour la conduite de l'Estat de ce qu'ils mandoient au roy d'Espagne, la France, à cause de ces intelligences, en eust receu un notable domage; puisque ceux qui sont employez dans les grandes affaires, ont remarqué cette maxime, qu'il est impossible, quelque diligence qu'on y puisse apporter, qu'ils n'ayent tousiours quelqu'vn de ceux qui sont auprès d'eux, qui n'ayent des secrettes pratiques auec ceux du party contraire ; Et ainsi ne louera-t'on pas mon adresse, non-seulement par mes artifices d'auoir attiré en France les Finances d'Espagne, mais mesme d'auoir espargné les profusions qu'il falloit faire chez les ennemis, pour pratiquer de notre part ces intelligences auec eux, puisque sans m'en mettre en peine, elles m'estoient descouuertes iournellement sous prétexte de fauoriser leur party?

29. *Int.* Si ie n'ay pas empesché l'effet de l'entre-

prise de Naples, qui auoit cousté tant de peine au défunct Cardinal de Richelieu, en retardant le secours destiné pour y enuoyer? Si ie n'ay pas fait surprendre Monsieur de Guise entre les mains de nos ennemis? Et si lorsque ie fus congratuler Madame sa mère du secours que ie luy préparois, ie n'auois pas receu les nouuelles de sa prise?

Resp. Que c'est le seul poinct où i'ay renuersé à dessein les entreprises de Monsieur le Cardinal de Richelieu ; et ce qui m'a excité à le faire, a esté ce que i'ay appris de l'Histoire, que les desseins sur l'Italie n'auoient iamais apporté aucun profit aux François, et qu'il falloit nécessairement que les esprits et la conduite de ceux de ce Royaume cédassent à cette nation subtile et guerrière tout ensemble; au lieu que les habitans de la France doiuent aduouer s'ils veulent recognoistre la vérité, que ce climat ne leur octroye que la dernière de ces deux qualitez, et qu'il faut qu'ils obseruent religieusement cette maxime, de n'attaquer iamais ceux de cette nation sans très grande nécessité, puisque ce n'est pas tout d'entreprendre et d'auoir des desseins de conquérir, mais qu'il faut pour estre estimez iustes et raisonnables, qu'ils reçoiuent quelque apparence dans leur exécution ; D'où vient que l'on ne doit trouuer estrange si ie n'ay iugé à propos d'attaquer le Roi d'Espagne du costé qu'il est le plus fort, non plus que si ayant sceu la prise de Monsieur de Guise, ie ne l'ay si tost voulu déclarer à Madame sa mère, d'autant que ie fus bien aise de lui tesmoigner auparauant quelque affection pour sa famille, afin de me maintenir en ses bonnes grâces, vn Ministre deuant auoir cette adresse de se conseruer, s'il peut, tous ceux qui sont en quelque considération dans le Royaume; ce qui retourne au bien et à l'vnion de l'Estat.

30. *Int.* Si ie ne suis pas la cause de la mort du Roy d'Angleterre, oncle de sa Maiesté, ayant continué indiscrètement les pratiques que le défunct Cardinal de Richelieu y auoit commencé, pour allumer la guerre en ce Royaume?

Resp. Que i'ay receu la nouuelle de cette mort auec douleur, et que ie n'en dois estre considéré comme la cause, non plus que défunct Monsieur le Cardinal; d'autant que i'ay trouué sur ses mémoires, qu'il n'auoit suscité cette guerre que pour diuertir le secours qu'il scauoit de bonne part que le Roy d'Angleterre deuoit enuoyer à celuy d'Espagne, lorsque l'armée du Roy voudroit assiéger Dunkerque et les autres villes qu'il ne pouuoit voir en nos mains sans ialousie; mais que Monsieur le Cardinal auoit fait estat que le party du Roi d'Angleterre subsisteroit plus longtemps, et que c'estoit son intention de luy prester secours et de le desgager de cette oppression, lorsqu'il auroit eu fait la paix auec l'Espagne; à quoy il destinoit le reste de nos troupes, pour empescher les désordres que les soldats accoustumez en la guerre causent en vn Estat, quand ils se trouuent oisifs.

31. *Int.* Si la paix nous ayant été offerte par le Roy d'Espagne et ses confédérez auec des conditions très aduantageuses pour la France, ie n'en ay pas détourné l'effet et plutost souffert la désunion de nos Alliez que d'y vouloir entendre, pour cette seule considération, que ie ne pourrois me maintenir pendant la paix, comme ie fais en temps de guerre? Si à cette occasion ie n'ay pas rendu Monsieur le Duc de Longueuille malcontent

ayant veu que ie me seruois de l'industrie d'vn Plénipotentiaire qui n'estoit de sa condition, pour empescher l'effet de ce que ce Prince auoit arresté ? Et si ie ne sçay pas que l'Archiduc Léopold en a depuis peu rendu tesmoignage au Parlement?

Resp. Que si l'on considère la paix comme fait le commun du peuple, c'est à dire comme le seul et vnique bien de l'Estat, ie pourrois véritablement encourir quelque sorte de blasme en ce rencontre ; mais si esleuant ses pensées, on considère que la guerre et la paix sont indifférentes au bien de l'Estat, pourueu qu'il trouue les moyens de subsister en l'vn ou en l'autre aduantageusement, il n'y a personne, pour peu illuminé qu'il soit en l'art de régner, qui ne iuge mon procédé trèsiudicieux, s'il sçait que défunct Monsieur le Cardinal de Richelieu n'a pas tant déclaré la guerre dans l'espérance de prendre quelques villes sur l'ennemy, qui seroit peu en comparaison de la despense qu'il faut faire pour les conquérir, que pour auoir suiet d'éleuer pendant ce temps l'authorité du Roy au poinct où il l'a mise ; ce qu'il n'eust pu faire en temps de paix. C'est pourquoy c'est auec beaucoup plus de raison qu'ayant entrepris d'esleuer de la mesme façon l'authorité de la Régence, i'ay procuré de tous mes efforts la continuation de la guerre ; ne faisant rien contre moy ce qu'on obiecte pour me blasmer, que dans cette pratique i'ay aussi bien eu en considération le maintien de mon authorité que de celle du Roy et de la Reine ; d'autant que cherchant à me conseruer, c'est donner moyen à leurs Maiestez de garder cette puissance absolue que nous leur auons donnée sur leurs subiets ; pour laquelle maintenir, il est nécessaire qu'elle soit aydée par vn ministre absolu et nourry dans nos maximes; Ayant fait en sorte que cette dignité est maintenant plus nécessaire à la France en l'estat que les choses sont réduites, que toutes les autres ensemble.

32. *Int.* Si cette prorogation de la guerre n'a pas esté cause des progrez du Turc en la Chrestienté, les Princes Chrestiens estans empeschez en cette guerre domestique? Si le Pape et les Vénitiens ne m'en ont pas fait reproche? Et si ie n'en ay pas tiré récompense du Turc?

Resp. Que ie n'ay pas creu que l'intérest général de la Chrestienté deust estre préferé au bien particulier de la France, tel que ie viens de le monstrer en respondant en l'article précédent. Et si en seruant mon Maistre, le Turc s'est persuadé que ie luy rendois seruice pour sa seule considération, il est certain que ie n'ay deu refuser ses présens, puisqu'ils ne m'obligeoient à faire chose quelconque qui ne fust pour le seruice du Roy de France.

33. *Int.* Pourquoy i'ay enleué nuictamment le Roy hors de Paris et mis la confusion dans toute la France?

Resp. Que la raison n'en est appuyée que sur ce fondement légitime, de maintenir l'authorité Royalle, que ses subiets vouloient auilir en se seruant de cet aduantage qu'ils tenoient le Roy et ses Ministres en leur puissance.

34. *Int.* Pourquoy donc, pour trouuer prétexte à cet enlèuement, et pratiquer la désvnion entre le Parlement et les Bourgeois, i'ay tasché de calomnier cette Compagnie par la lettre que ie fis enuoyer à l'Hostel de Ville, et par les libelles que i'ay du depuis semez dans les rues[1]?

[1] *Lettres et déclaration du Roy sur le suiet de sa sortie de Paris*, etc. [2289]. Les libelles sont apparemment les deux billets : *A qui aime le*

Resp. Que les maximes d'Estat ne veulent pas que l'on descouure tousiours au peuple les véritables motifs des actions de ceux qui en ont la conduite ; et quoy que l'authorité Royalle soit vn prétexte très équitable, que néanmoins parcequ'en certains rencontres elle choque la liberté des peuples, cela en imprime quelque auersion dans les esprits des moins obéissans, qui ne considèrent point que le Roy ne s'eslèue et n'establit son pouuoir que pour mieux les deffendre contre les ennemis communs. De là vient que i'ay crû à propos de reietter la sortie du Roy sur les entreprises du Parlement contre sa personne, afin que le peuple en conceuant quelque indignation contre eux, il refusast de prester assistance ; dont cette Compagnie ne me doit sçauoir mauuais gré, puisque tout mon procédé n'a esté que pour le maintien de l'authorité Royalle, auquel elle est obligée aussi bien que moy.

35. *Int.* Si ie n'ay pas donné conseil à la Reine de ruiner Paris ?

Resp. Que ce n'a iamais esté mon dessein de faire aucun désordre en la ville, mais bien d'en affoiblir insensiblement les forces, en ostant les Compagnies souueraines et la Cour de sa Maiesté, parce qu'ayant recognu que la grandeur de cette ville seruoit de contre poids à l'authorité du Roy, i'ay creu qu'il alloit de mon Ministère et de mon deuoir de retrancher cet empeschement à la puissance absolue de sa Maiesté.

vérité, Lis et fais, répandus dans Paris par le chevalier de La Valette dans la nuit du 11 février. Il résulterait ainsi de ce passage que j'ai eu tort de placer le *Sommaire de la doctrine curieuse* dans la *Liste chronologique des Mazarinades*, sous la date du 8 janvier. J'aurais dû la reporter à peu près vers l'ouverture des conférences de Ruel.

36. *Int.* Si ie ne me suis pas seruy de charmes et autres inuentions diaboliques pour me conseruer la bonne volonté de la Reine, et pour attirer de mon party Messieurs le Duc d'Orléans et le Prince de Condé?

Resp. Que i'ay tousiours eu horreur pour les sortilèges; et néanmoins qu'à mon aduénement au Ministère, vn de mes Confidens me congratula d'auoir employé le sort pour le faict sur lequel ic responds; mais que ie ne l'ay iamais aduoué, et luy ay refusé mesme quelque récompense qu'il croyoit obtenir de moy à cette occasion.

37. *Int.* Si toute ma religion n'est pas établie sur la doctrine de Machiauel, ne tesmoignant aucun zèle pour la loy Chrestienne, veu qu'il semble que ie n'approche des Sacremens et fasse cas des mistères de l'Eglise que pour me purger de l'infidélité dont on me pourroit accuser?

Resp. Que ma qualité de Cardinal me laue assez de cette accusation, et que cette dignité me doit rendre très ardent pour la doctrine qu'enseigne l'Église Catholique, Apostolique et Romaine; mais que ce qui trompe ceux qui examinent de si près mes actions, est que i'estime que la déuotion extérieure n'est pas celle qui doiue estre la plus affectée.

38. *Int.* Si ie n'ay pas exercé la simonie la plus odieuse qui fut iamais, en baillant des millions à ceux qui se sont employez vers le Pape pour obtenir à mon frère, le Cardinal de Sainte Cécile, le chapeau auec lequel il est mort?

Resp. Que cette accusation seroit bonne à proposer à vne personne qui tiendroit vn moindre rang dans l'Église; mais qu'en estant vn des Princes, i'ay pu me dispenser (quoy que disent les Canonistes du contraire) de toute tache de simonie, ainsi que i'ay appris d'vn très subtil Politique.

39. *Int.* Si ayant pris le soin de faire diuertir le Roy et sa Cour par les Comédiens que ie luy ay fait venir d'Italie, et les somptueux balets qui ont estez dancez deuant sa Maiesté par mon ordre, ie n'ay pas souffert qu'il y receust de très-mauuaises instructions par les discours scandaleux que tenoient les acteurs, et par leurs actions qui n'estoient le plus souuent que maquerellage de l'vn et de l'autre sexe?

Resp. Qu'il en va autrement de l'instruction des ieunes Princes que des autres enfans, parceque les vns ayant à gouuerner vn Estat et viure auec les meschans aussi bien qu'auec les bons, il est à propos qu'ils cognoissent le mal comme le bien, dont ceux qui ne sont de cette condition peuuent se dispenser dans leur vie particulière.

40. *Int.* Quelles sont les maximes desquelles ie me suis seruy pour administrer l'Estat?

Resp. Que i'en ay déclaré vne partie en me iustifiant des accusations qui me viennent d'estre obiectées en l'interrogatoire que ie preste; Que pour les autres elles dépendent de la Politique secrette qu'il importe au bien de l'Estat de tenir cachée, parce qu'elle paroist plus insupportable aux peuples qui ne sont versez en cette science, de laquelle mesme pour cette raison ie me suis abstenu de parler en mes Responses, quoy qu'elle eust pu me seruir extresmement pour iustifier mes actions et ma conduite.

41. *Int.* Si affectionnant le bien de l'Estat, comme ie dis, ie n'eusse pas mieux fait de retourner en Italie pour

rendre le repos à ce Royaume que ie lui oste par ma présence?

Resp. Que ie ne pourrois faire vn plus grand préiudice à l'authorité du Roy et de la Reine, et que ce seroit mesme prolonger les troubles du Royaume, parce que donnant cet aduantage aux peuples de m'esloigner pour leurs plaintes, ils ne manqueroient pas lorsqu'ils auroient conceu vne pareille indignation contre celuy qui me succéderoit, de susciter les mesmes émotions qu'ils ont fait en ce temps contre moy ; ce qui arriueroit indubitablement, puisqu'à ce qu'ils tesmoignent, ce n'est pas tant ma personne qu'il leur déplaist, que la façon de laquelle ie conduis l'Estat; d'où vient que tous ceux qui sont auiourd'huy proche de leurs Maiestez et qui ne manqueront pas d'artifices pour s'y maintenir, estant nourris dans les mesmes maximes, il est impossible que l'Estat change de conduite, et par conséquent que les suiets de plaintes pour les peuples cessent si l'on n'y apporte vn autre remède, et qu'il ne leur soit puissamment resisté; de sorte que pour le bien de l'Estat, i'ay iugé mon restablissement d'vne telle conséquence, que i'ai conseillé à la Reine de plustost hazarder la Couronne de son fils, que de ne pas tirer raison de l'iniure qui m'est faite, et de ne me restablir au rang que ie tenois dans le Royaume.

42. *Int.* Si i'entends prendre droict par les informations qui ont esté ou seront faites contre moy?

Resp. Que très-volontiers, pourueu qu'elles ne contiennent autres choses que les chefs sur lesquels on me vient d'interroger.

La response à la lettre du cardinal Mazarin.

Monseigneur,

J'ay crû que la conséquence de l'affaire que vous me faites l'honneur de me communiquer par celle que i'ay receue de vostre Éminence, désiroit vne plus prompte response que celle que vous demandez de moy. C'est le suiet pour lequel ie vous enuoye ce Courrier extraordinaire, pour vous mander mon sentiment, touchant la comparution que vous auez résolu de faire au Parlement, pour vous purger des calomnies que l'on vous impose, et vous dire auec liberté (puisque vous me tesmoignez le souhaitter ainsi) que vous deuez bien vous donner de garde de mettre votre dessein à exécution sur la confiance que vous auez de la iustice des Responses que vous auez dressées contre les Faicts dont on vous accuse; car combien que vostre Politique et Art de régner vous mettent à couuert de tout reproche, vous deuez néantmoins considérer que ceux deuant qui vous auez à vous représenter, ne cognoissent pas les maximes de Machiauel ny de Monsieur le Cardinal de Richelieu, non plus que celles que vous auez inuentées par vos artifices (puisque c'est vn des mots de l'art), pour règles de leurs iugemens, comme vous vous les estes proposez pour but et conduite de vos actions; de sorte que ie suis fasché de vous dire, Monseigneur, que le Parlement qui ne recognoist autre loy en ce Royaume, à l'égard de telle personne que ce puisse estre, que les Ordonnances Royaux, trouueroit en vos Responses, de la façon qu'elles sont conceues par votre Mémoire, plus de cent chefs pour prononcer vostre condamnation. C'est pourquoy, Monseigneur, pour ne pas flatter vostre Éminence en vn rencontre où il importe de luy déclarer la vérité, ie serois d'aduis puisque vous me faites l'honneur de participer à vos conseils, que vous cherchiez vostre salut par tout autre moyen que celuy que vous me proposez. Ie vous prie de receuoir ce sentiment de celuy qui ne s'est porté à vous le dire auec tant de liberté, que dans le dessein que i'ay de vous tesmoigner que ie suis

De vostre Éminence,

Monseigneur,

Vostre très-humble et très-obéissant seruiteur,

T. T.

De Paris ce 2 iour de mars 1645.

Lettre iouiale à Monsievr le Marqvis de La Bovlaye, en vers burlesques [2245][1].

(4 mars 1649.)

En ce mois de Mars bien nommé,
Où Mars s'est si bien escrimé,
A Paris, la plus rude escrime
Est de la prose et de la rime.
Mais si dans ce siècle peruers,
Où tant de gens vont de trauers,
La mienne ne choque personne,
Elle est la seule qui pardonne;
Car il n'est si peu médisant
Qui n'ait à médire à présent.

[1] C'est, au jugement de Naudé, la cinquième entre les pièces dont on peut faire estime.

Mais trèue d'iniures : silence.
Ie veux louer vne excellence.
Ce titre vous est bien acquis
Autant que celuy de Marquis,
Marquis dont le courrier raconte
Plus que d'aucun Baron ny Comte,
Et qui narguez les fanfarons,
Soit Marquis, Comtes ou Barons,
Marquis encor à meilleur titre
Sur vos terres qu'en mon Epistre,
Qui ne croyriez pas vous tromper,
Vous changeant contre vn Duc et Pair,
Fleur de la valeur Poiteuine;
Qui par ce nom ne vous deuine,
Il n'entend pas à demy mot
Et ne boit pas à vostre escot.
Pour vous la bonne renommée
Tout cet Hyuer s'est enrumée;
Et son mary, le bon renom,
S'enroue à chanter vostre nom;
A qui ie crieray de loin viue,
En attendant que ie vous suiue;
Vos coureurs vn peu trop ardens
Ont mis les miens dessus les dents.
Tandis qu'ils sont sur la litière,
La Muse a beau prendre carrière.
On vous proclame à haute voix
Le grand *Gassion des conuois*[1].
Ce titre vous est vn reproche;
Et cette comparaison cloche.
Aux conuois, sauf correction,
Vous n'estes point vn Gassion.

[1] Le mot est de l'abbé de Laffemas dans la *Lettre à monsieur le Cardinal, burlesque*, voyez plus haut.

Il prit mal le soin qui vous touche,
De courir sus aux conuois de bouche,
Quoy qu'il eust dans ses beaux exploits,
Comme vous, le cœur tout François.
Au viure, il eut l'âme Espagnole.
Il eust vescu d'vne brignolle ;
D'où vient qu'il a bien escorté
Des conuois de sobriété :
D'armes, boulets, poudres et mesche,
De toute munition seiche.
Vous plus fin, sans comparaison,
Munissiez vostre garnison
De munition grosse et grasse
Et des beaux fruits de vostre chasse,
De conuois pour le Mardy Gras,
Que Gassion ne festoit pas.
Mal vit qui se réfectionne
De conuois à la Gassionne.
Donc vous nommer vn Gassion
Aux conuois de réfection,
C'est vous dégrader de vous mesme
Et nommer Mardy Gras Caresme.
Ce preux faisoit des prisonniers
Qui diminuoient ses greniers,
Et qui mangeant le pain de France,
A leurs vainqueurs faisoient despense.
Vous faites en grand mesnager
Des prisonniers bons à manger,
Qui ne mangent point, chose estrange,
Parceque d'emblée on les mange ;
Et vous enleuez des quartiers
Qui sont des troupeaux tout entiers.
Si Gassion dans nostre armée
Ou dans nostre ville affamée
Eust esté le seul pouruoyeur,

Ce discours me donne frayeur,
Il auroit rendu vaine et nulle
La dispense qui nous vaut Bulle [1];
Et sans crainte de se damner,
Ce huguenot m'eust fait ieusner.
Il eust réduit les boucheries
A quester dans nos escuries.
On eust rosty iusqu'aux cheuaux
Qui seruent à vos grands trauaux.
I'ay leu qu'vn Seigneur D. L. T. [2]
Grugeoit des rats en sausse douce.
On eust fait par nécessité
Ce qu'il faisoit par volupté.
On eust fait cuire à des brochettes
Des souris en guise d'allouettes;
Et si nos chats eussent rongé
Nos souris sans nostre congé,
Nostre recours sur les chats mièures
Nous les eust fait gruger en lièures.
Auiourd'huy sans tant de façon
On prend pour farine du son.
Sacs de plastre eussent eu la mine
D'estre pris pour sacs de farine.
C'eust esté la prouision
Que nous eust laissé Gassion.
On ne peut sans malice noire
Barbouiller sa noble mémoire;
Mais ie dy, sans le blasonner,
Qu'il ieusnoit et faisoit ieusner.
Au contraire vostre prudence
Nous fut la corne d'abondance.

[1] Les Parisiens avaient été dispensés de faire maigre par un règlement de l'archevêque en date du 18 février.

[2] De La Trousse. N'ai-je pas lu cette anecdote dans les lettres de Mme de Sévigné?

Cornes en abondance au moins
Nous venoient de vos nobles soins,
Cornes d'honneur et de conquestes
Qui tenoient à de grosses testes,
Et ces testes à de gros corps
Qu'on pouuoit nommer bœufs pour lors;
Mais bientost dans mainte bedaine
Ces bestes prenoient forme humaine.
Vous nous sustentiez de bon suc
De ces gros oyseaux de Sainct Luc,
De ces pigeons de riche taille
Et dont Poissi nous rauitaille.
Paris nommoit ses nourissiers
Vous et vos lestes Officiers;
De quoy Corbeil n'estoit point aise;
Ce mot soit dit par parenthèse.
La haute classe des censeurs,
Des raffinez et cognoisseurs
N'a pu que sur le tard cognoistre
Que vous sçauez des coups de maistre.
Vostre bras, quoy qu'esgal, tousiours,
Ne s'est pas mis à tous les iours.
Vos plus généreuses coruées
Au besoin s'estoient réseruées.
Il falloit pour vous mettre aux champs,
Voir liguez Iuges et Marchands;
Il falloit voir les barricades
Deuant que voir vos caualcades.
Certes Madame la faueur
N'a point tenté vostre ferueur;
Et vous n'auez pris exercice
Que pour Damoiselle Iustice.
La ville auec ses Escheuins
Vous deust régaler de bons vins.
Baise mains de la Bourgeoisie

Sont deus à vostre courtoisie.
Les trafficants du pié fourché
Vous font des vœux en plein marché.
Sans vous les bouchers sans pratique,
Changeant d'art et non de boutique,
Faute de bœufs et de moutons,
Auroient vendu des rogatons,
Comme vne fort légère viande
Dont la Bourgeoisie est friande.
Mais vostre grosse venaison
Nourrit mieux nostre garnison.
Ie diray plus : vostre prouesse
A muny de cœur et d'adresse
Tels qui n'en auoient pas beaucoup,
Qui n'auoient iamais veu le loup
Ny la guerre qu'en la Gazette,
Ou de loin par vne eschauguette.
Vous meniez bien ces caualiers
Quoy que montez sur des malliers.
Ils se piquoient tant de brauoure
Qu'ils se délassoient mesme à courre;
Et courant de nuict comme vous,
Sans craindre loups ny loups-garous,
Après vous ils fendoient les crottes,
Sans crainte d'y laisser les bottes,
Comme à Ville Iuif nos Courtaus [1]

---

[1] C'est la journée de Juvisy.

« Le Dimanche ou le vingt-quatre (*janvier*),
Sortirent tous prests à se battre,
Sans manteaux, en mignard-souliers,
Le bas de soye et les cartiers
(Car ceux qui craignoient plus les crottes,
N'auoient que de petites bottes).
Gage, Lecteur, que tu m'attends
A nommer nos fiers habitans

Qui n'estoient pas des plus rustaus.
De peur de laisser dans la neige
Leurs pieds trop légers pour vn siège,
Ils y laissèrent leurs souliers,
Non par paires, mais par milliers.
Cette restiue infanterie
Suit mal vostre cauallerie.
Que de faux braues de Paris
Sur vos pas se sont aguerris !
Le Soleil enuioit la Lune,
Qui les voyoit brusquer fortune,
Faisant de nuict maint coup hardy
Qu'il eust fait beau voir à midy.
Que dans la conqueste des vaches
Ils ont rabatu de moustaches !
Qu'ils ont sanglé de horions
Sur salades et morions !
Ils ne chargeoient point en pagnottes
Les casques et les bourguignottes.
Ils tailladoient à tour de bras
Les cuirasses et buffles gras,
Les casaquins et les casaques,
Et des Reistres et des Polaques ;
Cognant sur ces rustres minois
Comme corneilles sur des nois.
On ne verra point de recrue
De ces mangeurs de viande cruc,
De peur qu'ils ont d'auoir à dos
Des guerriers cy deuant badaus.
Ainsi par vous s'est aguerrie

Qui contre la pluye et l'orage
N'auoient porté que leur courage
Et qui la plus part les pieds nuds,
De Iuvisy sont reuenus. »
    Le *Courrier françois* [830], 3e arrivée.

La fleur de la badauderie.
Iamais ny Maugis d'Aigremont
Ny tous les quatre fils Aymond
N'entraisnèrent portes cochères.
Vous rendiez ces portes légères,
Puisque c'estoient cheuaux légers
Qui vous suiuoient par les dangers.
Mais depuis peu cette ieunesse
Court à la flotte de Gonesse;
Dès que le pain fait son reflus,
Ces coureurs ont les pieds perclus.
Pour vous qui galoppez trop viste,
Qui changez trop souuent de giste,
Ou plustost qui ne gistez point,
Vostre lict est vostre pourpoint.
Si parfois vostre corps sommeille,
Vostre ame a la puce à l'oreille.
Rolland sur son haut destrier
Dormoit le pied dans l'estrier;
Et sa valeur si bien iuchée
Perdoit le soin de la couchée.
Vous non plus que luy las d'aller,
Tousiours les deux iambes en l'air,
Et le corps ferme dans la selle,
Comme en bronze on voit Marc Aurelle,
Mais non comme luy permanant,
Postez du Leuant au Ponant,
Trottez de l'vn à l'autre Pole;
Mais ces mots sentent l'hyperbole;
Disons vray : par monts et par vaux,
Iour et nuict sur vos grands cheuaux
Vous renouuellez la courante
De la cheualerie errante.
Paris qui vous a fait venir,
N'a pu longtemps vous contenir.

CHOIX

Il faut bien vne autre carrière
A vostre agilité guerrière.
On disoit à vostre despart :
Ce braue s'en va quelque part.
Depuis i'ay sceu que c'est au Maine
Que vostre valeur se promène,
Pour y grossir des pelotons
Non plus de bœufs ou de moutons,
Non plus de trouppeau, mais de trouppe,
Rude aux coups autant qu'à la souppe ;
Gens au Maine aussi bien choisis
Que nos guerriers en Parisis.
La fureur des Normands fut grande.
Après cela ie vous demande
S'il fera bon estre ennemy
Des Manceaux, Normands et demy,
Manceaux plus dangereux aux hommes
Que les Normands le sont aux pommes
Et plus qu'eux diables en procez.
Mais dans le doute du succez
S'ils sont bien chez eux, qu'ils s'y tiennent ;
Ou s'il est bon qu'ils nous soustiennent,
Paris receura volontiers
Vn renfort de leurs coquetiers.
En ce cas donnez leur escorte ;
Ie vous en prie et vous exhorte
En l'honneur des conuois passez
Que nous auons bien fricassez.
Seigneur, conuoyez nous encores,
Au lieu de ces grosses pécores,
Vn conuoy de chapons du Mans,
La charge de mille iumens,
Par paniers bons à barricades,
En cas d'assauts ou d'ambuscades ;
Et couronnez vos bons exploits

Par le plus friand des conuois.
Après, que le grand la Boulaye
N'ait aux combats bigne ny playe
Et despense moins ses deniers
En chirurgiens qu'en cuisiniers.
Quand ie fais rencontre en campagne
De ces gros buffles d'Allemagne
De ** ou de ** Pons,
Sur le qui viue, ie respons :
Respect de Saint Germain en Laye,
Viue le braue la Boulaye,
Par qui grassement ie vescus
Sur la moustache du blocus.
Il passe enfin comme tout passe,
Et vient de fondre auec la glace.
Pourueu qu'il n'y retourne plus,
Dieu le conduise; et ie conclus
Que Dieu vous conduise vous mesme,
Pour reuenir après Caresme
Manger chez vos confédérez
Des chapons que vous conuoirez.
Que vostre valeur les conuoye
Ou que vostre ordre les enuoye,
Pourueu qu'ils viennent à bon port,
Nous vous en payerons le port
En santez, payement commode.
Payer en or n'est plus la mode.
Qu'ils viennent plus tost que plus tard;
Nous changerons leur plume en lard.
Pour eux nous ferons sans lésine
Des feux de ioye à la cuisine;
Et grande chère auec grand feu,
C'est nostre compte et vostre ieu.
Si la feste n'est assez bonne
Pour vous conuier en personne,

358   CHOIX

 Qu'il vienne personnellement
Vingt mille chapons seulement.
Que de chapons dans vne Epistre!
Mais i'en suis sur vn bon chapitre;
Et ie n'ay point des complimens
Si gras que vos chapons du Mans.
Ie le dis et ne m'en puis taire,
Ie le redis et réitère,
Que, foy d'Autheur, ie vous respons
De faire honneur à vos chapons.
C'est là mon dernier mot pour rire.
C'est le mieux que vous puisse escrire
Celuy qui fut, est et sera
Votre très humble et cétéra.
Si ie signois *Cheualier George*,
I'aurois menty non par la gorge,
Mais i'aurois menty par les doits.

 Fait à Paris en badaudois,
L'an que toute arme estoit fourbie,
Pendant vn Caresme amphibie,
Moitié chair et moitié poisson,
Moitié farine et moitié son.

Lettre d'Auis à Messievrs dv Parlement de Paris, escrite par vn Prouincial [1837][1].

(4 mars 1649.)

 Messieurs, i'ay à vous demander pardon d'abord si i'ose faire porter à cette lettre le titre d'auis à vostre

[1] Il n'y a peut être pas de Mazarinade qui ait fait plus de bruit dans le temps et reçu plus d'éloges. Naudé la cite comme un exemple de ce que

cour, parcequ'il semble que ie veuille donner de la lumière au soleil, ou des eaux à l'Océan ; néanmoins mon excuse vous paroistra peut-estre légitime, si ie vous dis que les plus grands esprits, pour estre trop attachez aux réflexions qu'ils font sur de hautes affaires, choppent assez souuent en celles qui sont fondamentales, parcequ'ils les négligent comme leur paroissant trop petites. L'on a remarqué le tour que fit vne Milésienne au Philosophe Thalès : elle le voyoit tousiours occupé dans la contemplation des astres, et les yeux fichez sur les cieux, et mesme en marchant par les rues ; pour luy faire pressentir qu'il deuoit penser premièrement à ses pieds, elle mit quelque escabelle deuant luy, qui le fit tomber. C'est en vain qu'on coupe les branches de ces mauuaises plantes qui s'attachent aux bonnes ; si l'on n'en arrache la racine, le premier printemps leur redonne la naissance, et les fait bien souuent repousser auec plus d'étendue. Il vous en peut arriuer de mesme dans la conioncture des affaires présentes ; car si vous ne déracinez les désor-

sont les bonnes pièces dans leurs formes extérieures : l'impression, le titre, le nombre des feuilles, et dans leurs formes intérieures : la composition et le style. Guy Patin en fait grand cas ; et Mailly ne manque pas de la signaler.

Dès son apparition, une vive polémique s'engagea sur plusieurs passages de la *Lettre* et particulièrement sur celui-ci : « Les roys cessent d'estre roys quand ils abusent de leur authorité. Les suiets sont déliés de leurs sermens quand les roys contreuiennent aux leurs. » On ne compte pas moins de neuf pièces de cette controverse qui sont : *Réponse et réfutation du discours intitulé :* Lettre d'auis, etc. [3443]; *Réplique au suffisant et captieux censeur de la* Lettre d'auis, etc. [3353]; *Censure de l'insuffisante et prétendue réponse faite à la réfutation de la* Lettre d'auis, etc. [669]; *Véritable censure de la* Lettre d'auis, etc. (3924); *Donion du droit naturel diuin*, etc. [1170]; *Ruine du mal nommé ou le foudroiement du* Donion, etc. [3567]; *Retorquement du foudre de Jupinet*, etc. [3526]; *Iugement et censure des trois libelles :* la Réplique, le Donion et le Retorquement, etc. [1773]; *Discours chrétien et politique de la puissance des roys*, etc. [1103].

dres qui s'attachent maintenant au Ministère, vous y pourrez bien en effet apporter quelque amendement ; mais le principe y demeurant, ce sera tousiours à recommencer ; et vous vous exposerez au hazard de les reuoir dans peu de temps régner, et peut estre auec beaucoup plus de violence. Prenez donc en bonne part, Messieurs, quelques réflexions que faisoit naguère vne compagnie assez considérable dans la Prouince sur les mal-heurs de nos iours, et qu'elle me pria de vous addresser. Ie l'aurois fait plustôt sans que nous ne receuions à toute heure de la part des Ministres de Saint-Germain que des gazettes et des billets, où l'on disoit que Paris estoit aux abois, que l'ardeur des bourgeois n'estoit qu'vn feu de paille, que la prise du village de Charenton et de Brie auoit mis la consternation si auant dans leurs esprits qu'ils estoient prests de se mutiner contre vous et contre vos chefs, que la diuision s'estoit mesme desia glissée parmy les Généraux ; en vn mot, qu'ils estoient sur le point d'aller à Sainct-Germain, la corde au col, pour demander pardon de ne s'estre pas laissé mourir de faim. En effet vne nouuelle qui nous vint en mesme temps de Paris, nous confirmoit en quelque façon tout cela, qui portoit que vous parliez desia d'accomodement, et que mesme vous condescendiez à vne paix, dont les articles estoient fort peu auantageux, pour ne pas dire pis. Mais vostre poste nous a enfin désabusez et asseurez du bon ordre de vostre ville et de la bonne intelligence qui est entre les Bourgeois et vous. Ce qui m'a obligé de despescher la présente et de vous l'enuoyer, afin que si vous venez à quelques termes d'accomodement, vous examiniez quelques causes que ie marque, d'où nous croyons que prouiennent tous nos maux, et que vous y apportiez le remède que vous iugerez estre nécessaire.

La première cause que nous trouuions, est que vous ne faites pas assez de réflexion sur ce que vous estes. Nous ne sommes généreux qu'autant que nous le croyons estre, comme nous ne sommes poltrons que pour auoir trop de défiance de nos forces ; c'est pourquoi, dit-on, Dieu ne voulut pas donner aux animaux la connoissance de ce qu'ils pouuoient ; autrement l'homme n'auroit iamais pu en venir à bout ny les dompter comme il fait. Si vous auiez considéré plustost le rang que vous tenez dans l'Estat, et le suiet de vostre establissement, vous n'auriez pas supporté toutes les indignitez qu'il vous a fallu misérablement souffrir durant le règne passé et pendant la Régence ; et vous vous seriez opposez fortement à tant de concussions qui se sont commises à l'oppression des peuples, dont vous deuez estre les Pères et les Protecteurs.

Car l'on ne peut oster à vostre Parlement, qu'il ne soit le soleil de toute la France et peut estre de toute l'Europe, puisqu'il n'y a guère de Prince qui n'en reuère les Arrests (tesmoins les sentimens de l'Archiduc Léopold qu'il vous a fait déclarer par son courier[1]) et qui ne croye pas qu'ils partent de la cour de ces grands Aréopages ou du Sénat Romain en sa splendeur. Comme à vray dire, vous n'estes ni moins Vénérables ni moins Augustes qu'eux ; et si vn second Cynéas vous voyoit en corps, il pourroit dire à iuste titre ce que dit l'ancien, en voyant la cour Romaine : que la vostre ne lui sembleroit pas vne assemblée d'hommes, mais vn consistoire de Rois. Sou-

[1] *Véritable harangue faite à messieurs du parlement par le courrier.... de S. A. l'archiduc Léopold*, etc. [3936].

uenez-vous donc, Messieurs, que vous estes ces Dieux *Consentes*, sans lesquels les Roys ne peuuent rien faire de iuste ny de conséquence dans le gouuernement de leurs peuples ; que vous deuez estre l'azile et les Génies tutélaires de toute la France, la Lumière des bonnes mœurs, et les Maistres de l'équité ; que vous estes les premiers mobiles qui faites mouuoir toutes les Prouinces par le contrepoids de vos iugements, et que vous les emportez par rapidité ; en vn mot, que vostre Compagnie doit estre composée de tout ce qu'il y a de meilleur et de plus excellent en tout le Royaume, puisque de vous dépend toute la Iustice qui s'y exerce. Aussi n'y a t'il personne qui vous dispute ces qualitez ; toutes les Villes et les Prouinces se rendent obéissantes à vos Arrests ; et tous vos frères des autres Parlemens ne parlent de vous qu'auec des respects qui vous sont deus, et par vostre mérite et par le droict d'ainesse et de primogéniture ; si bien qu'il vous est très facile maintenant, et ie dis dauantage, vous estes obligez de reprendre vos premières brisées, et de rentrer dans la glorieuse iouissance de tous vos droicts et priuilèges, pourueu que vous soyez aussi généreux et constans à les poursuiure, que les Prouinces sont disposées de vous assister de ce qui vous sera nécessaire.

<small>Vénalité des charges de Iustice, cause de nos maux.</small>

La seconde chose que nous remarquions pour estre la cause de nos malheurs, est la vénalité de vos charges ; elles ne deuroient estre que des récompenses d'honneur et de mérite, comme elles estoient autrefois ; et néanmoins elles sont montées à des sommes si excessiues, que la perte d'vne seule emporte bien souuent auec soy la ruine totale d'vne, et parfois de plusieurs familles. De là vient que pour vous en exempter, vous estes con-

traints de les rachepter par la Paulette, et de vérifier
tous les Edicts que la tyrannie des Ministres vous enuoye,
pour la crainte que vous auez ou de les perdre tout à
fait, ou d'en estre du moins interdits ; ou bien s'ils
n'osent pas tousiours se porter à ces excès de violence et
qu'ils vous trouuent dans vne ferme résolution de ne rien
passer à l'oppression du peuple, ils taschent de gagner
les vns d'entre vous par des pensions, et les autres par
de belles espérances, sappans ainsi les fondemens de
vostre Authorité, suiuant les erres et les instructions du
Cardinal de Richelieu, ingénieux mais détestable artisan
de tous les maux que nous souffrons, et dont la tyrannie insupportable, iointe à l'esclauage que quelques-vns
des vostres voulurent subir sous ce superbe fauory,
donna lieu à empiéter sur vous, et à faire de la France
comme d'vne terre de conqueste. Et toutesfois n'en pouuant encore auec tout cela venir à bout, parcequ'il se
trouuoit tousiours nombre de braues hommes qui s'op-
posoient vertement à ses damnables desseins, il donna
telle impression d'eux au Roi défunct, de la facilité duquel il abusoit, que i'ay ouy dire à des personnes qui
l'approchoient d'assez près, que s'il eust pu, sans faire
vne iniustice trop manifeste, et sans renuerser les lois
de l'Estat, il eust exterminé iusques au dernier Conseiller du Parlement, pour en faire vn tout nouueau à sa
fantaisie. C'estoit le souhait de cet Empereur, ou plustost tyran des Romains, qui désiroit que le Sénat n'eust
qu'vne tête pour la faire sauter tout d'vn coup. Vous
auez encore esté pis sous l'empire du Sicilien, de qui
vous n'auez iamais pu auoir vne belle parole, si ce n'est
celle qu'il fit dire à vn des Princes qui le protègent, lorsque vous vous plaigniez de l'enlèuement d'vn de vos

Frères, que le Roy pouuoit faire de ses valets ce qu'il vouloit; faisant sans doute allusion à de semblables de Caligula qui appelloit le Sénat Romain, *seruos suos togatos*, c'est-à-dire, selon la propriété des mots de ce temps-là, ses esclaues de longue robe.

C'est vne guerre que les Mignons des Princes ont tousiours eue auec des Compagnies semblables à la vostre, sur la pensée qu'ils ont que leur tyrannie ne peut subsister auec des âmes entières et desintéressées ; à moins que ce ne soient des Mignons et des Ministres aussi gens de bien que l'estoient Mécénas et Agrippa sous Auguste, qui bien loin de porter leur Maistre à rabaisser l'authorité du Sénat, contribuèrent de tout leur pouuoir à en augmenter le lustre et la splendeur, tesmoin la reueue qu'il en fit, où il cassa tous ceux qui s'y estoient intrus par l'insolence des guerres. Tibère son successeur fut déférant à cette mesme Compagnie pendant qu'il fut maistre de son esprit, lui renuoyant la connoissance de la pluspart des affaires, iusques-là mesmes qu'il protesta de n'accepter l'empire que pour en suiure les conseils, et se ioindre aux Consuls, pour le bien des affaires publiques[1]. Mais quand Séian se fut emparé de son esprit, l'on ne vid plus que des proscriptions et des bannissemens dans cet ordre, parceque ce monstre se voyoit enuironné d'autant d'ennemis qu'il y auoit de Sénateurs ; si bien que pour en gagner partie, il se desfaisoit des plus gens de bien, se montrant ouuertement protecteur des Délateurs, et faisant controuuer mille faux crimes et former vne infinité d'accusations sans fondemens. Alors les moins courageux se rendoient ses esclaues, pour

Pratique de nos temps.

[1] Tacite, l. I, *Ann.* N. D. T.

ne pas tomber dans le malheur de leurs frères ; et luy qui se seruoit adroitement de l'occasion, remplissoit le Sénat de ses créatures, afin que désormais il ne s'y put rien passer à son désaduantage. Ces temps-là estoient véritablement pleins de désordre ; mais qu'estoit-ce en comparaison de ceux-cy ? ils n'auoient tout au plus qu'à combattre l'ambition de ceux qui voulant monter aux Magistrats par quelque moyen que ce fust, abandonnoient le party de leurs frères ; car les dignitez de Sénateur ne coustoient rien ; et l'interdiction estoit plustost vne descharge d'affaires que la perte d'aucun bien qui fust affecté à la charge ; mais auiourd'huy vous auez l'ambition à combattre des vns qui vous trahissent sur l'espérance qu'ils ont d'estre esleuez à quelque chose de plus éminent, et la lascheté des autres qui vous abandonnent pour les pensions qu'ils prennent, et pour la crainte qu'ils ont d'vne interdiction ou d'vn bannissement.

Si le mal est donc si grand, pourquoy l'entretient-on ? Quelle apparence y a t'il de fomenter vne playe qui consomme tout le corps ? Sommes-nous insensibles iusques au point que de ne voir pas, ou de n'estre pas touchez des rauages que cause ce désordre ? Prenez garde, Messieurs, comme il en est tousiours allé de pis en pis depuis que vos charges ont commencé à se vendre. Auant Louis XI, les Roys ne leuoient rien sur leurs suiets que par le consentement des États, ou qui ne fust du moins authorisé par la cour du Parlement ; mais ce Prince qui les mit hors de page, commença de se seruir en ses patentes des termes de *certaine science*, *plain pouuoir et authorité ;* et pour imprimer de la crainte dans les esprits des Officiers de Iustice qui s'en formalisoient, il proposa à l'instigation de ses courtisans de mettre leurs charges en vente. Le plus fort l'emporte, dit-on. Le vulgaire des hommes se porte plus chaudement à poursuiure ses intérêts que ceux du public. Afin que l'on ne touchast pas la corde qui faisoit mal à leurs oreilles, ils baissent la teste, et ne s'opposent à rien. De quoy les Roys suiuans faisant leur profit, ne manquèrent pas de remettre l'vn en auant, sans crainte de perdre l'autre; si bien que Louis XII vendit tous les Offices des finances, sans toucher toutesfois à ceux de la Iustice, qui estoit vne adroite procédure, pour les désvnir par les diuers traistemens qu'il leur faisoit[1]; mais François Ier, n'ayant plus que ceux-ci à mettre à la raison, les obligea tous sans distinction à acheter leurs Offices, et dès-lors establit le bureau des Parties Casuelles, pour seruir, dit Loyseau au liure second des Offices, d'échoppe et de boutique à cette marchandise nouuelle. Ie ne parle point de la plainte qu'en firent les parlemens aux Estats de Blois derniers, ny des diuerses propositions qui furent faites pour tascher de les contenter. Le dernier coup de massue vous fut donné l'an 1604 par vn nommé Charles Paulet, sécrétaire de la Chambre du Roy, parain de la Paulette, qui fut le premier partisan de vos charges, moyennant le soixantième denier de la finance. Qu'est-il arriué depuis? Il n'est pas besoin de vous en parler. Vous le scauez mieux que moy; tout ce qu'on en peut dire, est que le mal est à sa crise, et qu'il faut ou périr ou le guérir.

Troisième cause reiettée sur les partisans conseillers.

Ie pourrois rapporter pour la troisième cause de nos malheurs la promotion qui se fait des races partisanes aux charges de Conseillers et de Présidens, pour estre

[1] Ce fut l'an 1522. N. D. T.

les Émissaires des Ministres, sans que i'estime auec plus de douceur que ne font la pluspart des hommes, qu'il ne faut pas tant prendre garde à la naissance d'vn Récipiendaire, qu'à sa vertu et à son mérite. Et néanmoins quand ie fais réflexion sur les inconuéniens qui en arriuent, ie suis comme forcé à renoncer à mon sentiment ; comme en effect il n'est pas croyable qu'vn homme attaché de fortune et d'intérest à vn Ministre, abandonne ce qui le touche, pour suiure le party de ceux dont il est hay ; ce seroit s'abandonner soy-mesme ; et s'il s'en trouue quelques-vns d'assez généreux pour renoncer à toutes ces alliances plastrées par les concussions et cimentées par des larcins, comme il s'en est trouué en vos grabuges, l'on peut dire que c'est vn prodige, et que la fortune leur a esté marastre, de faire prendre à ces belles âmes des corps empestés de la corruption Partisanne. Il y a encore vne autre raison qui regarde l'honneur de vostre Compagnie, de n'y admettre personne qui sente la lie, et qui fasse dire de tout le corps qu'il n'est composé que d'âmes venales, c'est-à-dire que de Partisans. I'estime cette raison plus forte sans comparaison que toute autre. Toute Compagnie doit s'estudier à acquérir de l'estime, à amplifier son authorité, et à la conseruer ; et il est sans doute qu'en quelque lieu que ce soit, les personnes de condition sont tousiours plus respectées et qu'on les croit moins susceptibles de faire vne lascheté que d'autres. C'est pourquoy en plusieurs endroits l'on requiert la Noblesse dans vn Conseiller, comme à Venise, Rhaguse, à Nuremberg et en Pologne, depuis l'édict de Sigismond de l'an 1050, qui portoit que nul ne pourroit estre receu Sénateur à moins que son père ne fut noble.

Les Romains requéroient bien en leurs Sénateurs *Exemples.*

qu'ils eussent trente mil escus vaillans, pour auoir de quoy s'entretenir en vn estat sortable à leur condition ; mais outre cela il a esté longtemps que pour estre admis en l'ordre, il falloit auoir exercé quelqu'vne des hautes Magistratures. C'est pourquoy de cinq ans en cinq ans les Censeurs enregistroient au roole du Sénat tous ceux qui auoient eu des charges publiques. Et quand Sylla le voulut remplir et en mettre au lieu de ceux qu'on auoit fait mourir, il institua vingt Questeurs; et César quarante après luy, afin qu'à l'instant ils eussent entrée au Sénat, et le pouuoir d'opiner. Et quoy que sous les Empereurs il y ait eu quelque relâche pour le fait des charges, néanmoins les sages et vertueux Princes n'y ont iamais voulu admettre aucun libertin ou fils d'affranchy, qui estoient sans comparaison plus considérables que tout le tas des Partisans, parceque hors le malheur de la guerre, qui les auoit rendus eux ou leurs parens esclaues, il n'y auoit bien souuent rien à reprocher à leur vie. Et bien dauantage, Alexandre Seuerus ne voulut iamais en admettre en l'ordre des Cheualliers, qui n'estoient que mitoyens, parcequ'il estoit la pépinière et le séminaire du Sénat. C'est l'estime qu'on a tousiours fait de cet ordre supresme ; si bien qu'au temps mesme de la décadence finale de l'Empire, l'on n'y receuoit que des personnes de qualité, connues par leur vertu et par leurs mérites, suiuant ce qu'en dit Théodoric et Cassiodore : *Admittendos in Senatum examinare cogit sollicitiùs honor Senatús.*

Quatrième cause, la désvnion.

De toutes ces causes en naist vne quatrième, qui est vn monstre : sçauoir, la diuision et la désvnion de vostre Compagnie ; monstre voirement, si nous n'aimons mieux l'appeler vne peste, qui vous infectant, porte en suitte

auec soy l'infection et corruption par toute la France.
Messieurs, croyez moy : vous n'auez rien à craindre des
armes du dehors; et quand vos ennemis auroient autant
de Prouinces pour eux qu'ils en ont contre, ils ne vous
peuuent rien faire, pourueu que vous conspiriez tous à
vne mesme fin et que vous fassiez la paix, ie ne dis pas
au dedans de la ville seulement, mais dans vous mesmes.
Ie ne sçaurois penser à cette prodigieuse grandeur où est
montée la République Romaine, sans entrer dans des
transports d'estonnemens et sans conceuuoir comme vn
prodige leur iudicieuse conduite; car, qui est ce qui l'a
ainsi esleuée? ce n'a pas esté le nombre des armées qu'elle
entretenoit ? Au commencement elle n'estoit composée
que de trois mil hommes de pied et de trois cens cheuaux;
et toutefois à peine estoit-elle establie, qu'elle se suscite
des guerres de gaieté de cœur. Ce n'estoit pas sur la for-
teresse de ses remparts qu'elle se fioit? A peine y auoit-il
quelque terrasse pour renfermer enuiron mille maisons,
ou plustost chaumières qui furent premièrement basties.
Estoit-ce point l'intelligence qu'elle auoit auec les villes
voisines? Bien loin de cela, il n'y en auoit point qui ne
taschât de l'étouffer dans le berceau. Qu'estoit-ce donc ?
Sans doute il n'y a point d'autre cause humaine que
l'vnion admirable de toutes ses parties. Il n'y auoit point
de citoyens depuis le plus grand iusques au plus petit,
qui ne concourust à l'augmentation de la ville auec autant
d'ardeur que s'il eust cru pouuoir s'acquérir vn Royaume
à luy tout seul. Que ne fist point le Sénat après l'adultère
commis en la personne de Lucrèce? Ie rapporteray volontiers en passant l'histoire de ce temps-là, qui a beaucoup
de conformité auec la conioncture de vos affaires. Le
Sénat auoit esté maltraité par Tarquin le Superbe, qui en

auoit fait mourir les principaux, banny les autres, ou fait languir dans des prisons autant qu'il pouuoit s'imaginer y en auoir qui détestoient sa tyrannie. Le peu qui en restoit, estoient si effrayez de ces cruautez inouyes, qu'ils n'osoient pas mesme lascher vne parole qui approchast de la plainte; si bien que quand Brutus s'en vint du camp de deuant Ardée à Rome et qu'il descouurit son dessein, à peine le peurent-ils croire et n'osèrent se déclarer iusques à ce qu'il les eut rasseurez. Qui ne se fust pas douté de quelque fourbe de la part d'vn homme qui estoit du sang Royal ? Enfin les voilà assemblez, et dans la résolution de ne plus receuoir Tarquin; l'affaire est communiquée au peuple ; tout le monde y consent. Mais comment se défendre ? Leur ruine estoit ce semble inéuitable : le roy estoit deuant Ardée auec vne puissante armée; et eux n'auoient pas vn homme sur pied, ny pas vne place que leur ville. Les bourgeois ne sont pas d'ordinaire bons soldats hors de leur foyer. N'importe, la iustice de leur cause les anime; Brutus leur lèue toute crainte en leur monstrant que l'armée Royale estoit fatiguée des guerres passées, que les soldats n'auroient pas d'autres sentimens que leurs concitoyens, et que quand mesme il y en auroit de mal affectionnez, leurs femmes, enfans et proches parens et tout leur bien estoient en ville, qui seruoient d'ostages très asseurez. Incontinent tout le monde prend les armes; le Sénat donne ordre au dedans; et luy, accompagné des plus courageux, s'en va deuant Ardée. L'armée luy tend les bras; et le Tyran est contraint de s'enfuir. Ce n'est pas le tout : le voilà aussitôt reuenu aux portes de Rome auec les forces de Porsenna et la réduit aux abois. Qu'ariue-t-il ? Des prodiges sur des prodiges. L'vn arreste toute l'armée ennemie au bout d'vn pont, pendant qu'on le rompt derrière luy, et tout chargé de coups se iette dans le Tibre et se sauue deuers les siens. Vn autre s'en va au camp de Porsenna et le fait trembler par sa constance. Il n'y a pas iusques aux filles qui disputent auec les hommes à qui fera plus paroistre de générosité. Personne ne veut escouter aucune proposition du Tyran; tout le monde luy résiste; en vn mot, et luy et ceux qui l'assistent, sont contraints de leuer le siège, voyant qu'il n'y a pas moyen de les désvnir. Vous n'estes pas, graces à Dieu, en ces extrémitez-là; mais, cependant, appliquez cet exemple à vos affaires; et vous verrez qu'il n'y a guère de différence, sinon qu'vn grand Roy leur faisoit la guerre sous le nom d'vn Tyran, et pour un Tyran, et que les Tyrans vous la font sous le nom d'vn Roy enfant et innocent. Faites vous vn modèle de constance et de générosité sur ces hommes-là; et apprenez que rien ne vous peut perdre si vous les imitez. Souuenez-vous que quelques émotions et diuisions qui soient arriuez entre le Sénat et le peuple, pendant que cet excelent ordre s'est tenu estroitement vny, rien n'a pu ébranler l'État Romain, non pas mesme la sédition des Gracches; mais dans la guerre ciuile entre Sylla et Marius, les Sénateurs s'estans partagez, l'on vid bientôt les testes voler, et les proscriptions en règne. César n'auroit iamais entrepris de porter les armes contre sa patrie, sans qu'il estoit asseuré de la fidélité des tribuns, et qu'il y auoit intelligence auec quelques Sénateurs; et ie puis dire que iamais les Ministres n'auroient entrepris ce qu'ils ont fait sans l'intelligence qu'ils ont ménagée auec partie de vostre Compagnie. Malheureux intérests, qui portez les esprits à des aueuglemens si estranges! Tel les réclame auiourd'huy qui en portera la

Malheur de la désvnion.

peine! Et Dieu qui venge les crimes tost ou tard, permettra qu'eux ou leurs enfans subiront le ioug qu'ils peuuent secouer auec tant d'auantages. Qu'ils prennent garde qu'il ne leur arriue le mesme qu'à ceux des Romains que ie viens de dire, qui sans gouster le fruict qu'ils auoient espéré de leurs trahisons, furent enseuelis misérablement dans les diuisions ciuiles, dont ils estoient la cause. Messieurs, ces exemples vous doiuent faire appréhender, pensez y bien; et sçachez que si iamais vous auez à en parler hautement, c'est à présent, où il y va de vostre authorité, de l'honneur de vostre Compagnie, du salut de vos frères, de la liberté de vos Concitoyens, en vn mot, du repos de toute la France. Ce n'est pas à présent qu'il faut s'estudier à obliger les Ministres. Si vous l'auez fait par le passé, vous en estes loüables, parce que peut estre pressentiez-vous les maux qui sont arriuez; mais c'en est fait, le masque est tombé; et il est besoin auiourd'huy d'vne concorde et d'vne conspiration vnanime pour le bien public et pour la punition des meschans.

Moyens d'accomodemens incompatibles auec le temps où nous sommes.

Véritablement il y a lieu de s'estonner qu'il y en ait encore entre vous qui proposent des voyes d'vne paix si des-auantageuse lorsque le peuple est le plus animé, et que vous voyez que toute la Noblesse qui n'a point d'attache d'intérest à la conseruation des Ministres, vous offre son courage et que toutes les Prouinces vous tendent les mains. Pleust à Dieu que tout fust bien pacifié! tous les gens de bien ont à le souhaiter; et il n'y a que les mauuais François qui demandent la continuation des désordres; mais s'il est permis d'argumenter de l'auenir par le passé, que peut-on espérer d'vn accomodement auec ces gens-là, sinon la désolation entière de toute la France? Vous sçauez, Messieurs, quelles paroles on vous tint à la prise de Monsieur de Broussel. La Reyne vous remercia du bon ordre que vous auiez apporté à pacifier l'émotion des Bourgeois ; elle en fit autant à Messieurs de la ville ; et en vous rendant vos frères, elle protesta qu'elle tenoit en faueur tous vos procédés, et que bien loin de s'en ressentir, comme le simple vulgaire s'imaginoit, elle vous en auoit de très-sensibles obligations. Qui est-ce qui eust rien soupçonné de funeste en ces paroles-là, si la suitte ne nous l'auoit appris ? Peu de temps après l'on fait déloger le Roy de Paris d'vn grand matin, sans tambours ny trompettes. Incontinent Paris est inuesty de toutes parts de gens de guerre ; néanmoins parceque les Ministres trouuèrent qu'ils s'estoient mespris en leur calcul, et qu'ils n'auoient pas assez bien pris le temps d'exécuter leurs damnables desseins, vous y allastes ; et ils entendirent à vos remontrances ; et après plusieurs allées et venues ennuyeuses aux gens de bien, ils font enfin condescendre la Reyne à cette belle déclaration[1] qui deuoit servir de pierre fondamentale au gouuernement. Elle s'y porta, ce sembloit, sans réserue ; les Princes y signent ; tout le monde s'en réiouit ; voila le Roy de retour à Paris auec toute sa cour ; toute la ville goûte le calme après l'orage ; enfin tout est en paix. Mais combien dure cela ? autant qu'il en faut pour bloquer Paris et pour faire amasser des troupes de toutes parts, afin de faire périr en vn moment cette puissante ville. Pour en auoir suiet, on contreuient ouuertement aux principaux poincts de la Déclaration. Vous voilà aussitôt dans la défiance ; et eux font prendre au Roy vne seconde fuite, vne heure après minuit, pour reuenir comme ils font les armes à

[1] Du 22 octobre 1648.

la main et vous contraindre de leur porter vos testes.
Tout le monde est imbu de ce procédé; la foy publique y
est violée; les droits diuins et humains sont renuersez;
et nonobstant cela vous y enuoyez; la Ville y va; vous
faites des remonstrances par escrit; vous faites représenter
de bouche; à tout cela la response est qu'il faut périr.
Et après cela vous tenterez encor des voyes de douceur?
Pourquoy? est-ce pour prier les Ministres de vous pardonner? Vous deuez croire que si l'impuissance ne les
en empesche, il n'y a point de pardon pour vous. Est-ce
pour obuier au pillage de la France et à sa ruine totale?
Au contraire, il n'y a point de guerre qui ne soit plus à
souhaiter que la meilleure paix auec ces gens-là. Dieu
sçait quel traittement ils luy feroient après auoir reconnu
les bonnes inclinations qu'ont les peuples pour eux. Est-ce pour faire voir la iustice de vostre procédé, et les
mettre entièrement dans le tort? Comme s'ils n'y estoient
pas desia, et que la France ne sceust pas de quelle façon
vous vous estes comportez.

Le Parlement ne doit point mettre bas les armes.

Mais l'on me dira qu'il est bien raisonnable que le
Parlement fasse le premier pas, que ce seroit réduire la
Reyne à des submissions indignes de sa qualité que de
la vouloir obliger à vous offrir la paix, et qu'il vaut mieux
que vous en ayez l'affront, que non pas elle. Ie voudrois
qu'il ne tînt qu'à des submissions de la France qui a les
mesmes intérests que vous, que nous n'eussions vne véritable paix; mais comme il nous est permis de douter de
la iustice de leurs procédés, ie prétends que vous deuez
retenir vos armes, et que la Reyne doit commander à ses
Ministres de mettre bas les leurs, qu'elle doit desboucher
Paris et rendre la liberté du commerce, sans parler
qu'elle vous liure l'autheur de ces désordres, auant que

iamais vous songiez à aucun accomodement. Cette proposition est bien hardie, pour ne pas dire insolente; il est vray, eu égard à nostre esclauage passé, qui ne nous eust pas permis de parler si librement; mais, grâces à Dieu, nous goustons au moins en ce moment la douceur des Saturnales, comme faisoient les esclaues chez les anciens Romains, qui pouuoient ces iours-là reprocher à leurs Maistres tous leurs défauts sans crainte du supplice. Ie prétends pourtant qu'il n'y a rien de plus iuste; car en quoy ne le seroit-il pas? Tout le pis qu'on peut dire, est que le Parlement auroit eu le dessus, qu'il auroit fallu à la Reyne céder au temps et accorder tout, et que cette leuée de boucliers que ses Ministres ont fait, passe et passera pour ridicule; et après cela quelle conclusion? Le Parlement en abusera-t-il? Voudra-t-il secouer le ioug de l'obéissance? Esteindra-t-il les loix pour la défense desquelles il est armé? Cela ne peut tomber sous le sens commun de ceux qui sçauent comme quoy Messieurs du Parlement ont agy depuis le mois de may dernier. S'ils eussent eu de mauuais desseins aux Barricades, il leur estoit très aisé de les exécuter; ils pouuoient enseuelir sous vne mesme ruine tout ce qu'ils eussent voulu, lorsqu'il y auoit cent mille hommes sous les armes qui ne faisoient qu'attendre leur ordre. L'on peut dire que trois iours durant, ils ont esté maistres absolus de Paris, et qu'ils n'auoient que trop de personnes à exécuter leurs commandemens. C'estoit du temps assez pour prendre leurs auantages; mais cette Auguste Compagnie a les lys trop bien grauez en l'âme, pour en vouloir à la tige. Bien loin mesme de se préualoir de tant de bonne volonté qu'on leur tesmoignoit pour se vanger de leurs ennemis, ils s'en seruent pour pacifier tout, et vsent auec tant de modération de cette victoire qu'au moment que parut Monsieur de Broussel en la ville, ils font mettre bas les armes ; et en moins d'vn rien tout fust aussi calme que s'il n'y eust pas eu de bourasque.

La France sçait combien ils ont été rebutez de fois à Sainct-Germain après la première fuite qu'on a fait prendre au Roy ; on les renuoyoit souuent sans les entendre après les auoir fait garder le mulet, comme on dit, des six heures entières ; parfois on leur donnoit audiance à vne heure de nuict ; parfois on passoit le temps à des badineries ; on différoit le plus souuent pour vne autre fois ; enfin que ne leur a-t-on point fait ? Et cependant a-t-on ouy dire qu'ils ayent entretenu des intelligences secrètes auec les ennemis de l'Estat, comme on leur a voulu imposer, cette dernière fuite ? Ils sçauoient fort bien que le suiet de la première estoit pour exécuter le mesme dessein qu'ils taschent d'exécuter à présent ; les troupes commençoient à faire des hostilitez ; elles approchoient de Paris de tous costez ; mais parce que c'estoit en vne saison où il ne faisoit pas bon pour les Ministres, on les leurre de la Déclaration dernière. L'on sçauoit à Paris leur impuissance ; et il estoit aisé d'aller querir le Roy à Sainct-Germain, et le ramener, ce qui n'est pas sans exemple, et faire pis si le Parlement eust voulu. Ceux qui ont enuie de brouiller, ne perdent point le moment si précieux ; et des gens si éclairés n'auroient pas fait des pas de clerc si manifestes. La Reyne croit-elle estre plus en seureté à Sainct-Germain qu'elle n'estoit pour lors ? Elle a des forces véritablement ; mais elles sont dissipées et éparses en trop d'endroits pour pouuoir empescher que cent mille hommes[1] qui peuuent sortir de Paris, n'aillent

[1] On ne s'étonnera pas trop de ces cent mille hommes si on pren

l'inuestir. C'est ce qu'on a proposé dès le commencement et qui a aussi esté reietté, pour ne point s'opposer à la liberté et aux contentemens. L'on ne peut donc pas iusques icy se plaindre que le Parlement ait abusé insolemment de l'auantage qu'il a eu; car quoy que la Déclaration dernière soit au nom du Roy, toutesfois, il n'en faut point faire la petite bouche, les Ministres ne l'ont consentie que par force; tout le monde le scait; et leurs procédez l'ont bien fait voir depuis. L'on pouuoit dire pour lors que le Parlement auoit eu le dessus aussi bien qu'aux Barricades; et cependant quel auantage en tire-t-il? A-t-il voulu lasser par des voies indirectes l'Authorité Royale? A-t-il remué ou tenté autre chose que ce qui estoit contenu dans sa Déclaration? N'a-t-il pas poursuivy l'establissement de la chambre de Iustice, pour trouuer de l'argent au Roy; à quoy les Ministres se sont tousiours opposez? En quoy le peut-on donc accuser, si ce n'est de trop de douceur et d'auoir, après tant de fourbes et de crimes, toléré des harpies dans le Ministère?

Ie veux donc qu'on dise que la Reyne a cédé, et qu'elle y a esté contrainte, que cette leuée de boucliers à quoy l'ont engagée ses Ministres, n'a fait qu'apprester à rire et qu'à faire voir la foiblesse de son party; quel mal en peut-il arriuer? elle est bien asseurée qu'on ne luy en veut non plus qu'au Roy ny à aucun de la maison Royale, et que tout ce qu'elle risque en ces accomodemens, est qu'il luy faille abandonner ses Ministres, et notamment celuy qui a le plus de part en ses bonnes grâces, qui est remettre le pays en seureté, et luy re-

garde que dans l'*Auis très iuste et très légitime au Roy très chrestien*, etc. [552] Mᵉ Isaac Loppin prétend démontrer que le roi commande à soixante millions de sujets.

donner le calme, et que d'ailleurs le Parlement ait contentement, tant pour luy que pour les peuples et les Princes qui le protègent. Il n'y a personne qui doute que ceux qui se sont rangez de son party, ne l'ont fait qu'en consideration du repos public et de l'auersion qu'ils ont pour le mauuais Ministère. Le rang que les Princes vnis tiennent à la cour, ne leur permet pas de penser à vn changement d'Estat, comme ceux de Sainct-Germain publient. Ils ne peuuent prétendre au dessus de ceux qui tiennent le party des Ministres, comme aussi ils ne peuuent estre plus bas qu'au second lieu; tellement que la Reyne peut dissiper tous les orages qui s'en vont fondre sur elle, en donnant satisfaction au Parlement et aux Princes. Que si elle suit ses mauuais conseillers, elle met le Royaume en vn danger imminent, et l'expose en proye. Quand l'on s'embarque en de semblables affaires, l'on n'en voit point les issues. Il n'y a que Dieu seul à qui tous les momens sont présens, qui les connoisse. Tout ce que la prudence humaine nous enseigne, est de préuenir les mal-heurs tant que nous pouuons, et de ne nous pas engager en haute mer, quand nous voyons la tempeste qui s'appreste. La Reyne défuncte fournit d'vn puissant exemple, pour faire appréhender à la Reyne Regente pareil traitement qu'elle a receu. Cette leçon luy deuroit estre utile, et luy apprendre, que quand le Roy sera maieur, il peut auoir vn Ministre semblable au Cardinal de Richelieu, qui luy pourra faire souffrir les mesmes rigueurs qu'il fit souffrir à la défuncte. Et si cela est, à qui aura-t-elle recours? aux Ministres d'auiourd'hui? c'est vne folie de croire qu'ils subsistent, quand par impossible on les lairroit en France iusques à ce temps là. Il n'y a point d'enfant qui ne soit bien aise de sortir de dessous la férule de ses maistres; et quelque traitement que fasse le Cardinal au Roy, qu'il tasche d'obséder par des charmes de libertinage et de contentement, quand il sera capable d'agir de luy mesme, ce sera le premier dont il se défera; ioint que dès à présent il est très mal en son esprit, et que bien qu'il n'y ait que ses émissaires auprès de luy, ils ne sçauroient empescher qu'il ne tesmoigne le mescontentement qu'il en a, et le peu de plaisir qu'il prend à entendre parler des défaites imaginaires des troupes Parisiennes, qu'on publie incessamment à ses oreilles. Aura-t-elle les Parlemens et la Iustice de son costé? elle ne le peut espérer, puisqu'elle contribue de toutes ses forces à les destruire. Sera-ce point les peuples? hélas, elle en est bien éloignée! l'affection qu'ils ont eu pour elle, quant ils l'ont veue dans l'oppression d'vn insolent Ministre, s'est changée en vne estrange auersion; ouy en auersion, si ie l'ose dire, puis qu'au lieu du soulagement qu'ils espéroient d'elle, ils ne voyent que des surcharges d'oppression de sa part, et que comites à leurs portes qui les traittent comme des forçats.

Ie crois avoir suffisamment montré que la Reyne ne risque rien en faisant mettre bas les armes à ses Ministres. Voyons maintenant à quel danger s'exposeroit le Parlement, s'il faisoit, comme on demande, le premier pas, et s'il se soumettoit encore vne fois après tant d'autres. Quelle seureté y auroit-il pour luy? le peu de fidélité qu'on a expérimenté dans les Ministres, deià par deux fois, ne permet pas d'en tenter vne troisiesme. Ce ne seroit pas faire en gens prudens, que de rechercher les précipices qu'ils ont éuitez. Après la victoire de Scipion sur les Carthaginois, l'on proposa dans le Sénat ce qu'il en falloit faire. Cn. Cornelius Lentulus fut d'auis de les ruiner tout-à-fait, parceque de tous les traittez qu'on auoit fait auec eux, ils n'en auoient pas obserué vn; qu'ils ne demandoient iamais la paix, que quand ils n'en pouuoient plus, et que puisque l'on ne leur pouuoit oster la perfidie qui leur estoit naturelle, au moins leur falloit-il oster la puissance de nuire. Et quoy que cet aduis ne fust pas suiuy pour l'heure, néanmoins l'on y fust obligé après, à cause de ce qui arriua depuis, c'est à dire à cause de la foy qu'ils violèrent après tant de traittez, et qu'ils violoient sans cesse. Aussi quel traitté peut-on faire auec les Ministres qui font comme on tient que faisoient Alexandre sixiesme, et son neueu le comte de Valentinois, que Machiauel met pour le parangon des Princes? car quelque paix ou accord qu'ils fissent, il n'y auoit iamais de seureté, d'autant qu'Alexandre ne faisoit rien de ce qu'il disoit, et que le Comte ne disoit rien de ce qu'il faisoit. L'histoire marque les grands sermens qu'il fit pour asseurance de la paix auec les Princes qui s'étoient liguez contre luy, lesquels après auoir attirez sous ombre de bonne foy, il fit après cruellement mourir; sur quoy Alexandre dit en riant, qu'il auoit ioué vn tour d'Espagnol; leçon aux Princes vnis de ne se fier iamais à des infracteurs de la foy publique, imitateurs encore en ce point de Maximilien premier, qui disoit qu'il ne faisoit iamais de traitté avec Louys douziesme, que pour l'abuser et l'amuser, et pour se vanger de dix-sept iniures qu'il prétendoit auoir reçues des François. Et quoy, Messieurs, les Princes oseront-ils donner leur foy à des gens qui n'en ont point? Et si vous entendez à vn accord, croyez-vous qu'ils le tiennent, eux qui ont de grands intérests à prendre leurs seuretez? Pensez-vous qu'il iouent à des ieux d'enfans? Et les Prouinces qui sont pour vous, que diront-elles? Et celles qui ne sont pas encore déclarées, le voudront-elles faire, si elles entendent que vous traittiez de paix? C'est vn artifice, ne vous y fiez pas; et tout ce que prétendent les Ministres, est de vous oster l'appuy que vous auez en l'vnion qui vous rend inuincibles. Puisqu'il n'y a donc point de foy, à quoy pensent ceux qui concluent aux voyes de douceur et à des articles si plastrez? N'en a-t-on pas fait de bouche et par escrit? Qu'a produit la soubmission du Parlement, sinon des traittemens qu'on ne receuroit pas mesme du Turc? Il n'en faut pas espérer d'autres à l'auenir; n'en doutez point.

Mais quoy, sera-t-on tousiours en guerre? Et si la Reyne ne veut faire mettre bas les armes, y aura-t-il moyen de subsister? Le peuple sera-t-il tousiours dans l'oppression? Pourrons-nous voir emporter ou rompre leurs meubles, et eux-mesmes traisner comme des scélérats à la queue des cheuaux, sans estre touchez? véritablement, quant aux peuples, cela est digne de compassion, particulièrement pour le menu de Paris et des enuirons; mais quelque chose qu'il perde, il ne s'en plaint pas sur l'espérance qu'il a que vous le protégerez comme vous auez commencé. Il est tout persuadé qu'à des maux violens qu'il souffroit, il faut endurer de violens remèdes. Cela ne sert qu'à l'aigrir tous les iours contre la milice Cardinale, qui est plus en hazard par la campagne chez les paysans, qu'elle n'est entre les mains de nos soldats; au contraire, quand ils voyent ceux-ci, tout leur est ouuert; l'on n'entend que des bénédictions sortir de leur bouche, et que des prières à

Preuues que la paix ne doit se faire.

Dieu que vos bons desseins réussissent. Vous deuez vous seruir de cette affection pendant qu'elle dure, et en faire vostre profit. Ils ayment mieux perdre leur bien pour la deffense de la iustice, et souffrir tout d'vn temps la dernière violence des Ministres, que de languir perpétuellement sans mesmes oser se plaindre.

Mais ie dis plus : il n'est pas possible de faire paix auec le Conseil de la Reyne; premièrement, parcequ'on n'en sauroit faire qui ne soit honteuse; secondement, parce qu'elle ne se peut faire du tout. Permettez moy, Messieurs, de vous faire voir les trois raisons dont se seruit autrefois Cicéron en pareille occasion contre Marc-Antoine, fauteur de la tyrannie, d'où les Romains ne faisoient que sortir après la mort de César. Le Sénat fit force procédure contre luy et mesme le déclara Perturbateur du repos public et ennemy de la Patrie; nonobstant quoy, il se trouua des Sénateurs accomodans, qui firent plusieurs ouuertures de paix; et Cicéron qui prévoyoit de loing le carnage que ce Barbare tyran auroit exercé, si les esprits de la Cour se portoient à les entendre, s'y opposa vertement et en remonstra les conséquences par ces raisons : premièrement, il fait voir que cette paix seroit honteuse, parce que les Arrests du Sénat deuoient être sacrez et inuiolables, et que la légèreté et l'inconstance estant blasmables en qui que ce soit, elles le sont encore beaucoup plus dans vn si auguste corps : quelle apparence y auroit-il donc de casser les Décrets qui auoient esté faits contre luy, ce qu'il estoit nécessaire de faire pour en venir à vn accomodement? quelle honte ne seroit-ce point au Sénat de receuoir celuy qu'il venoit de déclarer ennemy du public, et dont il auoit loué et récompensé les ennemis? Messieurs, vous

[marginal note:] La première raison est que cette paix est deshonneste. 7, Philipp., n. 11.

auez dans toutes vos procédures fait voir clairement
combien le Ministère du Cardinal de Mazarin vous de-
plaist, et combien il est pernicieux à l'Estat ; vous l'auez
déclaré Perturbateur du repos public et ennemy du Roy
et du Royaume ; vous auez confisqué ses biens comme
d'vn criminel. Quelle apparence donc d'en venir à vn
accomodement ? vous paroissoit-il lors de vos procédures,
criminel et perturbateur du repos public ; et auiourd'huy
innocent ? ce seroit faire tort à vos iudicieuses conduites ;
et il n'y a point de si petit raisonnement qui ne vous con-
damnast de boutade et de passion aueuglée. Si vous estes
dans le sentiment que vous estiez pour lors, et s'il vous
paroit criminel en tout temps, pouuez-vous éuiter qu'on
ne vous accuse de légèreté et d'inconstance, si vous entendez à vn accomodement ? De quelque costé que vous
tourniez, il n'y a point de paix à faire qui ne soit honteuse à vostre Compagnie, à moins que vous ne la don-
niez. *Turpe est* (disoit Cicéron au Sénat Romain) *summo
consilio orbis terræ, præsertim in re tam perspicuâ
consilium intelligendi defuisse.* Secondement, le mesme
orateur fait voir qu'vne paix ne pouuoit estre sans danger, parceque ses parens et amis demeurans en la ville
et estans extresmement puissans ne manqueroient pas à
prendre leur temps, et à remuer tout de nouueau quand
l'on y penseroit le moins ; que les gens de bien qui
s'estoient déclarez contre eux, se trouueroient exposez à
leur rage, et qu'ainsi l'Estat ne pouuoit éuiter sa ruine.
Messieurs, vous iugez bien ce qu'il y a à craindre si
vous faites la paix. Il n'est pas possible de faire des
traittez sans que les parties relaschent chacune de leur
costé ; autrement si l'vne retenoit tout son droit et que
l'autre relaschat tout, ce seroit vn partage mal fait où

La deuxiesme raison est que cette paix est dangereuse.

tout seroit d'vn costé et rien de l'autre; ce qui s'appelle donner la loy et non pas traitter. Si donc vous en venez à vn accomodement, qui est-ce qui donnera la loy? La Reyne ne prétend pas vous la donner, à mon aduis, estant en la posture où vous estes. Vous ne pouuez non plus prétendre la luy donner absolument; cela passeroit pour vne insolence qui ne seroit pas supportable dans des suiets. Il faut donc de nécessité que vous relaschiez de vos droits; et que relascherez vous? sera-ce que vous permettrez que le Cardinal demeure en France en quelqu'vne de ses Abbayes? ie ne croy pas que vous en ayez la pensée, non plus que ie ne croy qu'on ait à Sainct-Germain la pensée de vous le demander, cela estant moralement impossible. Sera ce à condition que le Cardinal sortira de France, qui est l'vnique pierre d'achopement? nous n'en sommes plus dans ces termes là; les choses ont changé de face; et ceux qui le protègent et qui le suiuent, ne sont pas moins criminels que luy pour ne pas dire plus. Si vous vous contentez de bannir le Cardinal, tous ces gens là demeureront; et si cela est, en quelle asseurance serez vous, s'ils viennent à reprendre leur crédit, comme il leur sera facile quand vous aurez mis les armes bas. En quel état réduiront ils la France? des paix de contrainte sont à des âmes vengeresses des esguillons et des flammes dans le cœur qui ne s'estcignent iamais; nous en avons veu l'expérience; mais ce n'a esté que ieu au regard de ce qui se fera si vous relaschez. Comment pourront subsister les Princes qui ont auec ardeur embrassé vostre party? seront ils en seureté de leurs testes s'ils sont contraints d'obéir à ceux contre qui ils sont armez? seront ils en égale puissance? cela ne se peut; deux contraires, disent les philosophes, ne se peuuent endurer en vn mesme suiet; et en matière de grandeur et de grandeur ennemie, il n'y peut y auoir de pareil. Quoy donc, donneront ils la loy? il seroit nécessaire pour le repos du public; mais cela ne se fera pas dans vn accomodement; et par conséquent il est moralement impossible de faire la paix, sans s'exposer à vn danger très éuident. Mais cela est étrange : ie ne veux point de paix, qui est la chose du monde la plus souhaitable? Ie reponds ce que fit Cicéron : *Nec ego pacem nolo; sed pacis nomine bellum involutum reformido; quare si pace frui volumus, bellum gerendum est; si bellum omittemus, pace nunquam fruemur.*

De ces deux raisons, l'on tire la troisiesme par vne conséquence nécessaire, que cette paix ne se peut faire; car de quel front vous pourront regarder ces gens là, qui se sont vantez de lauer leurs mains en vostre sang? qui ne demandoient pas moins que huit Conseillers et quatre Présidens à leur choix, pour les immoler à leur fureur comme des victimes? Et vous comment pourrez vous les regarder de bon œil? Serez vous tousiours dans la défiance, ou tousiours en armes? Cela ne se peut faire. Et le peuple qui n'aura peut estre pas tant de retenue que vous, pourra-t-il voir de ses yeux des gens qui ont exercé tous les Actes d'hostilité imaginables sur tout ce qui luy appartenoit? qui ont publié partout qu'ils ne mettroient iamais les armes bas qu'après auoir fait vn village de Paris, et réduit les Bourgeois à aller la corde au col demander pardon? qui en ont proposé le pillage à leurs soldats, au lieu de solde et d'autres récompenses? qui authorisent le viol et les larcins et les sacrilèges? Et eux, pourront ils voir des Bourgeois qui leur ont fait la

<small>La troisiesme raison que la paix ne se peut faire.</small>

nique et qui leur ont appris, en tant de rencontres, qu'ils auoient plus de courage qu'eux et moins de témérité, après tant de libelles qu'ils ont fait publier, où ils ont découuert leur infamie et l'énormité de leurs crimes, enfin après les auoir fait démentir de ce qu'ils se sont si insolemment vantez ? Ie ne dis rien des autres Parlemens, auec qui vous auez fait alliance; ie ne parle point des gens de guerre que vous faites venir, ny des seigneurs que vous auez engagez en vostre party; ils ne sçauroient faire de paix s'ils ne la donnent. Il est important et pour eux et pour vous qu'ils subsistent; et cela estant, ie consens très librement à la paix. Tout le monde aura suiet d'estre réioui, et de bénir Dieu pour le soin que vous auez eu d'vn pauvre Estat desolé. Autrement mourons plustost que de rentrer dans la seruitude, qui ne sçauroit estre que plus rigoureuse que la mort. *Nomen pacis dulce est, et ipsa res salutaris; sed inter pacem et seruitutem plurimùm interest. Pax est tranquilla libertas; seruitus malorum omnium postremum, non modo bello sed etiam morte repellendum.*

Mais après tout, dira t'on, il faudra que le Roy soit le maistre. Ie l'auouë; et personne ne le luy dispute. La Reyne veut restablir son authorité qu'elle prétend estre fort lezée en tous ces grabuges. Elle le veut rendre absolu au point qu'il estoit quand elle a pris la Régence. Les Roys ne prennent point la loy de leurs subiets, mais les subiets de leurs Roys; et faut tost ou tard qu'ils se rendent obéissans. Qui est ce qui doute de cela ? Mais il y a bien à distinguer entre la puissance d'vn Roy maieur et celle de ses Ministres dans sa minorité. Le Roy n'est pas à présent en estat d'agir de sa personne; il faut donc que ceux qui ont le plus d'intérest en la conseruation de son Royaume, reprennent l'insolence de ces zélez Ministres qui sous ce masque de l'authorité Royale, tranchent du Souuerain et rauagent le Domaine du Roy comme vne terre ennemie. Est il possible que si le Roy auoit la connoissance des misères de son peuple, il n'en fust pas touché sensiblement? et ces harpies ne songent qu'à se repaistre du peu de sang qui leur reste.

Ces voleurs détestables nous ont depuis trente ans voulu faire passer pour légitime vne Polytique de Tyran, et publié par tout que le Roy a droict de vie ou de mort sur ses subiets, que nos vies et nos biens sont à luy, et qu'il en peut disposer comme bon luy semble, comme en estant le Maistre Souuerain. Il est vray que les subiets sont obligez naturellement d'employer leurs vies et leurs biens pour le seruice de leur Prince; mais il y a bien de la différence entre ces deux propositions : le Prince peut prendre et disposer de nos vies et de nos biens à sa fantaisie; et nous deuons employer vies et biens pour le Prince. La première suppose vne puissance despotique et seigneuriale; et la seconde vne sugettion dans le subiet qui l'oblige à seruir son Prince aux dépens de son sang et de ses biens, quand la nécessité est grande. Iamais la France n'a esté en gouuernement despotique, si ce n'est depuis trente ans que nous auons esté soumis à la Miséricorde des Ministres et exposez à leur tyrannie. Ceux qui ne philosophent que sur les choses présentes, et qui ne portent pas leur esprit à rechercher la vérité, croyant que c'est assez d'estre imbu d'vn *Tout le monde le dit*, s'estonneront peut estre de cette proposition; mais qu'ils apprennent que la France est vne pure Monarchie Royale, où le Prince est obligé de se conformer aux loix de Dieu, et

Question si le Roy est maistre de nos vies et de nos biens.

où son peuple obéissant aux siennes demeure dans la liberté naturelle et dans la propriété de ses biens; au lieu que la Despotique gouuerne des subiets comme vn père de famille ses esclaues. Tel est le gouuernement du Turc, qui pour cela s'appelle le Grand Seigneur, qui peut sans iniustice mander à ses Bassas de luy apporter leurs testes, s'étant fait maistre par la voye des armes et ayant tousiours retenu le pouuoir de Conquérant, qui donne, suiuant le droict des gens, la puissance de traitter en esclaues ceux qu'on subiugue.

La France n'est pas vne terre de conqueste : c'est ce qu'il faut prouuer ; et pour cet effet, il est besoin de prendre la chose dans sa source. Mérouée, que nous pouuons appeler nostre premier Roy, plus à propos que ny Pharamond, ny Clodion le Cheuelu, qui ne régnèrent iamais en nostre France, ayant amené vne armée considérable au deça du Rhin, et mesme pris Trèues, fut prié par Aëtius, gouuerneur dans les Gaules pour l'empereur, de ioindre ses forces auec les siennes et celles de Théodoric, Roy des Gots, pour chasser Attila qui rauageoit la Gaule auec vne armée de plus de cinq cens mille combattans.

Mérouée ne demanda pas mieux, tant pour l'espérance du butin, que pour signaler son courage en quelque belle occasion; ce qu'il fit, en effet, dans la bataille Catalonique, où Attila fut défait et contraint de quitter la France. Deux choses furent fauorables à notre Mérouée : l'vne que Théodoric y fut tué, et l'autre qu'incontinent Aëtius fut aussi assassiné par le commandement de l'Empereur. Les Gaulois demeuroient ainsi en proye; si bien que iettans les yeux sur Mérouée, qui auoit acquis grande réputation dans la bataille, ils le prirent pour chef; et Paris premièrement et puis d'autres villes luy ouurirent les portes, ayant appris auec combien de douceur il traittoit celles qui l'auoient receu. Le voila Maistre sans coup férir; et pas vne de nos histoires ne dit autre chose, sinon qu'après cette bataille là estant alléché par la beauté et bonté du Pays, il gagna quelques villes qui le receurent à bras ouuerts après la mort d'Aëtius. Et pour monstrer que nos Gaulois se soumirent volontairement à luy, et que iamais ils n'y furent contraints par la voye des armes, c'est qu'ils chassèrent son fils Chilpéric, tout Roy qu'il estoit, à cause de ses vices, et qu'ils auoient éleu selon la forme ordinaire, et rappelèrent vn Gillon qui estoit Romain, pour se remettre sous la domination de l'Empereur. Élire et destituer ne sont pas des marques d'vn peuple subiugué, mais d'vn peuple libre qui prend vn chef pour estre protégé contre ses ennemis. Ie passe quantité d'autres raisons que ie pourrois alléguer; mais pour faire court, ie viens à la question; et dès que les Roys de nos temps ne peuuent prétendre sur la France autre droict que celui qu'auoit Mérouée, puisque iamais le gouuernement n'a manqué, et que s'il y a eu quelque changement, ce n'a esté que dans la succession de nos Princes, sans que la France ait cessé d'estre Monarchie, de sorte que l'on peut tirer cette conséquence, que la France n'estant point terre de conqueste, ne peut estre traittée en esclaue; estant chose inouie que de dire qu'vn chef à qui l'on se soumet volontairement, ait le mesme droict sur ceux qui s'assuiettissent, qu'vn Maistre ou Seigneur sur ses Esclaues. Aussi les bons Empereurs Romains ne vouloient pas qu'on les appelast *Domini*, c'est-à-dire, Seigneurs, mais bien Princes; tesmoin Suétone dans la vie d'Auguste; et Pline le ieune disoit à Traian : *Principis sedem obtines ne sit Domini locus.* Cette différence fut bien remarquée par les anciens Perses, qui appeloient, au rapport d'Hérodote, Cyrus l'aisné Roy, Cambises Seigneur, et Darius Marchand, parceque l'vn s'estoit monstré Prince doux et débonnaire ; l'austre hautain et superbe ; et le troisiesme trop exacteur et trop auare. La définition de Roy qu'apporte Aristote, au 3° de la Répub., s'accorde auec ce que nous auons auancé, où il dit que le Roy deuient Tyran pour peu qu'il force la volonté de ses subiets ; ce qu'il faut prendre, non pas au pied de la lettre, autrement il n'auroit pas le pouuoir de leur donner la loy, et les plus iustes du monde deuiendroient Tyrans ; mais en sorte qu'il doit luy mesme obéir aux loix de la Nature, et gouuerner les suiets par la iustice naturelle, qui veut qu'on rende à chacun ce qui luy appartient. Cela paroist par les marques qu'il donne de son administration, dont les principales sont de craindre Dieu sur tout, d'auoir de la compassion des affligez, d'aimer ses subiets, de se rendre ennemy des meschans, et en vn mot, iuste enuers tous, n'estant pas plus dispensé de la loy de Dieu que le reste des hommes ; mais au contraire estant obligé d'y obéir, et les subiets aux siennes, l'on peut dire que cette loi de Dieu doit estre la maistresse et la Reine de toutes les actions de part et d'autre. Et pleust à Dieu que cela fust ! nous ne verrions pas le déplorable estat où est auiourd'huy la France réduite, et ne souffririons pas que des Ministres insolens nous fissent passer pour constant que les loix d'vn Estat ne peuuent subsister sans quelque iniustice.

Quel tribut l'on doit au Roy.

Néanmoins l'on m'obiectera qu'outre cette obéissance,

le subiet est obligé à quelque redeuance enuers son Prince, et que iamais l'on a veu de subiets sans rendre tribut; d'où vient que lorsque l'on demanda à nostre Seigneur s'il falloit rendre le tribut à César, il donna ouuertement à entendre qu'ouy, en disant : Rendez à César ce qui est à César. Tout cela est vray; mais il y a bien à distinguer entre le Tribut pris généralement et la qualité du Tribut. Il n'y a point de subiet qui ne doiue, en qualité de subiet, quelque tribut à son prince, qui n'est autre chose, à le bien prendre, qu'vne subsistance qu'on luy donne pour l'entretien de sa maison et pour les affaires qui concernent la seureté et le repos de l'Estat. Et c'est ce que nous appellons Domaine; duquel les Rois de la première et seconde race, et mesme beaucoup de la troisiesme se sont contentez sans rien leuer au delà sur leurs subiets, si ce n'estoit en quelque cas extraordinaire[1]. Il est à remarquer que ce Domaine est inaliénable parceque les subiets l'ont affecté au commencement à la subsistance des Rois et qu'ils se sont obligez à luy en payer les reuenus de droict naturel; de sorte que quiconque ne le fait, outre qu'il offense Dieu mortellement, est encore obligé à restitution, parcequ'ils s'en sont dessaisis en faueur de la subsistance du Prince. Mais ce qui est à noter, ils ne se sont iamais déportez de la connoissance des subsides extraordinaires qu'il a fallu leuer sur eux, et n'y a nulle prescription qui ait pu acquérir aux Rois le droict de faire des leuées sans leur consentement, pour quelque cause que ce soit. La raison de cecy se tire de la maxime que nous auons posée : que le Roy n'a point de droict sur les biens des particuliers; et partant il ne

---

[1] Quand ie parle des peuples, ie n'entends pas les particuliers; mais les Estats et les parlemens qui sont pour le peuple. N. D. T.

peut les obliger à les luy bailler sans iniustice. Aussi voyons nous que les premiers Roys qui ont commencé à leuer sur le peuple, en ont fait vn poinct de conscience et s'en sont accusez deuant Dieu comme d'vne chose iniuste et qui ne leur estoit pas deue; Tesmoin S. Louis qui commanda à Philippe, son fils aisné et successeur, de remettre les Tailles qu'il auoit esté contraint de leuer à cause des guerres, et luy défendit d'en leuer aucune si l'urgente nécessité ne l'y obligeoit ; ce qui fait voir que la taille n'étoit pour lors qu'vn subside extraordinaire, non plus que la leuée de Louis le Ieune de vingt parties du reuenu de ses subiets pour vne fois seulement. Telle fut encore la Maletote de Charles VI. Et parceque les Estats virent que depuis S. Louis, les leuées se faisoient comme ordinaires, il y fust arresté en présence de Philippe de Valois l'an 133, qu'il ne s'en feroit aucune sur le peuple sans son consentement. Les Députez des trois Estats tenus à Tours firent à Louis XI, par forme de don pour deux ans seulement, quelque somme considérable comme vn octroy qui fust esgalé sur lesdits Estats, sans toutesfois tirer à conséquence et sans que ledit octroy pust estre appelé Taille ou impost. Et fut remonstré aux Estats tenus en la mesme ville sous Charles VIII par Philippe de Commines, qu'il n'y auoit point de Prince qui eust pouuoir de leuer impost sur ses subiets, ny prescrire ce droict, sinon de leur consentement. Bon Dieu que nous sommes à présent esloignez de cette condition là ! En ces temps-là, si quelque nécessité pressante obligeoit les Roys à exiger quelque tribut de leurs subiets, c'étoit auec des protestations de le supprimer aussitost qu'ils en seroient déliurez ; ainsi que fit Philippe le Long, qui mit le premier vn double sur la liure de sel ; et depuis Philippe de Valois déclara par lettres patentes de l'an 1328, qu'il ne vouloit ny n'entendoit que le droict de Gabelle, qui estoit pour lors de quatre deniers pour liure, fut incorporé au Domaine. Est-ce là vne marque d'vne puissance soueraine sur nos biens ! La Monarchie est la mesme qu'elle estoit ; le Roy à présent regnant l'a eue par succession. En ce temps là l'on ne leuoit rien sur les subiets que par leur consentement ; et auiourd'huy on leur rauit tout ce qu'ils ont en dépit d'eux. Considérez cecy, infasmes Partisans ; et cessez de nous vouloir faire passer le gouuernement de France pour despotique.

Ce sont là les leçons que la Reyne deuroit faire apprendre au Roy son fils ; elle deuroit luy représenter par ces exemples qu'il ne doit pas abuser de son authorité, et que les Tailles qui montent auiourd'huy à des sommes si excessiues, ne luy sont point deues selon les loix du Royaume, et que iamais les Roys ses prédécesseurs ne les ont leuées que par violence ou par tolérance. Il est vray que c'est là vne science que nous ne sçauons point auiourd'huy, où nous sommes si accoustumez à l'esclauage que nous ne pouuons croire que nos pères ayent iamais esté libres ; mais qu'elle luy apprenne s'il luy plaist, que ce n'est pas le plus sûr pour vn Roy que de tenir ses subiets en bride par la violence des extorsions ; car en pensant leur oster les moyens de se rebeller, on ne captiue pas leurs volontez pour cela ; et tost ou tard, à la moindre espérance de mieux, ils secouent volontairement le ioug, sans auoir égard ny à serment, ny à respect. Qu'elle luy fasse voir que les inuenteurs de nouueaux imposts ont eu pour l'ordinaire des fins fort tragiques, et que les Roys n'ont pas esté exempts du

Impôts, causes de grands troubles.

bouleuersement, tant en leurs personnes qu'en leurs Estats ; car sans parler des notes d'infamie, dont les peuples marquent la réputation des Princes pour tel suiet, comme firent les Romains à l'endroit de leurs Censeurs Licius et Claudius, qu'ils nommèrent les *Sauniers*, pour tesmoigner la haine qu'ils leur portoient, sans parler encore d'vn certain Acheus, Roy des Lydiens, qui fut pendu par ses suiets, les pieds en haut et la teste en la riuière, à cause des subsides qu'il vouloit exiger, qu'elle sçache que Philistus fut en partie cause de la haine que les Syracusains conceurent contre Denys le Ieune, leur Tyran, et finalement de sa perte, à cause des exactions violentes qu'il exerçoit sur eux. Au commencement de cette Monarchie vn nommé Proclètes, fut lapidé par les habitans de Trèues, pour auoir conseillé au Roy Théodebert de charger ses subiets de nouueaux subsides ; le mesme malheur enseuelit Théodoric, Roy de France, et lui fit perdre sa couronne. Il n'y a pas vn siècle que Georges Preschon fut cruellement exécuté à mort, et que Henry, Roy de Suède, dont il estoit le Gouuerneur, fut chassé de son Estat pour le mesme suiet. Nos Histoires nous marquent vne infinité de pareils exemples. Du temps de Charles V surnommé le Sage, l'on massacra deux Mareschaux de France ; et peu s'en fallut que le troisiesme n'eust la mesme fin ; et la fureur se porta si auant que l'on esgorgea des Daciers iusques sur les Autels, comme des victimes publiques. Sous Charles VI, toute la France ne fut elle pas sur le point de changer de Maistre ; et quoy que les leuées et contributions se fissent auec quelques formes d'Estats et pour la nécessité, néanmoins le peuple faisant tousiours instance contre Iean de Montaigu, intendant des finances, autheur de nouuelles Daces, l'on fut contraint de l'abandonner, et eut la teste tranchée aux Hales, auec vne Doloire, quoy qu'il eust fait bastir les Célestins et donné la grosse cloche de Nostre-Dame.

Mais à quoy bon chercher des Histoires anciennes, puisque nous voyons tous les iours par effet la haine que les peuples portent aux Partisans, n'y ayant presque point de Prouince ny de ville, en France où l'on n'en ait massacré quelqu'vn depuis trente ans?

Et ne sert de rien de dire que ceux qui l'ont fait, en ont esté punis, et que les Villes qui ont refusé d'obéyr aux ordres des Partisans supérieurs, ont esté traittez en ennemies par les gens de guerre qu'on y a enuoyez pour viure à discrétion, tesmoin la ville d'Angers l'an passé, il ne sert, dis-ie, rien de parler de la sorte. L'on ne peut pas vaincre les sentimens ny les volontés; tel voit vn exemple de chastiment deuant soy qui espère estre plus heureux dans le mesme crime, et le pouuoir éuiter. Ce sont des secrets qui se mesnagent en haut, et où nous n'y voyons rien.

Ie sçais bien qu'on peut encore repartir que quand les peuples se sont sousleuez, l'on a sçeu prendre le temps et les chastier à propos; que les vrais politiques dissimulent pour quelque temps, iusques à ce que cette lutte indomptable ait poussé son plus grand effort; que ce seroit ietter de l'huile dans le feu que de vouloir chastier vn peuple quand tout conspire à la révolte, mais qu'on luy cède quelque chose en apparence, pour luy serrer plus fortement après la bride et luy donner de l'esperon; que les Roys ne sont iamais chiches d'accorder à leurs suiets ce qu'ils veulent en cet estat là, parcequ'ils n'en tiennent rien s'ils ne veulent; si bien qu'après tout les rébellions causent vn mal inéuitable à des subiets. Quand i'aduouerois tout cela, c'est présenter à des peuples animez vn mauuais miroir que de leur faire voir qu'il n'y a iamais eu de seureté à s'accomoder auec les Roys; car qui est ce qui ne voit pas que pour éuiter pareil chatiment, il n'y a rien qu'on ne fasse? Quand ce seroit auec la plus grande iniustice du monde qu'on détrosneroit les Roys légitimes, néanmoins cette considération ne touche point à l'esgal de la peine qu'on se représente qu'il faut souffrir; et l'on se iettera plustost entre les mains d'vn Barbare et d'vn ennemy que de s'accomoder auec vn Prince qui ne propose pour articles que des roues et des gibets; car au moins a t'on espérance d'vn plus fauorable traittement sous quelque autre que ce soit. La pluspart des réuolutions des Estats sont arriuées par là; et sans que i'appréhende d'abuser du temps et d'estre trop long, i'en marquerois assez pour preuue de mon dire.

Leçon au Roy. Ie reuiens donc à ma proposition et dis que la Reyne deuroit faire lire et comprendre ces Histoires là au Roy son fils et le nourrir dans vn amour de ses subiets, au lieu de l'animer à la vengeance pour les Parisiens et tous ses autres fidèles Seruiteurs; car si les peuples, comme il est infaillible, ont connoissance de cette nourriture, que diront-ils en eux-mesmes, s'ils ne le déclarent tout haut? Que peuuent-ils attendre de meilleur que par le passé? Quoy, il y a trente ans qu'ils sont sous vne tyrannie, et ils en voyent trente autres qui viennent ou d'auantage, qu'il leur faudra estre encor pis? A quoy se doiuent ils résoudre? Les traicts de la nécessité sont cuisans; et tel se voit obligé de faire ce qu'il n'auroit iamais pensé. C'est vn pernicieux conseil qu'on a donné à la Reyne de lui faire risquer le tout pour le tout; elle commence à en voir la conséquence; elle n'a crû n'auoir que le Parlement de Paris en teste; elle luy fait la guerre; et ie ne sçay si elle n'a point affaire de luy auiourd'huy pour estre maintenue; et ie ne sçay s'il en pourroit venir à bout quand il l'entreprendroit. Elle a ietté le dé la première, et luy en suite; ils n'en sont plus maistres, ny l'vn ny l'autre. C'est à la fortune à iouër à son tour, ou plustost à Dieu à faire voir vn effet de sa souueraine puissance.

La Reyne ne doute pas, si on ne la flatte, que tout le monde la condamne; et si la voix du peuple est la voix de Dieu[1], qu'elle tire la conséquence. C'est vne des grandes marques qu'il y ait d'vn changement d'Estat, quand les peuples n'ont plus de respect ni de crainte pour leurs Souuerains, et quand ils les mettent au pis faire. Denis le Tyran voulut bien changer de baterie, quand on luy rapporta que ses subiets ne se soucioient plus de ses rages ny de ses tourmens; mais il n'en estoit plus temps; et il iugea bien qu'il estoit perdu, comme en effet; si tost que son ennemy se fust presenté vers Syracuse, tout le monde s'y retira comme à vn azyle, et luy fut abandonné misérablement, despouillé de son Estat et réduit à l'esclauage. Voilà ce qu'il faut représenter au Roy d'vn costé pour luy faire appréhender de mal traitter ses peuples, et de l'autre ces sainctes instructions que donne l'Empereur Théodose à son fils Honorius dans Claudian, où il apprendra en substance que

---

[1] Un pamphlétaire a traité cette question *ex professo* dans une pièce intitulée : *Question : si la voix du peuple est la voix de Dieu* [2951]; et un autre a écrit résolument *Que la voix du peuple est la voix de Dieu*, etc. [2943]. Voir aussi *Remède aux malheurs de l'Estat de France*, etc. [3270].

les armes ne mettent pas les couronnes à l'abry des coups de la fortune, mais bien l'amour des subiets ; qu'vn Prince ne se peut faire aimer par force, et que le Diadesme qui ne subsiste que par les piques des gardes, est bien près de sa cheute ; que celuy qui pense espouuanter les autres par le nombre de ses Satellites, craint plus qu'il n'est craint, et que pour estre en seureté, il vaut mieux faire le père et le citoyen que de faire voler les testes des Princes ou des Conseillers, qui peuuent faire ombrage.

> Qui terret, plus ipse timet. Sors ista tyrannis
> Conuenit; inuideant claris, fortesque trucident.
> Tu ciuem patremque geras, tu consule cunctis.
> Nec tibi, etc.

O que c'est vne pernicieuse Politique que de porter les Roys à faire tout ce qu'ils peuuent plustost que ce qu'ils doiuent, et que c'est mal connoistre les fondemens d'vne Monarchie Royale que de vouloir faire passer vne authorité sans bornes pour légitime !

Car outre que de cette façon il n'y auroit nulle différence entre vn Roy et un tyran, à prendre mesme le mot en sa plus odieuse signification, il est constant à quiconque l'examinera de près, que dès lors qu'vn Roy abuse du pouuoir que Dieu lui donne en cette qualité, et qu'il contreuient à son deuoir, il cesse d'estre Roy et les subiets d'estre subiets. La raison en est éuidente, mais mal-goustée par les Politiques du temps ; à quoy pourtant ils n'ont point de repartie. La voicy : Quand les Roys viennent à la couronne, ils iurent sur les saincts Éuangiles qu'ils maintiendront l'Église de Dieu à leur pouuoir ; qu'ils obseruront les loix fondamentales de l'Estat, et qu'ils protégeront leurs subiets selon Dieu et raison, ainsi que de bons Roys doiuent faire; et moyennant ce serment, les peuples sont obligez de leur obéyr comme à des Dieux sur terre; et le serment qu'ils en ont fait aux premiers Roys, dure encor à présent, à cause de la succession perpétuelle qui s'entretient en la France. L'vn et l'autre serment est respectif; et comme le Roy peut iustement faire punir par toutes les voyes d'vne iustice rigoureuse des subiets contreuenans à la promesse qu'ils ont faite de luy obéyr comme à leur légitime Monarque, dans tous les articles qui ne choquent point les trois fondamentaux que i'ay posé; de mesme les subiets sont-ils exempts de l'obéissance, quand les Roys violent leur serment; car s'ils renuersent les lois de l'Église, qui est le subiet qui leur obéyra, ou qui est obligé de leur obéir? C'est la grande question mesme du temps de Henry IIII; à quoy il ne put trouuer de solution qu'en se rendant catholique. S'ils contreuiennent aux loix fondamentales de l'Estat, comme s'ils prétendoient faire tomber le Royaume en quenouille, vendre et aliéner leur Domaine, les subiets sont exempts de leur en redonner vn autre, et de leur obéyr en l'autre point. Tout cela est sans difficulté; et il faut conclure qu'il en va de mesme pour la troisiesme circonstance du serment, que si les Roys ne protégent leurs subiets selon le droict et la raison, conformément aux Lois de Dieu et aux Ordonnances des Estats que les Cours souueraines sont obligez de faire exécuter, comme les ayant en dépost, les subiets sont exempts de l'obéyssance; et bien d'auantage, s'ils sont opprimez iniustement et auec vne violence tyrannique, qui ne peut compastir auec la Monarchie Royale, où les subiets ne s'obligent aux Roys que pour en estre protégez contre ceux qui pourroient troubler leur repos; tellement que, s'ils le troublent eux mesmes, ils cessent d'être Roys, et les subiets d'être subiets. Aussi voyons-nous que, quoique les Romains n'eussent rien tant à cœur que d'estendre leur seigneurie et de faire de nouuelles conquestes, néanmoins ils n'ont iamais authorisé les réuoltes des subiets contre leurs princes légitimes qu'en cas d'une iniuste oppression ; et est certain que les Peuples ont plustost eu recours à eux, qu'eux aux Peuples pour faire chasser les Roys qui abusoient de leur authorité; tesmoin les villes de la Grèce qui leur enuoyèrent des Députés pour les prier de les aller secourir contre leurs tyrans. Il est vray qu'ils estoient bien aises de rencontrer des occasions et des prétextes si fauorables ; car comme ils croyoient que c'eust esté vne iniustice que d'exciter vne réuolte et de corrompre des subiets, aussi s'imaginoient ils qu'ils eussent commis vne lascheté trop grande s'ils les eussent laissez dans vne oppression iniuste quand ils auoient recours à eux; tant il est vray que les subiets ne sont obligez aux Roys qu'autant qu'ils sont Roys et qu'ils n'abusent pas de leur authorité. Il n'en va pas de mesme dans la Monarchie Seigneuriale, où les subiets sont bien obligez par serment au Monarque, sans que le Monarque s'oblige à rien s'il ne veut; et de quelque violence qu'il en use enuers eux, ils n'ont iamais de iustes suiets de se rebeller (ie parle icy selon le droict des gens, et non pas selon les maximes du Christianisme). La raison est parceque le Monarque ne se défait iamais de la qualité de Seigneur, et qu'vn Seigneur, à prendre le mot en sa rigueur, n'a point d'autre loy que son espée, pouuant de droict quand il veut, rauir et biens et vies de tous les subiets, faire d'autres colonies et de nouuelles peuplades, comme il se pouuoit quand il les a premièrement assuiettis par la voye des armes.

Il faut donc que le Prince d'vne monarchie Royale soit soumis à ses subiets et qu'il n'ose faire ce qu'il voudroit bien, crainte de les offenser? Nullement; mais le Roy et ses subiets ayans vn mesme Dieu pour maistre, ses loix et ses commandemens doiuent estre la règle de leurs actions. Les grands Politiques oseront ils dire que Traian[1] ne se comporta pas en Empereur quand il fit Licinius Sura préfet du prétoire, et qu'en luy donnant l'espée nue qui estoit la marque de sa charge, il luy dit : « ie te donne cette espée, Sura, dont tu me seruiras fidèlement si ie te commande quelque chose selon le droit et l'équité; sinon, ie te dispense de ton obéyssance, et seray bien aise que tu t'en serues contre moy-mesme. » Pensons nous qu'Alexandre Seuerus eust moins de pouuoir et d'authorité que Caligula et qu'Héliogabale parcequ'il n'en abusoit pas comme eux? que Tacitus fust moins Empereur que les autres parcequ'il ne vouloit rien faire sans l'aduis et le consentement du sénat? et pour parler de nos Roys, Louis XII, qui estoit les délices du peuple et qui faisoit conscience de leuer quelque chose sur luy, crainte de le faire crier, estoit il moins Roy et moins absolu que n'estoient ses deuanciers? Henry IIII a-t-il eu moins d'authorité que Louis XIII pour n'auoir pas fait sauter la teste à des Montmorency, à des Marillac, à des de Thou, à des Cinq-Mars, et pour n'auoir pas fait tant emprisonner et exiler de Conseillers et de Présidens qu'il y en a eu sous le règne précédent, et depuis la Régence? Mais le malheur est qu'on ne fait iamais con-

---

[1] Dion en la vie de Traian. N. D. T.

ceuoir aux Roys ce qu'ils doiuent, mais ce qu'ils peuuent et combien leur authorité a d'étendue, contre la maxime et l'instruction que donnoit le grand Théodose à son fils.

[1] Nec tibi quid liceat, sed quid fecisse decebit,
Occurrat, mentemque domet respectus honesti.

<small>Le Parlement cause du malheur par sa conniuence.</small>

D'où viennent donc tous ces désordres? C'est de vous, Messieurs, pardonnez moy, si je le dis ; car si vous vous opposiez vertement à ces iniustes et tyranniques procédures dès leur naissance, on ne les verroit esclore qu'à la confusion de leurs autheurs et à l'honneur de vostre compagnie. N'y a t'il pas lieu de s'estonner que vous qui estes les dépositaires de ce qu'il y a de plus sacré dans nos loix, ayez si longtemps toléré le trafic infâme du sang des subiets du Roy? I'ay cent fois ouy dire dans les Prouinces que tout le mal ne venoit que de vous, qu'on ne demandoit pas mieux qu'à secouer ce ioug insupportable des Ministres Partisans, pourueu que vous donnassiez le bransle, puisque vostre Parlement est sans contredit le premier mobile de la France ; et ie puis adiouster auec vérité que vous estes complices de tout le mal qui s'est fait depuis tant d'années, hormis le mois de May dernier, que vous commençastes enfin à vous réueiller d'vne malheureuse léthargie qui vous a si longtemps tenus sans poux et sans mouuement.

Il me souuient à ce propos, de certains discours qu'on dit que tint le Plaisant, autrement le bouffon du Roy, sur le suiet des duels du grand Boutheuille, qui auoit desià tué seize Gentilshommes au combat d'homme à

[1] Claudian av. 4. Cons. d'hom. N. D. T.

homme; et comme on demandoit au Roy sa grâce pour le seixiesme et que le Roy n'en vouloit point ouyr parler, à cause de tant de meurtres qu'il auoit commis, ce fou lui dit que Boutheuille n'en auoit tué qu'vn et que le Roy auoit tué les autres; parce que, s'il l'eust puny dès le commencement, selon les ordonnances, il il n'en eust pas tué dauantage. I'en puis dire autant de vous, Messieurs, et prendre la liberté d'vn fou qui estoit sage, en vous remonstrant que si vous auiez chastié dès le commencement les brigandages du règne passé, nous n'en serions pas où nous sommes maintenant.

A qui pensez vous que les peuples puissent adresser leurs plaintes, si ce n'est à vous? Iront ils au Conseil du Roy, où l'on ne met quasi plus que des Partisans, pour se plaindre des extorsions qu'ils font? c'est à dire, iront ils deuant des Iuges qui sont parties? Il n'y a pas d'apparence; et le peu de iustice qui s'y rend, fait mesme appréhender aux plus iustes d'en auoir des Arrests à leur aduantage. Pourquoy vérifiez vous les Édits du Roy? Est ce par forme seulement et par vne vieille coustume? ou bien si c'est parceque vous seruez de barrière à cette authorité Royale et que vous auez droit d'examiner s'ils sont iustes? Vous sçauez mieux que moi que les peuples n'ont aucune voix délibératiue en tout cela, si ce n'est par vous qui estes comme leurs Députez; et quand i'ay dit qu'ils estoient parfois exempts de l'obéissance, ie n'entends pas que les particuliers se puissent arroger le droict; autrement ils se feroient iustice à eux mesmes selon leur caprice, ce qui ne se peut pas; mais bien quand ils sont authorisez par vos Arrests qui tiennent lieu d'Estats et d'ordonnances.

Souuenez vous donc, s'il vous plaist, que depuis que

les Parlemens sédentaires sont instituez pour rendre plus complétement la iustice aux subiets du Roy, l'on n'a tenu les Estats que pour remédier aux désordres qui arriuent de temps en temps en l'administration; qu'on leur a donné les Ordonnances, comme en dépost, pour les faire exécuter en leur forme et teneur, et qu'ils en sont chargez tant de la part du Souuerain que des Subiets; si bien que l'on peut conclure conformément à ma proposition, que toute la corruption qui arriue dans l'administration de l'Estat, ne prouient que de la lasche tolérance des Parlemens et que les Roys et les peuples leur peuuent demander raison d'vne iustice si mal administrée.

Response du Parlement.

Ie sçay bien que vous me direz que vous estes trop près du soleil pour ne cligner pas les yeux, qu'il se trouue trop peu d'aiglons parmy vous qui puissent en supporter les rayons, que la violence d'vn costé et la diuision de vostre compagnie de l'autre vous a forcez de faire des choses que vous sçauiez estre contre la iustice, qu'il y a peu de Catons en ce siècle qui aillent au Palais au trauers des picques et qui fassent trembler les armes sans armes, comme fit l'ancien d'Vtique celles de son collègue qui le vouloit empescher de parler pour le bien public. Voilà, ce me semble, ce que vous pouuez répliquer à ceux qui vous accusent de trop de conniuence. Mais parlons, ie vous supplie, sérieusement : est ce là faire l'office de sages et de sages souuerains? Si vous n'estes establis que pour faire la volonté du Roy à l'aueugle, à la bonne heure; mais en ce cas là il n'a que faire de vous; et les peuples encore moins; le conseil d'en haut suffit, puisqu'aussi bien l'on n'a point d'autre raison, sinon que, *sic volo, sic iubeo, sit pro ratione voluntas.* Qu'est il

Response à la response.

besoin que des peuples viennent de si loin vers vous, si vostre pouuoir ne s'étend qu'à faire iustice entre Pierre et Iacques ? Ils trouueront la mesme chose auprès d'eux en leurs Présidiaux et Sénéchaussées ; et s'il n'y auoit que cela, l'on pourroit dire qu'il n'y auroit rien de si inutile que les cours du Parlement. Mais i'ay d'autres sentimens pour vos Compagnies ; et vous mesmes deuez en auoir de bien plus grands, parceque vous en connoissez le mérite.

Tellement que si vous m'accordez que vous auez droict, comme il est vray, de vous opposer hautement à la vexation des peuples et de casser les faux arrests du Conseil d'en haut, quand ils choquent vostre liberté et celle des peuples, vous m'accorderez aussi que vous estes obligez de le faire généreusement, ou qu'il faut abandonner vos charges.

Ce n'est pas en l'administration de la Iustice qu'il faut chercher à plaire aux Roys, si ce n'est en la rendant bonne ; ce n'est pas là où il faut pallier la vérité. La Iustice est trop auguste d'elle mesme et donne trop d'aduantages à vn homme de cœur pour en estre trahie ; et si la flatterie est pardonnable à des Courtisans, elle est criminelle dans des Iuges, qui ne sont iuges que pour la punir, puisqu'elle est la mère de l'iniustice. L'eschole de la Cour est bien différente de celle du Parlement ; en celle là on apprend à plastrer adroitement et à chercher de quoy plaire aux Roys ; et en celle cy toutes les pensées doiuent tendre à chastier les fourbes et à rendre la Iustice ; tellement qu'estant impossible de seruir deux maistres si différens, sans haïr l'vn et aimer l'autre, l'on peut dire d'vn magistrat qui fait le courtisan par intérest ou par affection, qu'il quitte son office de Iuge pour

Charges des Conseillers.

estre fourbe, à moins qu'il n'en vse comme faisoit Callisthène chez Alexandre. Ce grand Philosophe, voyant que son maistre se mesconnoissoit et qu'il se portoit à des excès de violence et de bouche, mal séans à la réputation qu'il acquéroit en ses conquestes, l'aduertissoit de ses défauts auec beaucoup de liberté; ce que le Roy auoit bien de la peine à souffrir; tellement qu'Aristote, craignant qu'il ne luy en prit mal, luy dit vn iour : « Callisthène, ou il ne faut point approcher des Roys, ou il les faut vn peu flatter. » Au contraire, réplique Callisthène, « ou il ne les faut point approcher, ou il faut leur dire la vérité. » Ie pardonnerois à des Courtisans quand ils ne seroient pas si rigoureux; mais il n'est pas supportable de voir des Iuges s'accomoder au temps et feindre de s'opposer à l'iniustice quand ils la voyoient si manifeste.

Ouy, mais le mauuais traittement qu'on a fait à ceux qui ont cette fermeté que ie dis qu'il faut auoir, n'est il pas suffisant d'estonner les mieux intentionnez? Il est vray, Messieurs, que vous pouuez dire ce que disoit autrefois Cicéron en cas pareil : *Tenebamur undique; neque quominùs seruiremus, recusauimus; sed mortem et eiectionem quasi maiora timebamus, quæ multò fuere minora*. En effet, la mort et le bannissement de vos frères estoient pour vous faire appréhender de dire vos sentimens auec liberté; mais vous auez enfin reconnu que les maux qu'ils ont soufferts, estoient bien moindres que ceux qu'on vous a fait souffrir depuis, s'il est vray qu'il n'y a point de tourment plus rigoureux à des hommes de cœur que de viure sans honneur, ou que de mourir lentement par des appréhensions continuelles. C'est vne chose faite; recueillez vos esprits maintenant; et ranimez vos courages. Toute la France vous tend les bras ; ne la délaissez pas ; elle fait ses efforts et fouille le reste de ses veines pour vous assister ; vnissez vous estroitement ; car l'vnion de vostre Compagnie est plus forte que toutes les armes que l'on vous sçauroit opposer ; d'où vient que ce n'estoit pas sans raison que le Sénat Romain s'assembloit le plus souuent au temple de la Concorde, et que Q. Marcius estant censeur, fit mettre en toutes les Cours des statues de cette Déesse, auec des Autels, pour monstrer que le Sénat ne se deuoit iamais partager en opinions.

C'est à quoy toute la France vous coniure ; et moy particulièrement, qui finis par ces paroles de Cicéron : *Magna vis, magnum numen est vnum et idem sentientis Senatús ;* c'est, Messieurs, vostre très humble, et très obéyssant seruiteur.

Au Lecteur,

Il y a desià longtemps que cette lettre deuoit paroistre ; mais quelques considérations en ont empesché. L'autheur a mandé qu'elle seroit suiuie en bref d'vne autre à la ville de Paris, où il doit monstrer l'intérest qu'elle a de se tenir vnie auec la cour du Parlement, et quelques auis sur le fait de la police où l'on manque. On l'attend à la première poste ; car il est esloigné de cette Ville.

*La Lettre d'vn Sécrétaire de S. Innocent à
Ivles Mazarin* [1896][1].

(4 mars 1649.)

Monsieur, ie ne pense pas que vous trouuiez mauuais que ie n'employe point icy le nom de Monseigneur; ie m'en suis empesché par la rencontre de l'Arrest du huit ianuier dernier, que Nosseigneurs de Parlement ont donné contre vostre Eminence. C'est pourquoy ie me sers du terme dont nous traittons ceux qui écriuent comme nous; car aussi bien i'ay appris que vous estes le plus grand barbouilleur de papier qui soit au monde. Receuez donc, mon cher camarade, la lettre que ie vous escris.

Depuis que vous vous meslez du Gouuernement des affaires de France, i'ay tousiours oüy dire que vostre conduite ne valoit rien; et i'ay fait ce que i'ay pû pour désabuser les peuples de la créance qu'ils auoient en vostre politique. Ils se flattoient tellement en leur opinion que le cardinal de Richelieu vous auoit choisi pour luy succéder en cette administration, que iusques à ce qu'ils aient veu que vous auez perdu la tramontane et que vostre petite ceruelle se trouuoit au bout de ses finesses, il m'a esté impossible de leur persuader que vous estes le plus ridicule Ministre qui ait iamais esté. Ie vous assure qu'à présent ils le croyent; et quand vous vous estes engagé en cette dignité de fauory, vous n'auez pas sceu que nous auons des exemples dans nos histoires, de ceux qui ont possédé les Roys, qui ont fait des fins

[1] C'est une des bonnes pièces, au jugement de Naudé.

fort éloignées de celles qu'ils s'estoient proposées. Il y a eu véritablement de grands hommes; et les Roys qui les ont choisis pour estre soulagez dans le pesant fardeau de leur Royaume, nous font voir que celle de trouuer vn bon Ministre, c'est la peine la plus insuportable. Charles cinquième, surnommé le Sage, comme il estoit Prince de grand sens, n'ayma iamais que des seruiteurs bien sencez; ainsi il affectionna le Connétable du Guesclin à cause de ses rares vertus. Charles VII, pour le même suiet, admit au Gouuernement de son Estat Iean d'Orléans, appelé pour ses mérites le bon Comte de Dunois, auquel la France demeure encore redeuable auiourd'huy pour les continuels seruices qu'il a rendus à cette Couronne pendant le cours de sa vie; Louis XI choisit Tristan l'Ermitte; le Roy Francois I aima l'admiral de Bonniuet pour la gentillesse de sa personne; Henri II esleua Montmorency pour son courage; et Charles IX tint le Mareschal de Reez pour sa bonne conduitte. Heny III agrandit d'Espernon pour son esprit; Henri IV le Duc de Sully pour l'instrument de ses desseins. Louis XIII se trouua obligé, pour le bien de son royaume, de se confier au cardinal de Richelieu. Voilà, Monsieur, vn petit abrégé des fauoris, mais grands hommes, et s'il les faut considérer par les grandes et importantes affaires qu'ils ont adrettement et généreusement démeslées. Vous auoüerez auec moy que vous auez bien manqué en toute vostre conduite; et il vous estoit autant facile de vous maintenir en l'estat que vous vous estes trouué après la mort du grand Armand, qu'il est aisé à vn fils de famille de se conseruer le repos dans vne grande succession que son père luy auroit laissée.

Du temps de Charles VIII, François, duc de Bretagne,

se laissa posséder par vn Tailleur nommé Landais, auquel les Grands du païs firent faire le procez. I'ay grand peur que cet exemple ne vous touche; et l'historien qui en escrit, dit qu'il estoit fin Tailleur. On peut dire de vous que vous estes vn fin Lapidaire ou Tailleur de Diamans; et parmy les plus grandes affaires de l'Estat, importantes à faire, l'Abbé Mondin ou Lescot¹ suruenant, vous les attiriez dans le plus secret de vostre cabinet, et laissiez-là le Courrier et l'Ambassadeur dans vostre anti-chambre se iouer auec vos singes, pendant que vous visitiez l'escrin de vos diamans. On sçait que l'an passé vous enuoyastes Lescot en Portugal auec des lettres de change pour plus de trois millions de liures, et des lettres de créance pour autant d'argent qu'il en faudroit pour achepter ce qu'il auroit trouué à Lisbonne. Mais ces bassesses ne nous arrestent pas. Il y a tousiours quelque chose en l'homme de foible; et les plus grands personnages ont tousiours eu quelque chose qui les ont fait remarquer pour n'auoir pas toutes les perfections de l'esprit. Vous estes venu en France la première fois en assez menu équipage, si vous vous souuenez qu'au voyage de Nancy, n'ayant pu trouuer de giste, vous fustes contraint de coucher dans le carosse du feu Mareschal de Schomberg; et le lendemain matin, les cochers le voulant mettre en estat de marcher, vous éueillèrent assez rudement. Ie vous dis cecy en passant, afin de vous faire voir que l'on vous connoist. Vostre condition est si releuée dans Rome qu'il me souuient qu'vn honneste homme écriuant de Rome à Paris, à vn sien amy, le querelloit de ce que de Paris il ne luy auoit pas mandé que vostre

---

¹ Voir plus bas le *Courrier du temps*, etc.

mère estoit morte à Rome, où on ne la connoissoit presque point[1].

Ie ne sçaurois laisser passer vostre témérité. Quand vous auez voulu entreprendre sur la liberté de Messieurs du Parlement, vous auez bien manqué d'adresse en ce rencontre. Vous croyiez peut-estre que c'estoient des iuges de la rotte de Rome que la pourpre d'vn cardinal éblouit. Leur pourpre esclatte bien d'auantage; et vous deuez vous ressouuenir d'vn certain mot que vous dist vn iour Bautru; lorsque vous voyiez qu'il faisoit tant d'honneur à vn Conseiller des Enquestes et lui en demandiez la raison, il vous dit qu'il flattoit le chien qui le pourroit mordre quelque iour[2]. Pensez-vous qu'il soit Prophette? Il y a bien des chiens dans la meutte qui le prendront bien-tost aux fesses; mais puisque nous sommes sur ce propos, que pensez-vous que le Parlement fasse de vos Conseillers qui vous ont si bien conduit? on peut bien dire que les oublieux vous ont conduit dans le précipice, quelque bonne lanterne qu'ils ayent pû auoir; mais ils se saueront, ces matois; et vous, vous y périrez.

Consultez maintenant vostre Conseil; vous en auez autant besoin que iamais. L'Arrest du Parlement du 8 Ianuier[3] n'est pas grande chose, à ce que vous dites; cassez-le par vn Arrest du Conseil d'en haut. Certainement vn Guénégaud[4] en parchemin préuaudra sur vn Guyet[5]; mais on dit que ce n'est pas à présent; ou du moins sera t'il aussi bien exécuté que celuy qu'on publia

---

[1] Le *Courrier du temps* dit la sœur de Mazarin.
[2] Tallemant des Réaux a recueilli cette anecdote dans ses *Historiettes*
[3] Qui ordonne au cardinal Mazarin de sortir du royaume.
[4] Secrétaire d'État.
[5] Greffier du parlement.

à Poissy ces iours passez, portant défenses de vendre aucun bestial sur peine de la vie[1]. Il est vray qu'il fust obéy en ce point; mais les marchands débitèrent leurs marchandises à la Chaussée; et par ainsi, Paris n'a point manqué de son ordinaire; et vostre dessein de l'affamer n'a pas bien réussi. Sçauez-vous bien que i'ay désabusé beaucoup de personnes qui disoient que vous auiez plusieurs biens en France, et que la maison que vous auez derrière le Palais Cardinal, estoit de grand prix? il est vray qu'il y a du trauail pour de grandes sommes; et il est très-aisé d'acquérir du bien à ce prix-là. Celuy qui l'acheta de M. le Président de Duret[2] vous passa vn bail de six mil liures; et pour faire quelques accomodemens pour vous, il fit quelques auances dont il fit des parties; et comme l'appétit vient en mangeant, vous ordonnastes vne gallerie à Pasques; en sorte que de toute la despense qui a esté faite, vous la deuez toute entière. Plusieurs marchands de cette ville ont esté pipez par ceux qui se meslent de vos affaires. Vous me direz que la pluspart des grands Seigneurs font de mesme. Il est vray, si c'est par cette action que vous voulez faire voir votre Eminence; car ie ne voy en vous ny en vostre esprit rien d'éminent pour tout. On ne doute pas que quinze iours auant le despart du Roy, pour fauoriser la sortie de vos meubles hors de cette ville, vous fistes courir le

---

[1] « Le mesme iour (8 janvier) les Bouchers estant à Poissy au marché, leur fut signifié vn Arrest rendu par le Chancelier, par lequel défenses leur estoient faites d'achepter aucun bestial pour mener à Paris,... nonobstant lesquelles défenses, la Ville ne laissa d'estre pourueue suffisamment. » *Le Courrier françois* [830], 1re arrivée.

[2] Duret de Chevry, président au parlement de Paris. Il y a là une erreur. La maison appartenait au président Tubeuf qui la vendit à Mazarin moyennant six cent mille livres. Voir *Arrest de la cour de Parlement donné en faueur des créanciers du cardinal Mazarin*, etc. [300]

bruit que le Cardinal Grimaldy alloit loger à Chaillot ;
et soubs ce prétexte, ce que vous auiez de plus précieux
à Paris, fut transporté de ce costé là, soit à Ruel ou plus
loin ; mais on trouuera bien tout auec le temps. On sçait
bien que lors de la sortie de M. d'Emery de la Surintendance, vous empruntastes de tout le monde, iusques à
Desbournais qui vous presta dix mil liures. Les François
ne sont point si dupes que de croire que vous ayez esté à
cette extrémité ; et l'orsque vous distes à Madame la Duchesse d'Aiguillon que vostre père auoit emprunté douze
mil liures pour les funérailles de votre frère le Prescheur [1],
il me souuient qu'elle vous fist response qu'il valoit
mieux que l'on crust que vous auiez douze millions que
d'auoir esté réduit à cette extrémité d'emprunter vne si
modique somme. Cela seroit-il bien possible que cela fust ?

Si la coustume estoit en France de mettre les testes à
prix, où dormiriez-vous en seureté ? y a-t-il aucun de vos
valets en qui vous vous puissiez confier ? vous les auez si
mal récompensez qu'il n'y en a aucun qui ne s'efforçast
de l'auoir de cette sorte. Mais la France a des loix
bien plus douces ; ses formes ne se changent point ; et
le Parlement veut que son Arrest soit exécuté. Le Duc
de Bouillon qui a tant souffert depuis qu'on luy promet de liquider son affaire de Sédan ; Monseigneur
le Duc de Beaufort après vne prison si violente de
tant d'années iniustement passées au bois de Vincennes ; le Mareschal de la Motte, dont l'on ne peut assez
admirer la vertu après auoir receu vn si rude traitement de vostre Eminence, et tant d'autres braues gens
que vous auez consommez de patience, en seront les exé-

---

[1] Pierre Mazarin, cardinal de Sainte-Cécile.

cuteurs ; ils feront la perquisition de vostre personne aux quatre coins et au milieu du Royaume ; et si vous les échappez, ie l'iray dire à Rome. Vous pensez estre en grande seureté proche la personne du Roy. Détrompez vous, ie vous prie ; la France en l'estat qu'elle est, a besoin d'vn autre Ministre ; et le Roy d'vne autre personne pour veiller à son éducation.

Combien auez-vous leurré de personnes de condition pour les engager au seruice de l'éducation de Monseigneur, frère du Roy, ie m'en rapporte à Monsieur de Fontenay, que vous engageastes en l'Ambassade de Rome pour vn peu de temps, au braue comte de Cesy, qui en a receu mille lettres et qui en cette qualité a esté logé dans le chasteau de Fontainebleau. Pensez-vous auoir fait vn grand bien au Précepteur du Roy[1], de luy auoir donné l'Euesché de Rhodez, pour le prieuré de Poissy que vous auez donné à l'abbé de la Machoire. Cela s'appelle escroquer vn bénéfice. Toutes ces façons vous décrient fort en France. On ne trouue pas fort estrange que vous ayez bienné l'abbé de la Riuière du Chapeau de Cardinal ; cela s'appelle en langage Badaudois pain beny. Ie vous enuoye vn Rondeau qu'on a fait sur ce suiet, après que i'auray finy ma lettre ; car aussi bien depuis que son Altesse de Conty a fait donner les passeports pour les Messagers, i'auray beaucoup de lettres à faire pour les Seruantes de Paris qui sont en peine de leurs bons amis les soldats des Gardes, que l'on dit que vous auez enuoyé à Saint-Denis pour estre noyez. Il est vray que l'argent que vous leur auez fait donner, ne les fera point couler à fond.

[1] L'abbé de Beaumont de Péréfixe.

A la Riuière auint cas fort nouueau,
Et très fâcheux quand on luy dit : « tout beau,
Vous n'estes pas encor du consistoire; »
Car pour sa teste vn Capelan doit croire,
Qu'vn chapeau rouge est vn trop lourd fardeau.
Vn prince veut en affubler sa peau;
D'y résister vous passeriez pour veau;
Et comme vn asne on vous meneroit boire
   A la riuière

Quoy vous ranger dans le sacré troupeau,
Vous dont le père et le gris de bureau
Dedans Montfort gauloit et pomme et poire !
Rentrez chez vous, pédant à robe noire;
Ou l'on renuoye et l'homme et le chapeau
   A la riuière.

A trompeur, trompeur et demy, Seigneur Iules. Puisque vous auiez trouué vne bonne place en France et que les peuples estoient accoutumez d'auoir vn Cardinal, vous vous y deuiez tenir et ne rien entreprendre. Ie vais dresser vn petit discours pour vous faire voir vos fautes, afin de vous donner moyen de faire vne bonne confession générale; car on dit que ce que vous auez de plus court, est la mémoire. Ressouuenez-vous du Proverbe de votre pays,

  Ché ben sta, no si moue.

C'est assez vous dire vos fautes; mais prenez garde à vous; car les Arrests de la Cour du Parlement sont d'vn grand poids; et très-difficile de les éuiter. Quoyque mon style soit de très-bas pris, néanmoins ie vous diray ce petit passage d'Horace :

  Raro antecedentem scelestum
  Deseruit pede pœna claudo.

Monsieur, vostre seruiteur et bon amy,

         C. I.

Les Triolets du temps, selon les visions d'vn petit fils du grand Nostradamus, faits pour la consolation des bons François et dédiés au Parlement [3359][1].

(4 mars 1649.)

. . . .
Parisiens, ne resuez pas tant.
La défense est tousiours permise.
En ce malheureux accident,
Parisiens, ne resuez pas tant.
Ça, ça, vite; il faut de l'argent.
Donnons tout, iusqu'à la chemise.
Parisiens, ne resuez pas tant.
La défense est tousiours permise.
. . . .
Suiuons nostre illustre Pasteur[2].
On ne peut après luy mal faire.
C'est vn maistre prédicateur.
Suiuons nostre illustre Pasteur,
Cet autre Paul, ce grand Docteur
Que toute l'Eglise réuère.
Suiuons nostre illustre Pasteur.
On ne peut après luy mal faire.
. . . .
Ie veux moi mesme aller aux coups,
Moi qui ne suis qu'homme d'estude.

---

[1] On les attribue à Jean Duval, auteur du *Parlement burlesque de Pontoise* [2701].

[2] Jean François Paul de Gondy, archevêque de Corinthe et coadjuteur de Paris.

Pour donner bon exemple à tous,
Ie veux moi mesme aller aux coups.
S'il faut mourir, ie m'y résous,
Encor que la mort soit bien rude.
Ie veux moi mesme aller aux coups,
Moi qui ne suis qu'homme d'estude.
. . . .

Qu'ils prient bien, nos ennemis,
S'ils ont la piété dans l'âme.
Ce saint deuoir leur est permis.
Qu'ils prient bien, nos ennemis,
Sainct Germain, Sainct Cloud, Sainct Denys;
Nous auons pour nous Nostre Dame.
Qu'ils prient bien, nos ennemis,
S'ils ont la piété dans l'âme.
. . . .

Nos greniers sont remplis de blé.
Qu'on en fasse de la farine.
Le peuple a tort d'estre troublé.
Nos greniers sont remplis de blé.
On ne sçauroit estre accablé,
D'vn an entier, de la famine.
Nos greniers sont remplis de blé.
Qu'on en fasse de la farine.
. . . .

Les cabarets sont tous ouuerts.
Chascun y boit; chascun y mange.
On y trouue des vins diuers.
Les cabarets sont tous ouuerts.
Et c'est là que i'ai fait ces vers
Qui sentent la saulce à l'orange.
Les cabarets sont tous ouuerts.
Chascun y boit; chascun y mange.
. . . .

Fourbisseurs, ne vous lassez pas.
Armuriers, trauaillez sans cesse.
C'est pour armer tous nos soldats.
Fourbisseurs, ne vous lassez pas.
Il faut couper iambes et bras
A ceux qui nous tiennent Gonesse.
Fourbisseurs, ne vous lassez pas.
Armuriers, trauaillez sans cesse.
. . . .

Puisque c'est à nous les canons
Auec les boulets et la poudre,
Bourgeois, si mes conseils sont bons,
Puisque c'est à nous les canons,
Pour immortaliser vos noms,
Allez partout porter la foudre,
Puisque c'est à nous les canons
Auec les boulets et la poudre.
. . . .

Aux armes! ils sont aux fauxbours!
Laquais, mon pot et ma cuirasse.
Qu'on fasse battre les tambours.
Aux armes! ils sont aux fauxbours!
Allons auec vn prompt secours
Contre cette meschante race.
Aux armes! ils sont aux fauxbours!
Laquais, mon pot et ma cuirasse.

Ne vous précipitez pas tant,
Caualier de portes cochères.
Vostre cheual est bien pesant.
Ne vous précipitez pas tant.
Gardez d'vn mauuais accident
Qui pourroit gaster nos affaires.
Ne vous précipitez pas tant,
Caualier de portes cochères.

Allons, puisque i'ai pris mon pot,
Allons, qu'on s'auance et qu'on tue.
Allons, auec ordre au grand trot;
Allons, puisque i'ai pris mon pot.
Allons frapper sans dire mot.
Allons, la visière abattue.
Allons, puisque i'ai pris mon pot.
Allons, qu'on s'auance et qu'on tue.

Hélas! que de malheureux corps
Dont la rage a fait vn parterre!
Que de blessés et que de morts!
Hélas! que de malheureux corps!
Les foibles ont souffert des forts.
Voilà les beaux fruits de la guerre.
Hélas! que de malheureux corps
Dont la rage a fait vn parterre!

François qui combattez dehors,
Pourquoi causer tant de misères?
Songez en faisant vos efforts,
François qui combattez dehors,
Que vous auez dans ce grand corps
Vos femmes, filles, sœurs et mères.
François qui combattez dehors,
Pourquoi causer tant de misères?

Si vous auez vos mesmes cœurs
En cette funeste auenture,
François, cruels persécuteurs,
Si vous auez vos mesmes cœurs,
Gardez y parmi vos rigueurs
Vn sentiment pour la nature,
Si vous auez vos mesmes cœurs
En cette funeste auenture.
. . . .

Courage ! l'accord s'en va fait.
Ie viens de l'apprendre des astres.
François, tout nous vient à souhait.
Courage ! l'accord s'en va fait.
Vous en verrez bientost l'effet
Par la fin de tous nos désastres.
Courage ! l'accord s'en va fait.
Ie viens de l'apprendre des astres.

Il n'aura pas ce qu'il prétend,
L'Espagnol qui cherche ses villes.
C'est en vain qu'il est si content ;
Il n'aura pas ce qu'il prétend.
Qu'il ne se chatouille pas tant
Pendant nos discordes ciuiles.
Il n'aura pas ce qu'il prétend,
L'Espagnol qui cherche ses villes.
. . . .

Le Roy sera bientost icy.
Que chascun en saute de ioie !
Ne nous mettons plus en soucy.
Le Roy sera bientost icy.
Il va reuenir, Dieu mercy !
C'est le ciel qui nous le renuoie.
Le Roy sera bientost icy.
Que chascun en saute de ioie !

Monsieur le prince de Conty
Auec son zèle et sa prudence
A bien soustenu son party,
Monsieur le prince de Conty.
L'Vniuers doit estre aduerty
Qu'il a sauué la pauure France,
Monsieur le prince de Conty
Auec son zèle et sa prudence.

Il le faut louer hautement,
Ce vaillant duc de Longueuille.
Bourgeois, Messieurs du Parlement,
Il le faut louer hautement.
Il a trauaillé puissamment
Au bien de la cause ciuile.
Il le faut louer hautement,
Ce vaillant duc de Longueuille.

Ce généreux duc de Beaufort
Sera bien auant dans l'histoire.
Dieu l'a tiré d'vn cruel fort,
Ce généreux duc de Beaufort,
Pour seruir icy de renfort
Et pour releuer nostre gloire.
Ce généreux duc de Beaufort
Sera bien auant dans l'histoire.

Monsieur d'Elbeuf et ses enfans
Ont fait tous quatre des merueilles.
Qu'ils sont pompeux et triomphans,
Monsieur d'Elbeuf et ses enfans !
On dira jusqu'à deux mille ans
Comme des choses nompareilles :
Monsieur d'Elbeuf et ses enfans
Ont fait tous quatre des merueilles.

Admirons Monsieur de Bouillon.
C'est vn Mars quoiqu'il ait la goutte.
Son conseil s'est trouué fort bon.
Admirons Monsieur de Bouillon.
Il est plus sage qu'vn Caton.
On fait bien alors qu'on l'escoute.
Admirons Monsieur de Bouillon.
C'est vn Mars quoiqu'il ait la goutte.

Cet inuincible mareschal[1]
Qu'on a tenu dans Pierre Ancise,
Après qu'il fut franc de ce mal,
Cet inuincible mareschal,
Il presta son bras martial
Pour mettre Paris en franchise;
Cet inuincible maréchal
Qu'on a tenu dans Pierre Ancise.

Ie ne puis taire ce grand cœur[2]
Que tout Paris vante et caresse;
C'est ce marquis tousiours vainqueur.
Je ne puis taire ce grand cœur.
C'est le capitaine sans peur
Qui trauaille et combat sans cesse.
Ie ne puis taire ce grand cœur
Que tout Paris vante et caresse.
. . . .
Viue, viue le Parlement
Qui va mettre la paix en France!
Qu'on chante solemnellement
Viue, viue le Parlement!
Il oste tout déréglément
Pour nous oster toute souffrance.
Viue, viue le Parlement
Qui va mettre la paix en France!

[1] Le maréchal de La Motte Houdancourt.
[2] Le marquis de La Boulaye.

Svr la Conférence de Ruel en mars, vers bvrlesques du sieur S. [3734]¹.

(11 mars 1649.)

Ma foy, nous en auons dans l'aile.
Les Frondeurs nous la baillent belle.
Male peste de l'Vnion!
Le Bled ne vient plus qu'en charrette.
Confession, communion,
Nous allons mourir de disette.

Qu'en dites vous, troupe Frondeuse;
Moitié chauue, moitié morueuse?
Où sont donc tous vos gens de main?
Auec vos quatre cens mille hommes
A peine trouuons nous du pain,
Pauures affamez que nous sommes.

Dans toute la France on s'estonne
Que vostre intention si bonne
Vous succède si pauurement.
On y trouue beaucoup à mordre.
Six semaines de Réglement
Font pis que vingt ans de désordre.

Dès les premières Barricades,
Sans recommencer les Frondades,
Il falloit mieux prendre son temps;
Et non pas comme des iocrisses,
En soudrilles et Capitans
Despenser toutes vos espices.

¹ Je ne vois pas de difficulté à ce que le sieur S. soit Scarron

Tandis que le Prince nous bloque,
Et prend bicoque sur bicoque
Et la Riuière haut et bas,
Nous ne nous occupons qu'à faire,
Au lieu de sièges et combats,
Des chansons sur lère lanlère.

Nos Chefs et nos braues cohortes
N'ont pas plustost passé les portes
Qu'ils les repassent vistement.
Nous mettons nos gens en bataille.
Le Polonois et l'Allemand
Croquent cependant la volaille.

Vsons bien de la Conférence.
Remettons la Paix dans la France,
Où tout est, vous m'entendez bien.
Finissons la guerre Ciuile ;
Et que le pain quotidien
Reuienne à Paris la grand' Ville !

Maximes morales et chrestiennes pour le repos des consciences dans les affaires présentes, pour seruir d'instruction aux curés, aux confesseurs, aux prédicateurs, dressées et enuoyées de Saint Germain en Laye par vn théologien, fidèle officier du Roi, à Messieurs du Parlement [2427][1].

(15 mars 1649.)

. . . .

I.

La première maxime chrestienne qu'il faut poser dans cette conioncture, qui est comme la base et le fondement de toutes les autres, et sans laquelle aucun ne se peut dire véritable chrestien, est l'honneur, la réuérence et le respect que l'on doit au Roy; car l'authorité royale estant d'institution diuine, quoique plusieurs Roys ne soient que de celle des hommes, ce caractère de la maiesté de Dieu qu'ils portent auec tant d'esclat, exige nécessairement de leurs subiets des respects conformes à cette grandeur; et cette loy d'obligation d'honneur enuers les Souuerains passe par proportion dans toute sorte d'inférieurs à l'endroit de tous ceux qui leur sont préposez; et ainsi les Magistrats sont vénérables par le caractère de la puissance de Dieu qu'ils exercent sous l'authorité du Roy, quand d'ailleurs ils ne le seroient pas par le défaut de leur conduite particulière.

---

[1] Naudé range ce pamphlet parmi les pièces *soutenues et raisonnées*; et il n'a pas tort.

II.

De cette première maxime vient la seconde qui est l'obéyssance que l'on doit au Roy, non pas aueugle comme on voudroit le persuader faussement, mais conforme aux lois de Dieu, aux règles de l'Éuangile et de l'Église Catholique, Apostolique et Romaine ; car comme les Roys sont les Lieutenans de Dieu pour la conduite temporelle des hommes, c'est de luy et non pas d'eux mesmes qu'ils doiuent prendre les Loix et les Ordonnances nécessaires pour leur conseruation ; et comme l'âme est plus précieuse que le corps, et l'intérest du salut préférable à celui de la fortune, les maximes de nostre Religion doiuent estre les règles de la Politique ; si bien que, tant que les Roys commandent des choses qui ne choquent point le salut, les subiets sont tenus d'obéyr ; mais dès lors qu'ils passent les bornes, Sainct Pierre nous apprend la response que nous deuons faire : qu'il n'y a point d'apparence de rendre de l'obéyssance aux hommes au préiudice de celle que nous deuons à Dieu.

III.

Cette obéyssance et les respects n'obligent point les peuples à l'endroit du conseil des Ministres et des Fauoris ; car c'est vne théologie inconnue de l'Antiquité qu'on nous a voulu faire passer depuis quelques années par les artifices du défunct Cardinal de Richelieu, de déclarer crimes de lèze maiesté les fautes commises à l'endroict des Fauoris et des Ministres qu'on appelle d'Estat. Nous ne trouuons pas cette maxime dans l'Éuangile ; nul des Conciles ne l'a establie ; aucun des Pères ne l'a enseignée. Ce n'est que l'effect d'vn faste par trop orgueilleux. Autrement il faudroit dire qu'il y auroit plusieurs Roys dans vn Royaume, si les mesmes deuoirs qu'on rend au Souuerain, estoient rendus à leurs Ministres.

IV.

Ces mesmes deuoirs n'obligent point par égale obligation enuers les personnes préposées à la Régence de l'Estat durant la minorité des Roys; car encore que les Régents ou Régentes soient d'vne condition plus releuée et dans vn estat plus sublime que celuy des Ministres, ils sont tousiours néanmoins dans vn ordre extresmement inférieur à celui de la dignité Royale; et tout ce qu'on leur doit dans cette qualité, n'est que la déférence que deuroit rendre vn seruiteur à celui qui seroit le tuteur de son maistre. C'est pourquoy ie remarqueray en passant le zèle indiscret, ou, pour mieux dire, ignorant, de quelques vns qui, au commencement de cette Régence, auoient fait adiouter dans l'oraison que l'on fait pour le Roy, après ces paroles: *Pro rege nostro Ludouico*, ces autres: *Et pro Anná Reginá nostrá;* car le Royaume de France ne tombe point en quenouille; et sa Souueraineté ne se partage point en deux auec vn pouuoir égal.

V.

Delà vient que les Régents et Régentes ny tout leur Conseil, Ministres et Fauoris, n'estant pas souuerains, ne peuuent point, durant leur Régence et la minorité des Roys, faire aucun changement ny establissement qui ait force de Loy; car la puissance de faire des Loix est vn effet de l'authorité absolue qui réside dans la seule personne du Prince, et incommunicable à qui que ce soit; de manière que les Régents n'estant que tuteurs, à proprement parler, ils n'ont que le droit de conseruer non pas de destruire, de changer ou d'innouer; si bien qu'ils ne peuuent faire aucunes Loix ni Ordonnances, ni aucune création d'Offices, qui sont toutes fonctions de Roy maieur et indépendant. Et il y a lieu de s'estonner comment les Cours souueraines ont toléré des créations d'Offices durant la minorité du Roy, lesquels il pourra casser sans faire iniure à personne, estant deuenu maieur; puisque c'est faire le souuerain et entreprendre sur l'authorité inséparable de sa personne que de mettre des nouueaux Officiers dans son Estat. Aussi la dernière Déclaration, prononcée par le Parlement pour le soulagement du peuple et dont l'infraction est cause de tous ces mouuemens, n'est pas vne forme de Loy ni d'Ordonnance nouuelle, mais vne correction des défauts et suppression des abus qui s'estoient glissez insensiblement contre les Loix et les Ordonnances au préiudice des subiets du Roy, par l'auarice et l'irréligion non seulement des Ministres d'Estat, mais encore d'vne infinité de petites sangsues qui ne se pouuoient saouler du sang de leurs frères.

. . . .

VII.

Ensuite de l'obligation de prier qui est vne fonction du cœur, vient celle du corps et des biens de fortune par laquelle les subiets sont obligés d'employer l'vn et l'autre pour la conseruation de la personne du Roy et la manutention de son Estat. De cela, outre les raisons qui seruent d'appuy aux maximes précédentes, il y en a encore deux particulières extresmement pressantes: l'vne que comme les enfants sont obligez par la loi de la nature d'employer ce qu'ils ont de vie et de biens pour la protection de leur père et la conseruation de sa famille, personne ne peut réuoquer en doute que cette mesme loy ne passe dans les peuples pour leur apprendre ce qu'ils doiuent à leur Prince et à l'Estat, à moins que de renoncer au sens commun et dire que les Roys ne sont pas les pères de leurs subiects. L'autre raison regarde les intérests de chaque particulier; car, comme tout vn Estat n'est qu'vn Corps dont le Souuerain est le Chef, vne partie ne peut souffrir que l'autre ne participe à sa douleur; ainsi comme tous les peuples ont vne liaison auec le Prince dont les intérests ne se peuuent séparer, il n'y a personne dans l'Estat qui, par la considération de ses intérests propres, ne soit obligé d'employer corps et biens pour la conseruation de ceux du public dans lesquels tous les particuliers sont essentiellement engagez. Il n'y a qu'vne chose à obseruer en telle rencontre, qui est que l'assistance de corps et de biens qui se doit faire pour la personne du Roy ou le bien de l'Estat, doit estre selon la condition des personnes et au prorata de leurs facultez, au sol la liure, tous y estant également obligez; de sorte que c'est vn abus déplorable et dont les confesseurs rendront compte à Dieu, ce que nous auons veu en France depuis vingt ans, que les vns, au lieu de contribuer aux frais de la guerre, se sont seruis de ces occasions funestes pour s'enrichir et se gorger de biens du sang de leurs frères. . . . .

X.

Et comme la personne des Roys est la chose la plus précieuse et la plus sacrée que les peuples puissent auoir, après celles de la Religion, aussi n'y a-t-il rien qu'ils ne soient obligez de faire et d'entreprendre pour les maintenir dans la seureté de leur vie, dans la liberté souueraine de leur indépendance, pour empescher qu'ils ne soient enleuez ou traduits en captiuité ou pour les en tirer si par quelqu'occasion ils y sont tombez. Cette maxime ne demande point de preuue; elle est notoire par elle mesme. Ce n'est que l'extrait et l'esprit de toutes les autres; ou pour parler plus conformément à la raison, elle en est le premier mobile et le fondement; car s'il n'y auoit point d'obligation pour ce qui regarde la personne du Prince, il y en auroit encore moins pour ce qui touche les choses particulières de son Estat; et si celles là exigent par Iustice et les personnes et les biens pour leur défense, ce n'est que comme par vne dépendance et suite nécessaire de ce qu'ils sont tenus de faire pour empescher ou destruire tout ce qui altère ou diminue les prérogatiues essentiellement annexées à la personne du Souuerain. Il y a donc plus d'obligation et de deuoir de s'vnir et de prendre les armes pour s'opposer à l'enlèuement d'vne personne si sacrée ou pour la retirer de cette violence qui est vne pure captiuité, qu'il n'y en a pas pour la défense de tout ce qu'on pourroit s'imaginer au dessous d'elle.

. . . .

Demandes des Princes et Seigneurs qui ont pris les armes auec le Parlement et Peuple de Paris [997]¹.

(15 mars 1649.)

. . . .

Monsieur le Prince de Conty demande d'auoir entrée et place dans le Conseil du Roy ; vne Place forte dans son gouuernement de Champagne ; le retour de Madame de Cheureuse² ; qu'on fasse Duc et Pair le Marquis de Noirmoustier³ ; qu'on lui donne 42,000 liures ; qu'on accorde le tabouret à la femme du Prince de Marsillac⁴ ; qu'on paie audit Prince 18,000 liures par an qu'on auoit accoustumé de leuer pour des Fuzeliers en Poitou, quoique lesdits Fuzeliers ne subsistent pas ; qu'on donne la généralité des Galères au Duc de Retz ; qu'on fasse Cheualier de l'Ordre le Comte de More ; qu'on fasse Mareschal de Camp le sieur de Cresson ; qu'on paie les pen-

---

¹ Les *Mémoires* de Mme de Motteville contiennent cette pièce à peu près tout entière sous le titre de : *Demandes particulières de messieurs les généraux et autres intéressés*.

² Il y avait donc dès ce temps-là quelque chose entre le prince et Mlle de Chevreuse ?

³ Louis de La Trémouille, marquis de Noirmoutier, a signé en 1649 le *Serment de l'vnion des princes et seigneurs*, etc. [3663] ; il a été chercher, pour le compte de la Fronde, des troupes de l'archiduc Léopold (*Manifeste pour M. le duc de Bouillon et messieurs les autres généraux*, etc. [2402] et l'*État de la marche et le lieu où est à présent l'armée de l'archiduc Léopold*, etc. [1290]). On le voit figurer dans le *Salut de la France dans les armes de la ville de Paris* [3376]. Il est entré après 1649 dans la cabale du coadjuteur, qu'il a abandonnée en 1652. Voir la *Véritable fronde des Parisiens*, etc. [3934].

⁴ Fils aîné du duc de La Rochefoucauld.

sions de Sainct Ybar, et qu'on les assigne doresenauant sur vne abbaye ; que tous les édifices appartenant et dépendant de l'abbaye de Sainct-Denys[1] et situés dans la ville soient remis en l'estat qu'ils étoient auant le sixiesme Ianuier; que le Roy donne des commissions de Lieutenans généraux, Mareschaux de Camp et Mareschaux de Bataille et autres commandemens à ceux qui les ont exercez dans l'armée de Paris et de Normandie ; et enfin que les troupes de Paris demeurent armées et soient payées des deniers du Roy, qui seront remis entre les mains du Parlement, iusqu'à l'entière exécution du traité et iusqu'à ce qu'on ait donné pleine et essentielle satisfaction aux demandes particulières tant de son Altesse que des autres personnes intéressées.

Monsieur le Duc de Longueuille demande vne charge de la Couronne, vn Gouuernement de considération dans la Normandie[2] et la suruiuance de tous ses Gouuernemens et Charges à celui de ses enfans qui le suruiura; qu'on lui paie en assignations sur la Prouince tous les deniers qui lui sont deus pour pensions et auances; qu'on fasse Duc et Pair Monsieur de Matignon[3], et qu'on donne la suruiuance de sa Charge à son fils;

---

[1] Le prince de Conty était abbé de Saint-Denis.

[2] On sait qu'une des causes pour lesquelles le prince de Condé se brouilla avec Mazarin en 1650, fut la fermeté du cardinal à refuser au duc de Longueville le gouvernement de Pont-de-l'Arche. Le prince de Condé prétendait que la promesse lui en avait été faite lors de la paix de Saint-Germain.

[3]   « Le Mardy (19 janvier) vinrent quelques hommes
        Disant qu'au bas païs des pommes
        Monsieur de Matignon leuoit
        Toutes les trouppes qu'il pouuoit
        Pour Monseigneur de Longueuille, etc. »
                    Le *Courrier françois* [1830], 2ᵉ arrivée.

qu'on fasse aussi Duc et Pair le Marquis de Beuuron[1] et qu'on donne la suruiuance de ses charges à son fils; qu'on fasse Cheualier de l'Ordre le Comte de Roisi, et qu'on lui donne la Lieutenance de Roy au Bailliage de Caen; et qu'on mette en liberté le sieur de Trassi.

Monsieur le Duc de Beaufort demande le Gouuernement de Bretagne pour Monsieur de Vendosme, son père; son dédommagement des maisons et chasteaux qui lui ont été razez en Bretagne du temps du feu Roy; le paiement de tous les arrérages de ses pensions; le retour de Beaupuy et son rétablissement dans ses charges; et l'abolition de ceux qui ont aidé à le faire sauuer du Bois de Vincennes.

Monsieur le Duc d'Elbeuf demande Montreuil[2]; le paiement de tout ce qui est deu à Madame sa femme; cent mille francs pour le Comte de Rieux[3], son second

---

[1] Le marquis de Beuvron, en forçant à sortir du Vieux Palais de Rouen le marquis de Saint-Luc qui s'y était glissé pour tâcher de surprendre la ville, contribua puissamment à maintenir l'autorité du duc de Longueville dans la capitale de la Normandie.

[2] « Le mesme iour (24 mars).... la Cour délibéra sur la permission que Monsieur le Prince de Harcourt, fils aisné de M. le Duc d'Elbeuf, demandoit de leuer des troupes dans le Territoire de Montreuil sur la mer.... et fut ordonné que mondit sieur le Duc d'Elbeuf, Gouuerneur de la Prouince de Picardie dont cette ville dépend, donneroit ordre à la seureté de ladite Place, selon qu'il verroit en estre besoin. »

Le *Courrier françois* [830], 11e arrivée.

On peut voir les *Remarques importantes.... sur les actions et la conduite de M. le duc d'Elbeuf*, etc. [3267]. J'ai cité dans la *Bibliographie des Mazarinades* sous le titre de *Triolets de Saint-Germain* [3855], les fameux triolets intitulés *M. d'Elbeuf et ses enfans*.

[3] *Récit du duel déplorable entre messieurs les ducs de Beaufort et de Nemours, avec ce qui s'est passé dans le Luxembourg entre M. le Prince et le comte de Rieux* [2992]. Le comte avait donné un soufflet au prince de Condé qui soutenait contre lui le prince de Tarente dans une question de préséance.

fils; et récompense des seruices du Comte de Lillebonne, son cadet.

Monsieur le Duc de Bouillon demande Sedan ou vne prompte récompense de ce qu'il vaut; qu'on oste le Gouuernement d'Auuergne au Duc de Chaune et qu'on le lui donne; qu'on reconnoisse pour princes de France luy et tous ceux de sa maison; qu'on rende le commandement de l'armée d'Allemagne à Monsieur le Mareschal de Turenne; qu'on donne audit Mareschal le Gouuernement de la haute et basse Alsace[1]; qu'on lui donne encore en propre les domaines de Thone et d'Haguenau, et tous les autres que le Roy possède en Alsace; et qu'on lui donne le Gouuernement de Philisbourg.

Monsieur le Mareschal de la Motte[2] demande la récompense du Gouuernement de Bellegarde et ses estats et reuenus depuis six ans; cent mille liures de la rançon du Marquis de Pouar; cinq cent mille liures pour la non iouissance pendant quatre ans du Duché de Cardone qu'il prétend lui appartenir; cent mille liures d'vn don que le feu Roy lui fit et dont il n'a pu rien toucher; toutes ses pensions, estats et appointemens pendant sa prison; et qu'on lui redonne son régiment de Caualerie.

Monsieur le Duc de la Trimouille demande le Comté de Roussillon en propre à cause des droits de sa trisaïeule; demande Amboise, Montrichard et Bléré qu'il dit lui appartenir, comme au seul héritier de la Maison d'Amboise; le Comté de Guines comme estant de l'ancien domaine de la Maison de la Trimouille; lettres de

---

[1] Il est assez remarquable que Turenne ait reçu plus tard de Louis XIV le gouvernement de cette province.

[2] L'abbé Henry de la Mothe Houdancourt, frère du maréchal, a publié en 1649 cinq pamphlets pour la défense du général de la Fronde. Voir *Premier factum ou Défense*, etc. [2849].

distraction du Comté de Laual, du présidial de Chasteau Gontier; et que le contrat de vente qu'il fit auec feu Monsieur le Cardinal de Richelieu de la Baronnie de l'Isle Bouchard soit rompu.

Monsieur le Marquis de Vitry[1] demande des lettres de Duc et le tabouret pour sa femme.

Monsieur le Duc de Luynes[2] demande le retour de Madame de Cheureuse; vingt deux mille escus et la réparation des dommages qu'il a soufferts en sa Maison de Lésigny[3].

Monsieur le Comte de Fiesque[4] demande le tabouret pour sa femme.

Monsieur le Marquis de la Boulaye[5] la suruiuance de la Charge de Colonel des Cent Suisses qu'a Monsieur le Duc de Bouillon[6].

[1] *Harangue faite à messieurs du clergé par M. le marquis de Vitry.... pour traiter auec eux du moyen de paruenir aux Estats généraux* [1571].

[2] « L'on a tiré Cent hommes de chaque Colonnelle des Bourgeois de Paris pour composer vn Régiment, appellé le Régiment de Paris, qui a pour Mestre de Camp Monsieur le Duc de Luynes, pour estre prest aux occasions impréueues, etc. » Le *Courrier françois* [830], 6ᵉ arrivée.
On l'appelait le régiment des jansénistes. Voir plus loin le *Courrier burlesque de la guerre de Paris*.

[3] On peut voir plus haut sur les dommages de la maison de Lésigny la *Lettre du père Michel.... à monseigneur le duc d'Angoulesme*, etc.

[4] Il était de la compagnie du duc de Beaufort dans l'affaire du jardin Renard (la *Soupe frondée* [3704]). Il était l'un des présidents de l'assemblée de la noblesse en 1651 (*Harangue faite par Monsieur le Comte de Fiesque.... à messieurs du clergé*, etc. [1604]). Il a signé en 1652 les *Articles et conditions dont Son Altesse Royale et Monsieur le Prince sont conuenus pour l'expulsion du Cardinal Mazarin*, etc. [424]. Il était alors de la faction du prince de Condé.

[5] La *Déclaration du roi portant abolition générale de ce qui s'est passé en la ville de Paris l'onziesme décembre dernier*, 1649, etc. [921] le regarde. Il s'agit de la tentative d'assassinat faite sur le prince de Condé. L'*Entrée de Monsieur le Marquis de la Boulaye dans la ville du Mans*, etc. [1224].

[6] Son beau-père.

Monsieur le Comte de More[1] demande qu'on reuoie le procès du Mareschal de Marillac, oncle de sa femme; qu'on lui donne le Gouuernement de Verdun, la Lieutenance de Roy des trois Éuesches et deux cent mille liures qu'il dit luy estre deus.

Monsieur le Marquis d'Allui[2] demande qu'à cause qu'il a eu dans sa Maison cent mille liures de reuenu en bénéfices de toute ancienneté, qu'on oste le Gouuernement de Foix à Monsieur de Treuille pour le luy donner, ou qu'on luy accorde la suruiuance de la Charge du Marquis de Sourdis, son père, à Orléans.

Monsieur le Marquis de Cugnac demande qu'on lui rende son régiment et qu'on le paie de tous les arrérages de ses pensions.

Monsieur de Mata demande sept mille escus pour les arrérages de sa pension.

Monsieur le Cheualier de Bruges demande de commander le régiment de caualerie de la Reyne et qu'on lui paie toutes ses pensions.

[1] C'est contre lui que le prince de Condé a fait le triolet : « C'est un tigre affamé de sang, etc. »; et Bachaumont ces deux : « Je suis d'auis de batailler, etc. Buffle à manches de velours, etc. » *Triolets de Saint-Germain* [3855]. On lui attribue, en collaboration avec le président de Longueil, les *Articles accordés entre Messieurs le Cardinal Mazarin, le Garde des sceaux Chateauneuf*, etc. [402].

[2] Il était de la cabale du duc de Beaufort. Saint-Julien lui a dédié le *Courrier burlesque de la guerre de Paris*, etc., qu'on trouvera plus loin.

Manuel du bon citoyen ou Bouclier de défense légitime contre les assauts de l'ennemi [2406][1].

(22 mars 1649.)

Ie sçay bon gré à nos Prédicateurs de ne s'estre point encore ingérez d'animer le peuple à la iuste guerre où il s'est embarqué de lui mesme par vne légitime défensiue. Et de vérité il ne faloit pas de consultation ni d'exhortation, où il n'y auoit pas de doute. On me veut oster le pain et la vie; ie la conserue; ie la défends : cela est naturel. Les hommes et les bestes sont en possession de ce droict; il est escrit dans le cœur de tous les animaux auparauant le Décalogue et la Loi des douze Tables. Mais parcequ'il y a des esprits dénaturez qui voudroient étouffer la lumière de cette vérité, et qui se sont iettez dans vn abbrutissement pire que celui de Nabuchodonosor, par l'auersion qu'ils ont de Dieu et de toute humanité, il faut empescher que leur contagion et leur exemple n'en attire d'autres qui ne sont pas encore totalement corrompus. Car par malheur nous sommes d'vne légère et inconstante nation, qui fait toutes choses par mode et par singerie, sans considérer ce qui est utile, ce qui est honneste et conuenable. Patience, si cet abus se ter-

---

[1] Guy Patin veut que ce pamphlet soit réputé un des meilleurs. Naudé le classe parmi les pièces *soutenues et raisonnées*. Il loue surtout l'auteur « de n'auancer rien qui ne soit véritable. » Mailly au contraire signale le *Manuel* comme le plus affreux de tous les libelles.

Il y en a une suite qui est intitulée : *Épilogue ou Dernier appareil du bon citoyen sur les misères publiques* [1264]; mais comme elle n'est qu'un développement et une exagération des doctrine du pamphlétaire, je n'ai pas cru qu'il fût nécessaire de la donner.

minoit aux habits et s'il n'auoit lieu que parmy la ieunesse de l'Académie ou du Régiment des Gardes ; mais bien nos vieillards mesmes, auxquels il siéroit de se tenir aux mœurs anciennes, se laissent emporter au torrent du temps présent, et changent leurs glands et leurs cordons de chapeau à l'appétit et à la mode des ieunes gens. Vn Barbier, vn Tailleur, vn maistre à danser vn peu entreprenans et inuentifs vont changer toute la face de la Cour en moins de huict iours, aussi facilement que Bellerose[1] fera la Scène de son Théâtre. Depuis trois iours les femmes ont pris les manches de nos chemises ; il se trouuera bientost quelque efféminé qui prendra celles des femmes ; et à l'instant tous les gentils en feront de mesme. Ces choses semblent de peu d'importance ; mais elles font conséquence et argument pour les plus grandes. Vn Blasphémateur du Marais du Temple ou de chez la B.... n'a pas plustost inuenté vn nouueau reniement, qu'il se communique par tous les Berlands de la Ville et du fauxbourg Sainct Germain et retentit en la bouche de tous les laquais. Les bons compagnons en partent huict iours plus tost pour en faire part dans les Prouinces. Il n'y a qu'en France que cet abominable abus se pratique. Car en quel autre endroit de la terre est-il sorty de la bouche d'vn homme ce vilain refrain de débauche : *Pour moy, par raison, ie butte à deuenir beste brutte ?* Cependant nous l'auons entendu chanter, et auons veu des Spirituelles qui trouuoient que c'estoit vne belle rencontre. Quel aueuglement et quelle fureur ? Comme aussi de vouloir introduire parmy nous des abominations qui ne sont point du crû de nos Prouinces, qui sont contre le goust

---

[1] Il y a une *Lettre de Belleroze à l'abbé de la Riuière* [1902].

et le gré de nos tempéramens, et qui ne nous appartiennent non plus que les flammes du Mont Ætna à celui de Montmartre? Cependant pour complaire à quelque coryphée de volupté déprauée, nous voyons que de vilaines gens s'entretiendront de ces saletez et en feront suict de vanité, qui d'ailleurs n'en ont pas mesme la tentation; ce qui ne vient que de cette conformité et mode maudite, par laquelle nous adhérons aux mauuais exemples. Dieu souuerain, quelle grande reformation vous feriez dans cet Estat, si vous luy vouliez donner vn bon Roy? Nous n'aurions point affaire de Prédicateurs ny de Pasteurs; nous pourrions fermer le liure de vos Escritures et de vostre Euangile; nous nous sanctifierions sur le modèle et le patron d'vn pieux et sage Prince. Donnez-le-nous tel, ô grand Dieu! esleuez cettuy-cy dans la discipline de vostre Loy; inspirez-luy la pitié et la iustice, et ne souffrez pas qu'il prenne le mauuais air d'vne pernicieuse éducation; chassez de bonne heure ce malheureux Démon qui possède sa Cour et sa personne; nous vous en prions au nom de nostre Seigneur Iésus Christ, vostre fils, et y ioignons les vœux de tout ce grand Royaume. Après auoir mis Dieu de nostre costé par vne humble, feruente et confiante inuocation, essayons de ramener et de conuertir ces consciences confisquées qui s'opposent au bien public, et qui ont renoncé à l'humanité, et qui, par vne orgueilleuse opiniastreté nous veulent asseruir et assuiettir contre l'espérance de liberté que la Prouidence nous promet. Mais est-il donc possible qu'il y aye des hommes qui veuillent estre esclaues de leur consentement? Régulièrement il n'y en doit point auoir; il y en a néantmoins; et nous auons veu dans les Loix Romaines que des hommes libres se sont vendus et rendus esclaues à prix d'argent; encore auiourd'huy nous en voyons qui s'obligent dans les Galères aux suiétions de la peine et de la seruitude. Bien dauantage, il s'est trouué vn homme dans l'armée du comte Maurice, pendant le dernier siège de Reinbergue, lequel, moyennant vne somme de cent escus, s'offrit à estre pendu pour vn autre sur lequel le sort d'vne décimation estoit tombé. Son dessein estoit de laisser cette somme à sa femme ou à ses enfans, ne se voyant pas en estat de leur laisser rien du tout lorsqu'il mourroit, ou par maladie, ou par la fortune des armes. Ces pensées là sont horribles et monstrueuses; mais enfin il y a des testes assez creuses pour les former; et il se trouue des hommes qui ont dépouillé l'humanité : des Timons, des Lycantropes, desquels on ne doit attendre ny religion vers Dieu, ny piété pour la patrie. Leur Dieu, c'est leur auarice; et cette auarice est la Métropole et l'Arsenal de tous les maux et de tous les crimes. C'est cette auarice qui a fait les flatteurs et les donneurs d'aduis; c'est elle qui a fait les Maletostiers, les Fuseliers et les Intendans. Courons à cor et à cry cette monstrueuse beste, qui est pire que les Allemands et les Polaques, et plus pernicieuse à cet Estat que le Mazarin mesme. Elle est seule capable d'occuper toutes nos forces; tant elle est terrible, tant elle est opiniastre et acharnée! et ie ne sçay si l'armée de Paris et celle de Monsieur de Longueuille seront suffisantes pour la mettre à la raison. Voicy néantmoins deux aduis que ie tiens indubitables, si on les veut exécuter de bonne foy. C'est vne séuère Chambre de Iustice contre les Maletostiers, leurs fauteurs et adhérans, et vne Loy sumptuaire. Par la Chambre de Iustice on fera répétition et réparation de tous les larrecins du passé;

par vne Loy sumptuaire, on préuiendra ceux de l'aduenir. Si quelqu'vn a quelque meilleur aduis à proposer, ie suis prest de l'entendre et d'y adhérer; car dans cette nécessité vrgente, si nous ne déposons toute sorte de ialousie et d'attachement à nostre propre sens, nous ne ferons rien qui vaille; et il nous arriuera comme aux consultations où l'on appelle les Médecins des deux Facultez. Pendant qu'ils contestent du poinct d'honneur et refusent de passer à l'aduis les vns des autres, le malade meurt entre leurs mains. Ne vous souuenez-vous point des Estats de six cens quatorze? Leur députation cousta plusieurs millions aux Prouinces de France. Ils vindrent icy disputer de la Chappe à l'Euesque et de la puissance du Pape. Le Cardinal du Perron estalla ses belles cognoissances et trionfa de bien dire; le sieur Sauaron produisit les fruits de ses longues et sçauantes lectures; les Euesques de Montpellier, de Grenoble, du Belley firent des prédications très ingénieuses et très éloquentes; les marquis de Senecey et du Pont S. Pierre, Présidens de la Noblesse, et plusieurs autres grands Seigneurs y protestèrent vn grand zèle. En fin de compte, la France leur demeura redeuable de leur bonne volonté; et nulle réformation ne s'en ensuiuit[1]. Si au lieu de consommer le temps en préfaces et en émulations d'éloquence, ils fûssent entrez en matière utile et nécessaire, il en eust réussi quelque bon effet. Mais ces grandes et cérémonieuses conuocations, et qui sont faites par le choix des Fauoris qui gouuernent et qui tiennent la bourse, ne

---

[1] Dans ses *Remontrances très humbles à la Reine mère*, etc. [3343], Nicolas Pasquier dit : « N'assemblez pas les Estats généraux. Ils ne réduiroient pas votre autorité, comme on le prétend, au contraire ; mais ils pourroient être vn instrument de diuision et de trouble. »

produisent que du faste, de l'ambition et de la vanité. Des Estats libres et des députations légitimes faites par le libre choix des Ecclésiastiques, des Nobles et du Tiers Estat pourroient produire quelque important succez. Mais auant que cette assemblée se puisse faire seurement et légitimement, les années entières se passeront; et cependant on fera du feu de nos autres villages, ainsi que de Charenton. Mais pourquoy nous amuser à vne conuocation d'Estats Généraux? Chaque Prouince ne les peut-elle pas assembler sans frais et sans indiction? Chaque Parlement n'est-il pas composé des mesmes personnes qui composent les Estats? Messieurs les Euesques et la haute Noblesse n'y ont-ils pas entrée, séance et voix délibératiue? Et lorsqu'ils feront la première démarche pour procurer le bien du peuple, ne seront-ils pas secondez de ses vœux, prières et acclamations? Ne peuuent-ils pas concerter auec les notables Bourgeois et Marchands sur les occurrences diuerses par des assemblées de ville, et par des accommodemens conuenables, sans s'arrester trop superstitieusement aux rangs et aux formalitez qui suffoquent la iustice? Que chaque Parlement recherche les cruautez et les exactions qui ont esté faites dans son destroit, et qu'il les punisse; cela se peut faire sans toucher aux droicts Royaux ny à l'authorité Royale : au contraire, c'est au nom de cette authorité et selon sa droicte intention qu'ils agiront. Que veulent donc dire nos aduersaires quand ils allèguent que la Maiesté Royale est offensée lorsque l'on crie au meurtre sur l'oppression d'vn Fuselier ou d'vn Gabeleur? Quelle parenté y a-t-il entre la Baillière et Catelan auec nos Roys, pour qualifier de rébellion la iuste résistance que l'on fait à leurs exactions? Que veut dire cettuy-là qui a mis dans son placart que l'Estat de France est le plus Monarchique du monde[1]? comment cela se peut-il entendre qu'à nostre honte et à la confusion de nos Roys? Qu'il nous dise vn peu ce que c'est qu'vne Monarchie excessiue. Et quelle autre satisfaction prétendent ces gens-là, sinon qu'en réduisant leurs Concitoyens et Compatriotes sous le pressoir et la torture, de s'ériger en satellites et en confidens de cruautez, de voluptez et de toutes sortes de pernicieux conseils? Ils se distingueront peut-estre par emplois et par offices, comme ils ont desià fait : l'vn prendra l'intendance du Théâtre et des Comédies; l'autre des festins et de la bonne chère; l'autre des cartes et des dez; ils auront mesme l'impudence d'y faire attribuer des titres et des priuilèges; ce sera peu de chose de les dénommer comme ceux de Tibère ou de Caligula : *A Voluptatibus, à Tripudiis, à Prostibulis.* Il y aura vn grand Blasphémateur, vn grand Fuselier, vn grand Berlandier, vn maistre des impies, etc. Le papier François résiste à l'escriture de cette infamie; et voilà à peu près le bref estat des Officiers de ton Monarque extraordinaire, dont Dieu nous préserue s'il luy plaist; car par sa diuine grâce, nous n'en auons point encore veu en ce Royaume et dans cette zône tempérée de la France, qui ayent approché de ces excez. Et Louis XI, dont on parle tant, ne peut estre valablement accusé que de trop de morosité sur ses vieux ans, et de trop de ialousie de son successeur; ce qui le ietta dans des terreurs qui le rendirent moins accessible et moins pitoyable aux nécessitez de son peuple, dont il a mérité le reproche et la malédiction iusques à nos

---

[1] L'auteur de *Lis et fais.* Voir plus haut.

iours; au lieu que nous adorons la bonté et la mansuétude de Louis XII, et que nous admirons la clémence de Henri IV, pour auoir admis le Duc du Mayne à son étroite confidence et bienueillance, qui lui venoit de contester sa couronne, et pour s'estre sincèrement réconcilié auec tous ses ennemis, et qui vouloit mesme pardonner au Mareschal de Biron, sans la résistance généreuse que lui firent le Chancelier de Bellièure et le Président de Harlay, dont la mémoire soit en éternelle bénédiction. C'estoit vn Roy celuy là; c'estoient des Magistrats, dont les statues deuroient estre érigées au plus éminent lieu de la grand'Chambre du Parlement. Loin donc, impudent Escriuain, ton Monarque exorbitant. Nous en voulons vn régulier et modéré, et qui ne soit point empoisonné par tes pernicieuses instructions. Ne va donc point déclarer à notre ieune Roy, ny à la Reyne, sa mère, ce qui se passa sous Charles VI, si tu ne leur expliques de bonne foi la vérité de cette histoire, et si tu ne leur fais aussi entendre les malheurs des Roys et des Reynes qui ont abusé de leur authorité. Ie m'estonne en cet endroit, et tous les gens de bien tombent dans la mesme pensée, d'où vient que nos Capucins qui n'ont rien ny à prétendre, ny à craindre, quand ils preschent deuant les Roys, ne leur disent franchement les véritez nécessaires dont la connoissance et la pratique establiroit leur condition, et leur gagneroit la bienueillance des peuples, au lieu que la flatterie et le mensonge les esblouit, et les fait chanceler et soulèue tout le monde contre leur gouuernement? Est il iamais arriué qu'vne discrète et pieuse réprimande aye fait tort à vn Prince? N'arriue-t-il pas tous les iours que les flatteries les perdent et les damnent? Ie ne veux pas néantmoins qu'on leur rompe la teste par vne longue narration des histoires passées, ny qu'on lasse leurs yeux par des lectures importunes. Qu'on les auertisse seulement de considérer ce qui se passe dans les Royaumes voisins. Qu'ils demandent à Renaudot ce qui s'est fait ces derniers mois à Constantinople[1]; car le cas d'Angleterre est trop odieux. Est il possible qu'on les laisse dans l'ignorance de ces véritez? Est il possible qu'ils n'en sçachent pas faire l'application? Cependant il n'est que trop certain qu'on leur cèle, ou qu'on leur déguise les plus importantes occurrences. Ie ne l'aurois pas creu si ie ne l'auois appris de très bonne part. Vne personne familière à Monsieur d'Engoulesme le coniurant de contribuer ses soins au bien de l'Estat dans les occasions présentes, et que tout dépendoit de l'éloignement du Cardinal Mazarin, qu'il auoit qualité et authorité pour porter cette parole à la Reyne, il respondit qu'il n'osoit pas l'entreprendre. Ie sçay encore d'aussi bonne part, qu'vne autre personne s'entretenant, il y a quelques années, auec ce mesme prince sur le subiet du Cardinal de Richelieu, et qu'il ne deuoit pas lui rendre tant de déférence, il lui répliqua que ce n'estoit point à luy à s'opposer à cet important Ministre, et luy allégua pour toute excuse les respects que luy rendoit le feu Prince de Condé; de sorte que si les personnes de cette qualité, de cette expérience et suffisance n'osent contrarier vn Fauory ny proposer vn auis salutaire, quand

---

[1] Théophraste Renaudot avait raconté dans sa *Gazette* la révolution qui avait coûté le trône et la vie au sultan Ibrahim en 1648; et il dirigeait l'imprimerie du roi à Saint-Germain.

Cette révolution de Constantinople a été l'occasion de deux pamphlets: l'*Entreuue du sultan Ilibraim.... et du roi d'Angleterre aux Champs Elysées* [1261], et la *Lettre de consolation enuoyée dans les Champs Elysées au sultan Hibraim*, etc. [1924].

il n'est pas du goût du Souuerain, nous ne deuons plus rien attendre, sinon du costé de Dieu ou de quelqu'vn de ses Prophètes. A présent néantmoins que la Piscine est esmeue, et qu'il se présente quelque espérance de guérison pour ce pauure Estat, qui est paralytique de la plus grande partie de ses membres, si nous sommes assez heureux pour y bien réussir, ie voudrois qu'entre les bons régimes qui seront proposez pour l'auenir, il y eut vn iour de la semaine auquel leurs Maiestez prissent la peine d'entendre les plaintes de leurs subiets; que pour cet effet, et pour leur adoucir ce trauail, ils eussent des Introducteurs, des Auditeurs et autres Officiers, comme sont les Prestaues de Septentrion, et les Chaoux d'Orient; mais surtout de bons et fidèles Ecclésiastiques, tantost d'vn ordre et tantost d'vn autre, qui seroient porteurs et rapporteurs des supplications du peuple vers le Prince, et des bienfaits du Prince vers le peuple, *Hinc precum, hinc donorum*, comme les bons génies des Philosophes Platoniques, ou, pour mieux dire, comme nos Anges Gardiens et Médiateurs; ils en seroient bien plus sages et plus absolus, et leur authorité bien plus affermie par la bienueillance de leurs subiets. Mais vne chose pouuons nous dire sans flatterie et sans desguisement, que les Princes ne sont point tant coupables de nos maux, comme sont les flatteurs et les perfides Conseillers; et peut-être que le plus ferme d'entre nous, s'il étoit attaqué d'autant de tentations et de secousses qu'on leur baille, chancelleroit et succomberoit plus lourdement et dangereusement qu'ils ne font pas. C'est pourquoi il faudroit faire vne instante et sérieuse poursuite contre ces faux Ministres qui les assiègent, les possèdent et les charment. Car puisque les Princes ne voyent et n'entendent que par leurs organes artificieux, il est impossible qu'ils soient informez de la vérité des choses, impossible qu'ils en iugent autrement que par l'information corrompue qu'ils en ont. Au reste les gens de bien, qui pourroient leur parler franchement et consciencieusement, leur sont descriez comme des fous et des extrauagans; et comme leur propre modestie les retient, l'impudence des meschans les rebutte, et la calomnie les décrédite. Comment est-ce donc que les Roys sauront la vérité? Peut-estre par les réuélations immédiates de Dieu; cela est fort rare. Ils la pourroient apprendre des Ministres de l'Église, si on leur en laissoit la liberté, et si leurs Fauoris ne les promenoient pas à tel auditoire qu'il leur plaist, et ne leur donnoient pas les impressions et les préuentions d'esprit pour leur faire haïr ceux cy ou ceux là. Ont ils pas descrié comme vn hérétique l'vn des plus zélez Prédicateurs qui aye paru de nos iours? En ont ils pas emprisonné vn autre? Ont ils pas formé ce scrupule, qu'il n'est pas expédient qu'vn mesme homme soit Confesseur et Prédicateur du Roy de peur de taxer en preschant les fautes qu'il auroit ouyes en Confession? Nous ne voulons pas faire les Roys de pire condition que les autres fidèles, en leur ostant le choix de leurs Confesseurs; mais si aurions nous grande raison de désirer qu'ils en changeassent quelquefois et en essayassent des plus capables qui fussent informez des désordres et des nécessitez publiques, et pourueus d'vne excellente vertu. Est il possible que ce vieux Cordelier Espagnol qui n'entend ny ne parle nostre langue et qui n'a commerce quelconque parmi nous, soit capable de diriger la conscience d'vne Reyne de France, préposée à vn si vaste Royaume, chargée et responsable du gouuernement de tant d'âmes et de tant d'affaires? Il seroit donc d'vne extresme importance, que tandis que le Roy est en aage de receuoir instruction et correction, on luy pourueust pour Confesseur du plus sage et plus consciencieux Ecclésiastique de tout son Royaume, qui le nourriroit aux maximes de l'Éuangile, en la crainte de Dieu, au respect de sa mère et en l'amour de son peuple. Lorsqu'il sera en aage de discrétion, ce seroit vn excellent conseil de luy persuader d'en auoir plusieurs, et de leur commander en qualité de Roy, de lui bien commander en qualité de Pasteurs ; et après leur auoir fait ce commandement au nom de la Maiesté, de se sousmettre puis après à eux à titre de fragilité, d'humanité et de filiation. L'ancienne Théologie des Poëtes étoit celle cy, que Iupiter, le Roy des hommes et des Dieux, auoit establj les Destinées, qu'après les auoir vne fois establies, il leur obéissoit tousiours. *Semel iussit, semper paret.* On condamne, et peut estre à bon droict, cette pompe extérieure et cette dignité esclatante des Prélats de l'Église ; mais si en retrenchant quelque chose de ce lustre, ils se maintenoient en la solide et légitime authorité de leurs prédécesseurs, ils remédieroient à beaucoup de crimes et d'inconuéniens où le Magistrat séculier n'ose pas s'interposer. Mais nous auons veu, hélas! à la confusion d'vn Royaume Très chrestien, qu'vn généreux Prélat voulant faire le deu de sa charge, et se présentant pour apaiser vne effroyable sédition, est impudemment qualifié du nom de Tribun par des bouffons de cour, et est contraint de s'en retourner sans effet, après de très prudentes, très sainctes et très charitables supplications[1]; et

[1] Le coadjuteur, qui fut en effet très-mal reçu au Palais-Royal dans la journée des barricades.

qui sçait si toute cette fascheuse suite n'a point esté la vengeance de ce mespris? N'aigrissons point cet vlcère en le remaniant; mais rendons la louange à la mémoire des siècles passez. Ceux de la ville d'Antioche pendant vne sédition abbatirent les statues de l'Impératrice. L'Empereur Théodose venoit à main armée, pour venger cette iniure; l'Éuesque Flauianus alla au deuant. Durant son voyage, toute la ville estoit en inquiétude et en appréhension; on fit des prières publiques dans l'Église; et saint Chrysostôme, qui estoit comme le Coadiuteur de cet éuesché par les bons offices qu'il y rendoit, montoit tous les iours en chaire, et les fournissoit de consolations et d'exhortations sur l'occurrence et la nécessité qui les pressoit; et entre les autres, se fondant sur l'authorité et sur le charactère de ce sainct Éuesque, il leur disoit : Comment est ce que celuy qui a pouuoir de remettre les crimes et les iniures qui sont commises contre Dieu, n'aura pas le crédit de composer de celles qui sont faites contre l'Empereur, qui n'est qu'vn homme? Il en arriua selon la créance et la prédiction de saint Chrysostôme. Le saint Patriarche s'estant présenté à l'Empereur, les armes luy tombèrent des mains; et il se défit auec sincérité et générosité de tous ses ressentimens, sans aucune réserue de vengeance. Ce même Empereur, fort peu d'années après, ayant exercé quelque séuérité contre la ville de Thessalonique, il souffrit auec patience la correction et pénitence publique qui luy fut imposée par l'Archeuesque de Milan, sainct Ambroise.

Ainsi en vsoient les anciens Princes Chrestiens; ainsi en vseroient ceux de nostre siècle s'ils n'estoient pas obsédez de tant d'impies et perfides Courtisans. Mon aduis seroit, puisque nous en sommes sur l'article de la Religion, que dans le Formulaire des Prosnes on excommuniast par chaque Dimanche tous Flatteurs et Fauoris indignes, ainsi que les Sorciers et les Noueurs d'esguillettes. Aussi bien a-t'on tousiours creu que ces violentes et incompréhensibles affections que les Princes tesmoignent à ces damnables personnes, estoient conciliées par charactères et sortilèges. C'est assez de ce chef. Disons quelque chose de nos Magistrats séculiers, de leur pouuoir en général, et de leur légitime procédure dans les affaires présentes. Les sieurs Molé, Viole, Nouion, Nicolaï[1] sont citoyens de Paris, puisqu'ils y sont nez, baptisez et demeurans; par conséquent obligez à toutes les fonctions de bons et fidèles habitans, et en communion de toutes sortes d'intérests auec les autres Bourgeois. Ce qui les distingue du commun des autres, ce sont les charges de Magistrature qu'ils y exercent, et pour lesquelles le peuple leur est obligé de respect et d'obéissance, à cause du rang qu'ils tiennent dans les Compagnies souueraines, auec lesquelles cognoissans et iugeans des différens des parties en la forme qu'il leur est prescrite par les Loix, et au nombre compétent et limité par les mesmes Loix, ils font Arrest dont il n'y a point d'appel. D'où il s'ensuit qu'ils n'ont pas vne simple subordination à la Maiesté Royale, mais qu'ils en font portion en fait de iudicature, comme les Connestables et Généraux d'armées au fait des armes; car c'est vne maxime qu'il faut tenir pour certaine, et les supposts de la domination violente ne la sçauroient destruire, que tout de mesme que l'âme raisonnable qui est répandue

[1] Molé, premier président du parlement de Paris; Viole et Potier de Novion, présidents au mortier; Nicolaï, premier président de la chambre des comptes.

dans vn corps, en ce membre ci, elle informe, et fait vn bras, en cet autre, vne iambe, vne cuisse, vne dent, vn doigt, et ainsi du reste; tout de mesme en arriue-t'il dans le corps politique d'vn Estat, de quelque nom qu'il soit qualifié, soit Monarchique, Aristocratique ou Démocratique; c'est à sçauoir que l'authorité, le droict et la faculté qu'a ce peuple là de se gouuerner et de se maintenir, se répand et se communique par tout le corps politique; la teste duquel s'appelle vn Roy, vn Empereur ou vn Duc; les autres parties nobles et principales sont Conseillers, Magistrats, Gouuerneurs, Capitaines, Consuls, Escheuins; celles d'au dessous sont Marchands, Laboureurs, Matelots, Artisans; et enfin les plus basses sont Manœuures, Portefaix, Mendians et autres personnes qui composent la multitude. De la composition de tous ces membres réussit vn corps politique et moral, lequel ne sçauroit se bien porter, ny subsister, que par la parfaite correspondance, liaison et continuité de tous ses membres. *Alterius sic altera poscit opem res et coniurat amicè.* Or ceci n'est point vne chimère de spéculation; c'est vn discours fondé en l'Escriture saincte au chapitre douzième de la première Epistre aux Corinthiens, où il [est] démonstré que Dieu qui anime l'Église par son Sainct-Esprit, il le distribue non seulement au chef, mais encore aux moindres membres, selon la proportion et l'vsage de chacun d'iceux. Ainsi deuons nous dire de la Maiesté et du pouuoir qui appartient à chaque peuple pour se régir, maintenir et conseruer. Ils en ont donné la principale fonction à leurs chefs; mais ils ne s'en sont pas priuez totalement; ils n'ont pas entendu se rendre esclaues ny deuenir stupides et insensibles comme des troncs de bois; de sorte que nostre Seigneur Iesus-Christ ne dédaignant pas de communiquer son Esprit au moindre fidèle, ny de se qualifier l'vn de ses membres, on ne fait point de tort au Prince quand on soustient que les Magistrats, chacun dans leur compétence, ont vne participation de son authorité, plus ou moins grande, selon l'étendue et la dignité de leurs charges, et selon les diuerses fortunes qui arriuent au Souuerain. Par exemple, quand nos Roys ont entrepris des voyages d'Outre mer, il est certain que les Magistrats auoient plus de pouuoir et plus d'empire que pendant leur présence et résidence actuelle. Le mesme arriue t'il dans les interrègnes ; le mesme encore pendant les minoritez. Quand est de ce pouuoir absolu, infini, indépendant, et qui n'a point de bornes, il n'appartient qu'à Dieu seul, lequel ayant vne bonté, vne sagesse et vne puissance infinies, il n'en sçauroit mal vser. Et ceux qui veulent mettre la Maiesté à ce haut point transcendant et exorbitant, ils pèchent contre la propre seureté des Princes, et ne font rien pour eux mesmes ; car nous voyons par les histoires qu'ils ont esté les premiers écrasez et chastiez par la rigueur de leurs propres aduis. Ce n'est pas que nous prétendions icy en fortifiant le party des Magistrats, affoiblir l'authorité légitime du Prince ny rien innouer en l'Estat d'vne Monarchie de douze cens ans, sous laquelle nos prédécesseurs ont vescu. Ie veux croire que nul Parisien et nul François, en sa plus cruelle oppression, n'est pas capable de former cette pensée ; et la calomnie du placard n'est assistée d'aucune apparence, quand il dit que deux cens Conseillers du Parlement se veulent ériger en Tyrans, pour gourmander toute le reste de la France[1].

[1] La pièce intitulée : *Le Bandeau leué de dessus les yeux des Parisiens*, etc. Voir plus haut.

C'est bien mal entendre leur intention, veu qu'ils n'ont iamais prétendu autre chose que repurger cet Estat de la vermine des Partisans et de leurs fauteurs ; car quant à l'intérest et à l'honneur des Princes, ni mesme à leurs délices et à leurs pompes, le plus impudent calomniateur ne peut pas dire qu'on aie iamais fait la moindre proposition de leur rien retrancher. Au contraire on a trouué à dire que les pensions et autres dépenses de cette nature qu'il a plu à leurs Maiestez de faire à la Reyne d'Angleterre, ayent esté employées dans des comptans, comme des parties honteuses et indignes d'estre auouées et mises au iour. On n'a iamais trouué à redire à la magnificence de leurs Palais ; bien au contraire, le peuple en voyant le luxe des Fauoris et des Financiers a tousiours murmuré de ce qu'on n'acheuoit pas le bastiment du Louure. Tout ce grand appareil de Gardes Escossoises, Suisses, Françoises n'a iamais esté controllé ny du Parlement ny du peuple ; ouy bien celles qui ont esté vsurpées par le défunct Cardinal et par celui-cy. Les seules liurées du Roy, sur les espaules du moindre valet de pied, sont respectées et chéries partout. Encore dans ce temps malheureux, auquel on veut affamer Paris, les Pouruoyeurs de leurs Maiestez sont priuilegiez, et enlèuent tout ce qu'il leur plaist dans nos marchez ; et dernièrement que par vn stratagême, qu'on ne peut honnestement nommer, on fit cesser l'ordinaire des Officiers du Roy, il n'y eust bon Bourgois qui n'en fust indigné, et qui ne fist offre de sa bourse pour réparer ce scandale. Mais comme cette affection est deüe au Roy et à la famille Royale, c'est vn souslèuement de cœur et vne auersion générale que le Peuple, le Parlement, et tous les Nobles ont contre les Fauoris, Flatteurs, et autres brigans publics; et l'on s'estonne auec suiet par quelle fatalité la Reyne aime mieux voir triompher cette canaille, que de consentir à la Iustice qu'on luy en demande depuis tant d'années. Il y a quelque temps qu'il mourut vn Commis de finances nommé ***, qui n'auoit ny femme ny enfans et auoit peut estre plus de reuenu que tous les Ducs de Virtemberg ensemble. Ce bien là estoit acquis de sorte que son propre père fit conscience d'y vouloir participer. On proposa que le Roy s'en deuoit emparer. Les Brigans Maiours s'y opposèrent et n'en voulurent pas permettre la conséquence. Mais posons que le bien de ce Financier fust très légitimement acquis; n'eust-il pas esté de plus iuste conqueste que la subsistance imposée sur cinquante villages, ou la taxe de cent aisez qui n'ont trempé ny dans les prests ny dans les autres vsures? Il est sans doute. Or qui est ce qui empesche nos Princes de comprendre ces véritez? Les flatteurs, les bouffons, les impies. Qui les en pourroit bien esclaircir? Les bons Conseillers de quelque robe qu'ils fussent; car ce seroit grand pitié qu'il n'y eust de probité en France que sous la soustanne du bonhomme Broussel. Mais qu'on ne s'attache point simplement aux gens de la robbe; il y a tant de bons gentilshommes dans les Prouinces, qui ont renoncé à la Cour et à toutes ses pompes, et qui ne seruent plus qu'à décider les différens de la chasse et de la primauté du pain bénit. Vne douzaine de ces gens là ne cousteroient pas tant à entretenir qu'vne trouppe de Comédiens d'Italie. Nous en auons de plus qualifiez qui ont veu plusieurs règnes, et qui ont pratiqué dans les Royaumes estrangers, comme vn bonhomme Bethune, vn Sainct-Chaumont[1], et tant

---

[1] Le marquis de Saint-Chamond, et non Saint-Chaumont, est mort à

d'autres, que leur modestie retient dans leurs maisons. Il y a aussi de bons et saincts Éuesques qu'il faudroit appeller, et chasser ceux qui sont de mauuais exemple. Ainsi on pourroit facilement paruenir à vne heureuse réformation, sans toutefois rien diminuer de la grandeur et de la Maiesté de nos Roys; car ie voudrois tousiours insister sur ce poinct et leur faire bien comprendre, que l'intention du peuple ne fut iamais de rien diminuer de leurs richesses, domaines, commoditez et magnificences; mais seulement de réformer le luxe et la tyrannie des Fauoris et des Maletostiers et de leurs adhérans Or ce légitime dessein ne peut estre pris pour vn retressissement de la grandeur et de l'amplitude Royale, puisque Dieu mesme tout puissant qu'il est, n'est pas moins grand pour estre dans l'impossibilité de mal faire. Cela estant ainsi, on ne peut pas iustement accuser ny le Parlement ny la ville de Paris d'auoir voulu tant soit peu effleurer la Maiesté Royale; au contraire, le vrai et vnique dessein des gens de bien et des fidèles subiets du Roy, c'est de ne souffrir pas qu'il s'efflue vne Oligarchie dans l'Estat, et qu'vne centaine de brigans oppriment tout vn Royaume pour viure dans les superfluitez et dans les délices. La iustice de ce bon dessein ne pouuant estre contredite, et la Reyne mesme la cognoissant assez en sa conscience, quelle difficulté peut elle faire de consentir à cette réformation? Les Maletostiers par leurs Placards forment deux obiections : la première est vn poinct d'honneur; ils ne veulent pas que cette réformation vienne de l'instinct et du chef de ceux du Parlement,

Paris le 10 septembre 1649. Le sieur de Figuière, un de ses domestiques, a publié, la même année, *Les dernières paroles de M. de Saint-Chamond*, etc. [1035].

ny de l'instance du peuple, ny qu'à leur appétit le Souuerain soit obligé d'éloigner aucun de ses Ministres[1]. Par cette raison d'honneur, il s'en suiura que ny Roy ny Prince, ny aucun homme de cœur ne deura point se défaire d'aucune mauuaise habitude dont son Confesseur, ou son Curé, ou quelque domestique consciencieux luy aura donné l'aduis, de peur que cet aduis ne luy dérobe le mérite et la gloire de l'action. L'autre obiection que l'on fait à Messieurs du Parlement, est qu'ils ne sont pas portez à poursuiure cette réformation par vne générosité et par vne iustice gratuite, mais par vn ressentiment du refus de quelques prétentions qu'auoient aucuns d'entre eux. Hé bien, accordons que quelques vns estoient piquez de ce ressentiment; on en a nommé six ou sept; il en reste deux cens autres; que leur peut on reprocher? Le droict annuel? Ils l'ont mesprisé. Bien dauantage; il y en a plusieurs qui sont parens et alliez des Partisans. Le sentiment néantmoins du vrai honneur les a tellement saisis qu'ils ont dit : périssent nos alliances et nos espérances, et que l'honneur de la Iustice soit restably! Secondement, et sans demeurer d'accord que ces dénommez ayent agy par esprit d'intérest et de vengeance, est-ce vne chose qui doiue sembler nouuelle ou estrange, que la Iustice se rende sur la poursuite des intéressez? On exécute au milieu d'vne place publique vn voleur de grands chemins sur la solicitation d'vne veuue qui se plaint que son mari a esté détroussé et assassiné. La iustice qui s'en fait, est elle moins légitime, et ne réussit elle pas au bien du commerce et à la seureté publique? Se fait-il quelque chose

[1] La pièce intitulée : *Le roi veut que le parlement sorte de Paris*, etc. Voir plus haut.

en ce monde sans l'impulsion et le motif de l'intérest? N'est ce pas le premier mobile de toutes les amitiez et de toutes les haines? Et sied il bien à des esclaues de faueur, à des idolâtres d'argent et à des ames corrompues iusques dans le pepin de reprocher à ceux du Parlement que quelque intérest les a esmeus à s'éuertuer et à trauailler au soulagement du peuple? Depuis quand ces Épicuriens de la Ville-neufve[1] sont ils deuenus Stoiques, pour prétendre, que la vertu n'a pas besoin de l'esguillon et de la chaleur des passions? *Vt iugulent homines, surgunt de nocte latrones; vt te ipsum serues, non expergisceris?* Il n'y aura ny perfidie ny cruauté qu'ils n'exercent pour la conseruation de leurs prests usuraires; et les bons Citoyens et les Magistrats légitimes ne s'opposeront pas à tous ces desbordemens, et ne s'esueilleront pas enfin sur l'inuasion et le pillage de ces brigans? Or ce n'est pas merueille qu'ils se soient ainsi ralliez entr'eux et qu'ils employent toutes sortes d'artifices pour se maintenir dans leurs déprédations; mais ce qui désole les gens de bien et qui désespère les affligez, c'est de voir qu'ils ont préoccupé les oreilles et les affections des Princes, auprès desquels ils ont décrié le peuple et calomnié les Magistrats. La troisième obiection qu'ils font au Parlement, c'est la ieunesse et l'inexpérience de quelques vns[2]. Or c'est à Monsieur le Chancelier qui les a introduits, de garantir cet inconuénient; mais ce ne sont point ces ieunes-là qui se font escouter dans la Compagnie. Ce sont ceux du moyen aage qui sont hors de l'impétuosité de la ieunesse, et qui ne sont pas encore

---

[1] Villeneuve en Gravois; c'est aujourd'hui le quartier que traverse la rue Bourbon-Villeneuve.

[2] *Lis et fais.* Voir plus haut.

affoiblis par la décrépitude. Au reste, on ne conteste point qu'il n'y en puisse auoir parmi eux d'imparfaits et de défectueux; mais ce n'est pas en la veue et du costé que les ennemis de la Compagnie les considèrent; le plus coupable et le plus meschant à leur gré, c'est celuy auquel nous venons d'ériger des statues et des images[1]; ils le tiennent pour vn séditieux et pour vn séducteur; et nous le tenons pour vn homme iuste et innocent, qui a fait vne habitude de vertu par vne pratique de cinquante ans, depuis lesquels il a exercé l'Office de Iudicature irréprochablement. Sous le règne de trois Roys, et sous deux Régences, sous la censure de six premiers Présidens, à la veue de mille Conseillers, en mille importantes affaires, ce sénateur a rendu des preuues de sa générosité, de sa piété et de son zèle; et à l'aage de soixante et quatorze ans, et sur l'aduis de Catelan ou de la Raillière, on le surprend, et on l'enlèue comme vn criminel; et à moins que du secours de quatre cent mil ames qui se soulèuent en sa faueur, on ne sait pas à quelle fin on le destinoit. Voicy maintenant qu'à son suiet tout ce grand peuple qui l'a secouru, est en proscription et en péril de mourir de faim. Cependant on nous veut faire croire que ce n'est point au peuple à qui on en veut[2], mais seulement qu'on le veut obliger à se défaire du Parlement. Or ny le peuple n'est pas résolu de liurer le Parlement, ny de se laisser mourir de faim. Il y a deux mois qu'il demande à sortir, et à combattre; la seule prudence des généraux qui cherchent leurs mesures, le retient; il est animé et persuadé de la bonté de

[1] Le bonhomme Broussel : « Il n'y a point de rue où l'on ne voie son portrait. » *Auis sincère aux bourgeois de Paris*, etc. [543].

[2] *Lis et fais*.

sa cause. C'est vne iuste défensiue. Les Théologiens en parleront à leur mode ; et chacun sçait ce que le Prouincial des Capucins en dist à la Reyne, huit iours après sa retraite de Paris; il n'auoit esté suborné de personne, ny pris autre instruction que de l'esprit de Dieu. Mais voicy comme les Iurisconsultes en discourent au titre *De iustitiá et iure :* ils disent qu'il y a vn droict naturel comprenant tous les animaux et tous les hommes, qui leur fournit vn instinct pour leur propre conseruation, non seulement de l'indiuidu, mais mesme de l'espèce. C'est de là que vient la conionction du masle et de la femelle; de là vient le mariage, la procréation et l'éducation des enfans. Subordinément il y a vn droict des gens qui appartient seulement aux hommes; mais aussi comprend il tous les hommes, comme la Religion et la créance de Dieu, la piété vers les parens et la patrie, la résistance aux iniures et aux torts qu'on nous veut faire, que nous appellons légitime défense; et que comme ainsi soit que par la nature nous soyons tous alliez et apparentez les vns auec les autres, il s'ensuit que c'est vne abomination quand vn homme dresse des embusches pour surprendre, pour tromper et pour offenser vn autre homme. Ils adioutent que par ce droict des gens, les guerres ont commencé, que les peuples se sont distinguez, recueillis et cantonnez, que les Royaumes se sont formez, et qu'on a estably des Roys. De cet endroit si notable, nos politiques qui ne recognoissent point d'Euangile, et qui n'admirent que la prudence humaine, pourroient prendre suffisante instruction et apprendre premièrement qu'il y a vn Dieu, par le consentement de toutes les nations, qui sont vniuersellement imbues de cette cognoissance; secondement qu'il faut aimer sa patrie et ses parens ; et le troisième précepte vniuersellement reçu, c'est la défense légitime. Ce sont trois grands Iurisconsultes qui nous font cette leçon, et qui estoient pour le moins aussi qualifiez que nos Chancelliers et premiers présidens. Et Iustinian, Empereur de l'vne et l'autre Rome, prescriuant des Loix à toute la terre, commence son Digeste par ces trois capitales maximes, sur lesquelles et à propos du suiet que nous traitons, il y a lieu de louer ce grand Docteur de la France, Iacques Cuias, lequel interprétant exactement et philosophiquement ces termes de Pomponius, *Veluti ergà Deum religio : vt parentibus et patriæ pareamus,* il escrit ainsi : *Ordo non placet ; nam prima officia debemus Deo ; secunda Patriæ ; tertia parentibus.* Si la patrie marche en ce rang et immédiatement après Dieu, quelle est la peruersité, l'iniquité et la scéleratesse de ceux qui en abandonnent l'honneur, et ne se soucient pas de la voir réduire en seruitude ? Aussi voyons-nous que ce sont des Siciliens, des Angeuins et des Catelans qui ont résolu la destruction de cette grande Cité ; et il est presque impossible d'imaginer qu'vn homme baptisé dans la Paroisse de S. Eustache ou de Sainct Méderic puisse contribuer ny consentir à la ruine de Paris. Il est pareillement véritable que ces mangeurs de Chrestiens, auparauant que d'en venir à ces extrémitez, il faut qu'ils ayent effacé le caractère de l'humanité auec celuy de leur Baptesme par vne longue habitude de mal faire et par vne résolution affectée de ne pas croire en Dieu. C'est sur ce fondement qu'ils n'ont pitié de personne, qu'ils en prennent de toutes parts, et qu'ils ne sont interrompus ny inquiétez dans leurs délices d'aucun scrupule ny d'aucun remords. Quelqu'vn d'entr'eux qui n'est plus au monde, comme on l'auertissoit que du temps du Chancelier de Sillery, on n'vsoit pas de si violentes procédures, il respondit : De ce temps là, nous craignions tout; à présent, nous ne craignons rien. Pour paruenir à cette audace, il y a deux voies : la première et la plus battue, c'est vne mauuaise naissance, destituée d'instruction et de discipline; ils n'ont entendu ny Catéchisme ny préceptes; on les a mis ieunes dans vn Berlan ou chez vn Financier, comme en conditions plus aduantageuses que celles d'vn Collège ou d'vn mestier légitime; ils n'ont veu que des dez et des cartes; ils n'ont ouy ni veu que de mauuais commerces; c'est par or et par argent que leurs Maistres ont acquis ces belles maisons et ces beaux meubles, et qu'ils ont marié leurs filles auec toute cette Noblesse; ils feront par conséquent sur ces exemples tout ce qui leur sera possible pour auoir de l'or et de l'argent, qui est la monnoie de toutes les commoditez et de toutes les dignitez. L'autre chemin qui conduit à cette insolente cruauté, c'est celuy que tiennent les persones d'vne extraction ingénue, lesquels ayant esté bien instruits de ieunesse, et se trouuant dans les aises de la vie, ils s'y abandonnent si désordonnément, que pour en iouir plus pleinement et d'vne félicité plus entière, par estude et par force d'esprit (ainsi qu'ils parlent), ils trauaillent à estouffer toutes les semences de vertu qui ont esté iettées dans leurs âmes, et ne veulent plus escouter ny les conseils des gens de bien ny les reproches de leurs consciences; c'est alors qu'ils font passer leurs crimes et leurs impiétez en aphorismes, qu'ils se mocquent des mœurs et des créances anciennes, et renoncent à toute piété vers Dieu et à toute piété vers les hommes. De ces deux espèces de gens sont composez tous ceux qui oppriment le Peuple, qui offusquent la

Noblesse, et qui scandalisent l'Église. On s'estonnera icy, et à bon droict, et c'est ce qui rauit nos voisins en admiration, veu que ces gens-là ont coniuré contre le repos public et que ce sont les monstres et les pestes de la société humaine, d'où vient que par vn concours et à cry public on ne s'eslèue pas contre eux, comme on fait à l'encontre des loups et des sangliers qui rauagent la campagne. En voicy deux ou trois raisons ; c'est qu'ils ont des Protecteurs et des Sauuegardes ; et tout de mesme que les cerfs et les sangliers ruinent impunément les moissons des laboureurs quand ils ont vn seigneur ou vn puissant voisin qui aime la chasse et qui défend d'auoir des chiens et de porter l'arquebuse ; ainsi en arriue-t'il quand le Prince ou le haut Magistrat entreprend la protection du Partisan, et qu'il destine sa table et sa maison pour ses diuertissemens, et sa bourse pour les fonds de son espargne. Au temps passé, ainsi que nous l'auons appris des vieilles gens, l'alliance de ces gens-là estoit prise pour vne pollution et vne dérogation à Noblesse ; maintenant on en fait le soustien des maisons, et de leur argent on en répare les familles ruineuses et délabrées. Dieu sçait quelle postérité il en réussit ! Allez puis après déférer en Iustice vn Financier ou vn Traitant qui s'est fortifié de telles alliances ? L'autre raison, sous l'ombre et le bénéfice de laquelle ces gens-là trouuent leur abry et leur éuasion c'est la formalité de Iustice, laquelle formalité, quand elle est sincèrement et fidèlement obseruée, est d'vn très grand et très nécessaire vsage ; mais quand elle est trop superstitieusement appliquée, elle deuient vn retardement et vn obstacle au bien public ; comme aussi quand elle est malignement et frauduleusement administrée, elle dégénère en illusion et en iniustice; et c'est dedans ces prestiges et parmi ces ombres que le cauteleux Iusticier fauorise et fait échapper qui bon luy semble, contre la droite intention de la Loy. Telle estoit la iustice des anciens Pharisiens, contre laquelle l'Euangile est tout plein de reproches et d'inuectiues. La manière d'Epaminondas estoit bien plus franche et plus briéue. Il enuoya vn homme de mérite, qui auoit bien serui en guerre, chez vn riche de Thèbes luy demander mil escus. Celuy cy vint tout à l'instant trouuer Epaminondas pour sçauoir de luy à quel tittre il le condamnoit de bailler cette somme à ce Soldat : c'est, dit-il, parcequ'il a bien serui la République, et qu'il en a besoin, et que tu es vne personne inutile, et qui en as plus que tu n'en mérites. Ce mandement fut exécuté, et n'excita ny sédition ny murmure; il passa pour vne action de Iustice; et nous sommes si malheureux et si traistres à nostre bonheur, que pour mil francs qu'on aura imposé sur vne femme qui a plus de dorures qu'vne Reyne de Saba, on verra des familles en rumeur, qui crient au meurtre et qui se scandalisent de cette rigueur; et cependant ils ne firent iamais de conscience de la ruine de plusieurs milliers d'hommes, qui ont esté dépouillez par l'Exacteur qui a basty tous ces Palais et amassé vne montagne d'or. Il y a quelques années qu'vn homme assez imaginatif nous surprit fort agréablement par vne vision qu'il nous raconta : il nous dit qu'il venoit de voir dans des chaudières et des marmites bouillantes des Élections toutes entières; il sortoit de l'Église Nostre Dame; ie crus que c'estoit que dans la méditation des quatre fins de l'homme, il auoit eu quelque forte imagination des peines d'Enfer. Il nous expliqua enfin sa figure, en nous disant qu'il venoit d'vne maison du Cloistre où l'on attendoit Monsieur Deffiat à diner, et qu'il auoit veu des potages et des bisques de prix inestimable capables d'absorber les Généralitez de la Touraine et du Berry. C'est contre ce grand luxe que les gens de bien sont irritez, et contre ceux qui l'entretiennent. Si quelques Conseillers du Parlement de Paris ont pris à tasche de vouloir mettre des bornes à ces grands excez, le Garde des Seaux de Marillac y auoit trauaillé de son temps; et si tous les Législateurs ont eu égard à ce désordre, escoutera-t-on des Bouffons de Cour et des Gourmands contre des intentions si louables ? N'est ce pas vne impudence capitale de présenter à la Reyne vne bouchée de pain et luy faire à croire qu'elle vaut vne pistolle à Paris[1]; et ces railleries sanglantes, iointes à l'histoire de Charles sixiesme, ne sont elles pas damnables ? Messieurs du Parlement, Messieurs les Princes, et tous vous autres bons François qui voulez la réformation de l'Estat et le soulagement du peuple, ne deschargez pas toute vostre indignation sur le Ministre Estranger; il n'en seroit iamais venu là, s'il n'y auoit esté porté par la trahison de quatre ou cinq domestiques, qui luy ont donné des aduis et luy ont déclaré le foible du Maistre et de la Maistresse. Ainsi conseillèrent ils Conchine; ainsi seruirent ils les Luynes; ainsi se prostituèrent ils au Cardinal de Richelieu; ainsi raillèrent ils la Reyne mère, qu'ils auoient tant idolâtrée. On les connoît; on sçait leurs malices; on en sent le préiudice; et on les épargne! Permettez nous au moins de les nommer et d'en faire vn catalogue public, comme on fait des Interdits en l'Estude des Notaires. Cependant il n'y a ny Prince ny Ma-

[1] Une note manuscrite de l'exemplaire de la bibliothèque de Sainte-Geneviève attribue cette *impudence* à Bautru.

gistrat, pour vaillant et innocent qu'il puisse estre, pour éminent que soit le dégré de sa naissance, ou de sa vertu, qui se puisse assurer d'estre hors des prises et des atteintes de leur insolence. Nous auons ouy dire de fort bonne part que le feu Roy ayant esté trauaillé durant toute vne nuict d'vn songe qui luy représenta les détresses où estoit la Reyne sa mère, et les reproches qu'elle luy en faisoit, il s'esueilla en sueur et en fièure; dont son Médecin Bouuard ayant donné aduis au Cardinal de Richelieu, on attira les Bouffons, lesquels sur l'après dinée entretenant ce trop crédule Prince de différens suiets, l'vn d'entr'eux ayant voulu faire le récit d'vn songe qu'il feignoit d'auoir eu quelque nuict auparauant, qui luy auoit donné de l'inquiétude, les autres l'entreprirent, le raillèrent, et le traitèrent de ridicule; ainsi pensèrent-ils éluder cette inspiration du Ciel. Le Roy néantmoins estonné de sa vision, s'en déclara au Cardinal, qui la sçauoit desià, lequel adroitement luy dit qu'il falloit donc rappeler la Reyne sa mère, mais qu'il falloit que ce fust honorablement et en payant les dettes qu'elle auoit contractées chez les Estrangers, et qu'il en feroit dresser l'estat. Il n'est pas besoin d'en dire la suite; suffit de faire paroistre de quels artifices et de quels charmes ces pernicieuses gens là ensorcellent et damnent les Princes. Non, ny les Iuifs, ny les Vsuriers, ny les faux Monnoyeurs ne sont point si dangereux dans les Républiques. C'est néantmoins du milieu de ces gens là que nous attendons l'éducation de nostre ieune Prince. Pensez, Messieurs du Parlement, si vous n'en deuez point faire vn article exprès de vostre Conférence; et voyez si le feu Prince de Condé a voulu que Messieurs ses enfans pendant leur ieunesse, et tant qu'il a vescu, fussent halenez de ces pestes. Il se présente vn quatriesme obstacle contre les bons desseins de ce Party; c'est la ialousie de plusieurs Officiers, qui ont regret de voir accroistre l'authorité du Parlement et qui se confondent de leur paresse et de leurs lasches conniuences; car quant à ceux qui ont eu participation de profit auec les Traitans, ils sont gibier de Tournelle et de Chambre de Iustice; mais il y a de pacifiques Seigneurs, qui verroient toute la ville en feu et ne voudroient pas contribuer vn verre d'eau pour l'assoupir et pour l'esteindre, pourueu qu'ils eussent asseurance de n'en estre point endommagez. Du coin de leur feu, et derrière leurs parauens ils preuoyent des conséquences; ils appréhendent des changemens en l'Estat et en la Religion. Cependant ny eux ny ceux qui les conseillent, n'ont point le vrai zèle de l'Estat ny de la Religion; si ont bien celuy de leurs intérests. *Priuatæ res semper offecerunt*, dit le grand Historien, *officientque publicis consiliis*, dit le grand Prophete Tite-Liue. Mais pour traiter dignement ce suiet, il y faudroit employer plusieurs Philippiques. Il reste de toucher vn mot de l'intérest du menu peuple de Paris, lequel se remettant à Messieurs les Princes et Magistrats d'auancer les propositions plus releuées et plus générales, il demande en son particulier la continuation du Commerce et des manufactures pour le soustien de sa vie, et ne souhaite rien tant que le retour de leurs Maiestez auec l'ancienne Cour françoise; car pour ce qui est du Ministre Estranger, il en a plus d'horreur que de la faim et de la guerre, ainsi qu'il l'a fait souuent entendre par ses cris et par le zèle de ses sorties, dont l'effet n'a esté retardé que par la prudence des généraux. Ainsi depuis deux mois, quelques secousses d'afflictions et de tentations qu'on luy aye données, il n'a point fait iour pour se désunir. Et c'est vne manifeste prouidence de Dieu qu'vne si vaste ville si peu disciplinée, se soit si paisiblement conduite et maintenue. N'est-ce pas vne autre merueille que nous deuons adorer le ventre contre terre, que nonobstant la persécution de nos ennemis qui nous enuironnent de toutes parts, il se trouue du pain suffisamment pour nourrir tout ce grand peuple, chargé de plus de cinquante mil mendians. Il paroist bien par ce rayon de miséricorde que Dieu ne nous veut pas encore abolir pour ce coup et que le ieusne forcé conioint auec nos volontaires mortifications, produira bientost vn bon amendement à nos mœurs, et ensuite vne salutaire déliurance. C'est l'espérance que les gens de bien de ce Party conçoiuent; c'est à quoy ils exhortent de trauailler ceux de l'autre, s'il s'y trouuoit quelque ame consciencieuse et généreuse. Mais est-il donc besoin d'vne vertu extraordinaire et héroïque pour porter vne parole de iustice à l'oreille d'vne Reyne et de deux Princes? Est-ce vne médecine si amère et si dégoustante que la proposition d'vn bon conseil? Ne s'est il peu rencontrer aucune créature parmy tant de déuotes, qui aie osé présenter cette potion, que la femme d'vn Apothicaire Espagnol? Quoi? il s'est trouué assez de zèle pour abattre de la chaire vn des plus grands prédicateurs de l'Église par vn concert de femmes et par vne ialousie d'escole; et on redoutera de faire vne pieuse proposition pour vn bien public? Pieuses ames de l'vn et de l'autre sexe qui gouuernez cette princesse depuis tant d'années, et qui sauez si bien fleschir ses inclinations à la mesure de vos intérests, n'auriez vous aucun sentiment des misères publiques et de l'honneur de vostre Patrie? Abandonnez vous le salut de vostre maistresse? N'oserez-vous pas hazarder vn conseil Éuangélique entre sa confession et sa communion? Elle en fait de si fréquentes. O Confessions! O Communions fréquentes! Que ne vous iustifiez vous par vous mesmes? Et pour quoy donnez-vous tant d'auantages à la Théologie d'Arnault? Sainctes religieuses du Val de Grâce, on ne vous exhorte poinct de prétendre aux Martyres des Saincte Agnès et Saincte Catherine; faites seulement cet effort sur vous, de supplier la Reyne de pouruoir au Roy son fils d'vne bonne action. Qu'on sécularise le plus solitaire des Chartreux, le plus austère des Capucins pour habiter auec luy dans son Louure et pour l'informer en la crainte de Dieu, qui est le commencement de toute sapience; et que tous perfides Courtisans en soient pour iamais esloignez. Que si vous estes trop timides pour proposer ce conseil, et que les respects humains vous interdisent la parole, nous nous adressons à vous, Sérénissime Infante, qui régnez dans les Cieux par le titre de vostre perséuérante vertu. Isabelle Claire Eugénie[1], modèle parfait des saintes veuues et des sages Princesses, prenez soin d'Anne Marie Mauricette d'Autriche, vostre Niepce et nostre Reyne; impétrez luy la grâce de nous gouuerner sur le patron de vos bons exemples. Et puis que les Princes auec tant de libéralitez et de bienfaits ne peuuent que rarement trouuer dans leurs Cours des Conseillers fidèles et généreux, enuoyez de l'autre monde quelque intelligence lumineuse qui instruise cette Princesse de son deuoir, et qui la fasse fleschir sous la puis-

---

[1] Fille de Philippe II, roi d'Espagne, et d'Élisabeth de France, gouvernante des Pays-Bas. Elle était alors veuve d'Albert d'Autriche, fils de Maximilien II.

sante main de Dieu. Nous vous remettons librement et respectueusement ce poinct d'honneur et consentons très volontiers qu'elle tienne plustost cette grâce de vostre intercession et de la miséricorde de Dieu, que ny de la compassion de nos misères, ausquelles elle est endurcie, ny des remonstrances du Parlement qu'on luy fait mespriser, ny du secours de nos amis, ny de la résistance de nos armées.

La France parlant à Monsieur le Duc d'Orléans endormy [1435][1].

Avant la paix de Saint Germain.

Gaston, Gaston, resueille toy !
  Entends mes cris ; assiste moy
Contre ces trois Tyrans dont ie suis deschirée ;
Ces trois Monstres cruels ont ma perte iurée.
Fay pour m'en garentir, de semblables efforts.
    Ie dors.

  Fils d'vn père si glorieux,
  Qui par des conseils généreux
Me gouuerna, vingt ans, sans compagnon ny maistre !
Dois-ie pas espérer que tu feras paroistre
Des sentimens pareils à ceux qu'il eut pour lors ?
    Ie dors.

  Sois touché des cris douloureux
  De tant de peuples malheureux.

---

[1] On y a publié une réponse sous ce titre : *Le Prince esueillé* [2866], mais avec peu de succès.

Le pillage, le fer, le feu, la faim, la rage,
Changent tout en déserts. Souffre tu cet outrage?
Veux tu point arrester ces barbares efforts?
            Ie dors.

    Las! mon intérest est le tien.
    Nous nous prestons esgal soustien.
Ta grandeur se perdra si l'on me peut destruire.
Désille vn peu tes yeux; soulage mon martyre;
Ou ie vay succomber sous de si grands efforts.
            Ie dors.

    Vn prince indigne de ce Rang[1]
    Veut par le fer et par le sang
S'esleuer au sommet où son orgueil aspire.
Tout obstacle est fascheux à qui veut vn Empire.
Il n'y sçauroit monter sans te mettre dehors.
            Ie dors.

    Ces raisons ne te touchent pas.
    Quoy! s'il me réduit au trespas,
Que deuiendra ton nom, ta grandeur, ta puissance?
Il ne t'en restera qu'vne vaine apparence.
Tu seras son iouet; que deuiendras tu lors?
            Ie dors.

    Va, France, loin de moy gémir,
    Luy dit Gaston; ie veux dormir.
Ie nasquis en dormant. I'y veux passer ma vie.
Iamais de m'esueiller il ne me prit enuie.
Toy, ma Femme et ma Fille, y perdez vos efforts
            Ie dors.

[1] Le prince de Condé.

Le burlesque remerciment des Imprimeurs et Colporteurs aux auteurs de ce temps [603].

Avant la paix de Saint Germain.

Filles du ciel, gentilles Muses
Qui n'estes laydes ni camuses,
Obligez tant vos Imprimeurs
Qu'ils puissent deuenir rimeurs;
Faites qu'ils aient pour vne heure
(Si c'est trop, pas tant n'y demeure)
Non les béquilles ni le nom
Du petit poëte Scarron,
Mais l'esprit et l'humeur crotesque
Auecques sa veine burlesque,
Pour dresser ce remerciment
Plus en François qu'en allemant.
Vous y estes quasi tenues;
Car par nous vous estes connues;
Et si de vous n'auons secours,
A d'autres nous aurons recours.
I'inuoqueray Merlin Cocquaye
Et sa dame Oliue la guaye,
Afin qu'ils inspirent en nous
Quelque compliment qui soit doux,
Aussi chaussant qu'vn bas de laine
Et qui guérisse la migraine
De ceux à qui nous le dirons,
Et mesme à ceux qui le liront;
Car nos auteurs qui ne sont bestes,
Sont subiets à ces maux de testes.
C'est vn mestier de grand tracas

De composer tant de fracas,
De fadaises, de goguenettes
De bagatelles, de sornettes.
Il est vray qu'ils se vendent mieux
Que tous ces ouurages pieux
Qu'on imprime, la Quarantaine,
Dont l'on ne vend qu'vn par sepmaine.
Sans tous ces petits rogatons,
Sans les Condés et les Gastons,
Sans les pasquils et vaudeuilles
Sans les écrits des plus habiles,
Sans Riuière et sans Cardinal,
Nous allions bien souffrir du mal.
Sans le petit bossu en poche [1]
Nostre ruine estoit bien proche;
Et sans les riches curieux
Ma femme eust bien chié des yeux.
Les Libraires, la Librairie,
Les Imprimeurs, la Confrérie,
Les Relieurs et les Colporteurs
Eussent souffert de grands malheurs.
Enfin sans ces petits ouurages
Les demy ceints, les pucellages,
Les bagues et les beaux atours
Eussent fait eschauffer les fours.
Il eust fallu emprunter, vendre,
Mourir de faim ou s'aller pendre;
Mais grâce à tous ces bons esprits,
Nous ne sommes point là réduits.
Les sols, les deniers pesle-mesle
Tombent sur nous comme la gresle
Quand quelque chose de nouueau

[1] Le prince de Conty, c'est-à-dire les pamphlets sur le prince de Conty; comme plus haut les pamphlets sur *les Condés* et sur *les Gastons*, sur La Rivière et sur le cardinal Muzarin.

Vient de chez nous ou du Bureau¹ ;
Disons plustost : comme la neige
Qui depuis cinq mois nous assiège.
Mais en cherchant mon compliment
Ie m'égare insensiblement.
Ie ne sçay ce que ie veux dire ;
A grand peine le puis ie escrire.
Les beaux mots, le raisonnement
Manquent à mon remerciment.
Hélas ! si i'estois fils d'apostre ²,
Ma foy, i'en vaudrois bien vn autre ;
Et ie n'aurois pas de tintoin
A trouuer les mots au besoin.
Bon chat, bon rat ; vaille que vaille ;
Combattons d'estoc et de taille.
Prenons la science au colet
Ainsi que l'on fit Corolet³
Lorsqu'en habit de capitaine
Il crioit à perte d'haleine
Dans toute la cour du Palais
Que le peuple vouloit la paix.
Hélas ! ce grand homme de guerre
Fut quasy renuersé par terre,
Dont i'aurois eu mille regrets,
Parcequ'il nous vend des Arrests
Et qu'il est le cocq des Libraires,
Sans faire tort aux autres frères ;
Mais auec son gallon d'argent

---

¹ Le bureau d'adresse où se vendait la *Gazette*.

² Le père de Scarron était surnommé Scarron *l'apôtre*.

³ Pierre Rocollet, l'un des imprimeurs et libraires ordinaires du roi. Dans l'*État de la France* pour l'année 1660 qu'il a ajouté au *Nouveau théâtre du monde de Davity*, édition de 1661, Antoine Estienne raconte que Louis XIV fit remettre à Rocollet une médaille d'or avec une chaine du même métal pour le récompenser de sa loyale et courageuse conduite pendant la Fronde.

Il est bien mieux mis qu'vn sergent;
Et s'il n'eust tost crié : Renguaine!
Il estoit mort, chose certaine.
Mais reuenons à nos moutons.
Graues autheurs de rogatons
De qui chacun fait grande estime,
Soit pour la prose ou pour la rime,
Ie crois que vous estiez cachés
Aussi loing que nos vieux péchés
Alors que toutes les maltotes
Vouloient opprimer tous les hottes;
Car en ce temps les sansonnets
Comme poissons estoient muets.
L'esclat de la rouge Calotte
Vous donnoit à tous la menotte;
Mais s'en allant à Sainct Germain,
Il vous a délié la main.
Vos escrits, l'encre, l'huile ou graisse
Ont bien fait cheminer la presse.
Les partisans ou maltotiers
Ont bien releué nos mestiers.
Nous auions aussi triste mine
Que le pain à la Mazarine,
Quand la démangeaison a pris
A tous vos excellents esprits.
Nous sommes huit cents, voire mille
Qui tous les iours courons la ville,
Depuis le matin iusqu'au soir,
Offrant par vn humble deuoir
Vos œuures à qui les demande;
Et si ne faut point qu'on marchande.
Six deniers pour quatre feuillets
Entrent dans mon gousset tout nets,
L'imprimeur payé de sa feuille.
Que cela dure, Dieu le veuille;

DE MAZARINADES.

Car pourtant sans le Partisant
Nous serions tous morts à présent,
Au lieu que de tant de huées
Nous restent les voix enrouées
D'avoir crié haut et souuent.
Foin! ie m'empestre trop auant.
Pour faire vne action de grâce,
Dedans vn filet ie m'enlasse
Qui n'a commencement ni fin.
Si i'estois vn homme latin,
I'aurois mis en quatre paroles
Sans mentir et sans hyperboles :

Ie vous remercie, Orateurs,
Rares Esprits, braues Autheurs,
Composeurs de rimes burlesques,
Inuenteurs de tittres grotesques,
Aduocats, Pédants, Escoliers,
Qui fessiez si bien les cahiers.
Vos ouurages faits à l'enuie
Nous ont à tous sauué la vie.
Si vous continuez tousiours
A faire de pareils discours,
Pourueu qu'on ne nous fasse niche,
Chacun de nous deuiendra riche;
Et ie diray comme dit on :
Quelquefois le malheur est bon.
Pour acquérir de la finance,
Pourueu qu'on sauue la potence
Et le fouet et la fleur de lys,
Baste du reste. Ie finis,
Après que pour nos compagnies
Ie proteste à ces grands génies
Que ce qui viendra de leur part,
Sera si matin et si tard
Crié par nous à voix si forte,

De rue en rue, de porte en porte,
Qu'ils auront grand contentement
D'ouyr publier hautement
La production de leur ceruelle.
Bon soir; ie n'ay plus de chandelle.
Contentez vous d'vn imprimeur
Qui ne fut iamais grand rimeur,
Qui ne sçait règle ni méthode,
Mais qui fait des vers à sa mode
Que l'on chante sur le Pont Neuf
L'an mil six cent quarante neuf.

Le voyage des Iustes en Italie et autres lieux
[4063][1].

Avant la paix de Saint Germain.

Où diable allez-vous nos Iustes,
Iustes de nom, d'effet iniustes,
De laisser sans secours vn peuple désolé?
Il ne faut pas courir si viste
Pour arriuer à Rome au giste,
Si vous n'auez dessein que d'estre au Iubilé.

Si l'on vous met en phantaisie
Qu'ayant suruescu l'hérésie,
Rome en attend de vous la satisfaction,
Reiettez ces fausses alarmes;
Car n'estant que sang et que larmes,
Pourroit-elle augmenter vostre punition?

---

[1] On sait que les premiers louis furent frappés en 1640 et 1641 sous le règne de Louis XIII dont ils prirent le surnom de *Iustes*.

Quoy, pas vn de vous ne m'écoute!
Et suiuant tousiours vostre route,
Tout commerce entre nous sera donc interdit!
N'est-ce point qu'estant pièces rondes,
Vous cherchez, ainsi vagabondes,
Vn lieu où vous sçauez qu'ils sont fort en crédit.

Non, non, vous n'estes point capables
De sentimens si délectables;
Mais gardez-vous aussi d'vn acte indécent (*sic*),
Et que, desmentant vostre titre,
Au pays où règne la mytre
Les Iustes à la fin ne perdent l'Innocent[1].

Adieu; ie n'ay plus d'espérance
De vous reuoir iamais en France.
Voulans vous retenir, soudain vous écoulez.
Vous passez les Monts et Marseille;
Et ie pense qu'à la pareille,
Vous qu'on vient de voler, à présent vous volez.

I'entends desià que l'Italie
Se mocque de nostre folie,
Et fait d'estonnement mille signes de croix;
Nommant la France ridicule,
De laisser prendre par vn Iule
Tant de médailles d'or de ses augustes Roys.

D'ailleurs elle se formalise,
Qu'estant au pays de l'Eglise,
Vous soyez pris au corps par des banquiers actifs;
Et la chose luy semble estrange
Qu'vn Cardinal vous mette au change;
Car c'est liurer le Iuste vne autre fois aux Iuifs.

---

[1] Le pape était Innocent X ; et les frondeurs accusaient Mazarin d'aspirer au souverain pontificat.

Ie crois pourtant qu'vne partie
De vous est seulement partie,
Et que Iule à d'aucuns donne part au gasteau.
Aussi dit-on qu'il se contente
D'auoir vingt mille escus de rente
Pour le gouuernement qu'a laissé Pontchasteau.

Il est vray que la médisance
Fait la guerre à son Eminence,
Et l'accuse de faire vn énorme péché,
Disant qu'il vend les Bénéfices;
Mais, malgré les mauuais offices,
On sçait que, s'il les vend, il en fait bon marché.

Toutesfois ses humeurs discrettes,
Le portent à tenir secrètes
Les libéralitez qu'il départ aux humains.
Sa droite à sa gauche les cache;
Et la peur qu'il a qu'on le sache,
L'empesche de les faire en quantité de mains.

Mais courage! si la disette
Du luste que l'on met en pochette,
Retranche nos repas, et nous fait aller nuds,
D'autres viennent à leur place,
Qui réparent cette disgrace;
Car Messieurs de la Cour nous sont tous reuenus.

Ces fascheuses harpies
Le grand Maistre[1] et le Cardinal,
Après auoir pris nos coppies,
Ont enleué l'original.

[1] Le maréchal de La Meilleraye, grand maître de l'artillerie et surintendant des finances.

Discours sur la députation du parlement à monsieur le prince de Condé [1147][1].

(16 avril 1649.)

I'auois eu de la peine à adiouster foy à la nouuelle qu'on m'auoit escrite de Paris, que le Parlement auoit député vers Monsieur le Prince pour lui tesmoigner la ioye que la Compagnie auoit de son retour et l'asseurer en mesme temps de ses soubmissions et de ses respects; mais cette nouuelle m'ayant esté depuis confirmée, i'auoue que i'ay esté saisi d'estonnement et d'indignation tout ensemble d'apprendre que cette Compagnie autresfois si Auguste et si Généreuse se soit abbaissée à vne si prodigieuse lâcheté.

Car sans parler qu'il n'y a point d'exemple dans les Registres que le Parlement de Paris ayt iamais fait en vne pareille occasion des semblables complimens vers des Princes du Sang, qui sont suiets du Roy aussi bien que Nous, qui sont sousmis aux mesmes loix qui nous lient, et n'ont autre aduantage que d'estre les premiers Gentils Hommes du Royaume, on ne pouuoit point d'ailleurs tirer en exemple la Députation qui auoit esté faite vers

[1] Ce pamphlet est de Paul Portail, conseiller au parlement de Paris, et de la cabale du coadjuteur. Un avocat au conseil privé, Bernard de Bautru, fut accusé, non pas de l'avoir écrit, mais de l'avoir fait imprimer. Il fut en conséquence successivement traduit devant le Châtelet et devant le parlement, chambre de la Tournelle. La peine qui était requise contre lui, n'était rien moins que la mort, par la loi *de famosis libellis*, par l'édit de Mantes, par l'ordonnance de Moulins et par l'édit de pacification de Henri III, 1577; mais il fut acquitté devant les deux juridictions. Voir le *Factum pour M. Bernard de Bautru*, etc. [1366].

Monsieur le Duc d'Orléans, lequel estant fils de France, Oncle du Roy et Lieutenant général de la Couronne, est infiniment esleué au dessus d'vn Prince du Sang et mérite partant des honneurs singuliers ; et le Parlement a fait sans doute vne iniure très-sensible à son Altesse Royale de luy auoir esgalé vn homme qui ne luy parle que le chapeau à la main.

Mais quand ie fais réflexion sur les choses qui [se] sont passées depuis trois mois, quand ie me représente deuant les yeux les Images encore toutes fraisches des cruautez horribles que le Prince a fait exercer, quand ie me ressouuiens des récits funestes qu'on m'a faits des actes d'hostilité qu'il a commandées, de la désolation des Villes et des Villages, du violement des femmes et des filles, de la profanation des Églises, sans respecter le Mystère adorable de nos Autels, quand ie trouue icy depuis tantost huict iours que i'y suis arriué, les marques des traitemens Barbares que le Prince a fait souffrir à tant de personnes innocentes ; mais quand ie songe au dessein furieux qu'il auoit entrepris de faire périr par le fer et par le feu cette grande ville, la commune patrie de tous les François, ie ne puis supporter que le Parlement auquel il doit conte de ses actions et de sa vie, le soit allé trouuer pour luy faire, auec vne bassesse indigne, vne espèce de remerciment des maux horribles qu'il a causez. N'estoit ce pas [assez] qu'il fust libre de reuenir à Paris et qu'on perdist le souuenir des mouuemens de haine et d'auersion qu'on auoit conceu si iustement contre luy ? Falloit il encore le receuoir auec pompe dans nos murailles et qu'il y soit entré plus glorieux que s'il y fust entré par la bresche ? Car qu'auroit-il fait autre chose dans vne victoire sanglante que de faire nager son cheual, pour vser de ses termes, dans le sang des Parisiens et triompher ainsi de nos vies, de nos biens et de nos corps? Mais toutes ces choses estoient suiettes par leur condition à l'empire de la Fortune. Nous pouuons perdre auec courage les faux biens qui nous sont estrangers ; et quand l'iniustice ou la violence nous les ostent, nous ne perdons rien qui soit à nous, selon les sentimens mesmes des Philosophes Payens.

Il n'y a que l'amour de la Patrie et de la liberté auquel il n'est pas permis aux gens de bien de pouuoir renoncer. C'est vn bien qui nous appartient proprement, que l'vsurpation des Tyrans ne peut nous rauir et que la Nature et la raison, qui sont les deux puissances légitimes auxquelles nous deuons nos premiers respects, nous ont confirmé comme vn dépost sacré qu'elles nous obligent de garder et de deffendre iusques à la mort. Celui qui par foiblesse ou par intérest pert le désir de conseruer sa liberté, il manque en premier lieu par son pernicieux exemple contre le deuoir qui l'attache à la société ciuille; il se trahit soy mesme et efface en quelque sorte ce rayon d'indépendance que Dieu a graué dans nos âmes en nous formant à son Image, de ne recognoistre point de Souuerain sur la terre en la conduite de nostre raison et de nos pensées.

Mais quand ceux qui sont establis dans le Gouuernement d'vn Estat, pour estre les protecteurs de la liberté publique, s'abandonnent tous les premiers aux tyrans qui les veulent opprimer, quelle espérance peut-il rester de se pouuoir conseruer, si ceux qui en doiuent estre les plus fermes appuis, la vendent et la trahissent? Nous apprenons des Histoires que la puissance des Empereurs Romains ne seroit iamais montée au comble de l'insolence où elle a esté, si la lâcheté du Sénat n'eust fortifié par ses complimens infâmes les progrez de la Tyrannie. Et sur quoy il est important que les Officiers du Parlement fassent vne sérieuse réflexion. Ils doiuent prendre garde que leur institution estant aussi ancienne que la Monarchie, ils sont les dépositaires des Loix fondamentales de l'Estat et sont obligez en leurs consciences et par le deuoir de leurs Charges de s'opposer aux entreprises des Ministres et des Fauoris et de renoncer plus tost à leurs dignitez que de souffrir que les loix soient violées. Il n'appartient pas à la vérité à des personnes priuées d'examiner la conduite des Souuerains; mais pour ceux que la nécessité de leur employ engage de veiller à la seureté des peuples, qu'ils se souuiennent qu'ils répondront deuant Dieu de la négligence qu'ils y apportent, et que toutes les oppressions qui s'autorisent par leur tolérance criminelle, leur seront quelque iour imputées. Si le Parlement eust fait quelque reflexion sur ces deuoirs, il n'auroit pas sans doute député vers Monsieur le Prince; car puisque les marques d'honneur ne se rendent qu'à la qualité des personnes ou bien à leur vertu, il a esté désià obserué qu'il n'y auoit point d'exemple qui l'oblige à cette cérémonie, puisqu'on ne l'auoit iamais pratiquée enuers les Princes du Sang. D'ailleurs le traitement cruel que Paris a receu de ce Prince, ne luy auoit pas mérité cet honneur. Certes il n'estoit pas iuste qu'il receust des témoignages de nostre amour et de nostre estime pour auoir entrepris de perdre la Ville Capitale du Royaume, que l'Histoire marquera sans doute comme vn reproche éternel contre sa mémoire. Ouy, ce dessein furieux flestrit cette haute réputation qu'il auoit acquise; et comme la gloire des batailles gagnées se partage auec la conduite des Chefs, la valeur des Soldats et auec la Fortune qui y préside le plus souuent, la Postérité iugera sans doute des moyens et des qualitez de ce Prince par l'action la plus remarquable de sa vie. Et quand elle verra que pendant la minorité de son Roy il a voulu ruiner Paris, qui est non seulement l'ornement, mais l'abrégé de tout le Royaume, elle lira auec horreur vne entreprise si détestable et considérera ce Prince comme vn Monstre né pour la ruine et la désolation de son Païs.

Mais quelle honte sera ce au Parlement dont on sçait que le soing se doit employer à punir les violences publiques, d'auoir non seulement dissimulé par leur silence, ce qui seroit encor tolérable pour le bien de la Paix, mais d'auoir honoré l'Autheur de tant de maux d'vne Députation qui ne luy estoit point deue, quand il seroit mesme reuenu tout couuert de Lauriers gaignez sur les anciens Ennemis de cette Couronne? N'est-ce pas décerner le Triomphe à celuy qui n'a pas esté le vainqueur, mais le flambeau fatal d'vne guerre Ciuille qu'il avoit allumée? Et cette prostitution ne marque-t-elle pas la foiblesse d'vn corps qu'il falloit par prudence cacher à ceux qui ne cherchent que l'occasion d'abattre ce qui luy reste d'authorité?

Les peuples voisins louoient autres fois le gouuernement de la France parceque la puissance Royalle, disoient ils, y est tempérée par l'authorité des Parlemens, lesquels encor bien qu'ils tirent leur pouuoir de celuy que le Roy leur communique, tout ainsi que les Astres empruntent leur lumière de celle du Soleil, néantmoins on peut dire que comme les Philosophes nous enseignent que les Astres ont vne lumière qui leur est propre, d'autant que la lumière est vne qualité du Ciel, les Parlemens aussi, et entre autres celuy de Paris a vne authorité non participée, selon les loix fondamentales de la Monarchie, soit parcequ'il a vn establissement aussi ancien que celuy de la Royauté, ainsi qu'il a esté desià obserué, soit enfin que les Roys luy ayent confié comme vn dépost le soin et la conseruation des loix, auxquelles ils ont bien voulu eux mesmes s'assuiettir à l'exemple de Dieu qui, dans la conduite de l'Vnivers, selon la pensée d'vn Père de l'Église, a commandé vne seule fois pour obéyr tousiours.

Que si le Parlement doit apporter le tempérament si nécessaire aux entreprises continuelles des Ministres et des Fauoris qui abusent de la puissance Royalle, ne luy peut on pas faire à présent vn iuste reproche qu'il pert par sa faute vn aduantage si vtile au public et si glorieux à luy mesme? Car encor qu'on ne doiue pas, peut estre, approuuer tout ce qu'il a fait depuis vn an, puisque l'on en reçoit si peu de fruit, et qu'il soit assez manifeste par l'éuénement et la lascheté honteuse de quelques vns que ceux qui ont fait le plus d'esclat dans la Compagnie, n'ont esté animez que par des intérests de Famille et par des mouuemens de caprice, sans aucun dessein du bien public, ceux qui estoient bien intentionnez, deuoient songer qu'il falloit tousiours faire vne retraite honorable et laisser la terreur et la crainte à ceux qui les auoient attaquez, que le Parlement n'auoit pas fait ses derniers efforts, afin de retenir et d'empescher les ministres de ne rien entreprendre de nouueau à l'aduenir.

Et tout au contraire, n'a-t-on pas veu des Conseillers de la Cour dans l'anti-chambre du Cardinal Mazarin se presser en foule pour luy demander pardon des choses qui s'estoient passées, et luy tesmoigner le desplaisir qu'il leur restoit d'auoir esté gens de bien? Ie ne me plains pas tant de ces actions priuées qui montrent bien à la vérité la bassesse de quelques particuliers ; mais qu'il soit dit que le Parlement ait député vers Monsieur le Prince, que la Postérité lise que Monsieur le Prince a receu compliment pour auoir assiégé Paris, désolé la Campagne à dix lieues à la ronde, abandonné à l'insolence barbare des Soldats estrangers non seulement tant de femmes innocentes, mais le Sanctuaire mesme du Dieu viuant qu'on a prophané par des sacriléges horribles, c'est ce que ie trouue insupportable à des François qui estant nais libres par leur condition deuroient plus tost mourir que commettre des lâchetez.

Dauantage comme les Princes ne souffrent ordinairement pour punition de leurs excez que la haine des peuples qu'ils affligent, qui est sans doute vne punition plus grande qu'ils ne pensent, s'ils y faisoient réflexion, estoit il iuste, mais estoit il à propos de rendre à Monsieur le Prince cet honneur qu'il ne méritoit point ? Ne falloit il pas qu'il reconnust la faute qu'il auoit commise, par les marques de nostre mespris et de nostre auersion ?

Mais qui ne sçait d'ailleurs les desseins ambitieux que l'esprit de ce Prince médite depuis quelque temps, et la demande qu'il auoit faite et qu'on luy auoit accordée, des places de Clermont, Stenay et Iamets en souueraineté ? Ne fait elle pas voir qu'il souffre auec quelque impatience la qualité de Subiect ? Tous les Princes, disoit vn de nos Roys, aspirent à l'indépendance ; de là naissent tant de remuemens et tant de guerres Ciuilles que nous

esprouuons. Et c'est pourquoy il est important de les
abaisser et qu'ils croyent qu'il leur est impossible de
faire réussir leurs entreprises pernicieuses. Or comme
le Parlement de Paris peut seul empescher les factions
naissantes, il est de son deuoir principalement dans la
minorité du Roy de ne plus souffrir qu'il s'élèue quelqu'vn qui puisse faire vn party dans le Royaume ; et il
doit employer ses soins d'en ruiner tous les prétextes et
les causes mesme les plus esloignées ; et par cette raison
il est de la prudence du Parlement de tesmoigner courage et fermeté à vn Prince qui a fait voir par cette dernière entreprise que son esprit remuant n'en demeurera
pas là et que c'est vn fléau que Dieu nous prépare pour
affliger ce Royaume.

Mais la dernière et la plus importante raison pour laquelle le Parlement a eu tort de faire cette Députation,
[est] que cet estrange abbaissement qui n'estoit pas
d'ailleurs nécessaire, confirme en premier lieu les sentimens des Peuples dans le mauuais bruit qu'on a fait
courir que les Députez du Parlement auoient esté corrompus dans les négociations de la Paix et qu'ils ont
plié dans vn temps où il y auoit suiect d'espérer quelque
soulagement dans les misères publiques, soit par l'ache-
minement de la Paix générale qui nous estoit offerte,
soit par le changement du Ministériat qui estoit vn point
[dans] lequel il semble qu'il ne falloit point conclure.
Or comme la fin perpétuelle des Ministres a esté de
désvnir les Peuples [d'auec] les Parlemens, ils ne manquent pas sans doute de profiter de cette occasion ; et
comme ils se persuadent auoir suiect d'abbattre leur
authorité et de restablir le gouuernement absolu qu'ils
ont pratiqué depuis quelques années, ie ne doute pas

qu'ils ne prennent bientost leurs conseils violens et que la bassesse de cœur qu'ils ont recognue par cette Députation, ne leur donne espérance de pouuoir ruyner facilement cette Compagnie qui les auoit retenus iusques icy dans les bornes de quelque modération.

Il n'est pas très difficile de conceuoir ce qu'ils feront, par ce qu'ils ont desià entrepris. On a veu trois iours après la publication de la Paix vn Arrest du Conseil d'En haut éuoquer les appellations comme d'abus et casser vn Arrest du Parlement qui en auoit retenu la cognoissance. On a desià veu les Commissions Soueraines de l'Hostel restablies. On entend tous les iours les plaintes des cruautez horribles que les gens de Guerre commettent dans les pays du Maine et d'Aniou et aux enuirons de Sens pour s'estre déclarez en faueur de Paris et du Parlement ; ce qui est manifestement violer la dernière Déclaration[1]. Et cependant le Parlement est dans le silence et souffre [auec] vne extresme ingratitude qu'on maltraite ceux qui ont attiré sur eux les maux qu'on leur fait endurer, pour auoir embrassé sa querelle. Il permet que l'on viole à ses yeux les articles d'vne Paix si solennellement iurée ; et il se persuade cependant que la tempeste ne retombera pas dessus luy, comme si les Ministres ne conseruoient pas dans leur cœur vne haine enragée contre vne Compagnie qui est capable d'estre vn obstacle perpétuel à leur dessein et qui les auroit perdus en cette dernière occasion si elle en eust poussé auec vigueur le conseil qu'elle auoit si généreusement proietté. C'est d'ailleurs vn aueuglement prodigieux que de s'imaginer que quand la tyrannie des Ministres sera

---

[1] *Déclaration du roi pour faire cesser les mouuemens et rétablir le repos et la tranquilité de son royaume*, etc. [944].

establie, qu'ils ne se ressouuiennent plus que le Parlement a eu des Princes Généraux d'Armée qui ont commandé sous ses Ordres; car outre que s'il faut iuger de l'aduenir par le passé, nous auons veu que les Ministres ne sont pas si sages pour oublier leurs ressentimens de vengeance, qu'ils ont desià de la peine de dissimuler (ce qui fait voir en passant la foiblesse de leur esprit et de leur conduite d'estre touchez des passions vulgaires dont celuy qui se mesle du Gouuernement, doit estre exempt selon les règles de la Politique).

Mais quand les Ministres oublieroient le passé, ce que ie ne crois pas, c'est encor vne remarque fondée sur des exemples des histoires anciennes que le gouuernement violent et tyrannique exerce ses premiers efforts sur ceux qui luy sont plus proches et qui ont plus de droict et de pouuoir de luy résister. La raison est que cette sorte de gouuernement ne se peut establir parfaitement tant qu'il reste quelqu'vn qui a droict de résister au progrez du mal, parceque cette puissance illégitime est retardée ou par la pudeur ou par la crainte qu'il ne la destruise par des entreprises trop hardies. C'est donc pour cela qu'elle n'a point de suiet de souffrir qu'il y ait quelque obstacle qu'on puisse opposer à ses excez.

Qui peut douter donc après cela qu'en fort peu de temps le Parlement ne soit l'obiet de la persécution des Ministres et qu'ayant destaché les peuples, s'il leur est possible, de l'amour et de l'vnion parfaite qu'ils ont iusques icy gardée auec cet illustre Corps, qu'ils n'en abattent l'authorité ou par la proscription de tous les gens de bien, ou par quelque création nouuelle, comme on commence desià de nous en menacer. Que si cela arriue, qui ne voit qu'il ne restera plus de rempart pour la liberté publique? qu'il n'y aura plus d'azyle qui soit inuiolable pour conseruer les innocens et les opprimez? que les Prouinces seront de nouueau exposées à l'auidité insatiable des Partisans? En vain on réclamera l'authorité des loix; elles seront trop impuissantes pour secourir les foibles; et l'honneur des femmes, la pudicité des Vierges, nos biens et nos vies seront la proye du Tyran qui s'élèue, et des Complices qui fauorisent ses desseins.

Il ne faut point douter que ces choses n'arriuent si le Parlement est vne fois opprimé. Et quand ie songe à cette lâche Députation, il me semble desià qu'elles sont arriuées. Mais d'autre part, lorsque ie fais réflexion que cette Députation n'a pas esté l'ouurage de tout le Parlement, que le plus grand nombre y a contredit, et que la pluspart des Enquestes et des deux Chambres des Requestes du Palais ont refusé généreusement de députer, quand ie me ressouuiens que ce n'a tant esté vne Députation du Parlement de Paris qu'vne Cabale formée de quelques particuliers corrompus, timides, esclaues et despendans de la Cour, ie sens mes espérances renaistre; et ie me fortifie dans cette créance qu'il reste encore des gens de bien dans la Compagnie, qui n'ont pas fléchi le genouil deuant Baal, et qu'on n'a pas veu à Sainct Germain aller à l'adoration infâme du Cardinal, que le plus grand nombre ayme le public et ne souffrira point que la liberté soit opprimée. On ne peut pas leur reprocher la Paix qu'ils ont consentie. Elle estoit en quelque façon nécessaire pour le bien de l'Estat et de Paris, et pour ne pas tomber dans la puissance de quelques Généraux qui ont trahy vne si bonne cause par les intelligences secrettes qu'ils ont tousiours conseruées auec la Cour, par le mauuais vsage, pour ne pas dire le honteux larcin de nos deniers, et par la lâcheté d'auoir laissé prendre tous nos postes sans résistance.

Qu'on ne reproche donc point au Parlement vne Paix qu'il a creue nécessaire. Il faut que les peuples se confient à la protection de cette Compagnie Illustre qui est disposée plus que iamais de s'opposer auec vigueur aux entreprises des Ministres, qui n'a autre but dans ses conseils que le soulagement des peuples, et qui faisant gloire de mespriser ses propres interests, ne sera point diuertie d'vne si iuste résolution ny par la foiblesse des Chefs, ny par la corruption des pensionnaires, ny par la crainte de perdre leurs Charges et leurs emplois. C'est à quoy le Parlement se trouue engagé par le zèle du bien public, par la nécessité de son institution, par l'exemple de ses prédécesseurs, et par le deuoir de la dignité de la Compagnie qui se trouue si fort engagée.

Et vous, Prince malheureux, qui estiez naguères l'obiect de nos plus chères affections, et pour qui nous auons fait tant de vœux et tant de prières, et qui estes à présent le suiect de nos haynes les plus mortelles, que nous regardons comme nostre ennemy irréconciliable, et comme le fléau dont Dieu menasse encor ce Royaume, ne tirez point de vanité, s'il vous plaist, de cette Députation qui vous flatte. Ce n'est point vne Députation du Parlement, puisqu'elle n'a esté ny délibérée ny arrestée par l'aduis de la Compagnie. C'est vne visite de quelques particuliers, et qui vous est plus iniurieuse qu'elle ne vous est honorable, puisque la plus saine partie du Parlement a résisté auec courage à vn abaissement si honteux. Mais sçachez que vous estes hay de tous les François, que vostre nom est en abomination dans les Prouinces, et que les Parisiens ne vous voyent qu'auec mépris et vne horreur secrette qui produira en temps et lieu des effets plus estranges que vous ne pensez pas. N'est-ce point vne punition visible de Dieu sur les désordres de vostre vie et les impiétés sacriléges dont vous estes coupable, qu'ayant pu estre arbitre, à vostre retour de Flandre[1], des différends du Parlement et du Ministériat, ayant pu décider glorieusement vne querelle si importante par l'authorité que le succez de vos armes vous auoit acquise dans les esprits des vns et des autres, vous auez par vn aueuglement prodigieux choisi le plus mauuais party, et au lieu d'aspirer à la gloire du libérateur de la France, au lieu de vous maintenir dans l'amour du Peuple en procurant quelque addoucissement à leur misère, vous auez protégé vn Estranger, seruy d'instrument à sa vengeance et entrepris de ruyner vostre patrie, si Dieu n'eust dissipé par sa prouidence la rage et la fureur de vos Conseils. Mais prenez garde qu'il n'exerce encor sur vous des chastimens plus rigoureux. Le temps viendra sans doute que vous aurez besoin de réclamer la protection du Parlement que vous auez voulu opprimer; et le premier Fauory nous vengera des maux et des cruautez que vous auez causées[2]. Ce sera lorsque vous implorerez en vain l'ordonnance de la seureté publique que vous auez violée[3]; et le Peuple innocent que vous auez voulu faire périr par la faim, se rira de vostre disgrâce et escoutera auec ioye ou tout au moins avec in-

---

[1] Le *Politique du temps touchant ce qui s'est passé depuis le 26 août* 1648, etc. [2812] a été écrit justement pour prouver que le prince de Condé avait en effet joué ce rôle d'arbitre à la satisfaction et pour l'avantage de tous.

[2] On sait que ce temps commença en effet le 18 janvier 1650. La prédiction de Portail est assurément fort remarquable.

[3] L'ordonnance du 22 octobre 1648.

différence la nouuelle de vostre prison et le traitement rigoureux que l'on vous fera ressentir.

La nocturne chasse du Lieutenant ciuil [2529].

(16 avril 1649.)

  Sollicité d'vn mouuement
  Qui depuis peu très viuement
  Pique ma verue et me conuie
  De contenter vn peu l'enuie
  D'vn imprimeur de mes amis
  Qu'vn destin fauorable a mis
  Du nombre de ceux qui se moquent
  Des faux confrères qui les choquent,
  Et qu'on a grandement loué
  N'auoir nom d'autheurs aduoué,
  Quoique défense très expresse
  De ne rien mettre sous la presse
  Qui des affaires de ce temps
  Fust au lecteur vn passe temps,
  Ie veux d'vn style magnifique
  De tout le Corps typographique
  Chanter la persécution,
  Pour mettre en exécution
  La burlesque et folle promesse
  Que ce matin après la messe
  Auec trois sermens de rimeur
  I'ay faite à ce rare imprimeur,
  Qui m'a sans aucun artifice
  Tracé le plan de l'édifice.
  Muse que semble posséder
  Scarron à qui ie voy céder

Tous ceux dont la philosophie
Aujourd'huy se burlesquefie,
Guidant ma main et mon crayon,
Fay briller vn petit rayon
De ce feu sainct et poëtique
Qui fait dans vn corps tout étique
Danser, comme Balzac escrit,
La sarabande à son esprit.
Dy moy, pour despeindre vn ouurage,
Fatal au plus ferme courage,
Quel grand subiect eut le pouuoir
De le former et d'émouuoir
Dans le pays latin vn trouble
Qui de nuict en nuict se redouble,
Et faire enleuer dans Paris,
Non les femmes à leurs maris
Par des Mazarinistes infâmes,
Mais bien les maris à leurs femmes;
Tesmoin nostre charmant Courrier[1]
Qui, gissant partout sans fourrier,
Très rarement chargé de baye,
Pendant la fuite de La Haye[2]
Pour diuertir (foy de rimeur)
La femme de son imprimeur,
Tout seul, manque d'autre sequelle,
Passoit doucement auec elle
Loin de la lumière et du bruict
Vne bonne partie de la nuict;
I'entends, quoi que croire on en veuille,

---

[1] Le *Courrier françois*, etc. [830], en prose.

[2] Rollin de La Haye, rue d'Écosse près le Puits-Certain. Il a imprimé les douze numéros du *Courrier* et même le *Courrier extraordinaire apportant les nouuelles de la réception de messieurs les gens du roi à Saint-Germain en Laye*, etc. [827]. Je n'ai pas pu savoir à quelle occasion il a été contraint de se soustraire par la fuite aux poursuites de la justice.

Non en personne mais en feuille,
Couchant, dit-on, non dans le lict,
(Car là iamais elle ne lict),
Mais par vn sort insupportable
Sur vn banc auprès de la table,
Où mille fois multiplié,
Encore humide et non plié,
Comme vn bon soldat sur la dure,
Puisque sa maistresse l'endure,
Iusqu'à l'aurore le galand
Attendoit maint et maint chaland ;
Dy moy, dis-ie, Muse folastre
Dont mon esprit est idolastre,
Pour quel crime et pour quel délict
On alla prendre dans le lict,
Sans respect de sa barbe blanche,
Ce pauure diable de l'Eclanche [1],
Ce charmant vieux fou de Roulin
Qui mieux qu'asne rime à moulin,
Chère Muse, enfin ce bonhomme
Que Laurent *Prends ton verre* on nomme.
Lorsque, l'orage ayant creué,
Nostre Roy nous fut enleué,
A peine eusmes nous veu la perte
Que nous en auons tous soufferte,
Que par vn iuste mouuement,
Que causoit son enlèuement,
Vne démangeaison d'escrire,
Prenant aux doigts de la Satire,
Mit au vent, dit-on, dans Paris
Tant de plumes et tant d'escrits
A Muse pauure et mercenaire

[1] Apparemment l'Eclanche, Roulin et Laurent *Prends ton verre* étaient des crieurs, des colporteurs ; car je ne les vois point sur ma liste des imprimeurs et libraires.

Qu'ysant du prouerbe ordinaire,
On pouuoit dire comme on dit
Qu'ils auoient pissé tous au lit.
A moins qu'on ne fust insensible,
Il estoit alors impossible
D'entendre partout sans frémir
Mille et mille presses gémir
Non de la peine coustumière
Qu'elles ont de mettre en lumière,
Depuis le soir iusqu'au matin,
François, hébreu, grec et latin,
Non, dis-ie, si dire ie l'ose,
De leur trauail, mais de sa cause,
Estant mille fois en effect
La cause pire que l'effect,
Puisqu'enfin elle n'estoit autre
Que leur infortune et la nostre ;
Grâce aux bons et mauuais authéurs
Mille offices de colporteurs,
Tous de création nouuelle,
Faire braire à pleine ceruelle
Et d'vn stentorique gosier,
Chargés de boutiques d'osier,
Dans vne publique disette
Cent et cent marchands de gazette.
Sages députés de Rouen
Qui fistes, et non sans Hahen,
A Sainct Germain tant de vacarme
Pour n'auoir vu, non sans allarme,
Croistre vostre grand Parlement
Que de la moitié seulement,
Et vous faisant tenir à quatre,
Pour en faire vn peu trop rabattre,
Auez peut-estre non sans fruit
Si iustement fait tant de bruit,

Qu'eussiez-vous fait si vostre nombre
Qui n'estoit à peine qu'vne ombre
De cil des porte-rogatons,
L'eust esgalé, sages Catons?
Vieux et nouueaux dans leur office,
Tous à la fois en exercice,
Crioient comme fous, l'vn : Voicy
Des maux de France le récy;
L'autre entonnoit d'vn son grotesque
La *Lettre au Cardinal burlesque*[1];
Bref pour mille autres pièces tous
Couroient les rues comme des fous.
Tant que dans vn subiect de larmes
Dura l'insolence des armes,
Quoique ne pouuant l'endurer,
Nostre Parlement vit durer
Celle des plumes occupées
A battre, autant ou plus qu'espées,
Chacune, par décret du ciel,
Versant autant d'encre que de fiel;
Et maint autheur de bonne grâce,
Sur le papier faisant main basse,
Donnoit et de taille et d'estoc,
Et tousiours ferme comme vn roc,
Ne laschoit pied que sa furie
Ne fondist dans l'imprimerie;
Mais lorsque sans empeschement
D'vn salutaire abouchement
Paris vit naistre l'espérance
D'vne fourée conférence,
On commença de réprimer
Cette licence d'imprimer[2].

---

[1] *Lettre à M. le cardinal burlesque* : elle est plus haut.

[2] On avait commencé auparavant; car il y a, sous la date du 25 janvier,

Lieutenant ciuil et Commissaires,
A espionné bien leurs affaires;
Pour empescher de barbouiller,
Chez les imprimeurs vont fouiller
De nuict par cruauté extresme
Iusqu'au fond de la caue mesme.
Ce fut donc enuiron ce temps
Que nous eusmes le passe temps
De voir, ainsi qu'on le remarque,
Sortir au iour sans nom ni marque
De la presse de Variquet,
De Preuetay, Sara et Cottinet,
Qui ne se vend et ne s'achète
Qu'entre chien et loup en cachette,
De satyriques ouurages en vers,
Iouxte sur exemplaires d'Anuers.
Mais puisque l'imprimeur me presse
De fournir le mien à sa presse,
Ie fais iudicieusement
Sa fin de son commencement,
Amy lecteur, et te proteste
Que tu verras bientost le reste.

un *Arrêt de la cour de parlement portant défenses, à tous imprimeurs et colporteurs, d'imprimer et exposer en vente aucun ouurage*, etc. [232].

Reqveste présentée à Monseigneur le Prince par les vignerons de son gouuernement de Bourgogne, en vers burlesques [3501].

(3 juin 1649.)

. . . .
Vous supplient très humblement
Ceux de vostre Gouuernement
Dont la main façonne la vigne,
D'auoir audience bénigne.
La grandeur que vous possédez,
Fait que si vous nous accordez
De parler auec hardiesse,
Nous vous appellerons Altesse
Et tous les autres plus beaux mots
Qui peuuent rehausser vn los;
Disans que toute nostre troupe
Qui ne met de l'eau qu'en sa soupe,
Honoroit vostre géniteur,
Qui l'aymoit aussi de bon cœur,
Puisqu'il chinquoit à tasse pleine,
A longs traits et perte d'haleine,
Dedans Paris et dans Dijon,
Nostre vin qu'il trouuoit si bon;
Que depuis la meschante guerre
Que le Diable mit sur la terre
Le matin d'après *le Roy boit*,
Aucun batelier on ne voit
Ramer pour Paris sur Yonne,
Afin de luy vendre la tonne
De nos vins plus délicieux
Et rapporter des escus vieux.
. . . .

Que Bacchus, fasché contre vous,
Nous fait ietter à vos genous;
Qu'il dit que iamais vostre père
Contre luy ne fut en colère;
Qu'il n'empeschoit point ses bateaux
De porter ylà ses tonneaux,
Ny mesme sa douce moutarde
Dont le Badault se papelarde
Alors qu'il mange, le matin,
De la saulcice ou du boudin,
Ou bien quelque fameuse andouille,
Faisant la nique à la patrouille;
Et de plus il estoit tant bon
D'y porter du bois et charbon....
. . . .
Qu'aussy nostre main libérale
Dessous l'autorité Royale
Luy payoit tousiours promptement
Son plat et son appointement;
Que ce prince estoit politique;
Qu'il sçauoit mesme la pratique;
Qu'il estimoit les Parlemens;
Qu'il calmoit les soulèuemens;
Qu'il estoit déuot à l'Esglise
Où Sainct Pierre a sa chaire mise;
Qu'il aymoit les religieux
Et faisoit des actes pieux;
Qu'il ne vuidoit point leur besace;
Qu'il aymoit la dame Fricace
Qui faisoit bien les saupicquets;
Qu'il haïssoit les affiquets
Et toutes les femmes infâmes;
Qu'il prisoit les honnestes dames;
Que, sans iurer le nom de Dieu,
Il iuroit seulement *Mebieu;*

Qu'il payoit tousiours le salaire
De monsieur son apothicaire,
Estant encor sur le bassin,
Aussi bien que son médecin;
Qu'en son temps on voyoit nos filles,
Belles, honnestes et gentilles,
Danser sous l'orme à petits bonds
Ainsi que de petits moutons;
Que nos gars plus remplis d'audace
Se faisoient souuent la grimace,
Estans l'vn de l'autre ialoux
Qui seroit plustost leur époux;
Qu'ils estoient en bonne posture
Auec beaux gants, belle ceinture,
Auec du volet au chapeau
Et des toufets au renouueau;
Que la fluste alloit en cadence;
Que si dans ou dehors la danse
Quelqu'vn vouloit de son grouin
Choquer le muzeau de Catin,
L'ayeul y prenoit bientost garde,
Encore mieux la mère moucharde
Qui les contenoit dans l'honneur;
. . . .
IL VOUS PLAISE, braue Seigneur,
Remettre la France en honneur
Et dans Paris, la grande ville,
Ramener nostre Roy pupille,
Sa mère Régente et la Cour....
D'oster l'impost et le péage
Qui ne sont de l'ancien vsage;
De prier Dieu soir et matin;
Ne point hanter le libertin;
Garder la loi que Dieu nous donne;
Honorer la triple Couronne;

Prendre le conseil des vieillars;
Écarter ces ieunes raillars
Qui ne sont propres qu'à la danse
Et qui font vn Dieu de leur panse....
. . . .

Le Branle-Mazarin dansé au souper de quelques vns de ce parti là chez monsieur Renard où monsieur de Beaufort donna le bal [605][1].

(18 juin 1649.)

L'affront en est encore vne fois demeuré aux Perturbateurs du repos public. Ie les nomme ainsi puisqu'au milieu du calme et de la paix ils recueillent par leurs insolences et leurs discours iniurieux vne querelle où ils n'ont eu et n'auront iamais que de la confusion.

Monsieur de Beaufort, ce Démon Tutélaire de Paris, ce Père du peuple, inaccessible aux offres aduantageuses, inesbranlable dans les périls et modéré dans les victoires; ce Prince, dis ie, qui a despouillé d'honneur les brouillons de l'Estat, en donnant du pain à Paris, vient de soustenir l'honneur de Paris en ostant le pain et quelque chose auec à ces brouillons.

Mais ie voudrois bien demander à ces Messieurs là en

---

[1] C'est le pamphlet qu'Omer Talon et Mailly citent sous le titre inexact de *le Branle des Mazarins, dans la maison de Renard et fait par M. le duc de Beaufort*. Il y a sur le même sujet la *Relation de ce qui s'est passé aux Tuileries entre M. le duc Beaufort*, etc. [3123], la *Nappe renuersée chez Renard*, etc. [2525], la *Soupe frondée* [3704], le *Grand Gersay battu*, etc. [1510], la *Déroute des cabalistes au iardin de Renard*, etc. [1048], le *Combat généreux de Mgr le duc de Beaufort*, etc. [714].

quoy consiste l'honneur et la vertu, et quels Généraux sont dignes de mespris, ou ceux de Paris, ou ceux de Sainct Germain.

Si nous raisonnons en Chrestiens sur ce fondement que la Charité est la Reyne des vertus, et le niueau sur lequel tournent toutes les bonnes actions, nous trouuerons que les Généraux de Paris en protégeant l'innocent et le foible, en donnant du pain à des millions de personnes, en deffendant les Autels et les Vierges contre l'insolence du soldat, méritent bien plus d'honneur et de louange que ceux de l'autre party, qui ont commis toutes les inhumanitez et toutes les barbaries.

Si nous passons des vertus Chrestiennes aux Morales, y auoit il rien de plus lasche parmy les Payens que d'abandonner la Patrie à l'esclauage et à la Tyrannie? y auoit il rien de plus honteux que de préférer son intérest particulier au bien public? et rien de plus infâme que de renoncer à sa conscience et à sa raison pour suiure aueuglément les passions d'autruy?

Mais pour iuger de la cause par les effects, qu'ont fait ces généraux de Sainct Germain? Ils ont exposé l'authorité Royale; ils ont conceu vne montagne et n'ont accouché que d'vne souris; ils ont pris Charenton et Brie; ils ont forcé les cabanes des pauures villageois et les Vierges désarmées[1], et ont perdu tant d'honneur, qu'il ne leur en reste que ce que nous leur en auons voulu laisser.

Les Généraux de Paris ont sauué l'authorité Royale, protégé les Autels et la Iustice, soustenu auec de mauuaises troupes tous les efforts d'vne armée Royale, et

---

[1] On peut voir plus haut la *Lettre du père Michel*, etc.

nourri Paris contre les espérances de nos ennemys mesmes.

Nonobstant tout cela, il faut que ces Messieurs raillent, et que par vne lasche ingratitude ils mettent en compromis l'honneur de ceux qui leur ont sauué et l'honneur et la vie. Ignorent ils que c'est à la modération de nos Généraux et du Parlement qu'ils doiuent leur salut? et que s'ils eussent eu le moindre désir de vengeance, tout estoit perdu pour eux? Mais il est temps de venir à nostre histoire; et faisons voir comme la bonté a encore vne fois triomphé de l'ingratitude, l'innocence de la calomnie, la modération de l'insolence et Paris de ses ennemys.

Monsieur de Beaufort ayant ouy dire que ces Messieurs faisoient quelques petits discours de raillerie des Frondeurs de Paris, comme ils les appellent, qu'ils les mettoient sur le tapis dans leurs festins, et aiguisoient leurs beaux esprits auec la chaleur du vin à inuenter des termes picquants et railleurs pour contenter en quelque façon le despit qu'ils ont d'auoir chié dans leur bonnet; Monsieur de Beaufort, sans s'esmouuoir beaucoup sur le champ, apprit, quelques iours après, qu'ils deuoient souper splendidement chez Renard[1]. Faisant semblant d'aller au Cours (car la maison de Renard est scituée sur le chemin), Monsieur de Beaufort demande : Qui soupe céans? On luy dit qu'il y auoit Monsieur de Candale, Monsieur de Souuray, Monsieur de Gerzé, Monsieur du Frottoir, Monsieur de Saint Maigrin, le Commandeur du Iars, Monsieur Bautru et quelques autres

---

[1] La maison de Renard était au bout du jardin des Tuileries, à peu près à l'endroit où se termine aujourd'hui la terrasse des Feuillants.

qu'on ne pust nommer[1]. Monsieur de Beaufort ayant recognu que sa cabale estoit là, monte fort froidement accompagné de Monsieur le Duc de Retz, de Monsieur de La Motte Houdancourt et de quelques autres Seigneurs de marque[2]. Entrez qu'ils furent dans la chambre, Monsieur de Beaufort et les autres saluèrent la compagnie du costé qu'estoit assis Monsieur de Candale; et à l'autre on remarqua que quatre ou cinq ne se mirent pas dans leur deuoir. Cela ne fit pas mal au dessein de Monsieur de Beaufort que la ciuilité auroit peut estre destourné. Il dit d'abord, iettant premièrement les yeux sur ces quatre Messieurs qui auoient peur d'engraisser leurs castors, et puis vers Monsieur de Candale et les autres : « Vous auez là quatre grands coquins à vostre table. » Ces paroles prononcées d'vn ton Martial et d'vn air menaçant, ietta la glace dans les entrailles de toute la compagnie, quoyqu'échauffez de la bonne chère et du vin puissant. Chascun tascha de se saisir de son espée; et ce qui fit rire Monsieur de Beaufort, fut l'empressement de du Frottoir qui se saisit d'vne espée, de mesme que s'il s'en pouuoit seruir. Monsieur de Beaufort l'enuisageant d'vn souris dédaigneux et mesprisant : « Ma foy, tu aurois meilleure grâce à tenir vn cornet et piper le dé, comme tu fais tous les iours, qu'à te saisir d'vne espée dont ie crois que tu aurois peine à te seruir. »

Monsieur de Beaufort à qui la présence d'esprit ne manque iamais, dit à Monsieur de La Motte Houdancourt : « Monsieur, ie vous prie, ayez soin de mon Cousin

---

[1] L'auteur de *la Soupe frondée* nomme, avec Gersay, Candale, Saint-Mégrin, Vigneul, Manicamp, du Frétoy et Boutteville.

[2] La Motte Houdancourt, Brissac, Fontrailles et Fiesque (*la Soupe frondée*).

(c'estoit le Duc de Candale). Ie suis marry qu'il s'est rencontré en si mauuaise Compagnie. Ce n'est pas à luy que nous en voulons. » Cela dit, il prit le coing de la nappe qu'il ne renuersa qu'à demy, soit qu'elle fust trop bien couuerte, ou que le Prince se contenta de témoigner médiocrement son mespris selon sa modération ordinaire. Pour moy, ie veux croire qu'ils doiuent beaucoup d'obligation à la présence de Monsieur de Candale. D'autres disent que Monsieur de Beaufort les railla assez plaisamment et qu'il dit à Monsieur de Candale et aux autres du party ciuil : « Messieurs, ie m'estonne que vous n'ayez pas icy les vingt-quatre violons. Vostre chère n'est pas complète; mais en voilà quatre ou cinq qui les valent bien. » Ie crois que ces Messieurs se fussent souhaité bien loin de là et qu'ils eussent voulu n'auoir jamais raillé les Frondeurs.

Monsieur de Beaufort se contenta de leur auoir fait l'affront et leur dit en se retirant : « Messieurs, vous apprendrez vne autre fois à mieux parler. » Cela leur fit perdre l'appétit. Toutes les viandes leur semblèrent mal assaisonnées; et ils deschargèrent toute leur mauuaise humeur sur le cuisinier, à qui ils auoient donné des louanges au premier seruice. Il y en eut vn de la Compagnie qui dit qu'il n'y auoit pas de quoy rire et que ce n'estoit pas vn temps de s'ammuser à manger, que le procédé de Monsieur de Beaufort ne leur promettoit rien de bon, que le peuple qui estudie ses sentimens et qui espouse si ardemment ses intérests, pourroit changer la farce dans vne tragédie, si cela venoit à leurs oreilles et que Renard y pourroit bien perdre sa vaisselle d'argent et eux leurs oreilles. On approuua ce conseil; et ces Messieurs, sans plus tarder, se retirèrent doucement chez eux et partirent le lendemain, quelques vns disent le soir mesme, pour la Cour, pour leur faire sçauoir que quoy que les vingt-quatre violons ne soient pas à Paris, on ne laisse pas d'y faire très bien danser la courante qu'on appelle la Mazarine.

Monsieur de Beaufort alla coucher chez les Preud'hommes pour estaindre dans le bain la noble chaleur que toute sa vertu auoit eu peine de contenir à la présence de ses ennemys. Toute la nuit, trois Mareschaux de France firent la patrouille par Paris, crainte qu'il n'arriuast quelque désordre; et le lendemain le Préuost des Marchands et quelques Escheuins furent chez Monsieur le Chancelier pour lui témoigner que les Bourgeois ne faisoient que se rire de cela, que là où Monsieur de Beaufort auroit de l'aduantage, il ne faut rien craindre, mais qu'ils le prient de faire en sorte qu'on recommande bien à la Cour de ne point esueiller cette grosse beste qui commence désià à s'assoupir, en remonstrant que le moyen de la gagner, c'est de la caresser et non pas la picquoter à tous momens.

Le Courrier dv temps apportant ce qui se passe de plus secret en la cour des princes de l'Europe [825] [1].

(17 juillet 1649.)

. . . .

De Dantzic du 23 iuillet 1649.

Nicolas Canasille, consul de la nation françoise en ceste ville, a receu plusieurs ballots de draperies de laines et de soyes, castors et toilles fines qui lui ont esté enuoyées par le Cardinal Mazarini sous l'adresse du Comte de Bregi Flexelles, Ambassadeur près de sa Maiesté Polonnoise, afin d'esuiter par l'adueu que cet Ambassadeur en fait, le payement des droits de Tole. Elles ont esté bien vendues à des marchands de Varsau, Crakau et Léopol. Ledit Nicolas Canasille a employé la plus grande partie de l'argent qui en est prouenu, en Martres Zibellines, Renards noirs et autres fourrures exquises et en vn seruice tout entier d'ambre blanc qu'il renvoye audit sieur cardinal auec quelques autres raretez de ce pays, sur lesquelles il fera vn profit notable. L'Évesque de Varmie, cydeuant Ambassadeur extraordinaire en France, en ayant esté aduerty, les a voulu faire saisir pour se rembourser de la somme de dix mille tallers (*thalers*) dont il fust trompé par le Cardinal Mazarini

[1] Il est de Fouquet de Croissy, conseiller au parlement de Paris, l'un des plénipotentiaires français à Munster, grand frondeur et partisan du prince de Condé jusque chez l'Espagnol. Guy Patin avait un goût particulier pour ce pamphlet dont il parle en plusieurs endroits de ses *Lettres*.

dans l'achapt d'vne croix que son Éminence lui vendit pour donner de la part de Sa Maiesté Polonnoise à nostre Royne lors de ses fiançailles à Paris. Nostre Sénat n'a pas voulu que ce différend esclatast.

. . . .

De Rome du 26 iuillet 1649.

Nous auons appris par les dernières lettres de France qu'vne des sœurs de l'Eminentissime Cardinal Mazarin estoit morte en cette ville. On ne sçait pas bien encore laquelle c'est des deux. Peut-estre qu'auec le temps on s'en esclaircira [1].

. . . .

De Sainct Quentin du 10 août 1649.

A l'arriuée du cardinal Mazarin en cette ville, Nostre Bourgeoisie s'est mise en armes; et l'on a crié Viue le Roy! sur la créance qu'on auoit que Sa Maiesté nous honoroit de sa présence; mais nous auons esté surpris, voyant que les compagnies des Gardes, les Gendarmes et Cheuaux-Légers, commandez par Monsieur le Mareschal de Schomberg, ne venoient icy que pour escorter son Éminence, et que les Mareschaux Du Plessis et de Villeroy auoient eu ordre de quitter la personne du roy et de Monsieur pour suiure ce Ministre. Il a beaucoup trauaillé icy à marchander luy mesme les bleds, les faire mettre au moulin, faire cuire les pains de munition. C'estoit sa principale occupation, si ce n'est qu'il se délassast quelquefois de ces grandes fatigues à quelques re-

[1] C'est l'original de l'anecdote racontée par le cardinal de Retz sur le père de Mazarin.

prises de Lioc où il a monstré vne adresse merueilleuse au grand estonnement de tous les corps de cette ville. Ses trois tables seruies de mets les plus exquis et occupées par Messieurs de Vandosme et de Mercœur qui, comme ses chers futurs alliez [1], estoient en toute humilité assis au dessous de lui, trois Mareschaux de France, grand nombre de Ministres de l'Estat et de Mareschaux de Camp, Commandeurs et Cheualiers de Malthe, ont bien iustifié, à la honte de ses ennemis, sa Royale magnificence. Son buffet d'or massif et de mesme caract que celuy de nos Louys tenoit toute la grande Salle de nostre maison de Ville. Ceux de sa suite respandoient icy en mesme temps plusieurs bruits pour tenir le peuple en admiration de ses grands desseins.... et en effet.... il a veu les Erlacs [2]. Cette fierre nation s'est adoucie à sa présence, luy a fait hommage comme au distributeur et possesseur de toutes les finances de France. Les Généraux Oems et Flechenstein se sont enyurez pour l'amour de luy. Il a recogneu les caresses de ces braues estrangers; et pour se les asseurer, il leur a fait vne ample distribution de pièces de toille, chemises et rabats sans glans, coiffes de nuict, manchettes, gans de Cerf et de Daim à franges d'or et d'argent, baudriers en broderies, gardes d'espées, fourreaux de pistolets, le tout tiré de ses Maga-

[1] On a fait un peu plus tard sur le projet de mariage du duc de Mercœur et de la nièce de Mazarin l'*Antinopcier*, etc. [93], le *Poulet* [2831], la *Sauce du* Poulet [3397], la *Salade en réponse à la* Sauce du poulet [3373], la Lettre de M. le duc de Beaufort à M. le duc de Mercœur, etc. [2021], la *Réponse de M. le duc de Mercœur*, etc. [3408], la *Lettre de la prétendue M*^{me} *de Mercœur*, etc. [1941], enfin l'*Entretien de M. le duc de Vendosme*, etc. [1238].

[2] Le corps d'armée allemand du général Erlac qui s'était séparé de Turenne pendant le blocus de Paris et que la Fronde a tant maltraité dans ses pamphlets.

zins et enuoyé à son Éminence par ses Commis l'abbé Mondini[1] et Theuenini. Et puis dites que ce grand Iules ne vaut pas bien le grand Armand.

. . . .

De Paris du 15 août 1649.

Le ieune Lescot[2], Marchand Iouailler, est de retour de Lisbonne d'où il a apporté pour huit cent mil liures de diamans au cardinal Mazarini pour entretenir le commerce qu'il en fait faire par le nommé Mondini et ses autres facteurs tant ecclésiastiques que séculiers.

. . . .

Le dix huitiesme du mois d'Aoust Leurs Maiestez très Chrestiennes firent leur entrée en cette ville. Le peuple les receut avec des acclamations extraordinaires et témoigna tant de respect pour la personne du Roy qu'il dissimula en sa présence vne partie de la haine qu'il conserue tousiours pour le Cardinal Mazarini[3]. La ieunesse de nostre Prince ne luy empesche pas de cognoistre la grande affection de ses bons suiets; et on remarque qu'il dit, estant arriué dans le Pallais Royal, accompagné des vœux et des cris de ioye des Habitans de sa bonne ville, qu'il n'auoit iamais receu tant de satisfaction, qu'on auoit eu grand tort de luy donner de mauuaises impressions de

---

[1] L'abbé Mondini est nommé dans la *Réponse au libelle intitulé* : Bons auis sur plusieurs mauuais auis [3377].

[2] Voir la *Lettre du secrétaire de saint Innocent*, etc., qui précède.

[3] Il n'y a pas moins de trente pamphlets qui témoignent des sentiments du peuple. Je citerai seulement l'*Entrée pompeuse et magnifique du roi Louis XIV en sa bonne ville de Paris*, etc. [1229]. *Vers présentés au roi à son entrée*, etc. [4019]. *Vive le roi! des Parisiens*, etc. [4044]. *Le plus heureux iour de l'année par le retour de Leurs Maiestez*, etc. [2803]. *Le Roi triomphant au milieu du peuple*, etc. [3557], *Paris triomphant et consolé par l'heureux retour de Leurs Maiestez*, etc. [2698].

leur fidélité et qu'vne autre fois il ne se laisseroit pas enleuer pour leur faire la guerre. Le Cardinal Mazarini auoit l'honneur d'estre dans le carrosse de Sa Maiesté auec toute la maison Royalle, à l'exception de Monsieur le Prince de Conty qui se trouua le mesme iour indisposé.

Cette ioye si publique qui a continué plusieurs iours et plusieurs nuicts dans Paris, fait assez cognoistre l'imprudence de ce Ministre de s'estre si longtemps opposé au retour du Roy qui eust rétabli la confiance et empesché les désordres qui sont suruenus dans les Prouinces pendant son absence; mais il est difficile de vaincre la peur naturelle qui le saisit aux occasions les plus importantes. La bonté que la Royne a pour luy, la protection que Son Altesse Royalle lui promit en ce rencontre, la valeur de Monsieur le Prince qui estoit à ses costés, ne peurent l'assurer. Il fallut encore négocier quelques iours auparauant auec les Bateliers et achepter d'eux la paix. Encores ne fut-il pas satisfait de la promesse qu'ils firent d'oublier tout le passé pourueu qu'il voulust mieux viure à l'auenir. Il luy fallut des ostages et en nombre considérable qui luy furent présentez au Bourget. Ce ne fut pas encores assez. Il leur fit renouueller leur parolle en présence de Leurs Maiestez. Véritablement après vne déclaration si fauorable, son cœur se desserra. Il ne put contenir sa ioye; il les embrassa avec tendresse, leur frappa dans la main; et pour gagner leur confiance et les préparer à la persuasion, il leur fit vne ample distribution de Louys d'or; puis les entretint d'affaires d'Estat, leur parla de ses négociations et les voulut faire iuges de sa conduite passée. Leur facilité à receuoir ses présents et le peu de contradiction qu'ils apportèrent à ses puissantes considérations politiques, appuyées d'vn raisonnement esleué et confirmées par l'authorité de Machiauel, cité très à propos à ces dignes auditeurs, luy fit espérer qu'il pourroit auec le temps les gagner et les mettre de son costé. Pour s'insinuer dauantage dans leurs esprits, il leur fit cognoistre auec beaucoup d'adresse de quelle considération ils estoient à l'Estat pour l'vnion et les forces d'vn corps si considérable. Il s'enquist ensuite s'ils n'auoient point quelques intérests particuliers; et apprenant de leur bouche leur grande contestation auec les Tonneliers, il déclara aussitôt qu'il s'en rendoit iuge, auec obligation de condamner ces derniers comme les plus foibles et les moins à craindre. Enfin il se sépara d'eux auec beaucoup de ciuilité, les reconduisit iusques hors de sa chambre, disant tout haut qu'ils estoient députez d'vn corps auquel cet honneur estoit deu.

Le 20 du mois, le Cardinal Mazarini mena le Roy à Challiot pour auoir le diuertissement du ieu de l'oye que les Bateliers luy donnèrent sur la riuière[1]. Sa Maiesté estoit sur les terrasses du dernier iardin qui regarde sur l'eau, et se faisoit admirer d'vn nombre infiny de peuples qui ne pouuoient se lasser de la contempler. Mais ils furent scandalisez et eurent peine de souffrir le Cardinal Mazarini proche de sa personne, appuyé sur le mesme balustre, faisant le beau, radoucissant son visage de rose, parlant couuert à son maistre, badinant auec luy, luy prenant ses mains Royalles et les meslant auec les siennes, villaines, impures et complices de ses ordures.

Le corps des Tonneliers ayant sçeu la Déclaration que cet arbitre équitable auoit faite en faueur des Bateliers, par cette seule considération qu'ils estoient les plus forts

[1] On a publié sur cette fête l'*Oiseau de riuière ou le Tournoi naual*, etc. [2587], et l'*Oye royale tirée deuant leurs Maiestez*, etc. [2586].

et les plus entreprenans, a fait vnion auec les Crocheteurs et les Portechaires. Ils firent leur reueue et se sont trouués plus de douze mille, tous capables de iouer du pic et du crocq ; ce qu'ils ont fait sçauoir au Cardinal Mazarini auparauant qu'il iugeast leur différent auec les Battelliers. L'on ne doute plus qu'il ne se déclare pour les premiers qui sont les plus forts, si ce n'est qu'à son ordinaire il veille négotier et se rendre médiateur entre des personnes si considérables à l'Estat. Le sieur Sainctot[1], ambassadeur du Cardinal Mazarini au Royaume des Halles, y a été enuoyé pour faire vne alliance offensiue et deffensiue entre ces peuples et son Éminence. Il n'y a pas trouué la facilité qu'il s'estoit promise, n'ayant pu obtenir d'eux qu'vne trefue pendant quelques mois ; et encore ça esté à condition qu'on osteroit les taxes qu'on auoit mises sur les boutiques de leur Cité.

. . . .

D'Amsterdam, ce 1ᵉʳ septembre 1649.

. . . .

Il est icy arriué, cette semaine, plusieurs vaisseaux des Indes. Entre les autres richesses dont le bon voilier estoit chargé, il a apporté vne douzaine de singes les plus beaux et les plus rares qu'on aye encore veus en ces quartiers. La Cardinal Mazarin les a fait venir pour les mettre en sa garderobe et ses antichambres, afin de diuertir ceux qui luy font la cour et iuger par la ciuilité et

---

[1] Nicolas de Sainctot, maître des cérémonies. « Il (le cardinal de Retz) a conférence.... tantost auec le mareschal de l'Hopital et Sainctot, etc. » La *Véritable fronde des Parisiens*, etc. [3934]. On peut consulter d'ailleurs l'article de la *Censure ou Réfutation du libelle intitulé* : Soupirs français sur la paix italienne [674] et celui du *Confiteor du Chancelier*, etc. [751], dans la *Bibliographie des Mazarinades*.

le bon traitement qu'ils feront à ces animaux, fauoris de Son Éminence, de l'affection qu'ils ont pour son seruice.

Triolets de ioie chantés par Paris pour chasser la mélancolie [3850].

(18 août 1649.)

Il paroist enfin mon Soleil,
Ce beau Louis qui me contente!
Ah! que son visage est vermeil!
Il paroist enfin mon Soleil.
Ah! que ie le vois de bon œil
Après vne si longue attente!
Il paroist enfin mon Soleil,
Ce beau Louis qui me contente!

A l'aspect d'vn astre si beau
Qui tout charme et que tout adore,
Mes soins s'en vont dans le tombeau,
A l'aspect d'vn astre si beau;
Et saisi d'vn plaisir nouueau,
Ie bénis sa diuine aurore,
A l'aspect d'vn astre si beau
Qui tout charme et que tout adore.

Chantez partout : Viue le Fils!
Chantez partout : Viue la Mère!
Peuples qui viuez dans Paris,
Chantez partout : Viue le Fils!
Qu'on n'entende plus d'autres cris.
On ne verra plus de misère.

Chantez partout : Viue le Fils!
Chantez partout : Viue la Mère!

Qu'on s'aille diuertir au Cours;
Il vaut bien mieux qu'on se promène.
Pour entretenir les amours,
Qu'on s'aille diuertir au Cours.
Qu'on passe doucement les iours,
S'il se peut toute la semaine.
Qu'on s'aille diuertir au Cours;
Il vaut bien mieux qu'on se promène.

Que chascun cherche du plaisir
Au Luxembourg, aux Tuileries;
Autant qu'on aura du loisir,
Que chascun cherche du plaisir.
Galans, selon vostre désir,
Débitez vos galanteries.
Que chascun cherche du plaisir
Au Luxembourg, aux Tuileries.

Courage, réiouissez-vous,
Il en est temps, belles Coquettes.
Les voilà de retour, vos fous!
Courage, réiouissez-vous.
Vous les verrez à vos genoux,
Chargez de poudre et de fleurettes.
Courage, réiouissez-vous,
Il en est temps, belles Coquettes.

Puisque mon cher prince est ici,
Adieu, chagrin; adieu, tristesse.
Ie ne veux plus estre en souci,
Puisque mon cher prince est ici.
Mes maux sont finis, Dieu merci!
Et ie reprends mon allégresse.

Puisque mon cher prince est ici,
Adieu, chagrin; adieu, tristesse.

Mon nauire est en seureté
Plus que iamais dessus la Seine.
Quoiqu'on m'ait tant persécuté,
Mon nauire est en seureté.
Louis a tout vent arresté
Et m'a mis hors de toute peine.
Mon nauire est en seureté
Plus que iamais dessus la Seine.

L'Archiduc n'a qu'à reuenir
Pour m'endormir auec ses charmes.
Ie l'ai bien dans mon souuenir.
L'Archiduc n'a qu'à reuenir.
Paris méprise à l'aduenir
Autant ses douceurs que ses armes.
L'Archiduc n'a qu'à reuenir
Pour m'endormir auec ses charmes.

Ie ne crains aucun danger
Puisqu'à présent le Roy me garde.
Du François ni de l'Estranger
Ie ne crains plus aucun danger.
Et si quelqu'vn veut m'outrager,
N'ai ie pas bonne sauuegarde?
Ie ne crains plus aucun danger
Puisqu'à présent le Roy me garde.

Prompt et salutaire auis. Vive Iésus-Christ! viue le roi! François et tous ses bons suiets [2903][1].

(Après la paix de Saint-Germain.)

. . . .

Peuple de Paris, courez de iour à autre au Palais. Faites qu'au plustost Messieurs du Parlement, i'entends ceux qui sont recognus pour véritables François, s'assemblent; qu'ils appellent des députez de chascun Parlement de France, gens de bien et bons compatriotes; que sans s'amuser à certains ordres soupçonnez qui, sous prétexte de police, estouffent les meilleurs desseins, chascun quartier députe quelques habitans pour s'assembler en vne chambre du Palais et aduiser à ce qu'on voira bon estre; et ainsi dans les autres communautez du Royaume qui auront leurs députez en celle-ci, gens recognus de nulle mauuaise intrigue et de probité.

Que toute la populace et pauures contraignent les bienfaisans qu'on recognoistra qui se sont donnez à Dieu et au secours du prochain, s'assembler en vne chambre du Palais pour pouruoir aux nécessitez d'vn chascun sur le bien qu'on désignera estre propre pour cet effet; ce qui profitera aussi à l'aduenir, tant pour toutes sortes de personnes incommodées, que nommément pour les pauures soldats estropiez ou non et leurs familles qui auront seruy le roy et l'Estat.

[1] Ce nom de *François* jeté dans le titre me porte à croire que le pamphlet est de François Davenne. On peut consulter sur ce fou célèbre l'article de l'*Ambassade de la bonne paix générale*, etc. [68], dans la *Bibliographie des Mazarinades*.

Et afin qu'on aye plus de facilité à faire cette iuste contrainte, voicy les adresses de quelques-vns :

Le feu sieur baron de Ranty, ne pouuant ayder, si ce n'est par ses prières, profitera beaucoup si on va chez luy s'enquester de ceux qui estoient de sa pieuse intelligence, tant dans cette ville que dans les Prouinces, pour le soulagement des pauures principalement honteux. Sa maison est en la paroisse Saint Paul, rue Beautreillis, proche l'Arseual;

Monsieur l'Éuesque du Belley [1];

Le sieur Regnard, près les filles Saint Thomas, près le fauxbourg Montmartre;

Les sieurs de Chaumuel, le sieur abbé de Matha et autres aux Incurables;

Le sieur abbé Normand [2], près la porte Saint Michel; le sieur de Couttayes, vers la Pitié, ioignant l'Image Saint Louys;

Les sieurs Curez de Saint Germain l'Auxerrois, Saint Merry, Saint Nicolas du Chardonnet et autres zélez pour les pauures, entre lesquels ie ne nomme point leur chef, Monsieur le Coadiuteur de Paris, qui estendra aussi bien ses soins sur les pauures que sur le reste du public.

Le sieur Camus, Fauxbourg Saint Iacques, aux Carmélites, et ceux que feront cognoistre les charitables et nullement bigottes habitudes, comme en ont de certains à la mode qui d'vn costé adorent le Veau d'or de la Cour et ses diaboliques maximes, et de l'autre veulent couurir leur hypocrisie de quelqu'apparence de bien, ou pensent

---

[1] Jean-Pierre Camus, évêque de Belley. Il était alors retiré aux Incurables de Paris.

[2] Maître de chambre du cardinal Mazarin. L'auteur de l'*Enfer burlesque*, etc. [1216] nomme l'abbé Le Normand qui *parle avec science de la Prouidence*.

s'absoudre de leurs brigandages par quelques aumosnes d'vn bien qui ne leur appartient pas, et, en laschant cinq sols, croyent pouuoir en retenir douze mille....

Il ne faut se soucier des grands honneurs et moyens, seulement de la pureté d'intention ; et Dieu confond par la prière d'vn homme de bien et sa simplicité les conseils des prudens du siècle ; ce qui me fait nommer ensuite le bon Pauure[1], le Coustellier[2] rue de la Coustellerie à la Rose Blanche, le Mercier[3], Frère Michel vis à vis Saint Paul. Outre qu'entre ces personnages ci dessus désignez qui n'ont pas moins de iugement et de qualité que de piété, il s'en trouuera que la charité fera agir en ce que le soupçon d'ambition leur feroit fuir.

Il faut demander pleine liberté d'escrire ou faire imprimer de bons aduis ou autres choses profitables au public, sauf à estre discutées ; et l'on verra en conséquence que l'Estat sera en asseurance ; les incendies, les vols, les sacrilèges et autres crimes et desseins énormes seront supprimez ; vn ordre certain empeschera la confusion que l'incertitude d'vn mal aussi certain, si on n'y pouruoit, qu'est la mort naturelle, fortifie ; les honnestes bourgeois riches ne seront appauuris ; les médiocres ne seront réduits au néant ni les pauures au désespoir, comme les pernicieux conseils prétendent. N'est-ce pas

---

[1] *Lettre d'vn bon pauure escrite à madame la Princesse douairière*, etc. [1851].

[2] Jean Clément, coutelier. Il fut l'un des collaborateurs laïques de M. Ollier, curé de Saint-Sulpice, et du célèbre controversiste, le P. Véron, dans l'œuvre de la conversion des protestants. Voir la *Harangue prononcée aux pieds du roi et de la reine.... par M. Clément*, etc. [1608]. Un nommé Mittanour a publié, probablement en 1650, l'*Apothéose ou le Mémorial de la vie partout célèbre miraculeuse du bienheureux maistre Iean Clément*, etc. [136].

[3] Beaumais, compagnon de Clément.

vne chose estrange que des athéismes, des mensonges exécrables, des flatteries et autres telles dangereuses pratiques peuuent estre ouuertement imprimez et qu'on n'ose parler d'vn bon aduis, de dire qu'en bien faisant et publiant des choses chrestiennes et profitables au public, on appréhende les Ministres de la Iustice qui, forcez par la vérité, auoient iustement condamné ce qu'ils ont par après indignement approuué, sauf l'honneur des bons, partie par vne pusillanimité honteuse, partie par vne correspondance criminelle deuant Dieu et deuant les hommes; leur iniuste acquiescement ayant remis ou plustost entretenu dans ces monstres impitoyables la fureur et la rage pour l'exercer plus audacieusement.

. . . .

L'Adieu et le désespoir des autheurs et escriuains de la guerre ciuile, en vers burlesques [43].

(Après la paix de Saint Germain.)

Hélas! puisque la paix est faite,
Il nous faut sonner la retraite?
Nous ne pouuons plus dans Paris
Faire rouller auec grands cris
Les pièces que nostre génie
Inuentoit pour la compagnie
De messieurs les colleporteurs,
Aussi bien que nous grands menteurs.
Nos libelles estoyent en prose,
Qui n'estoit pas trop bien esclose;
Car les périodes carrez
Ne s'y trouuent pas mesurez.

Quelquefois nos pièces crotesques
Estoyent faites en vers burlesques,
Et nos sérieuses aussi.
Après, nous prenions grand souci
De pouuoir trouuer des bons tiltres
Afin de n'estre point belistres,
Et de contenter les humeurs
De tant de diuers Imprimeurs,
Qui ne faisoient pas trop de conte
De nos cayers. Lorsque sans honte
Ils nous entendoient commancer
Le discours de nous aduancer
De l'argent pour boire chopine,
Ils nous faisoient fort froide mine;
Et après auec vn œil doux
Ils nous disoient : « Voilà cinq sous.
Sans doute vous aurez le reste,
Croyez-le, l'on vous en proteste,
Quand le papier sera vendu. »
Ayant leur propos entendu,
Nous disions sans arrogance
« Messieurs, nous aurons patience !
Hélas! que nous serions contans,
Et que nous passerions le temps,
Si vous en vendiez quatre rames.
Nous irions voir de ieunes femmes;
Car nous en aurions quatre escus.
En suite le gaillard Bacchus
Nous mettroit en sa confrairie.
Nous irions à la Boucherie
Prendre des membres de Mouton;
Nous serions doux comme vn Caton;
Et nous passerions la semaine,
Où sans nous mettre trop en peine
De la paix et des bons accords,

Nous nous traitterions bien le corps !
Ha ! que nous serions bien en presse
Pour auoir du pain de Gonnesse
Du ceruelat et du iambon. »
Ils respondoient : « Ce seroit bon.
Venez demain en diligence;
Vous aurez vostre récompence. »
Après ils nous disoient adieu;
Ainsi nous sortions de leur lieu.
Le lendemain l'heure arriuée,
Que la pièce estoit acheuée,
Nous estions prests pour aller voir,
Comme c'estoit nostre deuoir,
Si la pièce s'estoit vendue.
Lors d'vne mine morfondue
Ils nous disoient, qu'en vérité
L'on n'en auoit pas achepté
Vne rame du tout entière,
Et qu'ainsi nous ne ganions guère;
Et pour nous vn peu consoler,
Ils commençoient à nous parler,
Qu'ils croyoient mesme que les Pies
Fissent comme nous des copies;
Car plus de trente tous les iours,
Toutes diuerses, auoyent cours.
Mettant la main à la pochette,
Ils nous disoient : « Ie vous regrette.
Vostre peine mérite plus. »
Après ces discours superflus,
Ils nous donnoient quelque monnoye
Pour nous mettre le cœur en ioye,
Nous promettant qu'à l'aduenir,
Afin de nous entretenir,
Ils nous donneroient dauantage.
Cela nous donnoit du courage.

Maintenant que voilà la paix,
Que nous sommes bien attrapés!
Nous ne sçauons filer ny coudre,
Ny moins à quoy nous faut résoudre.
Alors que la guerre reignoit,
Chacun de nous ne se pleignoit.
Il faisoit tousiours bonne chère,
Et se moquoit de la misère.
Il se leuoit de grand matin
Pour aller gouster du bon vin.
Son cœur estoit plein de liesse
Quand il auoit fait vne pièce
Qu'il portoit à son Imprimeur,
Aussi bien que luy bon Grumeur.
Il trauailloit ainsi qu'en barbe
Pour la copie de la barbe;
C'est à dire pour vn festin
Qui duroit depuis le matin
Iusque qu'il eust la rouge trogne
Semblable à celle d'vn iurogne.
Le lucre et la nécessité,
Le plaisir et la volupté,
Dans la passée conioncture,
Nous ont contraints, ie vous asseure,
De forcer nos corps et nos sens
Pour faire trois mille cinq cens
Odes, Poëmes, ou Libelles
Qui remplissoient nos escarcelles
D'argent que selon nos désirs
Nous employons pour nos plaisirs!
Las! il nous faut plier bagage;
Ce qui nous fait mourir de rage.
Nous voudrions bien pouuoir tousiours
Faire de semblables discours;
Mais puisque la guerre est finie,

De mesme en nostre compagnie,
Il nous faut prendre des bourdons
Pour aller gaigner les pardons.
Adieu donc, chère Imprimerie;
Adieu, ce n'est pas raillerie.
Il nous faut quitter tes supposts
Qui nous faisoient vuider les pots.
Nos escrits ne sont point en vogue.
Voicy le dernier Epilogue
Que nous faisons pour esmouuoir
Les peuples à nous receuoir
Dans leurs festins et leurs beuuettes.
Nous leur seruirons d'interprètes;
Nous leur expliquerons l'accord
Qui nous cause ce grand remord.
Le désespoir qui nous transporte,
Nous force à parler de la sorte.
Nous voudrions que le Paradis
Gardast la Paix et ses Edits.
Nous viurions ioyeux dans la guerre
Auec le flacon et le verre.
. . . .

FIN DU PREMIER VOLUME.

TABLE DES MATIÈRES

CONTENUES DANS CE VOLUME.

                                            Pages.

1. Agréable récit de ce qui s'est passé aux dernières barricades de Paris, etc.................................... 1
2. Requeste des trois Estats présentée à Messieurs du Parlement.. 28
3. Requeste burlesque des partisans au Parlement (*extrait*)...... 34
4. Contract de mariage du Parlement avec la ville de Paris.... 39
5. Le passe-port et l'adieu de Mazarin, etc.................. 50
6. Raisons d'Estat contre le ministère estranger.............. 56
7. L'Anathème et l'excommunication d'vn ministre d'Estat estranger.. 65
8. Les souhaits de la France à monseigneur le duc d'Angoulesme... 82
9. Dialogue de deux Guépeins sur les affaires du temps....... 88
10. Lettre d'vn religieux enuoyée à monseigneur le prince de Condé, etc.. 92
11. Vers burlesques enuoyez à monsieur Scarron sur l'arriuée du convoy à Paris..................................... 109
12. Catalogue des partisans, etc.......................... 113
13. Diuerses pièces sur les colonnes et piliers des maltôtiers, etc. (*extrait*)... 139
14. Inuentaire des merueilles du monde rencontrées dans le palais du cardinal Mazarin................................. 143
15. Lettre du cheualier Georges de Paris à monseigneur le prince de Condé... 149
16. Les logemens de la Cour à Saint-Germain en Laye......... 172
17. Coq à l'asne ou Lettre burlesque du sieur Voiture ressuscité au preux cheualier Guichens, etc....................... 175
18. Lis et fais... 179

TABLE DES MATIÈRES.

	Pages.
19. A qui ayme la vérité..	185
20. Le Roi veut que le Parlement sorte de Paris, etc...........	190
21. Taxes faites des maisons sises aux enuirons de Paris et ailleurs, etc..	207
22. Ode sur dom Joseph de Illescas, prétendu enuoyé de l'archiduc Léopold..	223
23. Bandeau leué de dessus les yeux des Parisiens, etc..........	228
24. Décision de la question du temps, etc.......................	246
25. Lettre du père Michel, religieux hermite de l'ordre des Camaldoli près Grosbois, à monseigneur le duc d'Angoulesme, etc. (*extrait*)..	263
26. Plainte du carnaual et de la foire Saint-Germain, etc........	268
27. Catéchisme des partisans, ou Résolutions théologiques touchant l'imposition, leuée et emploi des finances, etc. (*extrait*)...	277
28. Remercîment des imprimeurs à monseigneur le Cardinal Mazarin...	289
29. Advis à la Reyne sur la conférence de Ruel.................	293
30. Lettre à monsieur le Cardinal, burlesque...................	295
31. Sommaire de la doctrine curieuse du cardinal Mazarin, etc...	314
32. Lettre iouiale à monsieur le marquis de La Boulaye, etc....	348
33. Lettre d'avis à messieurs du Parlement de Paris, escrite par vn prouincial...	358
34. Lettre d'vn secrétaire de saint Innocent à Iules Mazarin.....	408
35. Les Triolets du temps, etc. (*extrait*).......................	416
36. Sur la Conférence de Ruel en mars, etc....................	423
37. Maximes morales et chrestiennes pour le repos des consciences dans les affaires présentes, etc. (*extrait*).....................	425
38. Demandes des princes et seigneurs qui ont pris les armes auec le Parlement et peuple de Paris................................	431
39. Le Manuel du bon citoyen, etc.............................	437
40. La France parlant à monsieur le duc d'Orléans endormy....	469
41. Le Burlesque remercîment des imprimeurs et colporteurs aux auteurs de ce temps...	471
42. Le Voyage des Iustes en Italie et autres lieux..............	476
43. Discours sur la députation du Parlement à monsieur le prince de Condé...	479
44. La Nocturne chasse du lieutenant ciuil.....................	492
45. Requeste présentée à monseigneur le Prince par les vignerons de son gouuernement de Bourgogne, etc. (*extrait*)........	498
46. Le Branle Mazarin dansé au souper de quelques-vns de ce parti là chez monsieur Renard, etc..............................	501

47. Le Courrier du temps, etc. (*extrait*).................... 507
48. Triolets de ioie chantéz par Paris pour chasser la mélancolie. 514
49. Prompt et salutaire auis. Vive Jésus-Christ! etc. (*extrait*).... 517
50. L'Adieu et le désespoir des autheurs et escriuains de la guerre ciuile, etc................................. 520

Imprimerie de Ch. Lahure (ancienne maison Crapelet)
rue de Vaugirard, 9, près de l'Odéon.